ちくま学芸文庫

定本 葉隠〔全訳注〕上

山本常朝 田代陣基
佐藤正英 校訂 吉田真樹 監訳注

筑摩書房

目次

凡例

（本文）

一、本文は、小山信就本（佐賀県立図書館蔵）を底本とし、餅木鍋島家本（国立国会図書館蔵）、山本本（佐賀県立図書館蔵）を校合して作成した。

一、本文の整定は通読の便宜を図って、以下の方針に基づいて行なった。

(1)全体を漢字混じり平仮名文と見做し、歴史的仮名遣いに統一した。

(2)漢字の表記は現行の字体としたが、底本の字体を残したところもある。

（例）竜造寺→龍造寺　朝顔→朝皃

(3)適宜、宛て漢字、送り仮名、振り仮名、濁点、読点、句点を付した。なお、繰り返し符号は々、ゝ、〳〵を使用した。

(4)引用、会話、心内語の部分に「　」を付けた。「　」内の引用などは『　』を使用し、そのなかの会話などは〝　〟とした。

(5)底本の小書き、二行割書きは〈　〉に入れて、小字一行組とした。なお、〈　〉内の傍注などは〔　〕とした。

(6)適宜、改行し、段落を設けた。

(7)聞書ごと各項にアラビア数字による一連の項番号を付した。

（佐藤正英）

（注）

一、本書の注は、相良亨訳注（日本の思想9『甲陽軍艦・五輪書・葉隠集』筑摩書房）を踏まえた佐藤正英注（日本思想大系26『三河物語　葉隠』岩波書店）を基礎としつつ、近年の研究成果をふまえて改めたものである。

一、本文中、注を付す語句の末尾に、アラビア数字で一連の注番号を（ ）で括って示した。振り仮名がある場合には、その下に注番号を付した。

一、読者の便宜を図り、適宜現代仮名遣いで振り仮名を付した。

一、参照を指示する際、他の項は「（聞書番号）の（項番号）」の形で示した。また、同一聞書内における複数の項は「・」で結んだ。

（例）四の1（聞書四の1項）四の30・42（聞書四の30項と42項）

一、西暦の補いは、以下の方針に基づいて行なった。

(1)和暦年代と西暦年代との齟齬を勘案しつつも読者の便宜を図り、和暦年代には一般に通る西暦年代を極力付した。

(2)特に重要と思われる和暦の年月日については、西暦の年月日を厳密に付した。その際、鈞洋一『江戸幕末・和洋暦換算事典』（新人物往来社、二〇〇四）を参照した。

(3)和暦は「十」を用い、西暦は「十」ではなく「〇」を用いて表記した。

（例）寛永十七年（一六四〇）

一、地名は原則として平成二十九年（二〇一七）現在の名称に従った。

一、地名・人名等固有名詞の読み方は、栗原荒野『校註葉隠』（青潮社、一九七五）、『佐賀県近世史料』第八編第一巻（佐賀県立図書館編、二〇〇五）、佐賀県立図書館各種データベース、藤野保『佐賀藩の総合研究』（吉川弘文館、一九八一）などを参照した。

一、公、殿、様など人物への敬称は原則として省いた。

一、諸本の異同は、内容に関わる重大な相違がある場合にのみ記した。また紙面の都合上、多くの場合、餅木鍋島家本は「餅」、山本本は「山」などと略記した。

一、『葉隠』に含まれる誤伝や、現在認められている「史実」と相違する記事については極力指摘した。

一、注の内容について、栗原荒野氏を初めとする広範な先学の学恩に浴した。記して感謝申し上げる。

（岡田大助・上野太祐）

（現代語訳）

一、本書の現代語訳は、『葉隠』を従来にない正確さで訳出したものである（上巻「解説」参照）。

一、『葉隠』の正確な理解の助けとなる現代語訳を作成するために、徹底的に本文に即した訳出を試み、特に以下の点に留意した。

(1)敬語を訳出する（『葉隠』に大量に現れる敬語を重視する）。

(2)逐語訳を行なう(『葉隠』の雰囲気を可能な限り訳文に反映させる。語感が近い訳語を選ぶなどする)。
(3)説明的な訳をしない(現代語に置き換える必要のないものは置き換えない。また、置き換え不能なものはそのままとし、注で説明する)。
(4)主体・対象・文意などがわかりにくい場合は(　)内に補う。
(5)句読点・引用符・用字において本文と異なる場合がある。
(6)読者の便宜を図り、適宜現代仮名遣いで振り仮名を付した。

(吉田真樹)

分担リスト

佐藤正英（東京大学名誉教授）：本文校訂、解題担当。

吉田真樹（静岡県立大学教授）：聞書一・二訳注、三・四訳、九訳注、上巻解説担当。全体統括。

岡田大助（江戸川大学教授）：四注、五・六訳注、中巻解説担当。

板東洋介（東京大学准教授）：七・八訳注担当。

筒井ともか（静岡県立大学大学院修士）：九訳担当。

木村純二（東北学院大学教授）：十訳注担当。

上野太祐（神田外語大学准教授）：三注、十一訳注、下巻解説担当。

五喜田雅仁（専修大学大学院修士）：本文校訂補助担当。

小山みず穂（静岡県立大学学士）：訳注補助担当。

吉原裕一（国士舘大学准教授）：協力。

八木公生（元静岡県立大学教授）：協力。

定本　葉隠〔全訳注〕上

解題

佐藤正英

(一)

『葉隠』は写本により『葉隠聞書』とも『葉隠集』とも題されていて、全十一聞書から成り、およそ千三百四十四項の長短の説話が収められている。

序文および聞書一、聞書二は、鍋島《なべしま》藩主光茂《みつしげ》に仕え、出家隠遁した藩士である山本常朝《じょうちょう》の談話の聞書で、聞書三から聞書十一は、談話の背景である藩主や諸藩士の言行や出来事をめぐる説話によって構成されている。述作者は鍋島藩の祐筆《ゆうひつ》役の田代陣基《つらもと》である。

武士の生きざまをなまなましく、また細密に伝えていて、戦国時代末期から江戸時代前期の武士の思想や生活を知る上でかけがえのない貴重な文献である。

(二)

談話の語り手である山本神右衛門常朝《じんえもんつねとも》(一六五九―一七一九)――出家隠遁後の法名旭山《ぎょくさん》常朝《じょうちょう》――は、万治二年(一六五九)肥前国(佐賀県)鍋島藩士の子に生まれた。関ヶ原の戦いから五十九年が経ち、天下泰平が平常となった時代のことである。

山本神右衛門重澄《しげずみ》（法名孝白善忠）七十歳のときの末子で、塩売りか麴売《こうじ》りにくれようかといわれたという。幼名は松亀。母は伊万里の大庄屋前田作右衛門の娘（法名紅室妙桂）である。

九歳で二代藩主鍋島光茂（一六三二―一七〇〇）の小僧となり、光茂の江戸参勤に仕えた。江戸藩邸では後に三代藩主となる七歳年上の綱茂の遊び相手になった。十四歳、前髪を立て小小姓《こごしょう》――名は市十――として仕えた。ちなみに光茂は、二十七歳年上でその子女は四十二人にのぼる。

二十歳で元服し、権之丞と名を改め、御側《おそば》役に任じられ、御歌書方書写を命じられた。綱茂から自筆の画を給わり、詠歌を差し出したりもした。華蔵庵に蟄居する湛然《たんねん》梁重に教えを乞い、血脈《けちみゃく》（＝法脈を継ぐ系譜）および念仏、誦経の儀礼を授かり、出家隠遁を考えたこともあった。二十四歳、小姓役、書物役に任じられた。山村助太夫の娘（法名相玄貞松）と結婚し、長女土千代（法名幻荷童女）が生まれたが、ほどなく夭折した。

博奕《ばくち》の咎《とが》で切腹を命ぜられた従兄の沢部平左衛門の介錯《かいしゃく》をした。介錯は、首尾よくてあたりまえ、万一為損《しそん》ずると一生の恥とされたので尻込みをする武士が多かったが、振舞いの始終を、長兄武弘の子で二十歳年上の山本五郎左衛門常治を始め一門から称誉された。三十一歳、叔父正守《まさもり》の子である年寄役中野正包《まさかね》が失脚し切腹したとき、介錯をした。二度目の介錯である。請役所《うけ》（＝表向きの藩政機構で御側に対する）の祐筆役に任じられ、切米《きりまい》二十五石を与えられたが、のち再び御側の書物役となり、江戸藩邸で綱茂の詠歌を光茂に伝えたりもした。父の名を継いで神右衛門を名乗った。

光茂が六十四歳で隠居し、光茂のかねてからの念願であった「古今伝授」（＝『古今和歌集』中の難解な語句の秘伝の伝授）の裁許を得る使命を課せられ、京都役に任じられた。ちなみに常朝は二十五歳から五回にわたって京都役御用を命じられていた。京都役をめぐって礼の気持であって、年寄役に言上するまでもないと言われ、上役である牛島源蔵とともに夜着・蒲団を拝受した。京都に駐在することが多く、三条西《さんじようにし》権大納言実教《さねのり》から授かった「古今伝授」に関わる文書を折にふれて光茂の許に届けた。

元禄十三年（一七〇〇）京都から駆け付け、重篤の床にあった光茂に「古今伝授」の文書二通を手渡した。光茂が六十九歳で死没し、追い腹を希ったが、寛文元年（一六六一）に諸藩に先立って光茂が家臣の追い腹を禁じており、寛文三年には幕府の禁令も出されていて希いを果すことはできなかった。

常朝は牛島源蔵とともに許しを得て出家し、旭山常朝と名乗った。常朝の女房は源蔵の女房とともに自己都合で落髪した。出家後、城から十三キロ離れた金立山《きんりゆう》の麓の黒土原《くろつちばる》の草庵に隠遁した。

宝永七年（一七一〇）五十二歳、田代陣基が草庵を訪れ、『葉隠』談話が始まった。光茂の側室霊寿院の墓所をはばかり、近隣の大小隈《だいしょうぐま》の草庵に移った。五十七歳、四代藩主吉茂の加判家老大木兵部八右衛門から再勤の打診があったが、辞退した。享保四年（一七一九）、自身の事跡を記述した「山本神右衛門常朝年譜」を擱筆し、十四日後に六十一歳で死没した。

㈢

談話の聞き手であり『葉隠』の述作者である田代又左衛門陣基《つらもと》（一六七八―一七四八）は延宝六年（一六七八）に生まれた。語り手である常朝より十九歳年下の下級藩士である。幼名を源七といった。父は龍造寺胤久《たねひさ》八代の孫である田代小左衛門宗澄《むねずみ》、母は鍋島主水茂里の家来である徳永助左衛門の姉であった。十九歳で祐筆役（＝文書、記録を執筆する書記）として三代藩主綱茂に仕え、俸禄十五石を与えられ藩士に昇格したが、四代吉茂の代になって祐筆役を迦《はず》された。翌宝永七年（一七一〇）三十三歳、黒土原の常朝の草庵を訪れ、以後七年にわたって常朝の談話に耳を傾け、聞書に心を尽くし、聞書の背景である説話の集成、筆録に力を注いだ。五十四歳で祐筆役に復職し、江戸詰めとなり御記録役を兼ねた。延享五年（一七四八）七十一歳で死没した。法名先宗一着。俳諧を学び、期酔《きすい》、松盟軒《しょうめいけん》と号した。

㈣

『葉隠』の核を形作る常朝の談話の聞書は、かなり長い序文と「教訓」の副題をもつ聞書一、聞書二から成る一つのまとまりとして構成されている。

聞書は序文の冒頭の発句から始まっている。

宝永七年三月五日　初而参会

浮世から何里あらふか山桜　古丸《ふるまる》

白雲や只今《ただいま》花に尋合《たづねあひ》　期酔《きすい》

古丸は常朝の俳号、期酔は陣基の俳号である。冒頭の発句は聞書が終った聞書二の巻尾の発句に対応している。聞書をまとめるにあたり、談話の総括として、鍋島藩の歴代の事跡としての「国学」を学ぶべきことをはじめ四誓願におよぶ序文が置かれたのであろう。序文の基となった陣基の草稿が現存している。常朝に初めて出遇ったときの心躍りを伝えていて興味深い。次に紹介しよう。

漫草《みだりぐさ》

いにしへ義を取りて（＝忠義を守って）死に殉《したが》ふこと（＝追い腹をさす）情に感じて志《こころざし》の迫《せ》むればなり。今なんぞこれを禁じて操《みさを》を挫《くじ》けるや。それ義士（＝忠義な武士）は国の幹《はしら》なり。

世々これを失《うしな》はば嗣君（＝歴代の藩主）何にか拠らん。慰《なぐさ》まぬ（＝心憂さの晴れない）世にしばし君（藩主）を扶《たす》けたらんは三世の（契りである主従の）義士ならん。

これその禁ずるところにして、ながくこの事の止《とど》まるところなり。ここにまた禁をとればば志満たず、とらざれば禁に害す。両端に一《ひとつ》の道を引き、ただそのほどの身を方袍円頂に任せ（＝袈裟を着、頭を丸めて）、在るともなく無きにはあらぬ影法師、分け入る跡は雪埋み、千丈雪を凌《しの》ぎて（＝高く積もった雪を払い除けて）松寒き夢醒むる間《あひ》の仮寝の庵、かばかりに構へしは誰ぞや。常朝居士なり。

居士またこの道の人にていと尊くぞ覚えける。岩《いは》が根伝ひ小笹分けて尋ねまして登りしは、弥生のはじめつかたなり。

白雲や只今花に尋ねつく（＝序文では「尋合」）

訪ふ人もなく、浮世を去ること、唐土《もろこし》の吉野とも覚えぬる（＝思わせる）と発句などのありし。四時の行交《ゆきかひ》（＝移りゆき）も物に類《たぐ》えて著《しる》くのみこそ（＝花鳥風月とともに明らかである）。

世は花かこのごろおもき筧《かけひ》なり

ところ静かなれば身閑《しづ》かなり、身より心の静かなるにぞ。松樹槿花（＝むくげ）の境ひ（＝境界）も思ひつづけ侍るなり。

濡れて干す間《あひ》に落ちたる椿かな

呵呵《かか》（＝大声で笑うさま）

松盟軒主（陣基の雅号）

草稿を下敷にして発句を添削し、常朝の談話を改めて総括するなどして序文が成立したさまが窺われる。

㈤

平時に身を置いているが、常朝はあくまで生粋の武士であろうとした。

武士であるとはどういうことか、すなわち武士道（武道に勇である）とは何かと問うことから『葉隠』聞書一、聞書二は始まっている。「武士道と云《いふ》は、死ぬ事と見付《みつけ》たり」（一の2）と常朝はいう。武士は戦闘者である。だが、大小を抜くときは喧嘩あるいは切腹しかない。大小を抜けば生きのびるか死ぬかの「二つ〳〵の場」（一の2）に直面する。そのとき「勝負を不レ考《かんがへず》、無二無三に死狂ひする」（一の55）のが戦闘者である。「死狂ひ」が「犬死」（一の2）であっても恥ではない。藩主は家臣の死において戦闘者としての「名」を保ち、家臣は戦闘者として藩主と一体になる。武士は、武士道をめぐって「「我は日本一」と大高慢」（二の32）でなくてはならないと常朝はいう。

武士は「写し紅粉（＝頰に塗る紅）を懐中し」（二の66）ていなければならない。「毎朝、行水、月代《さかやき》（＝額から頭の真中にかけて剃ること）、髪に香を留め、手足の爪を切りて軽石にてすり、こがね草（＝かたばみ）にて」（一の63）磨かねばならない。武士は身の振舞いも心構えも伊達《だて》でなければならない。次の刹那にも大小を抜かねばならない場に遭遇するからである。

武士は、藩主の恩を深く感得し、ただ一人の家臣となって身を捨て、藩主と「一味同心」（一の9）し、藩主の「御用に立」（一の19）ち、家中の下々の人々を始め、民百姓のためを心掛けなくてはならない。家老となって藩主に「諫言《かんげん》」（一の110）しなければならない。「忠の不忠の、義の不義の、当介《あてがひ》の不当介の（＝相応の不相応の）と、理非・邪正」（一の195）を言い立てるのは利己の賢だてであって諫言ではない。脇に知れないようにひそかに藩主に申し上げ、藩主の承諾が得られないならば、ますます藩主の味方となり、辛抱強く申し上げ続けるのが諫言である。

「時代の風」（二の18）は変えられない。現前の藩主を措いて藩主はない。藩主が無情で、辛くあたろうと藩主を思ってやまない。藩主への思いは、若衆に対する衆道《しゆどう》の恋に類している。

藩主がそれと気づかなくても、またそうであるのかと尋ねたとしても否《いな》と答えて、無理無体に藩主との一体を希求する。「一生忍《しの》びて思ひ死にすることこそ恋の本意なれ」（二の2）。己れは忍ぶ恋に殉ずべく思い定めている、と常朝は語る。

㈥

聞書三から聞書五は、藩祖直茂から第三代綱茂に至る鍋島藩主の言行をめぐる説話である。

直茂は、そもそも船嫌いで、船や磯の匂いが胸につかえて食事もできなかった。下国の途次、暴風に遇い、楫も折れ、船頭も前後不覚になった。直茂は、吐逆しながら欄干にとりつき、自害しようとし、丸腰で死ぬことを恥じ大小を差せと命じたが、側近である藤島生益の懸命のはたらきで窮地を脱した。一部始終を聞いた直茂の妻は涙を流し、声を挙げて生益を拝んだ（三の54）。

勝茂は、狩猟で鶴を捕獲するとその場で使いを立て、高伝寺の直茂の位牌に披露した（四の49）。捕獲した猪が突然駆け出す騒ぎが起きたとき、勝茂は「ごみがするは」といい、顔に袖をあてうろたえる家臣を見ないようにした（四の42）。

常朝が仕えた光茂・綱茂をめぐっては、はじめに年譜の形式に従って藩主としての儀礼に関わる記録をしるし（五の1から五の52）、続いて説話を収めている。

江戸藩邸で生れ育った光茂は、戦国武将の細川幽斎に倣って古今伝授を承け、平時における歌道の日本一の大名たろうとしたが（五の70）、政道の妨げになることを慮って自身の詠歌を一切公にしなかった。

『葉隠』聞書六から聞書九までは、古来の鍋島藩士の戦いぶりや生きざま、殉死、切腹をめぐる説話が収められている。

龍造寺政家の小姓であった志田吉之助良正は、鍋島氏に仕えず隠遁し、「生きても死にても残らぬ事ならば生きたがまし」といい、「馬鹿を拵《こしら》へ、欲深き者」となり、「すくたれ（＝臆病者）」に振舞い、眼薬売りをして金銀を貯え、龍造寺氏の菩提寺である龍泰寺の山門を建立し、政家の霊廟の脇に庵を結んで没した（八の69）。

高麗での船軍《ふねいくさ》のとき、直茂の配下であった成富兵庫助茂安は、碇《いかり》を入れながら終夜櫓を漕がせ、合図の太鼓とともに碇綱を切って、一番乗りを果たした（七の2）。

勝茂の側役の相良喜兵衛は、江戸藩邸の前で幕府の目付衆に長大小を咎められ、昨夜国許から江戸に着いた者で、法度のことは藩主から厳しく言い渡されている。今、町方で寸通りの大小を注文してきたが、行きがかりとしての覚悟はあると、大小に手をかけて言い放ち、事なきを得た（九の35）。

光茂の徒弓組頭の大石小助安利は、夜中に不審者が忍び入って騒ぎになったとき、藩主の次の間で大小の鞘を抜き、一人ひっそりと控えていた（七の8）。

高伝寺所住の僧湛然《たんねん》梁重は、武士は武具を力として敵陣に駆入り、僧は数珠《じゅず》一つで戦いの修羅場に駆入る。武士は慈悲がなくては武道を達成できないし、僧は勇気がなければ仏道を成就しえないと説いた。僧を殺害すべきではないと説いたが、光茂が従わなかったので、十三年間禁足蟄居し、光茂の説得にもかかわらず高伝寺に戻ることなく死没した（六の20・21）。

聞書十は、同時代の他国の武士に関わる説話を収め、聞書十一は、洩れ残った説話を集めている。

島津攻めのとき佐賀に入国した馬上の秀吉は「小男にて、眼大き朱を点《さ》したるがごとく、顔の色手足まで赤く、花やかな衣裳にて、足半《あしなか》（＝踵《かかと》の部分がない藁《わら》草履）をはかれ、朱鞘金ののし付の大小を差し」（六の127）ていた。直茂を評して秀吉は、天下を取るには「大気、勇気、智恵」がなければならないが、「勇気、智恵あれども大気がない」（十の143）と語った。

(七)

以下の常朝の述作が現存している。

(1)「中野神右衛門清明年譜」（正徳四年〔一七一四〕）

(2)「山本神右衛門重澄年譜」（宝永四年〔一七〇七〕）

(3)「山本神右衛門常朝年譜」（享保四年〔一七一九〕）

祖父中野清明、父重澄の年譜は、先祖の忠義を慕い、奉公の励みとすべく、養嗣子の常俊《つねとし》に与えられた。

(4)『愚見集』（宝永五年〔一七〇八〕）養嗣子である常俊に与えられた。黒土原に隠遁して八年後の述作で「奉公根本」「奉公枝葉」「可レ慎」に分かれている。「奉公根本」は身命を捨てて藩主に忠義を尽くし、親に孝行し、武勇を天下に顕《あらわ》し、内に慈悲を抱き、古老の物語

に耳を傾けよと説き、「奉公枝葉」は風体《ふうてい》、口上、手跡に配慮せよと説き、「可レ慎」とし
て淫乱、飲酒、遊興を挙げている。

(5) 「餞別」（正徳五年〔一七一五〕）常俊が江戸藩邸の御使者番に任じられたときに与えられた。

(6) 「乍レ恐書置之覚」（正徳四年〔一七一四〕）五代藩主となった宗茂に差し出した十五項から成る意見書で、藩主としての心得を説く。釈迦、孔子よりも直茂を学問の手本とせよと述べるなど『葉隠』序文との関わりが深い。

(7) 『御代々御咄聞書』『葉隠』聞書三の表題の注記に記載されている説話の集成で、常朝が見聞した直茂八項、勝茂四項、光茂十三項から成る。宝永元年（一七〇四）の頃宗茂に差し出したと推定されている。

(8) 「葉隠雑談覚書」『葉隠』聞書二に「奉公人の嗜《たしな》み、若き内に一々《ひとつひとつ》仕付けたき事也、とて箇条書百ばかり出で来申し候」（二の58）と語られている百七項から成る述作である。

(9) 「老士物語之箇条覚書」談話の覚書で、「刀にねたば可二付《キ》置《ク》一事」をはじめ三百六項から成る。

(10) 「山本常朝和歌幷日記」元禄十三年（一七〇〇）に隠遁してから正徳四年（一七一四）までの自撰の和歌百五十五首および宝永七年（一七一〇）の日記。正徳四年の詠歌に「時雨／いづかたに時雨ゆくらむ　浮雲の跡に入り日のかげを残して」など「期酔所望」とはし

がきのある十首が見出される。

(八)

田代陣基の自筆である『葉隠』の原本はまだ発見されていない。江戸時代の版本もない。現存する写本は後代の増補のない第一類と、十八項の後代の増補をもつ第二類とに分類される。第一類は跋がない小山信就《のぶなり》本系と、蒲原孝白、恩田一均の跋がある孝白本系の二系統から成っている。

本書は現存する写本のなかで筆写の年代の最も遡る小山信就本(全六冊、佐賀県立図書館蔵)を底本とする。小山信就本は文化元年(一八〇四)甲子十二月鍋島藩年寄役小山信就(一八五四年没)の筆写にかかる。原本に近い形態を残している善本で、今回初めて翻刻する。

序文(1)

宝永七年三月五日(2)　初而参会《はじめてさんくわい》

浮世から何里あらふか山桜　古丸《ふるまる》(3)

白雲や只今《たゞいま》花に尋合《たづねあひ》　期酔《きすい》(4)

御家来(5)としては国学(6)可ニ心掛一《こゝろがくべき》事也。今時、国学目落《めおとし》に相成候《あひなりさうらふ》。大意は御家の根元を落着《らくちやく》(7)、御先祖様方の御苦労・御慈悲(8)を以《もつ》て御長久の事を本付申《もとづけまう》す為《ため》に候《さうらふ》。剛忠《がうちゆう》(9)様御仁心・御武勇、利叟《りそう》(10)様の御善根・御信心にて、隆信《たかのぶ》(11)様・日峯《につぽう》(12)様御出現、其《その》御威力にて御家御長久、今が世まで無双《むさう》の御家にて候《さうらふ》。

今時の衆斯様《かやう》の儀は唱失《となへうしなひ》、余所《よそ》の仏を尊《たふとぶ》事、我らは一円落着不レ申《らくちやくまうさず》。釈迦も、孔子も、楠《くすのき》も、信玄も終《つひ》に龍造寺《りゆうざうじ》・鍋島《なべしま》に被官被レ掛《ひくわんかけられ》(13)候儀無レ之候《これなくさうら》へば、当家の当風に叶不レ申《かなひまうさゞる》事に候《さうらふ》。如睦《じよぼく》・甲冑《かつちう》(14)ともに御先祖様を奉レ崇《あがめたてまつり》、御指南を学候《まなびさうらひ》て、上下ともに相澄《あひすみ》申す事に候。其《その》(15)道々にては其家々の本尊をこそ尊《たふとび》申し候。御被官《ごひくわん》ならば余所《よそ》の学文《がくもん》無用に候。国学得心《とくしん》候上にては、余《よ》の道も慰《なぐさみ》に可レ承《うけたまはるべき》事に候。能々《よく〳〵》了簡《れうけん》仕《つかまつり》候《さうら》へば、国学にて不足の事一事も無レ之《これなく》候。今他方《よそ》の衆(16)より、「龍造寺・鍋島の根元、龍造寺の領知が鍋島領知に成《なり》候謂《いはれ》、また「九州にての鑓突《やりつき》(17)」と承及《うけたまはりおよび》候が、如何《いか》程武功に候哉《や》」などと被レ尋《たづねられ》候時、国学不レ知《しらざる》衆一言の答も成《なる》まじく候。

（1）序文　底本にはここに「葉隠集一」とある。／（2）宝永七年三月五日　この年山本常朝《やまもとじょうちょう》五十二歳、出家隠棲して十年目。田代陣基《たしろつらもと》三十三歳、浪人を仰せ付けられたという。六代将軍徳川家宣《いえのぶ》の世。一七一〇年四月三日。／（3）浮世から……山桜　俗世間からどのくらい離れているのだろうか、この山桜が咲く庵は。奇特にも訪ねて来た陣基をねぎらいつつ受け入れ、面白く思っている句。古丸は常朝の俳号。／（4）白雲や……尋合　白雲を越えてやって来て、たった今、探していた花に出会えました。自分が探し求めてきた理想の師に出会えた喜びを率直に述べる句。期酔は陣基の俳号。陣基は蕉門俳諧を学んだ。以上の二句が、常朝と陣基が出会ったことによって初めて『葉隠』が成立したことを告げる。二の140末尾の二句と照応させられている。／（5）御家来　底本「御家中」。山・餅「御家来」による。山本本ではこの前に「夜陰《やいん》の閑談《かんだん》」という表題が付される。常朝・陣基の四句に挟まれた聞書一・二の内容全てが、一夜のうちに語られたように配置されていることから後に付加された表題と考えられるが、本書では以下この箇所を「序文」と呼ぶ。序文は聞書一に含まれない。またこの箇所で、単に「御家来としては」と書き出すのは、藩の成立事情に配慮した第二段落にある「龍造寺・鍋島」の「御家来」という意味の上に、続く第三段落（29頁）以降の狭義の「鍋島」の「御家来」という意味を連続的に重ね合わせようとするためのものであることに注意。／（6）国学《こくがく》　御国（佐賀藩）についての学。藩の成立事情、歴代藩主や優れた藩士の事跡、藩の家風などを学ぶこと。／(7) 落着　腑に落ちるように納得すること。／(8) 慈悲　序文の四誓願、一の14・112・178、二の23・108・119・129・136参照。／(9) 剛忠　龍造寺家兼。隆信の曾祖父。直茂の曾祖父でもある。九十三歳。六の195参照。／(10) 利叟　鍋島平右衛門《へいえもん》清久《きよひさ》。直茂の祖父。子の清房《きよふさ》とともに龍造寺家兼を助けた。五の138、六の31・106・167参照。／(11) 隆信　龍造寺隆信。七歳で出家、長老家兼の死後、十七歳で還俗して水ヶ江《みずがえ》龍造寺家を嗣ぎ、十九歳で龍造寺一族の棟梁となる。少弐《しょうに》氏を滅ぼし、元亀元年（一五七〇）今山の戦いにおいて、家臣鍋島直茂の活躍により大友氏を駆逐し、肥前一国を平定した。周辺五ヶ国にまで勢力を拡大して「五州の太守」と呼ばれた。天正十二年（一五八四）沖田畷《なわて》の戦いで戦死。五十六歳。六の1・19参照。／(12) 日峯　藩祖鍋島直茂。清久の子清房と家兼の孫娘の間に生まれる。龍造寺隆信の没後、その子政家から領国経営を任され、秀吉からも認められて権力基盤を固めるが、主君筋の龍造寺家に配慮し、自ら藩主となることはなかった。聞書三に事跡がまとめられている。／(13) 被官被ㇾ掛　家臣として召し抱えられ。／(14) 如睦・甲冑　平時と戦時。／(15) 道々　それぞれの道。仏道・儒道・兵法など。／(16) 他方の衆　他国（他藩）の人々。／(17) 九州にての鑓突　鑓《やり》は接近戦で最初に敵に交わる際の武器で、敵を上から叩いたり、突いたりして攻撃する。鍋島侍は武勇に優れた鑓突きとして有名であった。「鑓突」は武器を取って戦うことの代名詞となり「武篇《ぶへん》」とほぼ同義でも用いられる。二の48参照。

訳

宝永七年三月五日　初めて参り会う

浮世から何里あろうか山桜　古丸《ふるまる》（常朝）

白雲や只今花に尋ね合い　期酔《きすい》（陣基）

御家来としては国学を心懸けるべきことである。今時、国学は目を向けられなくなりました。（国学の）大意は御家の根元を得心して、御先祖様方の御苦労・御慈悲によって御家が御長久されていることを確かなものとし申すためであります。（龍造寺《りゅうぞうじ》）剛忠《ごうちゅう》様の御仁心・御武勇、（鍋島《なべしま》）利叟《りそう》様の御善根・御信心で、（龍造寺）隆信《たかのぶ》様・日峯《にっぽう》（鍋島直茂《なおしげ》）様が御出現になり、その御威力で御家が御長久、今の世まで無双の御家です。

今時の衆がこのようなことは口にしなくなり、他所《よそ》の仏を尊ぶことは、それがしは全く納得し申さぬ。釈迦も、孔子も、楠木《くすのき》（正成《まさしげ》）も、（武田）信玄《しんげん》もついぞ龍造寺・鍋島に家来として召し抱えられましたことはありませんので、当家のこの家風に叶い申さぬことです。平時・戦時ともに御先祖様を崇め申し上げ、御指南を学びまして、上下の者ともども済み申すことです。それぞれの道ではそれぞれの家の本尊をこそ尊び申します。御家来ならば他所の学問は無用です。国学を得心しました上では、他の道も慰み事として承るべきことです。よくよく了簡いたしませば、国学で不足のことは一事もありません。今他所の衆から、「龍造寺・鍋島の根元、龍造寺の領地が鍋島領地になりましたいわれ、また「九州での鑓突《やりつ》き」と承り及んでいますが、いかほどの武功でありますか」などと尋ねられました時、国学を知らぬ衆は一言の答えもできぬに違いありません。

さてまた、面々家職《かしよく》(1)を勤《つとめ》候外無《ほかこれなき》レ之事に候《さうらふ》。多分家職は不数寄《ぶすき》にて、他職を面白がり、取違《とりちがへ》散々仕損《しそんじ》申す事に候。家職勤《づとめ》のよき手本は日峯《につぽう》様・泰盛院《たいせいゐん》(2)様にて候。其《その》時代の御被官は皆家職を勤申し候。上より御用に立者《たつもの》御探捉《たんそく》、下《した》より御用に立《たち》たがり、上下の志行渡り、御家黒み(3)申したる事に候。

日峯様御辛労可二申尽《まうしつくすべき》一様無《やうこれなく》レ之候。血みどろに御成り、御切腹の御覚悟も度々《どゞ》に候へども、御運にて御踏留《ふみとゞめ》(4)被《なされ》レ成候。

泰盛院様にも御切腹の場にも御逢《あひ》、初《はじめ》て国主(5)に被レ為《ならせられ》レ成候。弓箭《ゆみや》の御働き、御家中の御支配、御国の御政道、所々の要害・雑務《ざふむ》方《かた》(6)の御仕組(7)などまで御自身様御苦労、仏神に御信心被《なされ》レ成、「日峯様御取立《とりたて》の御家を大形《おほかた》(8)に存《ぞんじ》候ては、不《ふ》当介《あてがひ》(9)の事に候。子々孫々まで何卒《なにとぞ》家が家に長久候様不レ仕候《つかまつらずさうらは》で不レ叶《かなはざる》事に候。泰平に候へば、次第に花麗《くわれい》の世間に成行《なりゆき》、弓箭《ゆみや》の道は不覚悟にして、奢出来《おごりいでき》、失墜《しつゝい》(10)多《おほく》、上下困窮し、内外ともに恥をかき、家をも掘崩《ほりくづし》可レ申《まうすべく》候。家中の者ども、老人は死失《しにうせ》、若き者どもは時代の風ばかりを学可《まなびまうすべく》レ申候条、責《せめ》て末が末まで残《のこり》候様に書物にて家の譲《ゆづり》に渡置《わたしおき》候て、夫《それ》を見候てなりとも覚付可レ申《おぼえつきまうすべし》」と被レ仰《おほせられ》、御一生反故《ほご》(11)の内に被レ成二御座《ござなされ》一候《さうらひ》て、御仕立被レ成《なされ》候。

御秘事は不二相知《あひしれざる》一事に候へば、古老の衆語伝《かたりつたへ》候は、「「かちくち」(12)と申す御軍法、御代々御世替《よがはり》に面授口訣《めんじゆくけつ》(13)にて御伝被レ遊《あそばされ》候」由《よし》。御譲《ゆづり》の御掛硯《かけすゞり》(14)に『視聴覚知抄《しちやうかくちせう》』『先考三以記《せんかうさんいき》』(15)と申す御書物、是《これ》も御家督の時御直《ぢき》に御渡被レ遊《わたしあそばされ》候由。さてまた御家中御仕置、御国内端々《はし〴〵》までの御仕組、公儀方、雑務方、一切万事の御仕置『御《おん》鳥の子帳《ちやう》』(16)に御書記《かきしるし》、諸役々の御掟帳《おんおきてちやう》、御手頭《てがしら》(17)まで明細に被レ遊《あそばされ》候。此《この》御苦労限《かぎり》もなき事に候。其《その》勲功を以て、御家御長久、目出たき御事に候。

(1) 家職　それぞれの家で継承している職務。／(2) 泰盛院　初代藩主鍋島勝茂《かつしげ》。直茂の嫡子。聞書四に事跡がまとめられている。／(3) 黒み　人材が充実し。／(4) 踏留　守り抜き。／(5) 国主　藩主。なお『葉隠』中の「国」は外国を除き「藩」の意。「藩」は近代語。／(6) 雑務方　財政経理。／(7) 仕組　制度。／(8) 大形　いいかげん。／(9) 不当介　不相応。／(10) 失墜　浪費。／(11) 反故　書き損じの紙。／(12) かちくち　勝口で勝ち方の意。底本黒塗りのため、他本により補った。二の27、三の8参照。／(13) 面授口訣　対面して直接伝えること。／(14) 掛硯　中箱のある硯箱。機密文書等を保管した。手文庫。六の141参照。／(15) 『視聴覚知抄』『先考三以記』　慶安四年（一六五一）に勝茂の命により編纂。底本黒塗りのため、他本により補った。

／(16)『御鳥の子帳』　慶安五年に勝茂が種々の掟を集大成したもので、最も基本的な佐賀藩法。他藩の者との縁組みや他領への出入りの禁止などに著しい特質を持つ。明暦元年（一六五五）改定。／(17)　手頭　心得書。

訳　そしてまた、面々は家職を勤めますほかないことです。大かた家職は好きでなく他の職を面白がり、取り違えて散々し損じ申すことです。家職勤めの良い手本は日峯様・泰盛院《たいせいいん》（鍋島勝茂《かつしげ》）様です。その時代の御家来は皆家職を勤め申しました。上より御用に立つ者をお探し出しになり、下より御用に立ちたがり、上下の志が行き渡って、御家が黒々とし申したことです。

日峯様の御辛労は申し尽くしようがありませぬ。血みどろになられ、御切腹の御覚悟も度々ありましたけれども、御運でお踏み留めなされました。

泰盛院様におかれても御切腹の場にも逢《あ》われ、初めて国主に成らせられました。（戦での）弓矢のお働き、御家中の御支配、御国の御政道、所々の要害・財務方の御制度などまで御自身様が御苦労なされ、仏神に御信心なされ、「日峯様がお築きの御家を並大抵に存じましては不相応のことです。子々孫々まで何卒代々に長久しますように致しませんではならぬことです。泰平でありますので、次第に華美な世間に成り行き、弓矢の道は不覚悟となり、奢りが出て来て、浪費が多く、上下の者は困窮し、内でも外でも恥をかき、家をも土台から崩し申すに違いありませぬ。家中の者ども、老人は死に失せ、若い者どもは時代の風ばかりを学び申すに違いありませんので、せめて末々まで残りますように書き物にして御家の相続品として渡しておきまして、それを見ましてなりとも思い起こし申せよう」と仰せられ、御一生を書き損じの内にお座りになられまして、（お書き物を）お仕立てなされました。

御秘事は知れぬことですから、古老の衆が語り伝えますところでは、「かちくち」と申す御軍法を御代々の御世替りに対面・口伝でお伝え遊ばされました」とのこと。御相続品の御掛硯《かけすずり》箱に（加え）『視聴覚知抄《しちようかくちしよう》』・『先考三以記《せんこうさんいき》』と申すお書き物、これも御家督相続の時、御直々《じきじき》にお渡し遊ばされましたとのこと。そしてまた御家中の御処置、御国内の隅々までの御制度、公儀方、財務方、一切万事の御処置を『御鳥の子帳《おんとりのこちよう》』にお書き記しになり、諸役々の御掟帳、御心得書まで詳しくはっきりとお書き遊ばされました。この御苦労は限りもないことです。その勲功によって御家は御長久、めでたい御事です。

然《しかれ》ば、憚《はゞか》りながら御上にも(1)日峯《につぼう》様・泰盛院《たいせいゐん》様の御苦労を被㆓思召知㆒《おぼしめしゝられ》、責《せめ》て御譲の御書物なりとも御熟覧候て、御落着被㆑遊《らくちやくあそばされ》たき事に候《さうらふ》。御出生候へば「若殿様〳〵」とひやふすかし立《たて》(2)候に付て、御苦労被㆑成《なさるゝ》事無㆑之《これなく》、国学無㆓御座㆒《ござなく》、我儘《わがまゝ》の数寄事《すきごと》ばかりにて、御家職方大形《おほかた》(4)に候故、近年新儀多《おほく》(3)、手薄く相《あひ》成り申す事に候。斯様《かやう》の時節に利口なる者どもが、何の味も不㆑知《しらず》、智恵自慢をして新儀を工出《たくみいだし》、殿の御気に入り出頭(5)して、悉《こと〴〵》くしくさらかし(6)申し候。

まづ申さば、御三人の不熟(7)、着座《ちやくざ》(8)作《づくり》、他方者抱《よそものかゝへ》(9)、手明鑓物頭《てあきやりものかしら》(10)、組替《くみがへ》(11)、屋敷替、御親類並《なみ》家老作《づくり》(12)、御東解除《ひがしときのけ》(13)、御掟帳仕替《しかへ》(14)、独礼《どくれい》(15)作《づくり》、西御屋敷御取立(16)、足軽組まぜちらかし(17)、御道具仕廻物《しまひもの》(18)、西御屋敷解崩《ときくづし》など、皆御代初〳〵に何事哉《がな》と新儀工《たく》み也。仕《し》そこなひ申し候。

さりながら御先祖様御仕組手堅く候故、大本《おほもと》は動き不レ申《まうさず》候。不調法なる事にても、日峯様・泰盛院様の御仕置・御指南を上にも下にも守り候時は、諸人落着《らくちやく》、手強《てごわく》物静かに治《をさまり》申す事に候。

さてまた、御代々の殿様に悪人無レ之《これなく》、鈍智無レ之、日本の大名に二、三とさがらせらるゝは終《つひ》に無レ之候、不思議の御家、御先祖様御信心の御加護たるべし。

また、御家の者他方《よそ》に不レ被二差出一《さしいだされず》、他方の者不レ被二召入一《めしいれられず》、牢人《らうにん》に被二仰付一《おほせつけられ》候ても御国内《うち》に被二召置一《めしおかれ》、切腹被二仰付一《おほせつけられ》候者の子孫も御国内に被二召置一《めしおかる、》、主従の契《ちぎり》深《ふかき》御家に生出《うまれいで》、御被官は不レ及レ申《まうすにおよばず》、町人《まちにん》・百姓まで、御譜代《ふだい》(19)相伝の御深恩不レ被二申尽一《まうしつくされざる》事どもに候。

(1)御上　四代藩主鍋島吉茂《よししげ》。五の8・31・50―52・147・148、六の82、七の50参照。／(2)ひやふすかし立　おだてあげ。「ひょう」は佐賀方言で「軽」の意。／(3)新儀　新しい仕置き。／(4)味　意味。／(5)出頭　出世。／(6)しくさらかし　だめにし。「し腐る」を「かす」で強調した語。／(7)御三人の不熟　小城《おぎ》・蓮池《はすいけ》・鹿島《かしま》の鍋島三支藩との不和。幕府に対する献上物の格の問題をきっかけに、延宝六年（一六七八）頃から不和が表面化した。五の98参照。／(8)

着座　藩庁の座に着き藩政に携わる、家老に次ぐ家格。佐賀藩における身分序列は次の通り。三家・親類・親類同格・連判家老・加判家老・着座・独礼・平侍・手明鑓《てあきやり》・徒士・足軽。／(9)他方者抱　相良求馬や岡部重利など他国の者を召し抱えたこと。六の136参照。／(10)手明鑓物頭　手明鑓を組頭《くみがしら》に任じたこと。もともと手明鑓は、切米五十石支給のもと、平時の役は免除、戦時に鑓一本・具足一領で出陣することを定められた、佐賀藩独自の身分。後には平時にも勤務するようになった。一の22・131参照。／(11)組替　一の62参照。／(12)御親類並家老　親類家老と同格の家老。元禄十二年（一六九九）三代藩主綱茂が龍造寺一族の家老四人を親類同格とした。／(13)御東解除　勝茂が二の丸に建てた向陽軒（五の137参照）を綱茂が解体したこと。／(14)御掟帳仕替　二代藩主光茂が藩法を改定したこと。／(15)独礼　御礼日に一人で藩主に謁見する身分。／(16)西御屋敷　綱茂が城外の西南に別荘として建てた観頤荘《かんい》（五の43参照）。吉茂が解体した。／(17)足軽組まぜちらかし　結束の固い足軽組をバラバラにし、他と混ぜて組替えしたこと。二の68参照。／(18)御道具仕廻物　藩主が常用した道具をその没後に払い下げ品とすること。一の10・11参照。／(19)御譜代　古くからの家臣。序文と類似する表現を持つ四の81に「御家中上下百姓・町人《まちにん》まで何十代と不ニ相替一《あひかはらず》馴染《なじみ》深き御譜代の御深恩」とある。

訳　それゆえに、憚りながら御上（四代藩主鍋島吉茂《よししげ》公）にも日峯様・泰盛院様の御苦労をお思い知りになられ、せめて御相続のお書き物なりとも御熟覧になりまして、御得心遊ばされたいことです。御出生になりますと「若殿様、若殿様」とおだてあげますため、御苦労なされることがなく、国学がございませず、わがままの好きなことばかりで、御家職の方が通り一遍ですので、近年新事が多く、手薄になり申すことです。このような時に利口な者どもが、何の趣も知らず、智恵自慢をして新事を企み出し、殿の御気に入って出世して、ことごとくだめにし申しました。まず申すならば、御三人（小城《おぎ》・蓮池《はすいけ》・鹿島《かしま》藩主）との不仲、着座新設、他所《よそ》者召し抱え、手《て》明鑓《あけやり》を組頭《くみがしら》にしたこと、組替え、屋敷替え、御親類並家老新設、御東（向陽軒）取り除き、御掟帳改定、独礼新設、西御屋敷御建造、足軽組をまぜちらかしたこと、御道具仕廻物《しまいもの》、西御屋敷取り壊しなど、皆それぞれの御代初めに何事かでもと新事を企てた。し損ない申しました。

しかしながら御先祖様の御制度（設計）が手堅くありましたゆえ、大本《おおもと》は動き申しませんでした。無調法なことでも、日峯様・泰盛院様の御処置・御指南を上にも下にも守ります時は、諸人が得心し、力強く物静かに治まり申すことです。

そしてまた、御代々の殿様に悪人はなく、鈍才はなく、日本の大名に（負けて）二・三番手へと退かされることはついぞありませず、不思議の御家、御先祖様の御信心による御加護であるに違いない。

また、御家の者を他所に差し出されず、他所の者を召し入れられず、浪人に仰せ付けられましても御国内に召し置かれ、切腹を仰せ付けられました者の子孫も御国内に召し置かれる主従の契り深い御家に生まれ出て、御家来は申すに及ばず、町人・百姓まで、御譜代相伝の深い御恩は申し尽くされぬことです。

斯様《かやう》の儀を存当《ぞんじあたり》、「なにとぞ御恩報《ほうじ》に御用に可二罷立一《まかりたつべし》」との覚悟に胸を極《きはめ》、御懇《ねんごろ》に被二召仕一《めしつかはる》、時はいよ〳〵私なく奉公仕《つかまつり》、牢人《らうにん》・切腹被二仰付一《おほせつけられ》候《さうらふ》も一つの御奉公と存《ぞんじ》、山の奥よりも土の下よりも、生々世々《しやう〳〵せゞ》御家を奉レ歎《なげき(1)たてまつる》心入《こゝろいれ》、是《これ》鍋島士《ざむらひ》の覚悟の面門《めんもん》、我らが骨髄にて候。今の拙者に不二似合一《にあはざる》(2)事に候へども、成仏などは曾《かつ》て願ひ不レ申《まうさず》候。七生までも鍋島士《ざむらひ》に生出《うまれいで》、国を治可レ申《をさめまうすべき》覚悟胆に染罷在《まかりある》までに候。気力も器量も不レ入《いらず》(3)候。一口に申さば、御家を一人して荷《になひ》申す志出来《いでき》申すまでに候。同じ人間が誰に劣可レ申《おとりまうすべき》哉《や》。惣《そう》じて、修行は大高慢(4)にてなければ益《やく》に不レ立《たゝず》候。我《われ》一人して御家を動かさぬとかゝらねば、修行はものに不レ成《ならざる》也。

また、薬罐《やくわん》道心にてさめやすき事有レ之《これあり》。夫《それ》はさめぬ仕様《しやう》有り。我らが一流の誓願(5)、

一、於二武士道一《ぶしだうにおいて》おくれ取申《とりまうす》まじき事

一、主君の御用に可レ立《たつべき》事

一、親に孝行可レ仕《つかまつるべき》事

一、大慈悲を発《おこ》し、人の為に可レ成《なるべき》事

此《この》四誓願を毎朝仏神に念《ねんじ》(7)候へば、二人力に成りて跡《あと》にはしざらぬ(6)もの也。尺取虫の様に少しづつ先ににじり申すものに候。仏神もまづ誓願を起《おこ》し給《たま》ふ也《なり》。

（1）歎　心底嗚呼《ああ》と思い。「歎く」は思いが声となって溢れるほど大切に思うことで、葉隠武士道のキーワードの一つ。／（2）今の拙者　出家隠栖の身である自分。／（3）器量　才能。／（4）大高慢　高慢を越えた高慢。武士同士の厳しい緊張関係の中にあって、それでも自分こそが一番の武士であるということを証そうとする気位のこと。主君のためになることを基準とするため、他の武士を見下す普通の高慢の次元を越え、「大慈悲」（四誓願）に通ずる別次元の高慢となる。葉隠武士道のキーワードの一つ。／（5）我らが一流の　わたくしの流儀の。／（6）しざらぬ　引き下がらない。／（7）にじり　膝を押し付けてじりじりと動き。

訳　このようなことに思い当たり申し、「なにとぞ御恩報じに御用に立とう」との覚悟に胸を定め、御懇《ねんご》ろに召し仕われる時はいよいよ私なく奉公いたし、浪人・切腹を仰せ付けられますのも一つの御奉公と存じ、山の奥よりも土の下よりも、幾生幾世《いくしよういくせ》と御家を歎き申し上げる心入れ、これが鍋島侍の覚悟の面目、わが骨髄であります。今の拙者に似合わぬことですが、成仏などは少しも願い申しませぬ。七生《しちしよう》までも鍋島侍に生まれ出て、国を治め申そうとの覚悟を胆に染めておるまでです。気力も能力も要りませぬ。一口に申すならば、御家を一人で背負い申す志が出て来申すまでです。同じ人間が誰に劣り申そうか。総じて、修行は大高慢でなければ役に立ちませぬ。自分一人で御家を動かさぬとかからねば、修行は物にならぬのである。

また、やかん道心で冷めやすいことがある。それには冷めぬ仕方がある。それがしの流儀の誓願は、
一、武士道において後《おく》れを取り申すまじきこと
一、主君の御用に立つべきこと
一、親に孝行いたすべきこと
一、大慈悲を起こし、人の為になるべきこと
この四誓願を毎朝仏神《ぶつしん》に念じますと、二人力になって後ずさりはせぬものである。尺取虫《しやくとりむし》のように少しずつ先ににじり申すものです。仏神もまず誓願を起こしなさるのである。

葉隠聞書(1)　一　教訓

1　一、武士たる者は、武道《ぶだう》(2)を心掛《がく》べき事、不レ珍《めづらしからず》といへども、皆人《みなひと》油断と見えたり。其子《そのし》細《さい》は、「武道の大意(3)は何と御心得候《さうらふ》(4)哉《や》」と問掛《とひかけ》たる時、言下《ごんか》に答ふる人稀《まれ》也。兼々《かねぐ》胸に落着《らくちやく》なき故也。さては武道不心掛の事知られ申し候。油断千万の事也。

（1）葉隠聞書　底本にはここに「聞書」とある。／（2）武道　「武士道」という語より古く、狭義には武の行い・技術の意、広義には武士の道の意。『葉隠』では「武道・奉公」という対比の形で限定的に用いられる場合（一の80、二の51、二の60）であっても、存在の根幹としての「武士の道」という広義の奥行きを常に響かせる。本項では広義の意。／（3）大意　根本の意味。／（4）御心得候《そうろう》　問いかけた相手への敬意（「御」）、問いかけた場による敬意（「候」）があることに注意。武士は互いに最大限の敬意を払うため、敬語を重んじた。そのため『葉隠』には極めて多くの敬語が記される。従来の葉隠研究並びに武士道研究がこの点を看過してきたことは正されねばならない。ここは、相手が優れた答えをする前提で示された敬意で、「おぬしも武士であるというのならば劣った答えなど言うはずはなかろうが」という圧迫と挑発を裏に含んでいる。こうした敬語の存在に、武士同士の持つ恐るべき緊張感を見るべき箇所。

訳　一、武士たる者は、武道を心懸けるべきこと、珍しくもないといっても、皆が皆油断しているとみえる。そのわけは「武道の本質は何とお心得でありますか」と問い掛けた時、一言の下に答える人が稀である。かねがね胸にとくと落ちていないためである。そうしては武道に不心懸けのことが知られ申します。油断千万《せんばん》のことである。

2　一、武士道(1)と云《いふ》は、死ぬ事と見付《みつけ》たり(2)。二つ〳〵の場(3)にて、早く死(4)ぬかたに片付《かたづく》ばかり也。別に子細なし。胸すわつて進む也。「図《づ》に当《あたら》ぬ(5)は犬死」などと云事は、上方風《かみがたふう》(6)の打上《うちあがり》たる武道(7)なるべし。二つ〳〵の場にて、図に当《あたる》様にする事は不レ及事《およばざる》也。我人《われひと》生くる方が数寄《すき》也。多分数寄のかたに理が付《つ》くべし。もし図に迦《はづれ》て生きたらば腰抜《こしぬけ》也。此境《このさかい》(8)に危《あぶな》き也。図に迦て死にたらば、犬死、気違《きちがひ》(9)にて恥には成らず。是《これ》が武道に丈夫也。毎朝毎夕、改《あらため》ては死に〳〵、常住(10)死身(11)に成りて居《ゐ》る時は、武道に自由(12)を得、一生落度《おちど》なく家職を仕《し》果《おほ》(13)すべき也。

（1）武士道　武士の道。「武道」の語（一の1注参照）が「武士」の己の存在の問題として、より深く捉えられた語。「武道」の語義と大きく重なり、根には「武道」由来の実践的・行為的な意味を持ちつつも、それを反省的に捉え返した語。ほぼ同義であるが、両語の微妙な使い分けの際には、「武士道」の方がより大きな全体を示すものと見られる。この語の初出は『甲陽軍鑑』。

／(2) たり　現代語では「た」と訳すほかないが、ある時点で止まるのではなく、そこから現在にまで至り、その現在の方が主たる現場であるという強い持続性を示す語。この持続性を表すために、試みに「た。」に代えて「た――」と訳出した。／(3) 二つ〳〵の場　あれかこれか、生きるか死ぬかの選択を迫られた場面。戦闘場面を原イメージとするが、泰平の世では奉公・喧嘩など他の場面にも押し広げられる。／(4) 早く　「片付く」にかかる。／(5) 図に当ぬ　狙い・予想通りにことが運ばない。／(6) 上方風　京都・大坂風。都会風という意味にもなるが、あくまで当時の文化的中心であった上方の気風。／(7) 打上たる武道　お高くとまった武士道。戦闘者の道であった武士道が、泰平の時代に儒学と結合して変質し、為政者の道となったもの。山鹿素行の士道が有名。／(8) 境　境目。底本「堺」。／(9) 気違　一の193注(4)参照。／(10) 常住　常に。／(11) 死身　(観念において)死んでいる身。すでに死んでいるため死を恐れることがない。葉隠武士道のキーワードの一つ。／(12) 自由　自在な境地。／(13) 家職　奉公の一環としての家職。

訳　一、武士道というのは、死ぬことと見付けた――二つに一つの場で、早く死ぬ方に片付くだけである。他に子細はない。胸が据《す》わって進むのである。「狙い通りに行かぬのは犬死に」などと言うことは、上方風のお高くとまった武道であるに違いない。二つに一つの場で、狙い通りに行くようにすることは力及ばぬことである。我々は生きる方が好きである。大かた好きの方に理屈を付けるはずである。もし狙いを外《はず》して生きたならば腰抜けである。この境目《さかいめ》に危なさがある。狙いを外して死んだならば、犬死に、気違いであって恥にはならぬ。これが武道に確かなあり方である。毎朝毎夕、改めては死に死んで、常時死に身になっている時は、武道に自由自在となり、一生落ち度なく家職を仕果たすことができるのである。

3 一、奉公人は、一向《いつかう》に主人を大切に歎《なげ》く(1)まで也。是《これ》最上の被官《ひくわん》(2)也。御当家御代々名誉の御家中(3)に生れ出《い》で、先祖代々御厚恩の儀《ぎ》(4)を不レ浅《あさからざる》事に奉レ存《ぞんじたてまつり》、身心を擲《なげう》ち、一向に奉レ歎《なげきたてまつる》ばかり也。此《この》上に、智恵・芸能も有りて、相応《さうおう》〳〵の御用に立つは猶《なほ》幸也。何の御用にも不レ立《たゝず》、無調法《ぶてうはふ》(5)千万の者も、ひたすらに奉レ歎《なげきたてまつる》志さへ有れば、御頼切《たのみきり》(6)の御被官也。智恵・芸能ばかりを以て御用に立つは下段《げだん》也。

(1) 歎く　心底嗚呼と思う。／(2) 被官　家来。／(3) 御家中　御家のうち。／(4) 芸能　才芸。技芸。／(5) 無調法　手際が悪く何もできないこと。／(6) 頼切の　全幅の信頼を置いた。

訳 一、奉公人は、ひたすらに主人を大切に歎くまでである。これが最上の家来である。御当家御代々名誉の御家のうちに生まれ出て、先祖代々御厚恩のことを浅からぬことに存じ申し上げ、身心をなげうち、ひたすらに歎き申し上げるだけである。この上に、智恵・才芸もあって、それ相応の御用に立つのはなお幸いである。何の御用にも立たず、無調法千万《せんばん》の者も、ひたすらに歎き申し上げる志さえあれば、主人がお頼み切りになる御家来である。智恵・才芸だけで御用に立つのは一段低い。

4 一、生《うま》れ付《つ》きによりて、則座《そくざ》に智恵の有る人も有り。退《しりぞき》て枕を破《わ》(1)りて案じ出《い》だす人も有り。此本《このもと》を極《きは》(2)めてみるに、生れ付きの高下は有りとも、四誓願に(3)押当《おしあて》(4)私なく案ずる時、不思議の智恵(5)も出づる也。盗人《ぬすびと》深く案《あん》ずれば遠き事も案じ出《い》だす様《やう》に思へども、私を根にして案じ廻《めぐ》らし、皆邪智の働きにて、悪事と成る事のみ也。愚人《ぐにん》の習ひ、私なく成《な》る事《こと》成り難《がた》く、さりながら事に臨《のぞん》で、まづ其《その》事を差置き、胸に四誓願を押立て、私を除《のぞ》きて工夫を致さば、大迦《はづれ》有るべからず。

(1) 枕を破り　心を砕き。「邯鄲《かんたん》の枕」(故事)という表現に「肝胆を砕く」の意味を掛けた慣用句。「枕を砕く」とも。/(2) 極め　徹底的に考え。/(3) 四誓願　序文(36頁)参照。/(4) 私なく　私心なく。自身の利害を関わらせず。/(5) 不思議の智恵　思い量りを越えた智恵。

訳 一、生まれつきによって、その場ですぐに智恵が出る人もいる。退いて苦心して考え出《し》す人もいる。この大本を突き詰めてみると、生まれつきの(頭の)良し悪しはあっても、四誓願《せいがん》に(自分を)押し当てて私《わたくし》なく考える時、不思議の智恵も出るのである。盗人は深く考えれば深遠なことも考え出せるように思うが、私を根にして考え廻らし、みな邪《よこしま》な智の働きで、悪事となることばかりである。愚人の常として、私をなくすことはでき難く、しかしながら事に臨んで、まずその事を差し置き、胸に四誓願を押し立て、私を除いて工夫を致すならば、大過のあるはずがない。

5 一、我《わが》智恵・一分《いちぶん》(1)の智恵ばかりにて万事を成《な》す故、私と成りて天道に背《そむ》き、悪事を成す也。脇より見たる所きたなく(2)、手弱く、せばく、働かざる也。真の智恵に叶ひ難き時は、智恵有る人に談合《だんかふ》(3)するがよし。其《その》人は我《わが》上にて無《これなき》レ之故、私なく、有躰《ありてい》(4)の智恵にて了簡《れうけん》する時、道に叶ふもの也。脇より見る時、根強く慥《たしか》に見ゆる也。たとへば、大木の根だ(5)が如く、一人の智恵は突立《つきた》てたる木の如し。

(1) 一分　一身。／(2) きたなく　見苦しく。／(3) 談合　相談。／(4) 有躰の　ありのままのすなおな。／(5) 根だ　根太。床板を支える横木、基礎。

訳　一、自分の智恵・一身の智恵だけで万事を行うため、私となって天道に背き、悪事をなすのである。傍から見たところ、汚く、弱々しく、狭く、働きがない。真の智恵に叶い難い時は、智恵ある人に相談するのがよい。その人は自分のことではないため、私なく、ありのままの智恵で考える時、(それが)道に叶《かな》うものである。傍から見る時、根本がしっかりとして確かに見えるのである。喩《たと》えて言えば、大木の根太《ねだ》のようなものであり、一人の智恵は突き立てた木のようなものである。

6一、古人の金言《きんげん》・仕業《しわざ》などを聞き覚《おぼ》ゆるも、古人の智恵に任《まか》する為なり、私を立つまじき為也《ためなり》。私の情識《じやうしき》(1)を捨《すて》ては、古人の金言を頼み、人に談合《だんかふ》する時は迦《はづれ》なく、悪事有るべからず。勝茂公、直茂公の御智恵を御借り被《なされ》レ成候。此事《このこと》『御咄聞書《おはなしききがき》』(2)に有り。有難き御心入《こゝろいれ》也。また、何某《なにがし》は弟数人家来にして召置き、江戸・上方罷《まか》り越し候時も召連れ、常住日々の公私の事を弟どもと談合有り、夫《それ》故迦《はづ》れなしと聞き伝へ候也。

(1)情識　迷いの心、我執。/(2)『御咄聞書』　聞書三の表題参照。

訳 一、古人の金言・仕事ぶりなどを聞き覚えるのも、古人の智恵に任せるためである、私《わたくし》を立てまいとするためである。私のとらわれを捨てては、古人の金言を頼み、人に相談する時は外《はず》れがなく、悪事の起ころうはずがない。
勝茂公は直茂公のお智恵をお借りなされました。このことは『御咄聞書《おはなしききがき》』にある。有り難いお心入れである。また、なにがしは弟数人を家来にして召し置き、江戸・上方に参りました時にも召し連れ、常時日々の公私のことを弟どもと相談し、それゆえ外れがなかったとも聞き伝えています。

7 一、相良求馬《さがらきうま》(1)は、御主人と一味同心(2)に、死身《しにみ》に成《な》りて勤《つと》めたる者也。一人当千と云《いへ》ども(3)、一とせ(4)左京殿(5)水ケ江《みづがえ》屋敷にて大僉議《せんぎ》(6)有り。「求馬切腹」との沙汰也。其頃《そのころ》、大崎(7)に多久縫殿《たくぬひ》(8)下屋敷(9)三階の茶屋(10)有り。是《これ》を借受て佐嘉中のいたづら者(11)どもを集め、あやつり(12)を企《くはだ》て、求馬人形をつかひ(13)、毎日毎夜酒宴・遊興、左京殿屋敷を見下《おろ》し、大騒《さわぎ》仕《つかまつ》り候。是《これ》難に進み、御為に望で腹を切る覚悟、いさぎよき事ども也。

〈一、(14)勝(15)・宮(16)企《くはだ》て、内被二引入一《ひきいれられ》(17)筆取り(18)也。後、押込《おしこめ》(19)の(20)僉議に及で、内一分を達《たつ》し(21)、座を立ち直に山居(22)也。

一、諸組に、御家老中より触《ふれ》有り(23)。いづれも「存寄無レ之《これなし》」(24)と申し出で候。勝・宮両組より申し出で候。組中列座僉議の時、大隈次兵衛(25)一分申し達し「同意不レ仕《つかまつらず》」と申し候。其時《そのとき》、御台所役也。正左衛門(26)「同意ぞ」一と申す寄親《よりおや》(27)と争論に及び候を引分《わ》く。正左衛門は伯父也。次兵衛は正左衛門聟《むこ》也。次兵衛寄親不首尾也。正左衛門心遣にて御部屋住(28)に勤め申し候。後に「忠節の者に候間、被二取立一《とりたてられ》候様に」一と被二仰遣一《おほせつかはせられ》百石被レ下《くだされ》候。

一、峯五郎左衛門噂に付《つき》て御目附朝倉伝左衛門言上す。後に御父子様(29)よりの御書、御部屋様(30)筆分、「伝左衛門忠心御感三度の咎御《とがご》免可レ被レ成《めんなさるゝべき》」一旨被レ遊被レ下《あそばされくだされ》候。

一、大僉議打崩《うちくづ》れ(31)、彼《かの》両人引入《ひきいり》(32)被《まうされ》レ申候〉(33)。

(1) 相良求馬　及真《ちかざね》。加判家老。一の8・136、二の12・67、六の22、八の27参照。／(2) 一味同心　一丸・一体となり心を同じくすること。葉隠武士道のキーワードの一つ。／(3) 云ども　餅「云ども」、山「云べし」。／(4) 一とせ　延宝七年（一六七九）。／(5) 左京殿　神代直長。勝茂の子。親類家老。五の143、六の82、七の17、八の68参照。／(6) 大僉議　そもそも藩主光茂の非を訴え、押し込めようとする詮議であったが、求馬の非に議題の焦点が移った。／(7) 大崎　水ヶ江に隣接する地。／(8) 多久縫殿　安英。多久茂辰の子。／(9) 下屋敷　控えの邸。／(10) 茶屋　掛け茶屋風に造った茶室。／(11) いたづら者　不良者。遊び人。／(12) あやつり　人形操り。浄瑠璃等の音曲とともに、酒宴にさらなる非日常空間を創り出す遊興。求馬は常軌を逸した茶屋の馬鹿騒ぎで、水ヶ江屋敷の左京殿に向けて、自身がどれほど死を覚悟した家臣であるかを誇示することによって、主君光茂の非をあげつらおうとする大詮議自体が不当であることを暗に訴えたものと見られる。／(13) 人形をつかひ　求馬は一人遣いの人形で、時に勝・宮などを真似るなどして命懸けの笑いを誘ったのだろう。／(14) 一　以下は後から書き加えられた注と見られる。山欠。／(15) 勝　大木勝右衛門知昌。請役付。年寄役。一の198、五の143、八の13・68参照。／(16) 宮　岡部宮内《くない》重利。年寄役。一の201、五の98、七の41参照。／(17) 内　鍋島内記《ないき》種世《たねよ》。この事件で剃髪し、普周と号した。二の113、八の30、十一の113参照。／(18) 筆取り　文章を書く役。／(19) 押込　主君押し込め。不行跡を理由に家老一同の合議によって主君を監禁して退けること。十の145参照。／(20) 押込の僉議　光茂を隠退させようとする詮議。／(21) 一分を達し　自分の考えを伝え。／(22) 山居　山中への隠居。／(23) 触　内が書き、提出された訴え状を精査するための触れであろう。／(24) 存寄　思い当たること。／(25) 大隈次兵衛　常的《つねまと》。一の76参照。／(26) 正左衛門　大木知清。知昌の伯父。／(27) 寄親《よりおや》　組頭。大木知昌。／(28) 御部屋住　嫡子の綱茂。／(29) 御父子様　光茂・綱茂。／(30) 御部屋様　光茂の妾霊樹院お振。／(31) 打崩れ　頓挫し。／(32) 彼両人　大木知昌と岡部重利。／(33) 引入　出仕をやめ、蟄居《ちっきょ》し。

訳　一、相良求馬《さがらきゅうま》は、御主人と一味同心に、死に身になって勤めた者である。一人当千というけれども、ある年左京《さきょう》殿の水ヶ江屋敷で大詮議があった。「求馬切腹」との評決であった。その頃、大崎に多久《たく》縫《ぬい》殿の下屋敷の三階の茶室があった。これを借り受けて佐賀中のいたずら者どもを集め、操り人形を企て、求馬は人形遣《つか》いをし、毎日毎夜酒宴・遊興し、左京殿の屋敷を見下ろして大騒ぎ致しました。これは一人で難事に進み、主君の御ために望んで腹を切る覚悟であり、潔いことであった。

〈一、勝《かつ》と宮《みや》が企み、内《ない》が引き入れられ筆を取った。後、主君押込《おしこめ》の詮議に及んで、内は自分の言い分を伝え、座を立ちそのまま山に隠居した。

一、諸組に御家老中から触れがあった。いずれも「思い当たり申さぬ」と申し出ました。勝・宮の両組から(は)申し出ました。組中が列席した詮議の時、大隈次兵衛《おおくまじへえ》が言い分を申し伝え、「同意いたさぬ」と申しました。その時、御台所役であった。正左衛門《しょうざえもん》は、「同意する」と申す寄親（勝）と（次兵衛とが）争論に及びましたのを引き分けた。正左衛門は（勝の）伯父である。次兵衛は正左衛門の婿である。次兵衛は寄親と不仲であった。正左衛門の配慮で御部屋住み（綱茂公）に勤め申しました。後に「忠節の者ですから、取り立てられますように」と仰せ遣わされ、百石下されました。

一、峯五郎左衛門《みねごろうざえもん》の噂について御目付朝倉伝左衛門《でんざえもん》が言上した。後に御父子（光茂・綱茂）様よりの御書、御部屋（霊樹院《れいじゅいん》お振《ふり》）様の書いた分に、「伝左衛門の忠心にお感じ入りになった、三度の咎《とが》まではお許しなされよ」との旨、お書き遊ばされ下されました。

一、大詮議は打ち崩され、あの両人（勝・宮）は引っ込み申されました〉。

8 一、一鼎《いってい》(1)咄《はなし》に、「相良求馬は、泰盛院様御願(2)に付出現したる者なるべし。抜群の器量也。毎歳暮御願書(3)〈別記に有〉御書《か》せ被レ成《なされ》候。御死去前年の御願書宝殿に残り居り申す事有べし。求馬末期に不足の事有り。「我らに不ニ相似合一《あひにあはざる》大禄を下《くださ》れ(5)、御恩不レ奉レ報《ほうじたてまつらざる》事に候。世悴《よせがれ》助次郎(4)幼少にて器量不ニ相知一《あひしれず》候。然《しかれ》ば御知行返上仕り候。名跡御立被レ下《くだされ》(6)候においては助次郎器量次第相応に可レ被レ下《くださるべし》」と申す処也。求馬ほどの者がぬくるはずはなし。病苦にて忘却かと思はるる也。笑止《せうし》(7)なる事は、三年の内に家潰可レ申《つぶれまうすべく》候。荷《にな》ひきらぬ御恩也(8)」。また、「何某は発明《ほつみやう》也。のだ(9)、ぬ風の奉公人也。四、五年の内に是《これ》も身上崩すべし(10)」と被レ申《まうされ》候が少しも不レ違《たがはず》、不思議の眼と存《ぞん》じ居り候。夫《それ》より気を付て見るに、のうぢもなき奉公人今何年ばかりと云《いふ》事は大形見ゆるもの也。

〈助次郎〔後名求馬〕牢人《らうにん》の事。御目附山本五郎左衛門(11)の戸に張紙有り。求馬百姓あたり(12)不レ宜《よろしからざる》由也。(13)御改の処、不レ宜《よろしからざる》事のみ有レ之《これあり》候故、家来数人御咎め、知行主に候故求馬牢人被二仰付一《おほせつけられ》候〉。

(1) 一鼎　石田安左衛門宣之。常朝に大きな影響を与えた儒学の師。物成三百二十五石。勝茂の近侍、光茂の御側相談役。著書に『要鑑抄』など。一の64・183、二の122、六の63参照。／(2) 御願　仏神への祈願。四の55参照。／(3) 別記　四の25・37参照。／(4) 助次郎　求馬維真。／(5) 名跡　跡目。／(6) ぬくる　抜ける。／(7) 笑止　気の毒。／(8) 荷ひきらぬ　負い切れぬほど重い。／(9) のだゝぬ　伸び立たぬ。／(10) のうぢ　能持。長続きすること。／(11) 山本五郎左衛門　常治。常朝の甥。常朝より二十歳年長。一の28、二の91・141、七の15、八の55参照。／(12) 百姓あたり　百姓への応対。／(13) 改　取り調べ。

訳　一、一鼎の話に、「相良求馬は、泰盛院(勝茂)様の御願《ごがん》によって出現した者であるに違いない。抜群の器量である。(泰盛院様は)毎年暮れに御願書〈別記にあり〉をお書かせなされました。御死去前年の御願書が宝殿に残っており申すことであろう。求馬は最期に不足のことがあった。「わたくしに似合わぬ大禄を下され、御恩に報い申し上げぬことです。世継ぎの倅《せがれ》の助次郎は幼少で器量が(いかほどか)知れません。だから御知行は返上いたします。跡目をお立て下されます際には助次郎の器量次第、相応に下されるよう」と申すところであった。求馬ほどの者が抜かるはずはない。病苦で忘れ果てたかと思われる。気の毒なことは、三年の内に家が潰れ申しましょう。担い切らぬ御恩である」。また、「なにがしは利発である。伸び立たぬ風情の奉公人である。四、五年の内に、これも身上を持ち崩すであろう」と申されましたのが少しも違《たが》わず、不思議の眼力と存じております。それから気をつけて見ていると、続きもせぬ奉公人があと何年ばかりということは、大かた見えるものである。〈助次郎〔後名求馬〕浪人のこと。御目付山本五郎左衛門の戸に張り紙がされた。求馬の百姓扱いがよくないとのことであった。お取り調べになったところ、よくないことばかりありましたため、家来数人はお咎《とが》め、知行主でしたので求馬は浪人を仰せつけられました〉。

9 一、主君の味方として善悪ともに打任《うちまか》せ、身を擲《なげうち》て居る御家来は、無二他事《たじなき》一者也(1)。二、三人有れば御所方(2)黒《くろ》む(3)もの也。久しく世間を見るに、首尾よき時は智恵・芸能を以て御用に立ち、ほのめき(4)廻る者多し。主人御隠居被ㇾ成《なさるゝ》か御隠れなされ候時には、早後向《はやうしろむ》き、出《いづ》る日(5)の方に取り入る者数多《あまた》見及び、思ひ出してもきたなき也。大身《たいしん》・小身《せうしん》(6)、智恵深き人・芸の有る人、我こそめきて(7)御用に立たるれども、主人の御為に命を捨つる段に成てへろ〳〵と成られ候。香《かう》ばしき事少しもなし。何の御益《おやく》にも立たぬ者が件《くだん》の時は一人当千(8)と成る事は、兼《かね》てより一命を捨て、主人と一味同心して(9)居る故也。御逝去の時例《ためし》(10)有り。御供の所存の者我一人也。其後《その》見習ひてされたり。(11)日来《ひごろ》口を利き、はりひぢをしたる歴々の衆が御目ふさがる、(12)と其儘《そのまゝ》後向《うしろむ》き被レ申《まうされ》候。「主従の契り義を重くする」などと云は遠き事の様に候へども、目前に知れたり。たゞ今一部り部《はま》れば、(13)究竟《くきやう》の御家来出現也。

(1) 無二他事一 他事に心を割かぬ。一途な。／(2) 御所方 御主家。／(3) 黒む 充実する。序文(30頁)参照。／(4) ほのめき 何かとそぶりに表し。／(5) 出る日の方 日の出の勢いがある次代の者。／(6) 大身・小身 高い身分・低い身分の者。／(7) 我こそめきて 自分こそがというそぶりで。／(8) 一人当千 一騎当千。千人力。／(9) 一味同心し 動詞形。一味となり心を同じくする。／(10) 御逝去の時例有り 一の12参照。／(11) 御供の……見習ひてされたり 山欠。「御供」は禁じられた殉死の代わりに出家すること。／(12) 口を利き……衆 大言を吐き、威張っていたお偉方。／(13) 一部り部れば 一度すっぽりとはまれば。

訳 一、主君の味方として善悪ともにうち任せ、身をなげうっている御家来は、他に目もくれぬ者である。二、三人いれば御家は黒々とするものである。久しく世間を見てくると、主人が首尾のよい時は智恵・才芸で御用に立ち、(自慢気に)ほのめかして回る者が多い。主人が御隠居なされるかお隠れになられました時には、早速背を向け、昇る日の方に取り入る者を数多く見るに及び、思い出しても汚い。大身・小身、智恵深い人・才芸のある人が、我こそがと御用に立たれるが、主人の御為に命を捨てる段になってへろへろとなられます。芳《かんば》しいことは少しもない。何のお役にも立たぬ者がそのような時は一人当千となることは、かねてより一命を捨て、主人と一味同心になっているからである。（光茂公）御逝去の時の実例がある。御供する所存の者はわたし一人であった。その後（わたしを）見習ってされた。日頃大口を利き、ふんぞり返っていたお偉方の衆が、（殿が）御瞑目されると同時に背を向け申されました。「主従の契りは義を重んじる」などというのは遠いことのようですが、目の前で知れている。ただ今一はまりはまれば、究極の御家来が出現するのである。

10 一、御道具を仕廻物《しまひもの》(1)にして取りがちに被《つかまつられ》レ仕候。是《これ》にて了簡《れうけん》候へ。頼まれぬ(2)心入れ也。御秘蔵・御寵愛にて七重八重の袋・箱に入れたる御道具どもに値段付けをして奪ひ取り、主君の御魂入《いれ》られたる物を我々の家内の道具に遣《つか》ふ事、勿躰《もつたい》(3)至極も無き事ぞかし。御罰を蒙《かうむ》らずとも、心よく有る事は了簡に不《およばざる》レ及事也。鼻の先ばかりの奉公、君臣の義理(4)は無き事也。

（1）仕廻物　払い下げ品。／（2）頼まれぬ　あてにできない。／（3）鼻の先ばかり　上っ面だけ。／（4）義理　（武士として）果たし行うべき筋道。具体的な場面における武士の道。これまでの武士たちがそれぞれに考え実践してきた「武士としてのあるべきありよう」の集積から、普遍項として取り出され、共有されている価値。武士ならば、その価値を踏み外さぬように振る舞い、己においてその価値を更新する義務を負う。一の63・191・198、三の1、七の37・38、十一の110・146参照。

訳　一、（亡き殿の）御道具を仕廻物《しまいもの》にして取っていきがちに致されました。これで理解なさい。頼りにならぬ心入れである。（殿の）御秘蔵・御寵愛で七重八重の袋・箱に入れた御道具（の数々）に値段付けをして奪い取り、主君が御精魂を込められた物を我々の家の道具に使うことは、しごく勿体《もったい》もないことであるよ。御罰《おんばち》を受けずとも、（そんなことをして）心よくいることは理解の及ばぬことである。鼻先ばかりの奉公であり、君臣の義理はないことである。

11一、山崎蔵人《くらんど》(1)は、一生仕廻物《しまひもの》と名の付《つき》たる物は取られず、さてまた、町人《まちにん》の宅へ一生参り不レ被レ申《まうされず》候。誠に奉公人の嗜《たしな》み斯様《かやう》にこそ有たく候。石井九郎右衛門(2)も仕廻物不レ仕《つかまつらず》候。近代の衆は、仕廻物とさへ云ば我先にと望を掛け、町人などの所には無理に押掛け、振廻ひ致させ、見世棚(3)に調物《とゝのへもの》(4)に参り候事を慰《なぐさ》みなどととりなし候事、風儀悪しく士《さむらひ》の本意にあらずと存《ぞん》じ候。

(1)山崎蔵人　政良《まさよし》。年寄役。一の119・195、二の60、九の14参照。／(2)石井九郎右衛門　正《まさ》証《つぐ》。年寄役。元禄十四年（一七〇一）浪人。のち帰参。二の46、八の18参照。／（3）見世棚　商家。店。／（4）調物　買い物。

訳　一、山崎蔵人《くらんど》は、一生仕廻物《しまいもの》と名の付いた物は取られず、そしてまた、町人の家へ一生参り申されませんでした。誠に奉公人の嗜みはこのようにこそありたいものです。石井九郎《くろう》右衛門《えもん》も仕廻物を致しませんでした。近頃の衆は、仕廻物とさえいえば我先に（取ろう）と望みを掛け、町人などの所には無理に押しかけ、振る舞い致させ、店に買い物に参りますことを慰みごとなどと取り沙汰しますことは、風儀が悪く士《さむらい》の本意でないと存じます。

12　一、御逝去(1)前、上方に罷《まか》り在《あ》り候処(2)、何としたる事(3)に候哉《や》、罷《まか》り下《くだ》りたき心出《い》で来候に付て、河村頼み(4)御使申し乞ひ、夜を日に継ぎて下り候が、漸《やうや》く参り合ひ(5)候。不思議と存じ候。御気色被㆓差詰《さしつめられ》㆒(6)候と有る事は曾《かつ》て上方へ不㆓相知《あひしれざる》㆒時分にて候。若年の時分より、「一人被官(7)は我ら也」と思込み候一念にて、仏神の御《おん》知らせかと存じ候。差出《さしい》でたる奉公(8)仕《つかまつ》りたる事もなく、何の徳もなく候へども、其《その》時(9)は兼《かね》て見はめ(10)候通り、我ら一人にて御外聞は取り(11)候と存じ候。大名の御死去に、御供仕り候者一人も無ㇾ之《これなく》候てはさびしきものにて候。是《これ》にてよく知れたり。擲《なげう》ちたる者は無き者にて候。たゞ擲ちさへすれば澄《すむ》に、すくたれ(12)・腰抜け・欲深きの、我為《わがため》ばかりを思ふきたなき人が多く候。数年胸悪《わろ》(13)くして暮し候由。

(1)御逝去　主君光茂の死は元禄十三年(一七〇〇)。／(2)上方に……処　常朝の京都在勤中のこと。／(3)何としたる事　常朝が常に光茂を意識していたからこそのことである。／(4)河村頼み　三条西家の家司河村権兵衛を頼み。／(5)参り合ひ　殿の臨終に間に合い。／(6)御気色被二差詰一　容態が悪化し、さし迫って。／(7)一人被官　ただ一人の家来。自分こそが最も主君を大切に思っている家来であるという意識を持った家来。二の61・63参照。／(8)差出でたる奉公　特に役に立つような、目立った奉公。／(9)其時　光茂の死の時。／(10)見はめ　思い定め。／(11)御外聞は取り　追い腹(殉死)に代わる出家をして、主君の名誉を保ったこと。／(12)すくたれ　意気地なし。「すくむ」に通ずる語。「たれ」は罵りの接尾語。／(13)胸悪く　気分悪く。

訳　一、(光茂公の)御逝去前、上方におりましたところ、何としたことでありますか、国に下りたい心が出て来ましたので、河村を頼り(古今伝授の)御使者(役)を申し願い、夜を日に継いで下りましたが、ようやく(殿に)参り会いました。不思議なことと存じます。(殿の)お加減が差し迫られていましたということは、全く上方へ知れていない頃でした。若年の頃より「一人家来はそれがしである」と思い込みました一念で、仏神のお知らせかと存じます。取り立てた奉公を致したこともなく、何の働きもありませんでしたが、その時はかねてから見定めていました通り、それがし一人で(殿の)御外聞は取りましたと存じます。

大名の御死去に際して、御供いたします者が一人もありませんでは寂しいものです。これでよく知れた――身をなげうった者はいないものです。ただなげうちさえすれば済むのに、臆病・腰抜け・欲深で、我がためばかりを思う汚い人が多いのです。長年胸くそ悪くして暮らしていますとのこと。

13 一、御返進物(1)・火中物(2)の事被二仰出一《おほせいだされ》候に付て、撰《えら》び出《いだ》し置き申し候に付、指南一通の事。

〈口達(3)〉。

〈世界(4)替り役人仕事にて無レ之《これなき》事。両様不レ苦《くるしからざる》ものにて候事。鑰封《かぎふうじ》(5)年寄衆合判《がふはん》(6)伺ひ、引渡し候事。御不審かかり可レ申《まうすべき》事。両様御とめ被レ成《なされ》候事。目録引合《ひきあはせ》、撰分《えりわけ》候事。一人に段々御尋ね、御請《うけ》候事〉。

(1)返進物　返上する品物。／(2)火中物　焼き捨てる物。／(3)口達　口頭で伝えること。煩雑な場合や憚りがある場合に詳細が省略される形。／(4)世界　世の中／(5)鑰封　鍵をかけ封じること。／(6)合判　割り印。

訳　一、御返上する物・火中する物のことを（殿が）仰せ出されましたので、選び出しておき申しましたことについて、指南一通りのこと。〈口《く》達《たつ》（がある）〉。

〈（今では）世の中が替り、（もはや）役人の仕事ではないこと。どちらに仕分けても差し支えないものでありますこと。鍵封じは年寄衆に割り印をいただいた上、引き渡しましたこと。（そうしないと）御不審がかかり申すに違いないこと。どちらも（殿が）お残しなされました（大切なものである）こと。目録を引き合わせ、選び分けましたこと。（返上する相手の）一人ずつに一段一段お尋ねし、承りましたこと〉。

14(1)一、人に異見《いけん》(2)をして疵《きず》(3)を直《なほ》すと云は、大切の事、大慈悲・御奉公の第一にて候。異見の仕様《しやう》、大きに骨を折る事也。人の上の善・悪を見出すは安き事也。夫《それ》を異見するも安き事也。大方《おほかた》は、人の好かぬ云難《にく》き事を云《いふ》が、親切の様に思ひ、夫《それ》を請《う》けねば、力に不レ及《およばざる》事と云也《いふなり》。何の益《やく》にも不レ立《たゝず》。人に恥をかゝせ、悪口すると同じ事也。我《わが》胸はらしに云まで也。

異見と云は、まづ其人の請《う》くるか、(6)請けぬかの気をよく見わけ、入魂《じゆこん》(4)に成り、此方《このはう》の詞《ことば》を兼々《かね〴〵》(5)信仰有様《あるやう》に仕成《しな》してより、好きの道などより引入れ、云様《いひやう》種々に工夫し、時節を考へ、或は文通或は暇乞《いとまごひ》などの折にて、我身の上の悪事を申し出《いだ》し、不レ云《いはず》しても思当る様にか、まづよき所を褒立《ほめた》て、気を付け、(7)引立つる工夫を砕き、(8)渇《かわ》く時水呑む様《やう》に請け合はせ、(9)疵直《なほ》るが異見也。殊の外仕難《しにく》きもの也。

年来の曲《くせ》なれば、大躰にては直《なほ》らず。我身にも覚《おぼ》え有り。(10)諸傍輩《はうばい》兼々《かね〴〵》入魂をし、曲を直し、一味同心に御用に立つ所なれば御奉公・大慈悲也。然《しかる》に恥を与へては、何《なに》しに(11)直《なほ》り可レ申哉《まうすべきや》。

(1) 14 二の129参照。／(2) 異見 ある見解に対して異なる見解を述べること。現代語「意見」より具体性が強く、命懸けのものとなることがある。現代語訳では「異見」のままとした。／(3) 疵 欠点。／(4) 入魂 昵懇《じっこん》。魂を入れることが親密になることであると示唆する原文の表記を現代語訳では重視し、「入魂《じっこん》」とした。／(5) 信仰 信頼。／(6) 好きの道 その人の好む方面。／(7) 気を付け 励まし。／(8) 工夫を砕き 工夫を凝らし。／(9) 請け合はせ 納得させ。／(10) 有り 底本「ば」。山・餅「有」による。／(11) 何しに どうして。

訳 一、人に異見《いけん》をして疵《きず》を直すというのは、大切なことであり、大慈悲・御奉公の第一です。異見の仕方は、大いに骨を折ることである。人の上の善い点・悪い点を見出すのはたやすいことである。それを異見するのもたやすいことである。大かたは、人の好まぬ言いにくいことを言うのが親切のように思い、それを受け入れなければ、力の及ばぬことと言う。(これでは)何の役にも立たぬ。人に恥をかかせ、悪口するのと同じことである。自分の胸晴らしに言うまでである。

異見というのは、まずその人が受け入れるか、受け入れぬかの気をよく見分け、入魂《じっこん》になり、こちらの言葉を前々から信じ仰ぐようにしておいてから、好きなことの道などから引き入れて、言い方を様々に工夫し、タイミングを考え、あるいは文通あるいは暇乞いなどの折に、我が身の上の悪いことを申し出し、言わなくても思い当たるようにするか、まず良い所を褒《ほ》め立て、励まし、引き立てる工夫に心を砕き、渇いた時に水を飲むように受け入れさせ、疵が直るのが異見である。殊の外しにくいものである。

年来の癖であるから、並大抵では直らない。わが身にも覚えがある。諸傍輩《ほうばい》と前々から入《じっ》魂《こん》にし、癖を直し、一味同心に御用に立つところとなれば、御奉公・大慈悲である。それなのに恥を与えては、どうして直り申そうか。

15 一、何某《なにがし》へ異見の事。〈口達〉。(1)〈牢人の身にて上を恨み候事。何某牢人、内実に(2)非を知り候が五、六年目に帰参(3)の事。前方仰付《おほせつけ》御断《おことわり》、二度めに御請《おうけ》誓詞の事。最前御断にて崩《くづ》すか、剃髪《ていはつ》にて崩すかの時は見事に候事。同じ(4)筋にて牢人の事。斯様《かやう》の我《わが》非を不レ存《ぞんぜざる》間は帰参有まじく候。今にも「無二御情《おなさけなき》一」の、「誰が憎い者」などとばかり胸をこがして(5)猶々《なほく》天道の憎《にくみ》を受《うく》る也。何某の評判に「御罰よ(6)」と被《まうされ》レ申たると也。人がのが(7)さぬ也。罪一人に有りと思ひ返され候へ、帰参ほど有まじと申し候由〉。

（1）〈 以下、〈 〉内全体が常朝のなにがし（甲）への異見の内容であり、実際には甲に向かって「おぬしは……」などと二人称で語ったものであろう。〈 〉内は常朝から話を聞いた陣基が、異見の要点を後からメモ書きしたものと見られる。常朝による懇切丁寧な異見が想像されるとともに、陣基による談話の再構成のあり方、『葉隠』編纂の一過程が垣間見える項。／（2）内

実に　実のところ。／(3) 帰参　主君に許されて再び仕えること。／(4) 同じ筋　同じような理由。／(5) 胸をこがして　恨み憤って。／(6) 御罰よ　甲なら浪人を仰せ付けられて当然、の含意。／(7) 人がのがさぬ　人の目はごまかせない。

訳　一、なにがし（甲）へ異見したこと。〈口達（がある）〉。

〈（甲は）浪人の身で殿を恨みましたこと。なにがし（乙）という浪人で、真実（自分の）非を知っていました者が、五、六年目に帰参したこと。最初（帰参の）仰せ付けをお断りし、二度目にお受けし誓詞《せいし》を書いたこと。最初にこの話をお断りして崩すか、剃髪して崩すかという時は見事でありましたこと。（甲は）同様の理由で浪人したこと。この（乙の）ように自分の非を存ぜぬ間は帰参はありますまい。（甲は）今でも「（殿は）お情けがない」だの、「誰々が憎い者」などとばかり胸を焦がして、ますます天道から憎まれるのである。なにがし（甲）の評で「御罰（が下ったの）よ」と申されていたとのことである。人が見逃さぬのである。罪は自分一人にあると思い返されなさい。帰参は間もなくだろうと（異見）申しましたとのこと〉。

16　一、沢辺平左衛門(1)介錯《かいしやく》(2)致し候時分、中野数馬《かずま》(3)江戸より褒美状遣《つかは》し被《まうされ》レ申候。「一門の外聞を取り候」(4)と事々しき書面にて候。介錯の分にて斯様《かやう》(5)に被《まうしこされ》二申越一候事、余りなる事とその時分は存《ぞん》じ候へども、其後《そのゝち》よく／＼案じ候へば、老功の仕事と存じ候。若き者には、少しの事にても武士の仕業《しわざ》を調《とゝの》へ候時は、誉《ほ》め候て、気を付け、勇み進み候様に仕《つかまつ》る為《ため》にて可レ有《あるべく》候。中野将監《しやうげん》(6)よりも早速褒美状参り候。両通ながら直《なほ》し置き候由也。五郎左衛門(7)よりは鞍《くら》・鐙《あぶみ》を贈り申し候也。

（1）沢辺平左衛門　常朝の従兄。七の24、八の46参照。／（2）介錯　切腹する人に付き添い、その首を切り落とすこと。天和二年（一六八二）、常朝二十四歳の時のこと。／（3）中野数馬　利明。加判家老。一の51参照。／（4）外聞を取り　面目を守り。／（5）老功の　熟練の。／（6）中野将監　正包《まさかね》。常朝の伯父。年寄役。元禄二年（一六八九）切腹。一の99、二の128、八の29・40参照。／（7）五郎左衛門　常治。常朝の甥。

訳　一、沢辺平左衛門《さわべへいざえもん》を（わたし〔＝常朝〕が）介錯いたしました際、中野数馬《かずま》が江戸より褒《ほう》美《び》の書状を遣《つか》わし申されました。「一門の名声を守りました」と事々しい書面でした。介錯《かいしやく》程度でこのように申しよこされますことは、余計なこととその頃は存じましたが、その後よくよく考えますと、老功の仕事であったと存じます。若い者には、少しのことであっても武士の仕業《しわざ》をうまくやりました時は褒《ほ》めまして、励まし、勇み進みますように致すためであったに違いありませぬ。中野将監《しようげん》からも早速褒美の書状が参りました。二通あわせてしまっておきましたとのことである。五郎左衛門《ごろうざえもん》からは鞍《くら》・鐙《あぶみ》を贈り申しました。

17(1)一、人中にて欠《あくび》仕《つかまつ》り候事、不嗜《ふたしなみ》なる事にて候。欠出《い》で候時は、額を撫《な》で上《あ》げ候へば止《とゞまり》申す。さなくば舌にて唇をねぶり(2)口を開かず。または襟を、内袖を掛け、(3)手を当《あ》てなどして知れぬ様《やう》に可レ仕《つかまつるべき》事に候。くさみも同前也。阿呆《あはう》げに(4)見え候。此《この》外も心を付て可レ嗜《たしなむべき》事也。

(1) 17 二の58参照。／(2) ねぶり 舐め。／(3) 襟を、内袖を掛け 「襟」と「内袖」を並列と取る。底本・餅「襟を内袖をかけ」、山「襟の内袖をかけ」。／(4) 阿呆げに 阿呆者のように。

訳 一、人前で欠伸《あくび》いたしますことは不躾《ぶしつけ》なことです。欠伸が出ます時は、額を撫で上げますと止まり申す。さもなくば舌で唇を舐め口を開かない。または襟・内袖を掛け、手を当てるなどして、知れぬように致すべきことです。くしゃみも同様である。阿呆《あほう》げに見えます。この他も心を付けて嗜《たしな》むべきことである。

18一、翌日の事は、前晩よりそれぞれ案じ、被二書付置《かきつけおかれ》一候。是《これ》も、諸事人より先にはかるべき心得也。何方《いづかた》に兼約《けんやく》(1)にて御出《おいで》(2)の節は、前夜より向様《さきさま》の事を万事万端挨拶・咄《はなし》・時宜《じぎ》などの事を案じ被レ置《おかれ》候。

何方へ御同道申し候時分、御咄に、「何方に参る時は、まづ亭主の事をよく思入りて行くがよし。和の道也。礼儀也。また、貴人などより呼ばるる時、苦労に思ひ候は座つき(3)出《い》で来《こ》ぬもの也。「さて〳〵忝《かたじけな》き事哉《ことかな》。さこそ面白く有べき」と思入りて行きたるがよし。惣《そうじ》て用事の外は呼ばれぬ所へ行かぬがよし。招請に逢《あ》ひては「さてもよき客振かな」と云《いは》るゝ様にせぬは客にてはなし。いづれ(4)、其座の趣を前方より服《ふくし》(5)て行くが大事也。酒などの事が第一也。立ちしほが入りたもの也(6)。飽《あか》れもせず、早くも帰らざる様に、有たき也。また常々の事にも、馳走など斟酌《しんしやく》(7)を仕《し》過《すぐ》すも却《かへり》て悪き也。一度二度云《いひ》て其上には、夫《それ》を取持(8)ちたるがよし。ふと行掛《いきがゝり》て留《とゞ》めらるゝ時などの心得も如《かくのごとき》レ斯也」。

(1) 兼約　かねての約束。／(2) 御出　底本「御時」。山・餅「御出」による。／(3) 座つき　宴席の初めに述べる口上。／(4) いづれ　何にせよ。／(5) 服て　よく考えておいて。／(6) 立ちしほが……也　座を立つ潮時が肝要である。／(7) 斟酌　遠慮。／(8) 取持ち　受け。

訳　一、（常朝師は）翌日のことは、前の晩から一つ一つ考え、書き付けておかれました。これも、諸事を人より先にはかるべき心得である。どちらかに、かねてからの約束でお出《い》での際は、前夜から先方《せんぽう》様のことを、万事万端、挨拶・話・（お）辞儀などのことを考えておかれました。

　どちらかへ（わたし〔＝陣基〕が）御同行申しました時、（常朝師の）お話に、「どちらかに参る時は、まず家の主人のことをよく思い廻《めぐ》らして行くのがよい。和の道である。礼儀である。また、貴人などから呼ばれた時、苦労に思いましては座つきの挨拶も出て来ぬものである。「さてさて忝《かたじけな》いことよ。さぞ面白いに違いない」と思い込んで行ったがよい。すべて用事の他は呼ばれぬ所へ行かぬのがよい。招待を受けたら、「さてもよい客振りよ」と言われるようにしなければ客ではない。何事であれ、その席の趣きを前々より腹積もりして行くのが大事である。酒などのことが第一である。席を立つ頃合いが要るものである。飽きられもせず、早く帰りもせぬようにありたい。また常々のこととしても、(ご)馳走などに遠慮しすぎるのもかえって悪い。一度二度言ってその上では、それを受けたがよい。ふと行き合って、引き留められる時などの心得もこのようなものである」。

19 一、四誓願(1)の琢《みが》き上《あ》げは、「武士道におひて後《おく》れを取べからず」、是《これ》を武勇を天下にあらはすべき事と覚悟すべし。〈此事愚見集に委《くは》し〉(2)。「主君の御用に立べし」、是を家老の座に直《なほり》(3)て諫《かん》言《げん》(4)し国を可レ治《をさむべき》事と思ふべし。〈愚見に委し〉。孝は忠に付く也。同じもの也。「人の為に成《なる》べき事」、是をあらゆる人を御用に立つ者に仕《し》なすべしと心得べし。

(1) 四誓願　序文（36頁）参照。／(2) 愚見集　宝永五年（一七〇八）、常朝が養子吉三郎《よしさぶろう》（権《ごん》之丞《のじょう》）に与えた教訓書。／(3) 家老の座に直て　家老の座に着いて。／(4) 諫言　主君の非を諫《いさ》めること。

訳　一、四誓願を磨き上げるには、「武士道において後《おく》れを取るべからず」、これを武勇を天下に顕すべきことと覚悟しなければならぬ。〈このことは『愚見集《ぐけんしゆう》』に詳しい〉。「主君の御用に立つべし」、これを家老の座について諫言《かんげん》し、国を治めるべきことと思わなければならぬ。〈『愚見集』に詳しい〉。孝は忠に付いてくる。同じ物である。「人の為に成るべきこと」、これをあらゆる人を御用に立つ者に作りなさねばならぬと心得よ。

20 一、「御祝言御道具僉議《せんぎ》(1)の時分、何某《なにがし》殿御申し候は「琴・三絃其《その》(2)書付に不二相見一《あひみえず》候。是《これ》はなくては」と也。何某被レ申《まうされ》候は、「琴・三絃無用に候」とあらかに申して差留《さしと》め候。是《これ》はそと当《あた》(3)りて申されたる也。翌日被レ申《まうされ》候は、「御道具になくては不二事足一《ことたらざる》物也。極上二通づつと書付け候へ」と被レ申《まうされ》候と咄《はなし》申す人有り」(4)。「さても気味のよき人哉《かな》」(5)と申し候へば、「いや〳〵、夫《それ》がよからぬ所存也。皆我《わが》威勢立ての申し分也。大方《おほかた》他方者に有る事也。上たる人に対してまづ慮外(6)也。御為《おんため》にも成らぬ事也。道を知る者ならば、縦《たと》へ入らぬに極《きは》まりたる物にても「御尤《ごもつとも》に奉レ存《ぞんじたてまつり》候。さりながら夫《それ》は追《おひ》て吟味可レ仕《つかまつるべく》候」などと申して、其《その》人の恥に不レ成様《ならざるやう》にして、よき様にするこそ侍の仕事にて候。しかも入るべき物故《ゆゑ》、翌日は書《かき》加へ申す物を、当座に貴人に恥をかゝせ、何の詮(7)も無く、きたなく、粗相《そさう》(8)の心入れにて候」と也。

（1）御祝言　御婚礼。／（2）三絃　三味線。／（3）そと当りて　人々が聞くことを考えて。／（4）我威勢立ての　己の威勢を張らんがための。／（5）他方者　他藩の者で新たに召し抱えられた者。／（6）慮外　無礼。／（7）詮　益。／（8）粗相の　不注意な。

訳　一、（常朝）「御祝言の御道具を詮議した際、なにがし殿が申されましたのは、「琴・三味線がその書付に見えません。これはなくては」とのことであった。なにがしが申されますには、「琴・三味線は無用であります」と荒らかに申して差し留めました。これは他所《よそ》の人に当てて申されたのである。翌日申されますには、「御道具になくては事足りぬ物である。極上品二つずつと書き付けなさい」と申されましたと話し申す人があった」。（陣基）「さてさて気持ちのよい人であるよ」と申しますと、（常朝）「いやいや、それがよからぬ考えである。すべて自分の威勢張りの申し分である。大かた他所者にあることである。上たる人に対してまず無礼である。御為にもならぬことである。道を知る者ならば、たとえ要らぬに決まっている物でも、「ご尤もに存じ申し上げます。しかしながらそれは追って吟味いたしましょう」などと申して、その人の恥にならぬようにして、よいようにすることこそが侍の仕事です。しかも必ず要る物だから、翌日は書き加え申す物を、その場で貴人に恥をかかせ、何の甲斐もなく、汚く、粗相《そそう》の心入れです」とのことであった。

21 一、覚《かく》の士(1)・不覚《ふかく》の士と云《いふ》事軍学に沙汰《さた》有り。覚の士と云は、事に逢《あ》ひて仕覚えたるばかりにてはなし。前方に夫々《それぞれ》の仕様を吟味仕置きて、其《その》時に出合ひ、仕果《しおほ》するを云。然《しかれ》ば万事前方に極《きは》め置くが覚の士也。不覚の士と云は、其時に至ては縦《たとへ》間に合ひても、是《これ》は時の仕合せ也。前方穿鑿《せんさく》せぬは不覚の士と申す、と也。

(1)覚の士　覚悟ある士。

訳　一、覚《かく》の士・不覚《ふかく》の士ということについて軍学に議論がある。覚の士というのは、事に遇《あ》って仕遂げただけではない。前もってそれぞれの仕方を吟味しておいて、その時に出合い、仕果たす者をいう。したがって万事を前もって決めておくのが覚の士である。不覚の士というのは、その時に至ってはたとえ間に合ったとしても、それは一時のめぐり合わせである。前もって考え抜かないのは不覚の士と申すとのことである。

22 一、「日峯《につぽう》様御百年御忌(1)の時分、諸牢人不レ残被二召出一《のこらずめしいだされ》(2)たき事也。是《これ》が御亡者様の第一に御悦び可レ被レ成《なさるべき》御法事にて候。其《その》段は我ら請《うけ》に立つ也。さりながら倹約〳〵にて行兼可レ申《いきかねまうすべく》候。近年は、牢人者・切腹の跡などは行き捨《すたり》に成り、手《て》明鑓《あきやり》(3)・牢人など取立無レ之《これなき》格の様に相成《な》り候。国学(4)無二御存一《ごぞんじなき》故、手明鑓などを物頭(5)に被二仰付一《おほせつけられ》候也」。

（1）日峯様御百年御忌　直茂公の百年忌。享保二年（一七一七）。／（2）請に立つ　保証人となる。請け合う。／（3）手明鑓　序文注（33頁）参照。／（4）国学　序文及び序文注（26頁）参照。／（5）物頭　組頭。

訳　一、「日峯《にっぽう》（直茂）様御百年御忌の際には、諸浪人を残らず召し出されたいことである。これが亡き御殿様が第一にお喜びなされるはずの御法事です。その際はわたくしが身元引き受けに立つ。しかしそうはいっても倹約倹約で行い申すことができますまい。近年は、浪人者・切腹した者の子孫などは廃れる一方になり、手《て》明鑓《あきやり》・浪人などが取り立てのない格のようになってしまいました。国学を御存じないため、手明鑓などを組頭に仰せ付けられました」。

23(1)一、酒盛の様子はいかに(2)可レ有《あるべき》事也。心を付けて見るに、大方呑むばかり也。酒と云もの(4)は、打上がり(3)奇麗《きれい》にしてこそ酒にてあれ。気が付かねばいやしく見ゆる也。大方人の心入れたけ〴〵(5)も見ゆるもの也。公界《くがい》(6)もの也。

（1）23　一の68、二の58参照。／（2）いかに　「いかふ（厳う）」の誤写と見て、「厳し」の原義により訳出した。山・餅「いかふ」。／（3）打上がり　切り上げること。／（4）心入れ　心構え。／（5）たけ〴〵　品格。／（6）公界もの　公の場の物。

訳　一、酒盛《さかも》りの様子は改まった態度であるべきことである。心を付けて見ると、大かた呑むばかりである。酒というものは、切り上げを綺麗にしてこそ酒である。ここに気が付かなければ卑しく見える。大かた人の心構えや程度も見えるものである。公の場の物である。

24　一、何某《なにがし》、「当時倹約を細かに仕る《つかまつる》」由申候へば「不レ宜《よろしからざる》事也。「水至《いたり》て清ければ魚不レ住《すまず》(1)」と云《いふ》事有り。藻柄《もがら》(2)などの有る故に其陰《そのかげ》(3)に魚は隠れて成長する也。少々は見逃《みのがし》・聞逃《きゝのがし》の有る故に、下々は安穏《あんをん》する也。人の身持ちなども此《この》心得可レ有《あるべき》事也」。

（1）水至て……不レ住　「水至清即無レ魚。人至察則無レ徒」。『孔子家語《こうしけご》』入官の言葉。／（2）藻柄　藻類の茎。／（3）身持ち　品行。

訳　一、なにがしが「現在倹約を細々《こまごま》と致している」とのことを申しましたところ、「よろしくないことである。「水がいたって清ければ魚《うお》住まず」ということがある。藻の茎などがあるから、その陰に魚は隠れて成長するのである。少々は見逃し・聞き逃しがあるから、下々は安心する。人の行いなどもこの心得があるべきことである」。

25 一、請《うけ》役所(1)にて、何某《なにがし》へ町方何某「訴訟を可レ渡《わたすべし》(2)」と申し候時「受取るまじき」と申し候を、色々申し合《あひ》(3)候処に何某居合せ、「まづ受取り置き候て、無用と候はゞ、返し被レ申《まうされ》候へかし」と申し候に付て、「さらば受取り置くべし」と申し候時「受取らするものを受取らずに置く事が成るものか」と卑《いやし》め被レ申《まうされ》候由咄《はなす》人有り。「何某は、最早直《もはやなほ》りたるかと思ひたれば、未角《いまだかど》が折れず。惣《そう》じて心安き人にても、役所〳〵にては、慇懃《いんぎん》に取り合《あふ》が士《さむらひ》の作法也。左様《さやう》に恥しき事、きたなき仕方《しかた》、士の作法にあらず」と也。

(1)請役所　藩庁内で当役家老が藩の一般政務を行なう所。／(2)訴訟を可レ渡　訴状を受け取れ。／(3)申し合　「言い合」に場の敬意が加わり、畏まり格式ばった形。押し問答をすること。

訳 一、請《うけ》役所で、なにがし(甲)に町方のなにがし(乙)が「訴状を渡そう」と申しました時、(甲が)「受け取れぬ」と申しましたので、色々と問答いたしましたところに、なにがし(丙)が居合わせ、「まず受け取っておきまして、無用でありましたならば、返し申されませよ」と申しましたため、(甲が)「それならば受け取っておこう」と申しました時、(乙は勝ち誇り）「受け取らせる物を受け取らずにおくことができるものか」と（甲を）卑しめ申されましたとのことを話す人があった。（常朝）「なにがし（乙）は、最早直っていたかと思っていたが、いまだに角《かど》が取れておらぬ。すべて心安い人でも、役所役所した場所では、慇懃《いんぎん》に応対するのが士の作法である。そのように恥しいこと、汚いやり方は士の作法ではない」とのことである。

26 一、何某《なにがし》屋敷を何某殿より所望に付て「可二差出一《さしいだすべき》」由申し達し、行先をも相談申し候半《なか》ばに、「用事無レ之《これなき》」由に候。夫《それ》に付《つき》、段々不届の趣云募《いひつの》り候に付て、何某殿より断《ことわり》(1)にて得心、其上《そのうえ》にて銀子《ぎんす》など得申し候由咄《はなす》人有り。「さて〳〵笑止《せうし》(2)の仕方《しかた》也。惣《そうじ》て人よりだまされて負《まけ》てゐるは、機分無《きぶんなき》(3)事と思ふもの也。夫《それ》は事が違ふ也。「縦《たとへ》貴人たりとも一言も云《いは》せぬ」などと云《いふ》は、別段の事也。是《これ》は損徳の事也。大根《おほね》(4)がきたなき事也。夫を歴々に向《むか》ひ、過言《くわごん》(5)など申し候事無礼、慮外《りよぐわい》と云《いふ》もの也。しまり(6)銀など取り候へば却《かへり》て負け也。以来の支《つかへ》(7)に可レ成《なるべき》也。惣て公事沙汰《くじざた》(8)・云分《いひぶん》(9)などゝ云《いふ》事は皆損徳の事也。損さへすれば相手は無きもの也。是ばかりは堪忍してひけにならぬ(10)事也。智が細き故見えず」と。

（1）断　理由を述べ、陳謝すること。／（2）笑止の　笑うべき。／（3）機分無　気分なき。面白くない。／（4）大根　根本。／（5）過言　無礼な言葉。／（6）しまり　結局。／（7）以来の

文　以後の差し支え。／(8) 公事沙汰　訴訟事件として扱われること。／(9) 云分　不平。／(10) ひけにならぬ　引けを取ることにならぬ。名折れにならぬ。

訳　一、なにがし（甲）は、屋敷をなにがし（乙）殿より所望のため「差し出すように」との旨申し入れが届き、移る先までをも相談申していました半ばに、「不要となった」とのことでした。（甲は）それについて、一段一段が不届きである旨を言い募りましたため、なにがし（乙）殿より事情を説明して（甲は）納得し、その上で金などを得申しましたとのことを話す人があった。（常朝）「さてさて笑止の仕方である。およそ人からだまされて負けているのは、不愉快なことと思うものである。（しかし）それは事が違う。（また）「たとえ貴人であっても一言も言わせぬ」などというのは、別の場合のことである。これは損得のことである。根本が汚いことである。それを（お）歴々に向かい、度を過ぎた言葉などを申しましたことは、無礼、もっての外というものである。そのあげくに金などを取りましたら、かえって負けである。以後の差し支えになろう。およそ裁判沙汰・言い分などということは皆損得のことである。自分が損さえすれば相手はないものである。こればかりは我慢しても負けにならぬことである。智が細いから見えぬのだ」と。

27 一、石井又右衛門(1)は大器量(2)の者にて候。病気出《い》で、馬鹿に成り申し候。一歳《ひとゝせ》御側《おそば》仕《し》組《くみ》(3)僉《せん》議《ぎ》の時、何某《なにがし》殿より又右衛門へ御歌書方《おうたかきかた》(4)の事被ニ相尋《あひたづねられ》一候。又右衛門申し候は、「病気以来、今の事さへ覚《おぼ》え不レ申《まうさず》候。縦《たとへ》覚え居り候とも殿様の人に云《いふ》なと被ニ仰付《おほせつけられ》一候事を各《おの〳〵》に可レ申《まうすべきや》哉。増《まし》て覚え不レ申《まうさず》候」と申し候由。

（1）石井又右衛門　忠俊《ただとし》。歌書役《うたかきやく》。／（2）器量　力量。／（3）御側仕組　側近に仕える者の組織。／（4）御歌書方　主君の歌の記録係。六の30参照。

訳　一、石井又《また》右衛《え》門《もん》は大器量の者であります。病気が出て、馬鹿になり申しました。先年御側仕えの組を詮議した時、なにがし殿より又右衛門へ御歌書役《おうたかきやく》のことを尋ねられました。又右衛門が申しましたのは、「病気以来、今のことさえ覚え申していませぬ。たとえ覚えておりましても、殿様が人に言うなと仰せ付けられましたことをおのおの方に申せようか。まして覚え申していませぬ」と申しましたとのこと。

28　一、何某《なにがし》殿屋敷出火の時、山本五郎左衛門(1)当番御目附にて罷《まか》り出で候処、門を堅《かた》め入《い》れ不レ申《まうさず》、「火事は此方《こなた》にて無レ之《これなし》」と申し候。五郎左衛門せき上り(2)、「御意を承《うけたまは》り罷り越し候者を不レ入《いれず》ば、撫《な》で切り可レ仕《(13)つかまつるべし》」と刀を抜《ぬき》申し候に付て、門を開き申し候由。内には何某一手(4)ばかり参り、取消し被レ申《まうされ》候由。

(1) 山本五郎左衛門　常治。一の8注(11)参照。／(2) せき上り　頭に血が上り、かっとして。／(3) 撫で切り　片端から切り捨てること。／(4) 一手　手勢の者。

訳　一、なにがし殿の屋敷で出火した時、山本五郎左衛門は当番御目付で出て行きましたところ、門を堅め、(中に)入れ申さず、「火事はこちらではない」と申しました。五郎左衛門は血が上《のぼ》り、「(殿の)仰せを承って参りました者を入れぬならば、なで切りに致そう」と刀を抜き申しましたため、門を開け申しましたとのこと。内にはなにがしの一手だけが参り、消し止め申されましたとのこと。

29 一、弥《や》三郎《さぶらう》(1)へ色紙を書かせ、「紙一ぱいに一字書くと思ひ、紙を書き破り候と思ふて書くべし。よしあしは、夫者《それしや》(2)の仕事也。武士はあぐまぬ(3)一種にて澄《すむ》也」とて染筆《せんぴつ》(4)也。

(1) 弥三郎　蒲原弥三郎。四の69参照。／(2) 夫者　其者。その道に通じた者。／(3) あぐまぬ　倦《あぐ》ねぬ。嫌になってしまわぬ。／(4) 染筆　筆をとって書く。

訳　一、弥《や》三郎《さぶろう》に色紙を書かせ、「紙一杯に一字を書くと思い、紙を書き破りますと思って書け。（字の）良し悪しは、その道の者の仕事である。武士は書きあぐねぬという一事で済むのである」と言って、筆を染めた。

30 一、海音《かいおん》和尚(1)の前にて草紙御読み候が、「小者(2)ども・小僧達皆参り聞かれ候へ。聞き手が少ければ読み難《にく》し」と御申し候。和尚感心、小僧どもへ「何事もあの気ぞ」と也。

(1) 海音《かいおん》和尚　天祐寺住持。二の88参照。／(2) 小者　年少者。

訳　一、海音《かいおん》和尚の前で（若殿〔光茂公〕が）草紙《そうし》をお読みになりましたが、「年少の者ども・小僧達、皆参ってお聞きなさい。聞き手が少ないと読みにくい」と申されました。和尚は感心し、小僧どもに「何事もあの意気だ」とのことである。

31 一、毎朝拝みの仕様《しやう》、まづ主君、親、夫《それ》より氏神、守仏と仕《つかまつ》り候也。主をさへ大切に仕り候はゞ、親も悦び、仏神も納受可《あるべし》レ有と存《ぞんじ》候。此方《このはう》(1)は主を思ふより外の事知らず。志つのり候へば、不断御身辺に気を付け、片時も離れ不《まうさず》レ申候。女は第一に、夫を如《しゆくんのごとくぞんずべき》ニ主君ニ可レ存事也。

（1）此方　わたくし。山「武士」。

訳　一、毎朝の拝みの仕方は、まず主君、親、それから氏神、守り仏と致します。主をさえ大切に致しましたならば、親も喜び、仏神も納受するに違いないと存じます。わたくしは主を思うよりほかのことを知らぬ。（主への）志が募りましたので、常に御身辺に気を付け、片時も離れ申しませんでした。女は第一に、夫を主君のように存ずるべきことである。

32 一、仕付方《しつけかた》(1)の口伝に、「「時宜」(2)の二字をだてとよませ候。伊達《だて》する心(3)にてなければ時宜《じぎ》はならず」と也。

（1）仕付方　しつけの仕方。／（2）時宜　辞儀。おじぎ。／（3）伊達する心　（外見を）派手に見せる心。ことさら見せ付けるように、全身全霊の立派なお辞儀をせよというのである。

訳　一、しつけ方についての口伝に、「「時宜《じぎ》」の二字をダテと読ませます。伊達する心でなければ、辞儀《じぎ》はできぬ」とのことである。

33 一、正徳三の春雨乞僉議《あまごひせんぎ》(1)の時、会所(2)にて「金立山《きんりふざん》(3)に雨乞にて、毎年度々《どゝ》(4)の風流《ふりう》(5)上下の雑《ざふ》作《さく》(6)也。此度《このたび》随分(7)風流を念を入れ、もし無レ験《しるしなく》ば重ねて無用」と候て、なるほど(8)結構の三十三囃子(9)・踊・狂言など仕入れ申し候。金立の雨乞は、前々より不思議の霊験にて候。此度《このたび》は曾《かつ》て験無レ之《しるしこれなく》候。其日《そのひ》、大太鼓《おほだいこ》(10)打ち候者無相伝《むさうでん》(11)に打ち候て、伝受の者撥《ばち》をもぎ取り申し候末にて及二喧嘩一《けんくわにおよび》、下宮にて切《き》り合《あひ》、打ち合、死人も出で来、また見物人にも喧嘩出で来、手負《おひ》(12)有レ之《これあり》候。

其《その》頃、下々《したゞ》の説に「今度の風流、会所僉議実《まこと》(13)なき事故《ゆゑ》、権現(14)御祟《たゝり》にて、悪事其場に出で来候」と申扱《まうしあつかひ》(15)候。「神事の場の不吉は前表《ぜんぺう》(16)に成る事有り」と実教卿《さねのり》(17)御咄《はなし》にて考へ候へば、此《この》年の内に会所役者奸謀《かんぼう》(18)にて数人斬罪。寺井辺津波(19)にて死亡多し。海辺に金立の下宮有レ之《これある》(20)由。また、殿中にて、原十郎左衛門(21)打果し有り。斯様《かやう》の事どもいかゞと被レ存《ぞんぜられ》候也。

・

(1) 雨乞僉議　雨乞いの祭事についての詮議。／(2) 会所　御歳方・検者方などの役所を集めた合同庁舎。／(3) 金立山　金立権現。祭神は徐福《じょふく》であった。佐賀市金立町の現在の金立神社の祭神は保食神《うけもちのかみ》、罔象女命《みずはのめのみこと》(水神)、徐福。徐福は、秦の始皇帝が不老不死の仙薬探しに東方に遣わした方士。／(4) 度々　「どど」と読むのは武士語。たびたび。／(5) 風流　浮立《ふりゅう》。山「浮流」。鐘・太鼓・笛の囃子に踊・芝居が加わる郷土芸能。／(6) 雑作　造作。手間。骨折り。／(7) 随分　極力。精一杯。／(8) なるほど　できるだけ。／(9) 三十三囃子　三十三拍子とも。三十三の曲目。／(10) 大太鼓　浮立の中心に置かれ、神聖視される。／(11) 相伝　伝授を受けること。

／(12)手負　負傷者。／(13)実　実意。まごころ。／(14)権現　徐福を指す。徐福は雨を降らせる神。／(15)申扱「言扱」(噂する)に場の敬意が加わり、畏まり格式ばった形。／(16)前表　事件が起こる前兆。／(17)実教　三条西権大納言実教《さねのり》。光茂の和歌の師で古今伝授を授けた。一の39・202参照。／(18)役者　役人。／(19)寺井　佐賀市諸富町寺井津。徐福上陸の地とされる。／(20)金立の下宮　佐賀市諸富町にあり、有明海に面している。／(21)原十郎左衛門　宗清。二の丸で相良源太左衛門を殺害し、縛り首に処せられた。十一の103参照。

訳　一、正徳三年(一七一三)の春、雨乞いの詮議の時、会所において「金立山《きんりゅうさん》の雨乞いで、毎年度々《たびたび》の浮立《ふりゅう》が上下(の者)の苦労である。この度は極力浮立を念入りにし、もし霊験がなければ二度と無用である」と(取り決めが)ありまして、できるだけ立派な三十三囃子・踊り・芝居などを支度し申しました。金立山の雨乞いは、前々より不思議の霊験でした。この度は全く霊験がありませんでした。その日、大太鼓を打ちました者が相伝なく打ちまして、伝授を受けた者が撥《ばち》をもぎ取り申しましたことから喧嘩に及び、下宮で切り合い、殴り合い、死人も出、また見物人にも喧嘩が起こり、負傷者がありました。

その頃、下々の話に「この度の浮立は、会所の詮議が誠意のないものであったため、権現様がお祟りになって、悪事がその場に起こりました」と噂いたしました。「神事の場での不吉は凶事の前触れになることがある」という実教卿《さねのりきょう》のお話で考えますと、この年の内に会所の役人が謀略で数人斬罪となった。寺井の辺りが津波で死者が多かった。海辺に金立山の下宮があるとのこと。また、殿中で原十郎左衛門の打ち果たしがあった。このようなことが（それに当たるものとして）どうかと存ぜられました。

34 一、何和尚《なにをしやう》(1)は近代の出来者《できもの》(2)也。寛大なる事量《はかり》なし。夫故《それゆゑ》大寺よく治《をさま》りたり。頃日《けいじつ》(3)も、「咄《はなし》にかゝらぬ(4)病身にて大寺を預かり、よく勤《つと》むべしと思ひたらば仕損じ可レ有《あるべく》候。成る分と存《ぞんじ》候故、気色勝《すぐれ》ざる時は名代《みやうだい》(5)にて諸事澄《すま》し、何卒大迦《なにとぞおほはづれ》の無き様にと心掛《こゝろが》くるばかり也」と被レ申《まうされ》候。

先々住は、稠《しげ》し過《す》ぎて大衆(6)飽《あ》き申し候。先住は、任《まか》せ過ぎてふしまりなる所有り。今の和尚に成りて、是非の沙汰《さた》無く、大衆よく治《をさま》り申し候。此境《このさかひ》を思ふに、麁《そ》に入り細《さい》に入りよく事々を知りて、さて打任《うちまか》せて構はずに、役々にさばかせて、もし尋《たづ》ねらるゝ時は闇《くら》き事なく差図《さしづ》致さるゝ故、よく治《をさま》り申し候と思はるゝ也。

さる頃、何長老(7)小見解《けんげ》(8)などにて口を利《き》き申し候を呼び寄せ、「法の邪魔に成る。打殺《うちころ》すべし」とて扣《た》き被レ申《まうされ》候が、片輪に成り候由。彼是《かれこれ》よき所多き也。また、病気に隠れ(9)被レ申《まうされ》候也。

（1）何和尚　和尚のなにがし。／（2）近代の出来者　近頃の優れた人物。／（3）頃日　先日。／（4）咄にかゝらぬ　話にもならぬ。／（5）名代　代理の者。／（6）大衆　だいしゅ。僧団。／

（7）何長老　長老のなにがし。長老は禅宗で一寺の住職の称。／（8）小見解　真理に関する不十分な智恵。見解は、それぞれが坐禅により体得した真理の智恵の程度。小見解の何長老は自分が十分な智恵を持ち得ているとはき違えていた。／（9）病気に隠れ　病気を理由にして表に出すぎぬようにしたこと。「死ぬ」の意の「隠る」ではない。

訳　一、何々和尚は近頃の傑出した者である。寛大なること無量である。それゆえ大寺がよく治まっている。先日も、「話にならぬ病身で大寺を預り、よく勤めようと思ったならば仕損じがありましょう。できる分（だけ）と存じていますので、気分がすぐれぬ時は名代《みょうだい》で諸事を済まし、何卒大過のないようにと心掛けるばかりである」と申されました。

先々代の住職は、くだくだし過ぎて衆徒が嫌になり申しました。先代の住職は、任せ過ぎて締まらないところがあった。今の和尚になって、良いとか悪いとか言われることもなく、衆徒がよく治り申しました。この境目を思うに、粗くも細かくもよく諸事を知って、そして任せて構わずに、諸役の者に捌《さば》かせて、もし尋ねられた時はわからぬことなく指図いたされるので、よく治り申しましたと思われる。

そんなある頃、何々長老が浅い見解《けんげ》などで吹聴し申しますのを呼び寄せ、「法の邪魔になる。打ち殺してくれる」といって叩き申されましたのが、不具になりましたとのこと。（何々和尚は）あれこれと良いところが多い。また、病気に隠れ申されました。

35 一、今時の奉公人を見るに、いかふ⑴低い眼の付け所也。すりの眼遣《めづか》ひの様《やう》也。大方身の為の欲徳⑵か利発立《だ》てか、また、小魂の落着《おちつき》たる様なれば身構《みがまへ》てするばかり也。我《わが》身を主君に奉り、遄《すみやか》に死に切りて、幽霊に成りて、二六時中⑶主君の御事を歎き⑷、事を調《とゝの》へて進上申し、御国家を固《かた》むると云所に眼を付けねば、奉公人とは云れぬ也。上下の差別有るべき様無し。此《この》あたりにぎしと居座《ゐすわ》りて、仏神の勧《すす》めにても少しも不レ違《たがはざる》様《やう》に覚悟せねばならず。

(1) いかふ　底本「いか〻」。山「いかふ」による。／(2) 欲徳　欲得。／(3) 二六時中　現代の時間区分に置き換えれば、四六時中。／(4) 歎き　心の底から切に思い。

訳 一、今時の奉公人を見ると、ひどく低い眼の付け所である。スリの目つきのようである。大かた身のための欲得か利発ぶるか、また、少しは魂が落ち着いているようだと身構えてするだけである。我が身を主君に奉り、速やかに死に切って、幽霊になって、四六時中主君の御事を歎き、事を調《とと》えて差し上げ申し、御国家を固めるというところに眼を付けなければ、奉公人とは言われぬ。身分の上下で違いがあるはずがない。この辺りにどんと居座って、仏神の勧めであっても少しも違《たが》えぬように覚悟しなければならぬ。

36 一、或る人の咄《はなし》に「松隈前《まつぐまさき》の亨庵《きやうあん》(1)先年申し候は「医道に男女を陰陽に当て、療治の差別有る事に候。脈も替《かは》り申し候。然《しかる》に五十年以来、男の脈が女の脈と同じものに成り申し候。此処《こ》に気が付候《つきさうらひ》てより、眼病の療治、男の眼も女の療治に仕りて相応《さうおう》と覚え申し候。男に男の療治を仕《し》て見申し候に其験《そのしるし》無レ之《これなく》候。さては世が末に成り、男の気衰《おとろ》へ女同前に成り候事と存じ候。是《これ》はたしかに仕《し》覚《おぼ》え申し候事故、秘事に仕り置き候」と申し候」由。是《これ》に付きて、今時の男を見るにいかにも女脈にて可レ有《あるべし》と思はるゝが多く、あれは男也と見ゆるは稀也。夫《それ》に付今時少し力《りき》み申し候はば、安《やす》く上《う》は手《て》取る(2)はず也。さてまた、男の勇気抜け申し候証拠には、縛首《しばりくび》(3)にても切りたる者少く、まして介錯《かいしやく》などと云《いへ》ば断《ことわり》の云勝《いひが》ちを利口者・魂の入りたる者など云《いふ》時代(4)に成りたり。股抜《またぬ》き(5)など云事、四、五十年以前は男役(6)と覚えて、疵《きず》なき股は人中に出されぬ様《やう》に候故、独りしても抜きたり。皆男仕事、血ぐさき事(8)也。夫《それ》を今時はたはけ(7)の様に云なし、口の先の上手にてものを澄《すま》し、少しも骨々と有る事はよけて通り候。若き衆心得有りたき事也。

(1) 松隈前の亨庵《きようあん》 法橋玄磋《ほつきようげんさ》。安斎玄祐《あんざいげんゆう》の子。眼科医。元茂《もとしげ》の付人。／(2) 上は手取る 他人に抜きん出る。／(3) 縛首 両手を後ろで縛ったまま首を切る刑。／(4) 時代 介錯せよとの命令に従わず断ることが立派と評価される時代。いいかえれば、生きるか死ぬかの時に生きる方を選ぶのが当然と考える時代。／(5) 股抜き 股に刀を滑らせ切れ味を試すこと。／(6) 男役 一人前の男がやること。／(7) たはけ 戯《たわ》け。愚か者。／(8) 骨々と 骨ばって。

訳 一、ある人の話に「松隈の前の亨庵《きょうあん》が先年申しましたのは、「医道で男女を陰陽に当て、治療の区別があることです。(男女で) 脈も替わり申します。しかし五十年来、男の脈が女の脈と同じものになり申しました。ここに気が付きましてから、眼病の治療は男の眼も女の治療に致して丁度よいとわかり申しました。男に男の治療を致して見申しましたが、その効果がありませんでした。さては世が末になり、男の気が衰え女同然になりましたことと存じます。これは確かに経験してわかり申しましたことゆえ、秘事に致しておきました」と申しました」とのこと。

これについて、今時の男を見るといかにも女脈であろうと思われるのが多く、あれは男だと見えるのは稀である。そのため今時は少し力み申しますならば、たやすく人の上手《うわて》を取れるはずである。そしてまた、男の勇気が抜け申しました証拠には、縛り首でも切った (ことのある) 者が少なく、まして介錯などといえば、断り倒すのを利口者・魂の入った者などという時代になった。股抜きなどということは四、五十年以前は男の役目と考えられて、疵《きず》なき股は人前に出されぬようでしたから、独りでも抜いた。皆男仕事、血なまぐさいことである。それを今時はたわけのように言いなし、口先の上手さで物を済まし、少しでもゴツゴツとしたことはよけて通ります。若い衆に心得てほしいことである。

37 一、六十、七十まで奉公する人有るに、四十二にて出家(1)致し、思へば短き在世にて候。夫《それ》に付き有難き事哉《かな》と思るゝ也。其《その》時は死身に決定《けつぢやう》して出家に成りたり。今思へば、今時まで勤めたらば、さて〳〵いかい(2)苦労可レ仕《つかまつるべく》候。十四年(3)安楽に暮し候事、不思議の仕合せ也。夫《それ》にまた、我らを人と思ひて諸人の取持ちに合《あ》(4)ひ候。我《わが》心をよく〳〵顧《かへりみ》候へば、よくもばけ澄《すま》(5)したる事に候。諸人の取持ち勿躰《もつたい》なく、罪も有るべきとのみ存《ぞんず》る事に候。

（1）四十二にて出家　常朝の出家は元禄十三年（一七〇〇）。一の12参照。／（2）いかい　非常な。／（3）十四年　正徳三年（一七一三）に当たる。／（4）我らを人と……合ひ　わたしごときを人間と思ってくれ、人々から丁重な扱いを受け。／（5）ばけ澄し　一応人間であるだけの自分が、一人前の人間として変化《へんげ》し通し。

訳 一、六十、七十まで奉公する人がいるのに、四十二で出家いたし、思えば短い在世でした。それにつけても有り難いことよと思われる。その時は死に身に決め定めて出家になった。今思えば、今時分まで勤めていたならば、さてもさてもひどい苦労を致したでしょう。十四年安楽に暮らしましたことは不思議の幸せである。それにまた、わたくしを人と思っての人々の厚遇に合いました。我が心をよくよく顧みますと、よくも化け済ましたことです。

人々の厚遇が勿体なく、罰も当たるに違いないとばかり存じることです。

38 一、何某《なにがし》の主人初知入《はちいり》(1)の供に参り候由。夫《それ》に付き、「今度の覚悟に、遠所にて酒だらけた(2)るべく候間、酒を仕切り(3)可レ申《まうすべし》と存じ候。夫《それ》も禁酒と申し候ては酒癖にても有る様《やう》に候間、あたり(4)申すと申して二、三度捨て、見せ可レ申候。其《その》上にては人も強《し》ひ申すまじく候。また、随分礼を腰の痛むほど仕《つかまつ》り、人の不レ云掛《いひかけざる》時に、一言ものを申すまじくと存じ候」と語り被レ申《まうされ》候。魂の入りたる者にて候。先の事を前方に分別する処が、人の上をする基《もと》也。夫故《それゆゑ》、「尤《もつとも》の覚悟にて候。「其方虚労下地《そのはうきよらうしたぢ》(5)か」、「前方には見替《かは》りておとなしく成りたり」と云《いは》る、ほどに致されよ。初口《しよくち》が大事にて候」と申し候由也。

(1) 初知入　年賀に行くこと。／(2) 酒だらけ　酒びたり。／(3) 仕切り　一切断わること。／(4) あたり　体に障り。／(5) 虚労下地　虚弱体質。

訳　一、なにがしが主人の年賀の御供に参りましたこと。その際、「この度の覚悟に、遠所で酒まみれとなるでしょうから、酒を断ち申そうと存じます。それも禁酒と申しましては酒癖でもあるようですから、体に障り申すと申して二、三度捨てて見せ申しましょう。その上では人も強《し》い申さぬでしょう。また、極力お辞儀を腰の痛むほど致し、人が話し掛けて来ない時には一言も物を申すまいと存じます」と語り申されました。魂の入った者です。先のことを前もって分別するところが、人の上を行く基である。それゆえ、「もっとも覚悟です。「その方《ほう》は虚弱体質か」、「以前とは見違えておとなしくなった」と言われる程度に致されよ。初めが大事です」と申しましたとのことである。

39 一、湛然《たんねん》(1)和尚の物語に、「無念・無心とばかり教《をしふ》るが故に落着《らくちやく》(2)せぬ也。無念と云《いふ》は正念《しやうねん》(3)の事也」と被レ仰《おほせられ》候。面白き事にて候。実教卿も、「一呼吸の中に邪を含《がん》ぜぬ所が則《すなはち》道也」と被レ仰候。然《しかれ》ば道は一つ也。此《この》光りをまづ見付る者も無きもの也。純一に成る事は功(4)を積《つ》までは成るまじき事也。

(1) 湛然《たんねん》　湛然梁重《りようじゆう》。高伝寺住持。常朝の仏教の師。一の179、六の20・21、十の75参照。／(2) 落着　納得。／(3) 正念　純一無雑な心。／(4) 功　努力。修練。

訳 一、湛然《たんねん》和尚の話に、「無念・無心とばかり教えるから得心できぬのだ。無念というのは正念《しようねん》のことである」と仰せられました。面白いことです。実教卿も、「一呼吸の中に邪を含まぬ所が則ち道である」と仰せられました。だから道は一つである。この光をまず見付ける者もないものである。純一になることは修練を積まなくてはできぬことである。

40（1）一、「心の問《と》はば如何《いかゞ》答へん」（2）と云《いふ》下の句ほど有難《ありがた》きはなし。大方念仏に押並ぶべしと思はるゝ。まづは人の口に多くとゞまりて有る也。今時の利口者と云《いふ》は、智恵にて外をかざり、紛《まぎ》らかす事ばかりをする也。夫故《それゆゑ》鈍なる者には劣《おと》り也。鈍なる者は直《すぐ》也。右の下の句にて心を究《きは》めてみれば、隠れ所は無き也。よき究役《きはめやく》（3）也。此《この》究役に逢《あ》ひて恥しからぬ様《やう》に心を持ちたき也。

（1）40　二の133参照。／（2）心の問はば如何答へん　「なき名ぞと人にはいひて有りぬべし心のとはばいかゞ答へむ」（『後撰和歌集』恋三）。鈴木正三《しょうさん》『盲安杖』にも同歌を載せる。以下現代語訳では、五七五七七などの形式を保持しながら歌を訳出することを試みた。／（3）究役　取り調べ役。

訳　一、「心が問えば何と答えん」という下の句ほど有り難いものはない。大かた念仏に匹敵するだろうと思われる。まずは人の口に多くのぼっている。今時の利口者というのは、智恵で外を飾り、紛らかすことばかりをする。それゆえ鈍《どん》なる者には劣るのである。鈍なる者は真っ直ぐである。右の下の句で心を究めてみれば、隠れ所はないのである。良い究め役である。この究め役に会って恥ずかしくないように心を持ちたいものである。

41(1)一、何某《なにがし》(2)事(3)、老耄《らうもう》(4)かと思はるゝ也。方々招請に参られ、心入れになる(5)咄《はなし》など致《いた》され候由。此前数年の内も人の為になる事ばかりを案じ、極々《ごくごく》の奉公好き也。夫故《それゆゑ》、一廉《ひとかど》(6)御用には被《た》レ立《ゝれ》候。得方《えかた》(7)に老耄するものなれば、奉公老耄、人の為になりて老耄は危《あぶな》き(8)也。老人は他出せぬが重くしてよき也。

(1) 41 一の167参照。／(2) 何某　石田一鼎を指すか。／(3) 事　主格を表す。／(4) 老耄《ろうもう》　耄碌《もうろく》。／(5) 心入れになる　心構えに役立つ。／(6) 一廉　ひときわ優れた。／(7) 得方　得意な事柄。／(8) 危き　人の役に立つことが主となって、己を見失うからであろう。

訳　一、なにがしは耄碌《もうろく》したかと思われる。方々から招きを受けて参られ、心構えになる話などを致されますとのこと。これまで長年の間にも人のためになることばかりを考え、この上もない奉公好きである。それゆえ、一かどの御用には立たれました。得意の方面に耄碌するものだから、これは奉公耄碌、人のためになって耄碌するのは危ない。老人は他所《よそ》に出かけないのが重々しくてよいのである。

42(1)一、幻はまぼろしと訓《よ》む也。天竺にては術師《じゆつし》(2)の事を幻出師《げんしゆつし》(3)と云《いふ》。世界は皆(4)からくり人形(5)也。

幻の字を用《もち》ふる也。

（1）42　二の44参照。／（2）術師　方士。方術士。／（3）幻出師　幻術士。幻人。眩人。『和訓栞《わくんのしおり》』「まぼろし」の項に「幻をよめり。目亡の義也といへり。仮そめに目に見るかとすれど、実はもと無物なればやがてきえうせぬるをいふ。夢幻のさまも幻術のなりもしか也。よて方士をさして、まぼろしといひしも侍るなり」とある。『貞丈雑記《ていじょうざつき》』人品の部「幻術者」の項に「この術も天竺国より伝わり来たるなり。……幻術を「まぼろし」と云うなり」とある。松永弾正久秀の亡妻を久秀の眼前に出現させた果心居士、また古くは「長恨歌《ちょうごんか》」の「臨邛《りんきょう》の方士」やそれを受けた『源氏物語』の「まぼろし」が有名。／（4）世界　仏教語。『葉隠』では一の13を除き、全て仏教的な文脈で用いられている（二の45・57、十一の135）。／（5）世界は皆からくり人形　『金剛般若経』の「一切有為法、夢幻泡影《むげんほうよう》の如し」から鈴木正三《しょうさん》『驢鞍橋《ろあんきょう》』の「一切世の中にあらゆることは、皆夢幻泡影の如くにて、一つも実なしと観ぜよ」に至る夢幻観をふまえる。

訳　一、幻はマボロシと訓《よ》む。天竺《てんじく》では方士のことを幻術士という。世界は皆からくり人形である。幻の字を用いるのである。

43一、御縁組(1)の時、何某《なにがし》一分(2)を申し達し候。此事《このこと》、若き衆の心得置くべき事也。「申し分はなるほど聞えたり。さすがなり」と云者も有るべし。其身《そのみ》気味よく思ひて「可レ云事《いふべき》を云て、腹切りても本望」と思はるべし。よく〳〵了簡《れうけん》候へ。何の益《やく》にも立たぬ事也。斯様《かやう》の事を曲者《くせもの》(3)などと思ふは、以《もつて》の外なる取り違《ちが》ひ也。まづ申し出《い》でたる事無二其詮一《そのせんなく》(4)、我身は引き取り(5)、御養育も不レ仕《つかまつらず》、追付《おつゝけ》御死去被レ成《なさるゝ》に、御看病も不レ仕《つかまつらず》、残念千万《せんばん》也。気過ぎなる(6)人は多分誤る処也。

惣《そうじ》て其《その》位に不レ至《いたらず》して諫言《かんげん》するは、却《かへり》て不忠也。誠の志《こゝろざし》ならば、我《わが》存じ寄りたる事(7)、似合ひたる人にひそかに内談して、其《その》人の思ひ寄りにさせて云《いへ》ば、其事調《とゝの》ふる也。是《これ》忠節也。もし内談にても其《その》人不レ請《うけず》ば、また外の人にも内談し、とかく色々心遣《づかひ》をして、其《その》事さへ調《とゝの》ふ様《やう》にすれば、我身は大忠節も知れぬ様《やう》にして居《ゐ》るもの也。幾人に内談しても不二埒明一《らちあかざる》時は、不レ及レ力《ちからおよばず》、其分《そのぶん》にて打過ごし、または起立《おこしたて》〳〵すれば、多分叶ふもの也。我こそ曲者《くせもの》と云《いは》る名聞ばかりにて、我《わが》手柄にする故不レ調《とゝのはざる》也。申し出《い》でたる事益《やく》には不レ立《たゝず》、人には難ぜられ、我《わが》身を崩《くづ》したる(8)人数多有レ之《あまたこれある》也。畢竟《ひつきやう》、真の志無き故也。我身を一向《いつかう》に捨《す》て、主君の上、どふなりともしてよき様《やう》に、とさへ思へば紛《まぎ》る(9)事は無レ之《これなく》候也。

(1) 御縁組　正徳元年（一七一一）の三代藩主綱茂（この時すでに逝去）の娘峰姫《みねひめ》と上杉吉憲《よしのり》との縁組。峰姫は翌二年十四歳で早世した。／(2) 一分　己の考えるところ。／(3) 曲者　通常の基準では測れない剛の者。別格・破格の存在として語り伝えられた。葉隠武士道のキーワードの一つ。／(4) 無二其詮一　甲斐なく。／(5) 引き取り　出仕をやめること。／(6) 気過ぎなる人気がはやりがちな人。／(7)存じ寄り「思ひ寄り」に場の敬意が加わり畏まった形。／(8)崩したる　だめにした。／(9)紛る事　誤ること。

訳　一、(峰姫《みねひめ》様の)御縁組みの時、なにがしは言い分を申し伝えました。このことは若い衆が(よく)心得ておくべきことである。「申し分はなるほどと聞こえた。さすがである」と言う者もあろう。(言った)当人は気味よく思って「言うべきことを言って、腹を切っても本望」と思われるに違いない。よくよく考えなさい。何の役にも立たぬことである。このようなことを曲者などと思うのは、もっての外の取り違えである。まず申し出たことはその甲斐なく、自分は引退し、御養育も致さず、(峰姫が)追って御死去なされるのに、御看病も致さず、残念千万である。気の急く人は多分に誤るところである。

すべてその位に至らずに諫言《かんげん》するのは、かえって不忠である。誠の志ならば、自分が存じ及んだことを相応しい人に密かに内談して、その人の考え及んだことにさせて言えば、その事は調《ととの》うのである。これが忠節である。もし内談してもその人が受けなければ、また他の人にも内談し、とかく色々と心遣いをして、その事さえ調うようにすれば、我が身は(その)大忠節も知られぬようにしているものである。幾人に内談しても埒の明かぬ時は、力及ばず、その分限でうち過ごし、また取り上げ取り上げすれば、大かた叶うものである。我こそが曲者と言われる見栄ばかりで、自分の手柄にするから調わぬのである。申し出たことが役には立たず、人には非難され、自分の身を持ち崩した人は数多くいる。結局、真の志がないゆえである。我が身をひたすらに捨てて、主君の上を、どうなりとしてでもよくなるように、とさえ思えば紛れることはありませぬ。

44 一、不義を嫌ひて義を立つる事難レ成《なりがたき》もの也。然《しかれ》ども義を立つるを至極と思ひ、一向に義を立つる処に却《かへり》て誤り多きもの也。義より上に道は有る也。是《これ》を見付ける事成り難し。高上の賢知也。是より見る時は、義などは細きもの也。我《わが》身に覚えたる時ならでは不レ知《しれざる》もの也。ただし、我より可二見付一《みつくべき》事不レ成《ならず》とも、此《この》道に至り候様《やう》は有る也。人に談合《だんかふ》也。縦《たとひ》道に至らぬ人にても、脇から人の上は見ゆるもの也。碁に「脇目八目(1)」と云《いふ》が如し。念々非を知る(2)と云も談合に極《きは》まる也。咄《はなし》を聞き覚え、書物を見覚ゆるも、我が分別を捨《す》て古人の分別に付く為也。

(1) 脇目八目　傍目《おかめ》八目《はちもく》。／(2) 念々非を知る　一念一念に己の非を知る。

訳　一、不義を嫌って義を立てることはでき難いものである。しかし義を立てることを至極と思い、ひたすらに義を立てるところにかえって誤りが多いものである。義より上に道はある。これを見付けることができ難い。高段の智恵である。ここから見る時は、義などは細いものである。我が身に覚えた時でなくてはわからぬものである。

ただし、自分から見付けることができなくても、この道に至りますやりようはある。人に相談するのである。たとえ道に至っていない人でも、脇から人の上は見えるものである。碁で「傍目八目《おかめはちもく》」というようなものである。一念一念に己の非を知るというのも相談に極まる。話を聞き覚え、書物を見覚えるのも、我が分別を捨て古人の分別に付くためである。

45 一、或る剣術者の老後申し候は、「一生の間の修行に次第が有レ之《これある》也。下の位は、修行すれどもものに不レ成《ならず》。我も下手と思ひ、人も下手と思ふ也。此《この》分にては用に不レ立《たゝざる》也。中の位は、未《いまだ》用には不レ立《たゝざれ》ども、我が不足眼に掛り、人の不足も見ゆるもの也。上の位は、我がものに仕成《しな》して(1)自慢出で来、人の褒《ほむ》るを悦《よろこ》び、人の不レ至《いたらざる》を歎く也。是《これ》は用に立つ也。上々の位は、知らぬふりして居る也。人も上手と見る也。大方是《これ》まで也。此《この》上に一段立ち越《こ》え、道の勝《すぐ》れたる位有る也。其《その》道に深く入れば、終《つひ》に果《はて》もなき事を見付る故、是《これ》までと思ふ事ならず、我に不足有る事を実《まこと》に知りて、一生、成就の念無レ之《これなく》、自慢の念も無く、卑下の心も無レ之《これなく》して果《はた》(2)す也」。
柳生殿(3)の「人に勝つ道は知らず。我に勝つ道を知りたり」と被レ申《まうされ》候由。昨日よりは上手に成り、今日よりは上手に成りて、一生日々仕上ぐる事也。是《これ》も果《はて》は無きと云事也、と。

(1) 我がものに仕成して　すっかり会得して。／(2) 果す　一生を終える。／(3) 柳生　但馬守宗矩。二の45、十一の8・131参照。

訳　一、ある剣術者が老後に申しましたのは、「一生の間の修行に順序がある。下の位は、修行しても物にならぬ。自分も下手と思い、人も下手と思う。この分際では用に立たぬ。中の位は、まだ用には立たぬが自分の不足が目に付き、人の不足も見えるものである。上の位は、自分の物にできて自慢が出て来、人が褒めるのを喜び、人の至らぬのを歎く。これは用に立つ。上々の位は、知らぬふりをしている。人も上手と見る。大かたここまでである。この上に一段立ち越えた、道の優れた位がある。その道に深く入れば、ついに果てもないことを見付けるため、ここまでと思うことができず、自分に不足があることを本当に知って、一生、成就したとの念《おも》いはなく、自慢の念いもなく、卑下の心もないまま、終えるのである」。柳生殿が「人に勝つ道は知らぬ。自分に勝つ道を知っている」と申されましたとのこと。昨日よりは上手になり、今日よりは上手になって、一生日々仕上げることである。これも果てはないということである、と。

46 一、直茂公の「御壁書《おかべがき》(1)」に「大事の思案は軽くすべし」と有り。一鼎《いってい》(2)の註には「小事の思案は重くすべし」と被《いたされ》レ致候。大事と云《いふ》は、二、三箇条ならでは有まじく候。是《これ》は平生に僉《せん》議《ぎ》してみれば知れて居る也。是を前廉《まえかど》に思案し置きて、大事の時取出して軽くする事と思はる、也。兼《かね》ては不覚悟にして、其場《そのば》に臨で軽く分別する事も難レ成《なりがたく》、図に当る(3)事不定也。然《しかれ》ば兼《かね》て地盤を据《す》ゑ(4)て置くが「大事の思案は軽くすべし」と被レ仰《おほせられ》候箇条の基《もと》と思はる、也。

(1) 御壁書　二十一ヶ条の教訓。全文は次の通りである（『校註葉隠』所収本による）。

直茂公御壁書廿一ケ条

一、利発は分別《ふんべつ》の花、花咲《さき》実ならざる類多し

一、諸芸は独達しがたし。不レ加ニ分別一《ふんべつをくはへざる》時は却《かへり》て身の難となる事多分

一、已下《いか》の心を能量《よくはか》り、其《その》旨を以上に至て校量候はゞ、はづれ有間敷《あるまじく》候

一、憲法は下輩《げはい》の批判、道理の外に理有り

一、下輩の言は助て聞け、金は土中に有事分明《あることふんみやう》

一、子孫の祈禱《きたう》は先祖の祭也

一、先祖の善悪は子孫の請取《うけとりて》手次第

一、信心は心の掃除、人の心を不レ破《やぶらざる》様に。祈禱は花の籬《まがき》ぞ

一、身上の届はのぼり橋上る様に

一、人間の一生は若きに極《きはま》る。一座の人にもあかれ候はぬ様に

一、理非を糺《たゞす》者は人罰におちる也

一、大事の思案は軽くすべし
一、諸事人より先に量《はかる》べし
一、諸事堪忍《かんにん》の事
一、毎レ物《ものごと》書道にはづれ候事
一、鬮占《くじうらなひ》は運に付候間、差立用《もちゐ》候はゞ大にはづれ有べし
一、万事しだるき事十に七つ悪し
一、軍《いくさ》は敵の案に不レ入《いらざる》様に覚悟すべし。透間《すきま》を量《はかる》時は勝利必定《ひつじやう》
一、武篇《ぶへん》は楚忽《そこつ》ぞ、不断有まじく候
一、上下によらず、一度身命《しんみやう》を不レ捨《すてざる》者は不レ恥《はぢず》候
一、人は下程ほね折《おり》候事能知《よくしる》べし

(2) 一鼎の註　石田一鼎『御壁書二十一ヶ条(喬木真宝《きようぼくしんぽう》)』。元禄五年(一六九二)成立。/(3) 図に当る　狙い通りに事を運ぶ。/(4) 地盤を据ゑて　根本をしっかりさせて。

訳　一、直茂公の『御壁書』に「大事の思案は軽くすべし」とある。一鼎《いつてい》の註には「小事の思案は重くすべし」と致されました。大事というのは、二、三箇条で(片付け)なければなりませぬ。これは普段から詮議してみればわかっていることである。これを前々から思案しておいて、大事の時に取り出して軽くすることだと思われる。前もっては不覚悟で、その場

に臨んで軽く分別することもでき難く、狙い通りに行くことは不確かである。それゆえに前もって地盤を据えておくことが「大事の思案は軽くすべし」と仰せられました箇条の基だと思われるのである。

47 一、宗龍寺江南《かうなん》和尚に、美作《みまさか》殿(1)・一鼎など学文仲間面談の折、被《まうされ》レ申候は「各《おのおの》はもの知りにて結構の事に候。然《しかれ》ども道に疎《うと》き事は平人《へいじん》(2)には劣《おと》り也」と被《まうされ》レ申候。一鼎被《まうされ》レ申候は「聖賢の道より外は有まじく」と被レ申候。江南被《まうされ》レ申候は、「もの知りの道に疎き事は、東へ行くはずの者が西へ行くが如し。ものを知るほど道には遠ざかる也。其《その》子細は、昔の聖賢の言行を書物にて見覚え、咄《はなし》にて聞き覚え、見解《けんげ》高く成り申し、我身も夫《それ》に成りたる様《やう》に思ふて平人は虫の様に見なす也。是《これ》、道に疎き所也。道と云《いふ》は何も不レ入《いらず》、我が非を知る事也。念々に非を知りて、一生不ニ打置一《うちおかざる》を道と云也。聖の字をひじりとよむは、非を知り給ふ故也。仏は「知非便捨《ちひべんしや》(3)の四字を以て我道を成就する」と説き給ふ也。心に心を付て見れば、一日の間、悪心の起る事数限り無き也。我はよしと思ふ事は成らぬはず也」と被レ申候に付、一鼎得道の由也。(4)

然ども武篇(5)は別筋也。大高慢(6)にて、我は日本無双の勇士と思はねば、武勇をあらはす事は成り難し。武勇をあらはす気の位有《これある》レ之也。〈口伝〉(7)。

（1）美作　多久美作守茂辰《しげとき》。請役家老。一の3参照。／（2）平人　普通の人。／（3）知非便捨　非を知れば直ちにそれを改めること。／（4）一鼎得道の由也　山「座中夫より崇敬被致候由」。／（5）武篇　武に関わること。武の方面。武辺。／（6）大高慢　序文注（36頁）参照。／（7）口伝　奥義や秘伝を口頭で伝えること。

訳　一、宗龍寺《そうりゅう》江南《こうなん》和尚に、美作《みまさか》殿・一鼎《いってい》など学問仲間が面談の折、（江南が）申されましたのは「おのおのは物知りで結構なことです。しかし道に疎いことは普通の人には劣る」と申されました。一鼎が申されましたのは「聖賢の道より外はあるまい」と申されました。江南が申されましたのは、「物知りが道に疎いことは、東へ行くはずの者が西へ行くようなものである。物を知るほど道には遠ざかるのである。その子細は、昔の聖賢の言行を書物で見覚え、話で聞き覚え、見識が高くなり申し、我が身もそれになったように思って、普通の人は虫のように見なす。これが道に疎い所である。道というのは何も要《い》らず、我が非を知ることである。一念一念に非を知って、一生そのままにしておかぬのを道というのである。聖の字をヒジリと訓《よ》むのは、非を知りなさるゆえである。仏は『知非便捨《ちひべんしゃ》（非を知れば便《すなわ》ち捨てる）』の四字をもって我が道を成就する」とお説きになった。心に心を付けて見ると、一日の間、悪心の起こることは数限りない。我はよしと思うことはできぬはずである」と申されましたため、一鼎は得道したとのことである。

しかしながら武篇は別筋である。大高慢で、我は日本無双の勇士と思わなければ、武勇を顕すことはでき難い。武勇を顕す気位があるのである。〈口伝（がある）〉。

48 一、『武士道功者書《ぶしだうこうしやしよ》』(1)に「武士はせざる武篇に名を取る道有り」と書かれ候。後々の誤り可レ有レ之《これあるべく》候。「も」の字一字加へ(2)候《さうらひ》て見申し候由。

また、志田吉之助《しだきちのすけ》(3)「生きても死にても残らぬ事ならば生きたがまし」(4)と申し候。志田は曲者《くせもの》(5)にて、たはむれに為レ申《まうしたる》事にて候を、生立《おひたち》(6)の者ども聞き誤り、武士の疵《きず》に成る事を可二申出一《まうしいだすべし》と存《ぞん》じ候。此《この》追句に、「喰《くは》ふか喰《くふ》まいかと思ふものは喰《くは》ぬがよし」、「死なうか生きやふかと思ふ時は死にたるがよし」と仕《つかまつ》り候。

(1) 武士道功者書　一名『当流軍法功者書』。小笠原昨雲勝三著。元和三年（一六一七）成立。「功者」は巧者、老練の意。／(2)「も」の字……加へ　「せざる武篇にも」とすること。／(3) 志田吉之助　良正。龍造寺政家の小姓。政家の死後、隠栖。七の48、八の69参照。／(4) 生きても……まし　一の114参照。／(5) 曲者　破格の剛の者。／(6) 生立の者　若者。

訳　一、『武士道功者書』に「武士はしない武篇で名を取る道がある」と書かれています。後々の誤解があるでしょう。「も」の字一字を加えまして（「しない武篇でも」と）見申しましたとのこと。

また、志田《しだ》吉之《きちの》助《すけ》が「生きても死んでも残らぬことならば生きた方がまし」と申しました。志田は曲者で、戯れに申したことでありますのを、これから成長する者どもが聞き誤り、武士の疵《きず》になることを申し出すに違いないと存じます。（吉之助は）この追加の句に、「喰おうか喰うまいかと思う物は喰わぬ方がよし」、「死のうか生きようかと思う時は死んだ方がよし」と致しました。

49　一、何某《なにがし》、大坂に数年相勤《あひつと》め罷《まか》り下《くだ》り、請《うけ》役所(1)へ罷り出で候節、上方《かみがた》口(2)にてものを申し候に付て無興《ぶきよう》(3)千万のもの笑ひにて候。夫《それ》に付き江戸・上方へ久しく詰め候節は、常よりも御国口をひらき可ㇾ申事に候。おのづと気前《きまへ》他方《よそ》風に移り、御国方(4)の事は田舎風と見おとし、他《よ》方《そ》に少しも理の聞えたる事有ㇾ之《これある》時は夫《それ》をうらやみ申す儀、何の味も不ㇾ存《ぞんぜず》、うつけたる事に候。御国は田舎風にて初心成る(5)が御重宝にて候。他方風を真似候ては似《に》せものにて候。

或る人、春岳《しゆんがく》(6)へ「法花宗は情がこはきものにて不ㇾ宜《よろしからず》」と被ㇾ申《まうされ》候へば、春岳被ㇾ申《まうされ》候は「情のこはき故法花宗にて候。情のこはうなければ余宗にてこそ候へ」と被ㇾ申候。尤《もつとも》の事に候。

(1) 請役所　藩庁内で当役家老が藩の一般政務を行なうところ。／(2) 上方口　上方弁。／(3) 無興　興ざめ。／(4) 国方　国元。／(5) 初心成る　世慣れしていないこと。／(6) 春岳　春岳明凞《めいき》和尚。水上山万寿寺および泰長院住持。貞享四年（一六八七）、切支丹《きりしたん》の疑いにより押し込められた時、常朝は番人を命ぜられている。二の96、五の31参照。

訳　一、なにがしは大坂に長年勤め、御国に引き下り、請《うけ》役所へ参り出ました際、上方言葉で物を申しましたために不興千万の物笑いになりました。それゆえ江戸・上方へ久しく詰めます際は、日頃からも御国言葉を話し申すべきことです。自ずと気風が他所《よそ》風に移り、御国元のことは田舎風と見下し、他所に少しでも理の聞えたことがある時はそれを羨《うらや》み申すこと、何の味も存ぜず愚かなことです。御国は田舎風で純真なのが御重宝であります。他所風を真似ましては偽物です。

ある人が春岳に「法華宗は強情なものでよろしくない」と申されますと、春岳が申されましたのは「強情だから法華宗なのです。強情でなければ他宗であります」と申されました。もっともなことです。

50　一、何某《なにがし》立身御僉議の時、「此《この》前大酒仕候《つかまつりさうらふ》事有レ之《これあり》立身無用」の由衆議一決の時、何某被レ申《まうされ》候は「一度誤り有レ之《これあり》たる者を御捨て被レ成《なされ》候ては、(1)人は出《い》で来《き》申まじく候。一度誤りたる者は其《その》誤り後悔致すべき故、随分嗜《たしな》み候て御用に立ち申し候。立身被二仰付一《おほせつけられ》可レ然《しかるべき》」由被レ申《まうされ》候。何某被レ申候は、「其方《そのはう》御請合候哉《や》」と被レ申候。「なるほど某《それがし》請に立ち申し候」

と被レ申候。其《その》時何《いづ》れも「何を以て請に御立ち候哉」と被レ申候。「一度誤りたる者に候故、請に立ち申し候。誤り一度も無き者は危く候」と被レ申候に付て、立身被二仰付一候由。

（1）人　人物。

訳　一、なにがし（甲）の立身を御詮議《せんぎ》した時、「以前大酒飲みを致しましたことがあり、立身は無用」とのことで衆議が一決しようという時に、なにがし（乙）が申されましたのは、「一度過ちのあった者をお捨てなされましては、人はでき申しませぬ。一度過った者はその過ちを後悔いたすはずなので、精一杯嗜《たしな》みまして御用に立ち申します。立身を仰せ付られてしかるべき」とのことを申されました。なにがし（丙）が申されますには、「そなたは保証人になりますか」と申されました。（乙は）「確かにそれがしが保証人に立ち申します」と申されました。その時誰もが「何ゆえに保証人にお立ちになりますか」と申されました。（乙は）「一度過った者ですから、保証人に立ち申します。過ちが一度もない者は危ないです」と申されましたために、（甲は）立身を仰せ付けられましたとのこと。

51　一、中野数馬(1)は、科人《とがにん》御僉議《せんぎ》(2)の時、相当《さうたう》の科(3)一段づつ軽く申し出《い》で候。一代一ふり(4)の秘蔵の智恵にて候。其《その》頃は数人の出座に、数馬一人ならでは口をひらき為《まうしたる》レ申人無《これなく》レ之候。「口明け(5)殿、二十五日(6)殿」と申し候由。

(1) 中野数馬　中野利明。加判家老。常朝は二十三歳の時、利明の組子になっている。一の16・136・186、二の92・118、五の97・100、七の22、八の75参照。／(2) 科人　罪人。／(3) 科　罪。／(4) 一代一ふり　一代一度。／(5) 口明け　口開き。口火を切ること。／(6) 二十五日　口明けと同義。味噌・沢庵の口を明ける日数から。

訳　一、中野数馬は、罪人御詮議の時、相当の罪を一段ずつ軽く申し出ました。一代一度の秘蔵の智恵でした。その頃は数人が出座していても、数馬一人でなくては口を開き申した人がいませんでした。「口明け殿、二十五日殿」と（あだ名し）申しましたとのこと。

52　一、殿の御心入れ(1)をよく仕直《しなほ》し、御誤りなき様《やう》に仕る人が大忠節にて候。惣《そうじ》て御若年の時分に御家の様子、御先祖様御心入れなどとくと御合点被《あそばされ》レ遊候様に仕《し》たき事に候。御守り(2)が大事にて候由。

(1) 心入れ　心構え。／(2) 御守り　御養育。おもり。

訳　一、殿のお心構えをよく作り直し、お過ちのないように致す人が大忠節であります。総じて御若年の頃に御家の様子、御先祖様のお心構えなどをとくと御理解遊ばされますようにしたいことです。御養育が大事でありますとのこと。

53　一、昔人は、刀は落し差し(1)に仕り候。今時の刀の差し様《やう》吟味する人無レ之《これなく》候。柳生流には抜き出して(2)差させ候由申候。夫《それ》を相伝《さうでん》もなく、何の了簡《れうけん》もなく、抜き出し候を見習ひて差し申すと相見《あひみ》え候。直茂公・勝茂公も落し差しに被レ遊《あそばされ》候由。其《その》時代、手覚え(3)有る故、皆落し差しに仕り候上は、利方《りかた》(4)よしと相見《あひ》え候。まづ抜き出してはふと被レ取《とられ》さうに思はれ候。光茂公は勝茂公の御差図にて落し差しに被レ遊候由。

(1)落し差し　刀の鐺《こじり》を下げて差すこと。／(2)抜き出して　鞘が見えるほど抜き出して。／(3)手覚え　腕に覚えがあること。／(4)利方よし　刀捌《さば》きに都合がよい。

訳　一、昔の人は、刀は落とし差しに致しました。今時の刀の差し方を吟味する人はいません。柳生流では抜き出して差させますとのことを申します。それを相伝もなく、何の了簡もなく、抜き出していますのを見習って差し申すと見えます。直茂公・勝茂公も落とし差しに遊ばされましたとのこと。その時代、腕に覚えあるゆえに、皆落とし差しに致しましたので、使い勝手がよいことと見えます。まず抜き出していてはふと取られそうに思われます。光茂公は勝茂公の御指図で落とし差しに遊ばされましたとのこと。

54 一、光茂公・綱茂公御在府(1)の内、正月元日上御屋敷(2)にて光茂公へ御目見有レ之《これあり》(3)候に付て、其《その》間は綱茂公御式台(4)裏の間に被レ成二御座一《ござなされ》(5)候。光茂公「信濃はどこに居候哉《をりや》」と被レ仰《おほせられ》候時、御小姓(6)何某《なにがし》「若殿様は御隠れ被レ成二御座一《ござなさる》」と申上げ候。斯様《かやう》の誤り(7)可レ有レ之《これあるべき》事也。

(1) 在府　江戸在勤。／(2) 上御屋敷　平常の住居とした屋敷。／(3) 御目見《おめみえ》　家来が主君に謁見すること。／(4) 式台　正式な玄関前にある板敷部分。／(5) 被レ成二御座一　「ござなされ」を逐語訳すれば「いらっしゃられ」となるべきであるが、現代の文章語としてあまりに不自然であるため、やむを得ず敬意を一段下げて訳出しておく。「いらっしゃられ」は文法的に誤用とされるが、現代の口語において極めて多く用いられる形である。／(6) 小姓　主君に近侍して諸事を勤める役の者。小性とも。元服前の者を小小姓《こごしょう》という。／(7) 斯様の誤り　若殿死去ととれる言い誤り。

訳 一、光茂公・綱茂公が江戸御在勤の間、正月元日上御屋敷で光茂公に御目見えがありましたため、その間《ま》は綱茂公は御式台裏の間にいらっしゃいました。光茂公が「信濃（綱茂）

はどこにおりますか」と仰せられました時、御小姓《こしよう》のなにがしが「若殿様はお隠れになられる」と申し上げました。このような誤りはありがちなことである。

55 一、何某《なにがし》喧嘩打返し(1)をせぬ故恥に成りたり。打返しの仕様《しやう》は踏み掛けて(2)切り殺さる丶まで也。是《これ》にて恥に不レ成《ならざる》也。仕《し》果《おほ》すべきと思ふ故、間に不レ合《あはず》。「向《さき》は大勢」など云《いひ》て時を移し、しまり(3)止《や》めに成る相談に極《きは》まる也。相手何千人もあれ、片端より撫で切りと思ひ定めて立ち向《むか》ふまでにて成就也。多分仕澄《すま》すもの也。また、浅野殿浪人夜打ち(4)も泉岳寺にて腹切らぬが落度《おちど》也。また、主を打たせて敵《かたき》を打つ事延々《のびのび》也。もし其中《そのうち》に吉良殿死去の時は残念千万也。上方衆は智恵賢き故、褒《ほ》めらる丶仕様《しやう》は上手なれども、長崎喧嘩(5)の様《やう》に無分別する事は成られぬ也。また、曾我殿敵打ち(6)も殊の外の延引、幕紋見物の時(7)、祐成《すけなり》(8)図を迦《はづ》したり(9)。不運の事也。五郎申し様(10)見事也。惣《そうじ》て斯様《かやう》の批判はせぬものなれども、是《これ》も武道の吟味なれば申す也。

前方に吟味して置かねば、行当りて分別出来《いでき》合不レ申《あひまうさず》候故、大方恥に成り候。咄《はなし》聞き覚え、ものの本を見るも兼《かね》ての覚悟の為也。就レ中《なかんづく》武道は、今日の事も不レ知《しれず》と思ひて、日々夜々に箇条を立てて吟味すべき事也。時の行掛《いきが丶》りにて勝負は有べし。恥をか丶ぬ仕様《しやう》は別也。死ぬまで也。其《その》場に不レ叶《かなはざれ》ば打返し也。是《これ》には智恵も業も不レ入《いらざる》也。曲者《くせもの》と云は勝負を不レ考《かんがへず》、無二無三に(11)死狂《しにぐる》(12)ひするばかり也。是《これ》にて夢覚《さ》(13)むる也。

（1）打返し　仕返し。／（2）踏み掛けて　踏み込んでいって。／（3）しまり　結局。／（4）浅野殿浪人夜打ち　赤穂浪士の仇討。／（5）長崎喧嘩　元禄十三年（一七〇〇）のこと。五の45参照。／（6）曾我殿敵打ち　曾我兄弟仇討のこと。／（7）幕紋見物の時　『曾我物語』巻第八参照。／（8）祐成　曾我十郎祐成。／（9）図を迦したり　仇を討つ好機を逃した。／（10）五郎申し様　その時の五郎時致《ときむね》の返事の言葉。／（11）無二無三に　脇目もふらずに。／（12）死狂ひ　みずから死地へと激しく突き進むこと。葉隠武士道のキーワードの一つ。この語の初出は『源平盛衰記』。／（13）夢覚むる　諸々の執着が消えて真の自己に戻る。

訳　一、なにがしは喧嘩の仕返しをしなかったので恥になった。仕返しのしかたは踏み懸かって切り殺されるまでである。これで恥にならぬのである。やり遂げねばならぬと思うから、間に合わぬ。「向こうは大勢」などと言って時を移し、結局やめになる相談に極まるのである。相手が何千人でもあれ、片っ端からなで切りと思い定めて立ち向かうことまでで成就である。大かた成し遂げるものである。

また、浅野殿浪人の夜討ちも泉岳寺で腹を切らなかったのが落ち度である。また、主を討たせて敵を討つことが延び延びとなった。もしその間に吉良殿が死んだ時は残念千万である。上方衆は智恵が賢いから、褒《ほ》められるしかたは上手だが、長崎喧嘩のように無分別をすることはなしえぬのである。また、曾我殿の敵討ちも殊の外延引《えんいん》し、幕の家紋を見定めようとした時、祐成《すけなり》は狙いをはずした。不運のことである。五郎の申し様は見事であった。およそこのような批判はせぬものだが、これも武道の吟味だから申すのである。

前々から吟味しておかねば、行き当たって分別が出て来申しまさぬゆえ、大かた恥になります。話を聞き覚え、物の本を見るのもかねてからの覚悟のためである。なかんずく武道は、今日のことも知れぬと思って、日々夜々に箇条を立てて吟味しなければならぬことである。時の行き掛かりで勝負は決まろう。恥をかかぬしかたは別である。死ぬまでである。その場で叶わねば仕返しである。これには智恵も技もいらぬ。曲者というのは勝負を考えず、無二無三に死狂いするばかりである。これで夢が覚めるのである。

56 一、奉公人に疵《きず》の付く事一つ有り。富貴に成りたがる也。逼迫《ひっぱく》(1)にさへあれば疵は不レ付《つかざる》也。また、何某《なにがし》は利口者なるが、人の仕事の非が眼に掛る生れ付き也。此《この》位にては立ちかぬる(2)もの也。世間は非だらけと初《はじめ》に思ひ込まねば、多分顔つきが悪《あしく》して、人が請取《うけと》(3)らぬもの也。人が請取らねば、如何様《いかやう》のよき人にても本義にあらず。是《これ》も一つの疵と覚えたるがよし。

（1）逼迫　経済的な余裕のない状態。／（2）立ちかぬる　一かどの奉公人としてやっていけない。／（3）請取らぬ　受け入れない。

訳　一、奉公人に疵《きず》の付くことが一つある。金持ちになりたがるのである。貧窮でさえあれば疵は付かぬ。

また、なにがしは利口者であるが、人の仕事の非が目に掛かる生まれ付きである。この位では（奉公人として）立つことができぬものである。世間は非だらけと初めに思い込まねば、大かた顔つきが悪くなって、人が受け入れぬものである。人が受け入れなければ、どれほどの優れた人でも本来のあり方でない。これも一つの疵と覚えておいた方がよい。

57　一、「何某《なにがし》は気情者《きじやう》(1)也。何某の前にて斯様《かやう》の儀《ぎ》を申す」と咄《はなす》人有り。それが面《つら》に似合はぬ(2)云分《いひぶん》也。曲者《くせもの》と云《いは》れたきまで也。低い位也。青き所が有る人と見えたり。侍たる者はまづ礼儀正しきこそうつくしけれ。其様《そのやう》に人の前にてものを云《いふ》は鑓持《やりもち》(3)・中間《ちゆうげん》(4)の出合ひ(5)同前にて賤しき事也、と。

〈居宅・衣装・諸道具などに面《つら》に似合はぬ事する人多し。扇・鼻紙・料紙(6)・臥具(7)など少しよきものにても不レ苦《くるしからざる》也〉。

（1）気情者　気丈者。／（2）面に似合はぬ　己の分際にふさわしくない。／（3）鑓持　主人の鑓を持ち供をする従者。／（4）中間《ちゆうげん》　武士に仕える下働きの者。／（5）出合ひ　やりとり。／

（6）料紙　用紙。／（7）臥具　寝具。

訳　一、「なにがし（甲）は気丈者である。なにがし（乙）の前でこのようなことを申した」と話す人があった。そやつ（甲）の面《つら》に似合わぬ言い分である。曲者と言われたいだけである。低い位である。青い所がある人と見える。侍たる者はまず礼儀正しいのこそが美しい。そのように人の前で物を言うのは、鑓持ち・中間《ちゅうげん》のやりとり同然で卑《いや》しいことである、と。〈居宅・衣装・諸道具などに面に似合わぬことをする人が多い。扇・鼻紙・料紙・寝具などは少し良い物でも差し支えない〉。

58一、何某《なにがし》が養子鈍に候故、気に不レ入《いらず》(1)、殊に親長病にて気短《きみじか》に相成《あひな》り、不断折檻《せっかん》(2)仕《つかまつ》り、悪口を申し候に付て、養子居堪《こた》へ候儀難レ成《なりがたく》(3)、近々引取り可レ申《まうすべき》(4)様子に相見え候。此《この》事を養母参り候て「何とも迷惑に候間、乍二病気一《びやうきながら》諸事堪忍《かんにん》候様《やう》親へ御異見頼み申す」由申し候。断《ことわり》申し候へども「是非頼み申す」と涙を流し申し候故、不レ及レ力《ちからおよばず》請合ひ申し候。「親に異見は逆にて候。殊に病中也。悴《せがれ》を此方《この》へ遣《つかは》し候へ」と申す。母不落着《ふらくちやく》にて罷《まか》(5)り帰り候。悴参り候に付き申し候(6)は、「惣《そうじ》て人間に生れ出るも生々の大幸と可レ存《ぞんずべき》事に候。其《その》上、御当家の士《さむらひ》と成る事生前の本望也。百姓・町人《まちにん》を見て思ひ知るべし。実父の遺領を取るさへ難レ成《なりがたき》事成るに、末子に生れ出て他の家を継ぎ、御被官の一人と成る事は優曇華《うどんげ》(7)の仕合せ也。是《これ》を取迦《はづ》して無《む》足人《そくにん》(8)に成る事は不忠。親の気に入らぬは不孝也。忠・孝に背きたる者は置き所なし。よく案じてみられ候へ。今其方《そのはう》忠・孝はたゞ親の気に入るまで也。気に入りたくても親の気向き(9)が悪きとのみ可レ被レ存《ぞんぜらるべく》候。親の気直《なほ》し候様《やう》を教へ申すべし。「私の面《つら》つき其《その》外、もの毎《ごと》親の気に入り申す様に」と血の涙を流し、氏神に祈らるべし。是《これ》私の事にあらず。忠・孝の為也。此《この》一念忽ち親の心に感応《かんおう》有るもの也。帰りて見られよ。はや親の心直りて居《ゐ》るべし。天・地・人感通する不思議の道也。殊に長病なれば、久しかるべからず。纔《わづか》の間の孝行、逆立《さかだち》するとも安き事也」と申し候へば、涙を流し、「忝《かたじけな》し」と申して帰り申し候。

後に承《うけたまは》り候へば、帰り掛け(10)に親申し候は「異見に逢《あ》ひたりと見えてまづ見掛けがよく成りたり」と其儘《そのまゝ》機嫌直り候由。誠に不思議の道理、人智の及ばぬ所也。其《その》時の異見故忠・孝共に立申候 忝《かたじけな》き由礼に被レ参《まゐられ》候。真《まこと》の道を祈りて叶《かな》はぬ事無し。天地《あめつち》も思ひほがす(11)もの也。紅涙の出る程に徹する処、則《すなはち》神に通ずるかと存じ候。

(1) 気に不レ入　心に叶わず。本項では「気」が重要な要素であるので、現代語訳では「気に入る」という語句をそのまま残し、わかりにくい箇所には「(叶わぬ)」などと括弧内に補った。／(2) 折檻　体罰を行い懲らしめること。／(3) 居堪へ……難レ成　居ることに耐え切れなくなり。／(4) 引取り……様子　実家に戻りそうな様子。／(5) 不落着にて　十分納得できないままで。／(6) 生前の　この世における。／(7) 優曇華　三千年に一度咲くと伝えられる花。極めて稀なことのたとえ。／(8) 無足人　知行地を持たない武士。／(9) 気向き　機嫌。／(10) 帰り掛け　帰るとすぐ。／(11) 思ひほがす　思い崩す。「ほがす」は佐賀方言。

訳　一、なにがしの養子が愚鈍《ぐどん》でしたので、気に入らず、殊に親（＝なにがし）は長患いで短気になり、常に折檻《せっかん》いたし、悪口を申しましたため、養子でい続けますことができ難く、近々（実家に）引き取り申すに違いない様子に見えました。このことを養母が参りまして、「何とも困り果てていますので、病気ではあっても諸事に堪忍《かんにん》しますよう親へ御異見を頼み申す」とのことを申しました。断り申しましたが「是非頼み申す」と涙を流し申しましたので、力及ばず引き受け申しました。「親に異見するのは逆です。殊に病中である。倅《せがれ》をこちらへよこしなさい」と申した。母は腑に落ちぬままで帰りました。倅が参りましたので申しましたのは、「総じて人間に生まれ出るのも生々世々《しょうじょうせぜ》の大幸と存ずべきことです。その上、御当家の士《さむらい》となることは生ある間の本望である。百姓・町人を見て思い知らねばならぬ。実父の遺領を取ることさえでき難いことであるのに、末子に生まれ出て他の家を継ぎ、御家来の一人となることは優曇華《うどんげ》の仕合わせである。これを取り逃して無足人になることは不忠。親の気に入らぬ（叶わぬ）ことは不孝である。忠・孝に背いた者は身の置き所がない。よく考えてごらんなさい。今その方《ほう》の忠・孝はただ親の気に入る（叶う）までである。親の気に入り（叶い）たくても、親の機嫌が悪いこととばかり存じられているでしょう。親の気を直しますしかたを教え申そう。「私の面《つら》つきその他、物毎《ものごと》に親の気に入り申すように」と血の涙を流し、氏神に祈られよ。これは私事ではない。忠・孝のためである。この一念がたちまち親の心に感応するものである。帰って見られよ。早くも親の心が直っているに違いない。天・地・人に感通する不思議の道である。殊に長患いであるから、先行きの長いはずがない。わずかの間の孝行は、逆立ちしていてもたやすいことである」と申しますと、涙を流し「忝《かたじけな》い」と申して帰り申しました。

後に承りますと、（養子が）帰るとすぐに親が申しましたのは、「異見に会ったと見えてまず見かけがよくなった」とそのまま機嫌が直りましたとのこと。誠に不思議の道理、人智の及ばぬ所である。その時の異見ゆえ忠・孝ともに立ち申しましたこと忝《かたじけな》いとのこと、礼に参られました。真の道を祈って叶わぬことはない。天地も思い崩すものである。血の涙の出る程に徹すれば、即ち神に通ずるかと存じます。

59 一、一世帯構《かま》ふる(1)が悪《わろ》き也。精を出して見解《けんげ》(2)などあれば、早澄《はやすま》して居《を》る故早違《たが》ふ也。尤《もつとも》精を出して、まづ種子《たね》は慥《たしか》に握りて、さてよく熟する様にと修行する事は、一生止《やむ》る事は不レ成《ならず》。見付けたる分にて、其《その》(3)位に叶ふ事は思ひもよらず、たゞ「是《これ》も非《ひ》也〳〵」と思ひて、何としたらば道に可レ叶哉《かなふべきや》と一生探捉《たんそく》(4)し、心を守りて、打置く事なく修行可レ仕《つかまつるべき》也。此《この》内に則《すなはち》道有る也、と。

（1）一世帯構ふる　一家言を持つ。自説・持論を持つ。／（2）見解　自分なりの一見識。／（3）其位　無限に高い究極の境地。道に叶ったありよう。／（4）探捉し　探し求め。

訳　一、一家言を構えるのがよくない。精を出して一見識などがあると、早くも（考え）終えているから早くも違えるのである。もっとも精を出して、まず種子は確かに摑んでそしてよく熟するようにと修行することは、一生やめることはできぬ。見付けた分で、その位に叶うことは思いもよらず、ただ「これも非である、これも非である」と思って、どうしたら道に叶うことができるかと一生探求し、心を守って、放っておくことなく修行いたすべきである。この内に即ち道があるのである、と。

60（1）一、山本前神《ぜんじん》右衛《ゑ》門《もん》（2）常に申し候詞《ことば》数箇条書き留め候内

一、一方見ゆれば、八方見ゆる。

一、すら笑（3）ひする者は、男はすくたれ（4）、女はへらはる（5）。

一、口上（6）または物語（7）などにてものを申し候時は向《さき》の眼と見合せて申すべし。礼は初にして澄《すむ》也。くるぶき（8）て申すは無用心也。

一、袴《はかま》の下に手を入《い》る、事不用心也。

一、草紙(9)・書物を取り扱ひ候へば、則《すなはち》焼捨て被ㇾ申《まうされ》候。書物見るは公家《くげ》の役、中野一門は樫《かしの》木《き》握りて武篇《ぶへん》(10)する役也、と。

一、曲者《くせもの》は頼母《たのも》しき者。

一、朝は七時に起き、日行水《ひぎやうずい》(11)、日さかやけ(12)、食は日の出に給《た》べ、暮より休み被ㇾ申《まうされ》候。

一、士は、喰《くは》ねども空楊枝《からやうじ》。内に犬の皮・外は虎の皮(13)。

一、組付《つか》(14)ず、馬持たぬ侍は、侍にてなし。

(1) 60　十一の42参照。／(2) 山本前神右衛門　神右衛門重澄《しげずみ》。神右衛門常朝の父。中野神右衛門清明《きよあき》の二男。二十三歳で山本助兵衛宗春の養子、三十歳で組頭、三十二歳の時勝茂の命により実父の名を継ぐ。天正十八年―寛文九年（一五九〇―一六六九）。法名は孝白善忠居士。一の131・132・144・145、二の9・80・93・140、四の68、六の109・117、八の14・40・54、九の26参照。／(3) すら笑ひ　空笑い。作り笑い。／(4) すくたれ　一の12、一の93参照。／(5) へらはる　「へらはり」（一の180）の動詞形。精力が張る、好色であるの意。「腎張《じんば》り」と同義。「へら」は隠語で女性性器の一部（志津田藤四郎『佐賀の方言』）。／(6) 口上　公の場などで口頭で申し述べること。／(7) 物語　話。／(8) くるぶきて　うつむいて。／(9) 草紙　仮名書きの読み物。／(10) 武篇する　武を行なう。武篇は武に関わること全般。／(11) 日行水　毎日行水を浴びること。／(12) さかやけ　額より頭頂部にかけての髪を剃ること。／(13) 内に……虎の皮　内を粗末にしても、外見を嗜むことのたとえ。一の145参照。／(14) 組付ず　組子を持たず。

訳 一、山本前神《ぜんじん》右衛《え》門《もん》が常々申しました言葉数箇条を書き留めましたものより

一、一方が見えれば、八方が見える。

一、うそ笑いする者は、男は腰抜け、女は好色。

一、口上または話などでも、物を申します時は、向こうの目と見合わせて申さねばならぬ。礼は初めにして済む。うつむいて申すのは不用心である。

一、袴の下に手を入れることは不用心である。

一、読み物・書物を取り扱いましたら、すぐに焼き捨て申されました。書物を見るのは公家の役、中野一門は樫《かし》の木を握って武篇する役である、と。

一、曲者《くせもの》は頼もしき者。

一、朝は七つ時（午前四時頃）に起き、毎日行水し、毎日月代《さかやき》を剃り、食事は日の出に食べ、暮れてから休み申されました。

一、士は喰わなくとも空楊枝。内は犬の皮、外は虎の皮。

一、組子が付かず、馬を持たぬ侍は侍ではない。

61 一、「人として肝要に心掛け、修行すべき事は何事にて候哉」と問候《とひさうらふ》時、何と答有べき哉。まづ申して見るべし。「ただ今正念《しやうねん》(1)して居る様に」也。諸人、心が抜けてばかり見ゆる

也。活《いき》た面《つら》は正念の時也。万事を為す内に、胸に一つ出《い》で来るもの有る也。是《これ》が君に対して忠、親には孝、武には勇、其外万事に使はる丶もの也。是を見付る事も、成る事に候。見付て不断持つ事、また成り難し。ただ今の当念(2)より外は無レ之《これなき》也。

(1)正念《しょうねん》し　雑念のない純一の念になり。一の39参照。／(2)当念《とうねん》　他ならぬ、この一念。

訳　一、「人として肝要に心懸け、修行すべきことは何事でありますか」と問われました時、何と答えがあるべきか。まず申してみよう。「ただ今正念《しょうねん》しておるように」である。諸人は心が抜けてばかり見える。活きた面《つら》は正念の時である。万事をなす内に、胸に一つ出て来るものがある。これが君に対して忠、親には孝、武には勇、そのほか万事に使われるものである。これを見付けることも、できることです。（しかし）見付けて絶えず持っていることは、またでき難い。（だから）ただ今のこの一念よりほかはないのである。

62　一、昔は寄親《よりおや》(1)・組子無二他事一《たじなき》(2)心入れ有り。光茂公の御代、御馬廻御使番《おうま、はりおつかひばん》(3)母袋《ほろ》(4)一人不足の時、御家老中御僉議にて「若手に器量の者に候間、馬渡源太夫(5)可レ被二仰付一《おほせつけらるべき》」旨相しまり(6)候。此《この》事、源太夫親市之丞《いちのじょう》(7)、隠居にて罷り在り候が承《うけたまは》り付き(8)、寄親中野数馬所へ早速に参り候て申達し候は「さても不レ及二是非一《ぜひにおよばざる》(9)仕合せに候。御組の儀、皆御一門衆(10)ばかりにて候故、拙者覚悟には、御一門衆を追越し、寄親の用に可二罷立《まかりたつべし》一と存《ぞん》じ部《はま》り(11)、源太夫へも「一門組にて候間、油断不レ仕《つかまつらず》、一門衆を押《おし》のけ、寄親の用に罷り立ち候様に」と兼々《かねぐ》申し聞け置き候処、御組内より源太夫御撰《えりの》退け候儀、面目次第も無レ之《これなく》、御情無き被レ成《なされ》かたにて候。此《この》上は知行《ちぎやう》主に罷り成り候源太夫は不レ及レ申《まうすにおよばず》、隠居 仕《つかまつ》り候拙者とても世間に無二面目《めんもくなく》一候に付きて、父子ともに覚悟相極《あひきは》め申し候」由《よし》、屹《きつ》と申し候。数馬 承《これをうけたまはり》レ之、「以の外の御了簡違《れうけんちが》ひにて候。今度の組替りは源太夫規模の仕合せ、不レ過レ之《これにすぎず》候。御家老中御僉議に、器量者に候故被二仰付《おほせつけられ》一候由、父子ながらなるほど悦《よろこ》び被レ申《まうさる、》はずに候」と申し候へば、市之丞申し候は「御僉議の節、「彼《かの》者私一門同前に組内に寄り合ひ申す者に候へば、差出し候儀不二罷成《まかりならず》一」と被二仰達《おほせたつせらる、》一はずに候を、御請合被レ成《なさる、》は兼々無二他事《たじなく》一も不二思召《おぼしめさゞる》一故にて候。爰《こゝ》を以て御見限り被レ成《なされ》候儀と骨髄に通り意恨《いこん》に存じ候」由、中々存じ部《はま》りたる様子に申し候。其《その》時数馬申し候は「なるほど尤《もつとも》にて候。今日御家老中へ御 断《ことわり》申し候て見可レ申」由申し候に付て、「せめて其《その》御一言なりとも不レ承《うけたまはらず》候はでは難レ被レ帰《かへられがたし》」と申し候て帰り申し候(12)。数馬登城致し、御家老中へ申し候は「人の命は知れぬものにて候。私儀今朝すでにふて腹を突かれ申し候。斯《か》様《やう》〱の子細にて候間、源太夫儀は御免被レ成《ゆるしなされ》候様に」と申し候故、余人に被二仰付《おほせつけられ》一候也。

(1) 寄親《よりおや》・組子　組頭と組に属する者。／(2) 無二他事一　心をよそへ散らさない。／(3) 御馬廻御使番　主君の側に付き添い護衛にあたる馬廻組における足軽の役。／(4) 母袋《ほろ》　母袋を付けた武士。母袋は、矢を防ぐ袋状の武具。／（5）馬渡源太夫　俊将《としまさ》。着座。／（6）相しまり　事が決着し。／（7）市之丞　茂陳。年寄役。／（8）寄親中野数馬　常朝の寄親でもあった。／（9）不レ及ニ是非一　どうしようもない。／（10）一門衆　中野一族の人々。／（11）存じ部り　「思いはまり」の畏まった形。「はまる」はぴったり入る意で、葉隠武士道のキーワードの一つ。一の9参照。／（12）ふて腹　太腹。

訳　一、昔は寄親《よりおや》・組子の間には余念のない心入れがあった。光茂公の御代、御馬廻御使番《おうままわりおつかいばん》母袋《ほろ》役が一人不足した時、御家老中の御詮議で「若手で器量者ですので馬渡源太夫《まわたりげんだゆう》に仰せ付けられるべき」とのことでまとまりました。このことを、源太夫の親市之丞《いちのじょう》、隠居の身でおりましたのが承り知り、寄親中野数馬《かずま》の所に早速に参りまして申し伝えましたのは、「それにしても言いようのないめぐり合わせです。御組は、皆中野御一門衆ばかりでありますゆえ、拙者の覚悟には、御一門衆を追い越し、寄親の用に立たねばならぬと存じ極《きわ》め、源太夫にも「一門組ですから、油断いたさず、一門衆を押しのけ、寄親の用に立ちますように」とかねがね申し聞かせておきましたところ、御組内から源太夫をお選び除かれますこと、面目次第もなく、お情けのないなされ方です。この上は、知行主《ちぎょう》になりました源太夫は申すに及ばず、隠居いたしました拙者としても世間に面目ないことですので、父子ともに覚悟を決め申しました」とのこと、きっぱりと申しました。数馬はこれを承り、「もっての外の御了簡《ごりょうけん》違いです。今度の組替わりは源太夫にとって名誉のめぐり合わせ、これ以上ないものです。御家老中の御詮議で、器量者ですゆえ仰せ付けられましたとのこと、父子ともども大いに喜び申されるはずです」と申しますと、市之丞が申しましたのは「御詮議の際、「あの者は私一門同然に組内に寄り合い申す者ですので、差し出しますことはできぬ」と仰せ伝えられるはずでありましたのを、お引き受けなされたのは、かねがね余念のない間柄ともお思い召さぬゆえです。ここをもってお見限りなされましたことと骨の髄まで遺恨に存じます」とのこと、相当に思い極《きわ》め申した様子で申しました。その時数馬が申しましたのは「なるほどもっともであります。今日御家老中へお断り申しまして見申そう」とのことを申しましたので、「せめてその御一言なりとも承りませんでは、帰ることができぬ」と申しまして、帰り申しました。数馬は登城いたし、御家老中に申しましたのは、「人の命は知れぬものであります。私は今朝すでに太腹を突かれ申しました。これこれという子細でありますので、源太夫のことはお免しなされますように」と申しましたので、他の者に仰せ付けられました。

63 一、五、六十年以前までの士《さむらひ》は、毎朝行水《ぎやうずい》、月代《さかやき》、髪に香を留め、手足の爪を切りて軽石にてすり、こがね草(1)にてみがき、無二懈怠一《けたいなく》身元を嗜《たしな》み(2)、尤《もつとも》武具一通は錆《さび》を不レ付《つけず》、ほこりを払ひ、みがき立て召置《めしお》き候。身元を別して嗜み候事、伊達《だて》(3)の様《やう》に候へども、風流の儀にて無レ之《これなく》候。今日打ち死に〳〵と必死の覚悟を極《きは》め、もし無嗜《たしなみ》にて打ち死に致し候へば、兼《かね》ての不覚悟あらはれ、敵に見限られ、きたなまれ(4)候故、老若ともに身元を嗜み申したる事にて候。

事難しく隙費《ひまつひ》え申し候様《やう》に候へども、武士の仕事は斯様《かやう》の事にて候。別に忙《いそが》しき事、隙入《ひまい》る事も無《これなく》レ之候。常住打ち死にの仕組打部《はま》(5)り、とくと(6)死に身に成り切りて奉公も勤め、武篇も仕り候はゞ恥辱有まじく候。斯様《かやう》の事を夢にも不二心付《こゝろつかず》一、欲徳・我儘ばかりにて日を送り、行当り(7)ては恥をかき、夫《それ》も恥とも不レ思《おもはず》、我《われ》さへ快《こころよ》く候へば何も不レ構《かまはず》など云《いひ》て放埒《はうらつ》・不作法の行跡に成り行き候事、返《かへ》す〲口惜《くちをし》き次第にて候。兼《かね》て必死の覚悟無《これなき》レ之者は、必定《ひつぢやう》死に場悪きに極《きは》まり候。また、兼て必死に極《きは》め候て、何《なに》しにいやしき振舞ひ可《あるべきや》レ有哉。このあたりよく〲工夫可《つかまつるべき》レ仕事也。

また、三十年以来風儀打替《うちかは》り、若き士《さむらひ》どもの出合ひの咄、金銀の噂・損徳の考へ・内証支《つか》(8)への咄・衣装の吟味・色欲の雑談ばかりにて、この事なければ一座もすまぬ様に相聞《あひきこ》え候。無《ぜひなき》二是非一風俗に成り行き候。昔は二十、三十どもまでは、もとより心の内にいやしき事持ち不《まうさず》レ申候故、詞《ことば》にも出し不《まうさず》レ申候。年倍《としばひ》(9)の者のふと申し出し候へば、怪我(10)の様《やう》に覚《おぼ》え居《を》り申し候。是《これ》は世上花麗《くわれい》(11)に成り、内証方ばかりを肝要(12)に眼付け候故にて可《これあるべく》レ有レ之候。我《わが》身に不《にあはざる》二似合一驕《おご》りさへ不《つかまつらず》レ仕候へば、兎《と》も角《かく》も相澄《あひすむ》ものにて候。

また、今時の若き者の始末心有《これある》レ之を「よき家持ち」などゝ褒むるは浅ましき事にて候。始末の心(13)有《これある》レ之者は義理を欠く也。無《ぎりなき》二義理一者はすくたれ也。

(1)こがね草　かたばみ。／(2)身元を嗜《たしな》み　身嗜《みだしな》みし。／(3)伊達《だて》　外見を飾ること。／(4)きたなまれ　見苦しい奴だと蔑まれ。／(5)仕組打部り　心構えにぴったり一致してぶれず。／(6)とくと　よくよく。／(7)行当りて　事に当面して。／(8)内証支へ　家計困窮。／(9)年倍　年輩。／(10)怪我　過失。粗相。／(11)花麗　華麗。派手。／(12)内証方　家計のやりくりのこと。／(13)始末の心　倹約の心がけ。倹約は私利私欲につながるため義理を欠くとされるのだろう。

訳　一、五、六十年前までの士《さむらい》は、毎朝行水《ぎょうずい》し、月代《さかやき》を剃り、髪に香を留め、手足の爪を切って軽石ですり、酢漿《かたばみ》草で磨き、怠りなく身なりを嗜み、とりわけ武具一通りは錆《さび》を付けず、ほこりを払い、磨き立てて召し置きました。身なりを特に嗜みますことは、伊達《だて》のようでありますが、風流のためではありませぬ。今日討ち死に、今日討ち死にと必死の覚悟を極め、もし無嗜みで討ち死に致しますと、かねてからの不覚悟が露《あら》わとなり、敵に見限られ、汚《きたな》らしいとされますので、老若ともに身なりを嗜み申したことでした。

面倒で時を費やし申しますようですが、武士の仕事はこのようなことです。他に忙しいこと、時の要ることもありませぬ。常時討ち死にの心組みにはまり切り、とくと死に身に成り切って奉公も勤め、武篇も致しますならば恥辱のあるはずがありませぬ。このようなことを夢にも気付かず、欲得・わがままばかりで日を送り、行き当っては恥をかき、それも恥とも思わず、自分さえ快くありましたら何も構わぬなどと言って、放埒《ほうらつ》・無作法のふるまいになって行きましたことは返す返す残念な次第です。かねてからの必死の覚悟のない者は、定《さだ》めし死に場が悪いと決まっています。また、かねてから必死と極めまして、どうして卑しいふるまいをするはずがあろうか。このあたりをよくよく工夫いたすべきことである。

また、三十年来風儀が移り替わり、若い士《さむらい》どもが会ってする話は、金銭の噂・損得の考え・家計差し支えの話・衣服の吟味・色欲の雑談ばかりで、このことがなければ一座も済まぬように聞いています。どうしようもない風俗になってきました。昔は二十、三十位の者どもまでは、もとより心の内に卑しいことを持ち申しませんでしたので、言葉にも出し申しませんでした。年輩の者がふと申し出しますと、粗相《そそう》のように感じており申しました。これは世の中が華美になり、家計の方ばかりを肝要なことと目を向けますためでありましょう。我が身に似合わぬ贅沢さえ致しませんでしたら、ともかくも済むものです。

また、今時の若い者の倹約心があるのを、「よい所帯持ち」などと褒めるのは浅ましいことです。倹約の心がある者は義理を欠く。義理なき者は腰抜けである。

64(1)一、一鼎《いってい》(2)の咄《はなし》に、「よき手本を似《に》せて精を出し習ひ候《さうら》へば、悪筆も大体の手跡(3)に成る也。奉公人もよき奉公人を手本としたらば、大体には成るべし。今時よき奉公人の手本が無き也。

夫故《それゆゑ》手本作りて習ひたるがよし。作り様《やう》は、時宜《じぎ》・作法(4)一通は何某《なにがし》、勇気は何某、もの云《いひ》は何某、身持正しき事は何某、律儀《りちぎ》なる事は何某、つゝ切れて(5)胸早くすわる事は何某、と諸人の中にて第一よき所一事づつ持ちたる人の、其《その》よき事ばかりを撰び立つれば手本出《い》で来る也。万《よろづ》の芸能も師匠のよき所は不レ及《およばず》、悪しき曲《くせ》を弟子は請取《うけとり》て似する者ばかりにて何の益《やく》にも不レ立《たゝざる》也。時宜よき者に不律儀なる者有り。是を似するに、多分時宜は差置きて、不律儀を似するばかり也。よき所に心付き候へば、何事もよき手本・師匠に成る事に候」由。

(1) 64 二の46参照。／(2) 一鼎　石田一鼎。一の8参照。／(3) 手跡　筆跡。／(4) 時宜・作法　礼儀作法。／(5) つゝ切れて　突き抜けて。

訳　一、一鼎《いってい》の話に、「良い手本を真似て精を出し習いますと、悪筆もまずまずの手跡になる。奉公人も良い奉公人を手本としたならば、まずまずにはなるだろう。今時良い奉公人の手本がない。それゆえ手本を作って習うのがよい。作り方は、辞儀・作法一通りはなにがし、勇気はなにがし、物言いはなにがし、身持ち正しいことはなにがし、律儀なことはなにがし、突っ切って胸早く据わることはなにがし、と諸人の中で一番良い所を一事ずつ持っている人の、その良いことばかりを選び立てると手本ができるのである。
あらゆる芸能も師匠の良い所には及ばず、悪い癖を弟子は受け取って真似る者ばかりで何の役にも立たぬ。辞儀の良い者に律儀でない者がいる。これを真似るのに、大かた辞儀はさしおいて、不律儀《ふりちぎ》を真似るばかりである。良い所に気付きますと、何事も良い手本・師匠になることです」とのこと。

65一、大事の状・手紙・書付など持ち届け候節、道すがらも手に握りて片時も離さず、向様《さきさま》にて直《ぢき》に相渡すものにて候由。

訳 一、大事な書状・手紙・書付などを持って届けます際は、道中も手に握って片時も離さず、向こう様で直《じか》に渡すものでありますとのこと。

66一、奉公人は、二六時中に気を抜かさず、不断主君の御前・公界《くがい》(1)に罷り在る時の様《やう》にするもの也。休息の間うかと(2)成りては、其分《そのぶん》公界にてうかと見ゆる也。此《この》気の位(3)有《これある》レ之事也。

(1) 公界　公の場。／(2) うかと　うっかりと。／(3) 気の位　気の持ち方。

訳 一、奉公人は、四六時中気を抜かさず、常に主君の御前・公の場におる時のようにするものである。休息の間うかうかとなっては、その分公の場でうかうかと見えるのである。この気位のあることである。

67(1)一、短気にしては成らぬ事も有り。庵替《いほりがはり》(2)の事。〈口達〉。〈よき時節が出来《しゆつたい》するもの也。此様《このやう》なる事は堪忍《かんにん》が第一也〉。

ここぞと思ふ時は、手早くたるみなき様にしたるがよき也。案じ廻つてくどつきて(3)仕損ずる事有り。また、はじめより一途《いちづ》に踏み破りてよき事も有り。愛相《あいさう》も尽き、興も覚《さ》むる様にして却《かへり》てよき事が有る也。斯様《かやう》なる時は、別して一言が大事也。とかく気を抜かさず、胸すわるが肝要也。

(1) 67 二の130参照。／(2) 庵替 常朝は最初黒土原《くろつちばる》の宗寿庵に隠居したが、正徳三年(一七一三)宗寿庵が光茂の妾霊樹院《れいじゆいん》お振の墓所となったので、これを憚《はばか》り大小隈《だいしようぐま》に庵を移した。／
(3) くどつきて ぐずぐずして。

訳 一、短気にしてはならぬこともある。庵替わりのこと。〈口達(がある)〉。〈良い時節が出て来るものである。このようなことは堪忍《かんにん》が第一である〉。

ここぞと思う時は、手早く弛《たる》みのないようにしているのがよい。考え廻らしてくどくどして仕損じることがある。また、初めより一途に踏み破ってよいこともある。愛想も尽き、興も覚めるようにしてかえってよいことがある。このような時は、とりわけ一言が大事である。とかく気を抜かさず、胸が据わっているのが肝要である。

68(1) 一、大酒にて後《おく》れを取たる人数多《あまた》也。別して残念の事也。まづ我長《わがた》け・分(2)をよく覚《おぼ》え、其《その》上は呑まぬ様に有りたき也。其《その》内にも時により酔過《よひすぐ》す事有り。酒座にて就《なかんづく》レ中気を抜かさず、ふと事出《い》で来ても間に合ふ様《やう》に了簡《れうけん》可《あるべき》レ有事也。また、酒宴は公界《くがい》もの也。可《こゝろうべき》二心得一事也。

(1) 68 一の23、二の58参照。/(2) 長け、分 相応の酒量。

訳 一、大酒で後《おく》れを取った人は数多い。とりわけ残念なことである。まず自分の程度・分量をよくわきまえ、それ以上は呑まぬようにありたい。そうしていても時により酔い過ぎることがある。酒席で特に気を抜かさず、ふと事が出て来ても間に合うように考えるべきことである。また、酒宴は公の場のものである。心得ねばならぬことである。

69 一、上下によらず、身の分際に過ぎたる事をする者は、つまり比興《ひきよう》(1)・卑劣(2)などして、下々は逃げ走りをもするもの也。下人《げにん》などに気を可《つくべき》レ付事也。

（1）つまり　とどのつまり。／（2）比興　卑怯。

訳　一、上下によらず、身の分際に過ぎたことをする者は、つまるところ卑怯・卑劣なことなどをして、下々（の者）は逃走をもするものである。下人などに気を付けるべきことである。

70（1）一、武芸に貪着《とんちやく》して、弟子など取りて、武士を立つると思ふ人多し。（2）骨を折て漸《やうやく》芸者に（3）成《なり》らるゝは惜き事也。芸能は、事欠ぬ分に仕習ふて澄事《すむ》也。惣て《そうじ》多能なるは下劣に見え、肝要の所が大方に成るもの也。

（1）70　一の80・88・146、二の101参照。／（2）武士を立つる　武士としての面目を施した。／（3）芸者　一芸に秀でた者。

訳　一、武芸に執着して、弟子などを取って、武士の身を立てたと思う人が多い。骨を折ったあげく一芸の者になってしまうのは惜しいことである。芸能は、事欠かない程度に仕習って済むことである。総じて多能な者は下劣に見え、肝要な所が大まかになるものである。

71(1)一、吉凶に付き(2)、仰渡《おほせわたし》(3)などの時、無言にて引取りたるも当惑《たうわく》の躰《てい》に見ゆる也。よきほどの御請(4)可ㇾ有《あるべき》事也。前方《まえかた》の覚悟が肝要也。また、役など被二仰付一《おほせつけられ》候節、内心に嬉しく思ひ、自慢の心など有れば其儘面《そのまゝおもて》にあらはる、もの也。数人見及びたり。見苦しきもの也。「我ら無《ぶ》調法《てうはふ》(5)者なるに斯様《かやう》の役など被二仰付一《おほせつけられ》、何と可二相調一《あひとゝのふべきや》哉。さて〳〵迷惑千万、気遣《きづかひ》なる事哉《かな》」と我《わが》非を知たる人は、詞《ことば》に不ㇾ出《いださず》とも面にあらはれ、おとなしく(6)見ゆる也。上気《うはき》(7)にてひやうすく(8)は、道にも違ひ、初心(9)にも見え、多分仕損じ有るもの也。

（1）71　一の74参照。／（2）吉凶に付き　自分にとって良いことであれ、悪いことであれ。／（3）仰渡　主君からの申し渡し。／（4）御請　主君への返事。／（5）無調法　行き届かない。／（6）おとなしく　落ち着いて。／（7）上気にて　浮ついて。／（8）ひやうすく　軽々しく調子に乗る。佐賀方言。序文（33頁）注（2）参照。／（9）初心　未熟。

訳　一、吉につけ凶につけ、仰せ渡しなどの時、無言で引き取っているのも当惑している体《てい》に見える。ふさわしいお返事があるべきことである。前々からの覚悟が肝要である。また、役などを仰せ付けられました際、内心に嬉しく思い、自慢の心などがあればそのまま顔に表れるものである。（これまで）数人見及んだ。見苦しいものである。「わたくしは無調法者であるのにこのような役などを仰せ付けられ、どうやって調《ととの》えればよいものか。さてさて迷惑千万、気遣いなことよ」と我が非を知っている人は、言葉に出さずとも顔に表れ、しっかりして見えるのである。のぼせて軽率な口を利くのは、道にも違《たが》い、未熟者にも見え、大かた仕損じがあるものである。

72一、学文《がくもん》はよき事なれども、多分失出《しつい》で来るもの也。行南《かうなん》和尚(1)の戒《いましめ》の通り也。一行《いちぎやう》有る物を見ても、我《わが》心の非を可ㇾ知《しるべき》為にすれば、其儘《そのまゝ》用に立つ也。然《しかれ》ども斯様《かやう》には成りかぬるもの也。大方見解《けんげ》が高くなり、理好きになる也。

(1) 行南《こうなん》和尚　一の47参照。

訳 一、学問はよいことであるが、大かた弊害が出て来るものである。行南《こうなん》和尚の戒めの通りである。一行書かれたものを見ても、我が心の非を知らんがためにすれば、そのまま用に立つ。しかし、このようにはできかねるものである。大かた見識が高くなり、理屈好きになるのである。

73(1)一、人の難に逢ひたる折、見廻ひに行きて一言が大事のもの也。其《その》人の胸中が知るゝもの也。とかく武士は、しほたれ草臥《くたび》(2)るゝは疵《きず》也。勇み進みにて、ものに勝ちて浮かぶ心にてなければ、用に立たざる也。人を引立つる事有レ之《これある》也。

(1) 73 二の56参照。／(2) しほたれ草臥る、 元気をなくし、意気沮喪《そそう》する。

訳 一、人が難に遭った折、見舞いに行っての一言が大事なものである。その人の胸中が知られるものである。とかく武士は、しょげ込みくたびれているのは疵《きず》である。勇み進みで、ものに勝って浮き上がる心でなければ用に立たぬ。人(の気)を引き立てることがあるのである。

74 一、(1)後醍醐天皇隠岐《おき》国より還幸の時、赤松(2)・楠《くすのき》御迎へに参上、御感《ぎよかん》の勅諚《ちよくぢやう》(3)有り。円心はたゞ平伏して退き、正成《まさしげ》は御請《うけ》申上げたり。よき御請也。本書にて可レ見《みるべく》(4)候也。

(1) 74 一の71参照。／(2) 赤松 則村。入道して円心。鎌倉・南北朝時代の武将。建武政府の樹立に貢献したが不遇で、足利尊氏が反旗を翻すと直ちにこれに応じた。赤松氏は室町幕府のもとで有力な守護大名となった。／(3) 御感の勅諚 御感心になったとの天皇の仰せ。／(4) 本書『太平記』巻十一。元弘三年(一三三三)五月二十八日赤松父子には「天下草創の功、ひとへに汝等贔屓《ひいき》の中(＝忠)戦によれり。恩賞はおのおの望みに任すべし」との仰せ、六月二日正成には「大義早速の功、ひとへに汝が忠戦にあり」との仰せがあった。正成は「これ、君の聖文神武の徳に依らずは、微臣いかでか尺寸の謀《はかりごと》を以て強敵の囲みを出づべき」と答え、恩賞を辞したとある。正成については一の103参照。

訳 一、後醍醐天皇が隠岐国《おきのくに》よりお還りの時、赤松（円心《えんしん》）・楠木（正成《まさしげ》）がお迎えに参上し、御感《ぎょかん》の仰せがあった。円心はただ平伏して退き、正成はお返事を申し上げた。よいお返事であった。原本（『太平記』）で見るべきです。

75 一、何某《なにがし》、欠落者《かけおちもの》(1)追手に罷《まか》り越し候処、駕籠《かご》に乗り戸を鎖《さ》し(2)て通る者有り。走り寄り、戸を引明け、「何某《なにがし》にては無《これなき》レ之哉《や》」と申し候へば、他方《よそ》の者にて候。「傍輩《はうばい》(3)を待兼《かね》、粗相《そさう》仕《つかまつ》り候」と申し候て、差通し候由。

(1) 欠落者　他国へ逃亡した者。／(2) 鎖して　閉めて。／(3) 傍輩　国の仲間。

訳 一、なにがしが出奔者《しゅつぽんしゃ》の追手《おって》に参っていましたところ、駕籠《かご》に乗り戸を閉ざして通る者がいた。走り寄り、戸を引き開け、「なにがしではないか」と申しましたところ、他所《よそ》の者でした。「傍輩《ほうばい》を待ちかね、失礼いたしました」と申しまして、そのまま通しましたとのこと。

76一、先年大僉議《せんぎ》(1)の時、其《その》頭取(2)可ㇾ討果《うちはたすべき》覚悟にて何某《なにがし》(3)仕掛け(4)、其理《そのことわり》聞届け申上げ候。また、御仕置(5)の上、何某は「御領掌《ごりやうじやう》(6)早く候て、御側《おそば》(7)手薄(8)く頼み少く可ㇾ存《ぞんずべし》」と申上げ候。

(1)大僉議　大がかりな評議。一の7参照。／(2)頭取　組頭の大木知昌《ともまさ》。／(3)何某　大隈《おおくま》次兵衛常的《じへえつねまと》。／(4)仕掛け　反対意見を述べ。／(5)御仕置の上　主君による仕置きの後。／(6)領掌　主君が聞き入れること。／(7)御側　主君を補佐する人々。／(8)手薄く　弱々しく。

訳　一、先年大詮議《せんぎ》の時、その頭取を討ち果たそうとの覚悟でなにがしが反論を仕掛け、(詮議は)その道理を聞き届け(殿に)申し上げました。また、(殿による)御仕置きの後、なにがしは「(殿の)御承諾が早くありまして、御側(の者)が手薄く頼りになる者が少ないと存ぜられる」と(殿に)申し上げました。

77一、役所などにて別して取込み居り候処に、無心に何角《なにかと》用など申す人有ㇾ之《これある》時、多分取分け悪く、立腹などする者有り。別して不ㇾ宜《よろしからざる》事也。左様《さやう》の時ほど押静めよき様《やう》に取合ひ可レ仕事《つかまつるべき》、侍の作法也。かどがましく(1)取合ふは、仲間《ちゆうげん》(2)などの出合ひの様《やう》也。

(1) かどがましく　つっけんどんに。／(2) 仲間　中間。武士に仕える下働きの者。

訳　一、役所などで特に取り込んでおりますところに、無遠慮に何かと用など申す人がいた時、大抵取り捌《さば》きが悪く、立腹などする者がいる。特によろしくないことである。そのような時ほど押し静め、よいように応対いたすべきことが、侍の作法である。かどを立てて応対するのは、中間《ちゆうげん》などのやりとりのようである。

78 一、時により人に用を云《いひ》、物を貰ふ事有り。夫《それ》も度重《たびかさ》ならば無心(1)になる也。いやしかるべし。何とぞ澄事《すむこと》ならば、用を云《いは》ぬ様《やう》に有りたき也。

(1) 無心　物をねだること。

訳　一、時により人に入り用と言って、物をもらうことがある。それも度重なれば無心になる。卑しかろう。何とか済むことならば、用を言わぬようにありたい。

79一、大雨の戒《いましめ》と云《いふ》事有り。途中にて俄《にはか》に雨に逢《あ》ひて、濡れじとて道をいそぎ走り、軒下などを通りても濡るゝ事は不レ替《かはらざる》也。はじめより思ひ部《はま》り(1)て濡るゝ時、心に苦しみなし。濡るゝ事は同じ。是《これ》、万《よろづ》にわたる心得也。

(1) 思ひ部りて 心を定めて。

訳 一、大雨の戒めということがある。道の途中でにわか雨に遭って、濡れまいとして道を急ぎ走り、軒下などを通っても濡れることは変わらぬ。初めから思い定めて濡れる時、心に苦しみはない。濡れることは同じである。これは万《よろず》に渡る心得である。

80一、万の芸能も、武道・奉公の為にと心に構《かま》へてすれば、用に立ちてよき也。多分芸好きになるもの也。学文《がくもん》など就《なかんづく》レ中危き也。

訳 一、万《よろず》の芸能も、武道・奉公のためにと心を定めてすれば、用に立ってよい。大かた芸好きになるものである。学問などは特に危ない。

81一、唐土に龍の図を好める人有り(1)。衣服・器物にも龍の模様を付けられたり。其《その》愛心深き処龍神に感通して、或る時、窓前に真の龍あらはれたり。此《この》人驚き、絶入(2)しけると也。内々にては広言を云《いひ》て(3)、事に臨《のぞん》で違却《ゐきやく》(4)する人有べし。

(1) 龍の図 「葉公《しようこう》龍を好む」(『新序』雑事)の故事。/(2) 絶入 気絶。/(3) 広言を云て 大口をたたいていながら。/(4) 違却する 違える。全く異なる振る舞いをする。

訳 一、唐土(中国)に龍の図を好んでいる人がいた。衣服・器物にも龍の模様を付けられていた。その愛する心の深いところが龍神に感応して、ある時、窓の前に本物の龍が現われた。この人は驚き、気絶したとのことである。内々では大言をいって、事に臨んで違《たが》える人がいよう。

82 一、鑓遣《やりつかひ》何某《なにがし》、末期《まつご》に一の弟子(1)を呼び遺言致し候は、「一流奥義少しも不レ残《のこさず》相伝《さうでん》候上は、今更申し置くべき事なし。もし弟子を可レ取《とるべし》と存じ候はゞ、毎日竹刀《しなひ》を手馴《てなら》すべし。勝負合《あひ》の事は各別也」との由《よし》。
また、連歌師の伝授にも「会席(2)の前日より心を鎮《しづ》め、歌書を見るべき」由也。一事三昧《ざんまい》(3)也。面々の家職三昧に可レ有《あるべき》事也。

（1）一の弟子　一番弟子。／（2）会席　連歌の席。／（3）一事三昧　一つのことに専心没入すること。

訳　一、鑓遣いなにがしが最期の時に一番弟子を呼び、遺言いたしましたのは、「我が流派の奥義を少しも残さず相伝しました上は、今更《いまさら》申し置くべきことはない。もし弟子を取ろうと存じましたならば、毎日竹刀《しない》を手習わせよ。勝負を決する立ち合いのことはまた別である」とのこと。

また、連歌師の伝授にも「歌の席の前日から心を静め、歌書を見よ」とのことである。一事三昧《ざんまい》である。各々《おのおの》は家職三昧であるべきことである。

83 一、中道(1)は物の至極《しごく》なれども、武篇は、平生にも人に乗越(2)したる心にてなくては成るまじく候。弓指南に、左右陸《ろく》の矩《かね》(3)を用ふれども、右高に成りたがる故、右低に射さする時、陸の矩に合ふ也。「軍陣にて武功の人に乗越すべきと心掛け、強敵を可㆓打取㆒《うちとるべし》と昼夜望みを掛くれば、心猛く、草臥《くたびれ》も無く、武勇をあらはす」由、老士の物語也。平生にも此《この》心得有べき也。

（1）中道　過不足のないこと。／（2）乗越し　越えて先に出ること。／（3）陸の矩　地面を基準にして、左右の腕を水平にする射方の姿勢。

訳　一、中道は物の至極であるが、武篇は平生にも人を乗り越した心でなくてはできませぬ。弓の指南で、左右の手に陸（地平）の基準を用いるけれども、右手が高くなりたがるため、右手を低くして射させる時、陸（地平）の基準に合うのである。「軍陣で武功の人を乗り越そうと心懸け、強敵を討ち取ろうと昼夜望みを懸ければ、心猛《たけ》く、くたびれもなく、武勇を顕《あらわ》す」とのこと、老巧の士の話である。平生にもこの心得があるべきである。

84　一、鉄山(1)老後に申し候は、「取手《とりて》(2)は相撲《すまふ》に違《ちが》ひ、一旦下に成りても後に勝《かち》さへすれば澄事《すむ》、と心得罷《まか》り有り候。近年存じ当り候は、一旦下に成りて居り候時、もし誰ぞ取さかへ(3)候はゞ、負けに成るべし。始めに勝つが始終の勝ち也」と被レ申候。

（1）鉄山　大木権左衛門知烈《ごんざえもんとものり》。七の17参照。／（2）取手　柔術の取手。捕縛術。／（3）取さかへ　仲裁に割って入り。

訳　一、鉄山《てつざん》が老後に申しましたのは、「取手《とりて》は相撲《すもう》と違い、一旦下になっても後に勝ちさえすれば済むことと心得ておりました。近年存じ当たりましたのは、一旦下になっておりました時に、もし誰かが割って入りましたならば、負けになるに違いない。始めに勝つのが始終の勝ちである」と申されました。

85(1)一、武士の子どもは育立様可レ有《そだてやうあるべき》事也。まづ幼稚の時分勇気を進め、仮初《かりそめ》にもおどし、だます事など有まじく候。幼少の時にても臆病気有レ之《これあれ》ば一生の疵《きず》也。親の不覚にして、雷鳴の時も怖気《おぢけ》を付け、暗がりなどにも不レ参様《まゐらざるやう》に仕成《しな》し、「泣止《やま》すべき」と恐しがる事などを申聞け候は、不覚の儀也。また、幼少にて強く呵《しかり》候へば入気《いりき》(2)に成る也。また、悪《わる》癖染入《しみい》らぬ様《やう》にすべし。染入りては異見しても不レ直《なほらざる》也。もの云・礼儀などそろ〳〵と気を付けさせ、難儀など不レ知様《しらざるやう》に。其外育立様にて、大躰の(3)生付《うまれつき》ならばよく成べし。「女夫《めをと》仲悪しき者の子は不孝なる」由、尤《もつとも》の事也。鳥獣さへ生れ落ちてより、見馴れ、聞馴る、事移るもの也。また、母親愚かにして、父子仲悪しくなる事。母親は何わけもなく子を愛し、父異見すれば子の贔負《ひいき》をし、子と一味する故、其《その》子は父に不和になる也。母のあさましき心にては、行末を頼みて子と一味すると見えたり。

(1) 85 六の109参照。/(2) 入気に成る 内気になる。/(3) 大躰の まずまずの。普通の。

訳 一、武士の子どもは育て方があるべきことである。まず幼い時分に勇気をすすめ、かりそめにも脅《おど》し、騙《だま》すことなどがあってはなりませぬ。幼少の時でも臆病の気があると一生の疵《きず》である。親の不覚で、雷鳴の時も怖じ気付かせ、暗がりなどにも参れぬようにしてしまい、「泣き止ませよう」として恐ろしがることなどを申し聞かせますのは、不覚のことである。また、幼少で強く叱りますと内気になる。また、悪い癖が染み付かぬようにせよ。染み付いては異見しても直らぬ。物言い・礼儀などそろそろと気を付けさせ、難儀など知らぬように。その他育て方で、大体の生まれ付きならば良くなるはずである。

「夫婦仲が悪い者の子は不孝である」とのことは、もっともなことである。鳥獣さえ生まれ落ちてから、見慣れ、聞き慣れることが移っていくものである。また、母親が愚かなために、父子の仲が悪くなること。母親は何のわけもなく子を愛し、父が異見すると子の贔屓《ひいき》をし、子と一体となるため、その子は父と不和になるのである。母の浅ましい心では、行く末を頼んで子と一体になると見える。

86 一、決定《けつぢやう》の覚悟薄き時は、人に転ぜらるゝ事有り。また参会咄《はなし》の時分、気抜けて居る故に我《わが》覚悟ならぬ事を人の申掛け、咄などするにうかと移りて(1)、夫《それ》と同意に心得、挨拶も「いかにも」と云《いふ》事有り。脇より見ては、同意の人の様《やう》に思はるゝ也。夫《それ》に付き、人に出合ひては片時も気の抜けぬ様に可レ有《あるべき》事也。其上《そのうへ》、咄またはものを申し掛けられ候時は、「転ぜらるまじき」と思ひ、「我《わが》胸に合はぬ事ならば其《その》趣申すべし」と思ひ、「其《その》事の越端《こしば》(2)を可レ申《まうすべし》」と思ひて、取合ふべし。差立《さしたち》たる事(3)にてなくても、少しの事に違却《ゐきやく》(4)出来《いでく》るもの也。心を付くべし。

また、兼《かね》て如何《いかゞ》と思ふ人には馴れ寄らぬがよし。何としても転ぜられ、引入らるゝもの也。爰《こゝ》の慥《たしか》なる事は、功を積まねばならぬ事也。

(1) うかと移りて　うっかり相手の話に乗せられて。／(2) 越端　より上のところ。山「越度」、餅「越端」。／(3) 差立ちたる事　特に重要なこと。／(4) 違却　誤り。

訳　一、決め定めた覚悟が薄い時は、人に転がされることがある。また会合に参加し話をする時、気が抜けているために自分の覚悟せぬことを人が申し懸け、話などするうちにうっかりと乗せられて、それと同意に心得、相槌《あいづち》も「いかにも」と言うことがある。脇から見ては、同意した人のように思われるのである。そのため、人に会っては片時も気の抜けぬようにあるべきことである。その上、話または物を申し懸けられました時は「転がされまい」と思い、「我が胸に合わぬことならばその旨を申そう」と思い、「そのことの一段上を申そう」と思って、相手をしなければならぬ。これといったことでなくても、少しのことに間違いが出て来るものである。心を付けねばならぬ。

また、かねてからどうかと思う人には馴れ寄らぬがよい。何としても転がされ、引き入れられるものである。ここが確かになることは、経験を積まねばできぬことである。

87 一、何某《なにがし》事、数年の精勤にて、「我《われ》人一廉《ひとかど》御褒美可レ被二仰付一《おほせつけらるべき》事」と存《ぞん》じ居《を》り候処、御用手紙(1)参る。諸人前方より祝儀を申し述べ候。然《しかる》処に、役米(2)加増被二仰付一《おほせつけられ》候に付て、皆人案外の儀と存じ候。然《しかれ》ども仰付《おほせつけ》の事に候故悦《よろこ》び申し候へば、何某以の外見振《かほぶり》悪く(3)、「無二面目一《めんもくなき》仕合(4)に御座候」など、取合ひ、「畢竟《ひつきやう》御用に不二相立一《あひたゝざる》者に候故如レ斯《かくのごとく》の行掛《いきが》り、是非御断《ことわり》申して引取り(5)可レ申《まうすべし》」など、申し候を、入魂《じゆこん》(6)の衆色々申し宥《なだ》め候て、相《あひ》勤め申し候。是《これ》、偏《ひとへ》に奉公の覚悟無レ之《これなく》、たゞ我身《わがみ》自慢の故にて候。御褒美《ほうび》の事はさて置き、侍を足軽(7)に被二召成一《めしなされ》、何の科《とが》無レ之《これなき》を切腹被二仰付一《おほせつけられ》候時、一入《ひとしほ》勇み、進み候こそ御譜代(8)の御家来にて候。無二面目一《めんもくなし》など、申すは皆私にて候。此《この》所にとくと可二落着一《らくちやくすべき》(9)事也。ただし曲者《くせもの》の一通りは別に可レ有《あるべき》事也。

(1) 御用手紙　主君からの呼び出しの手紙。／(2) 役米　役に応じて給する俸禄。／(3) 以の外見振悪く　ひどく機嫌が悪く。／(4) 仕合　めぐり合わせ。／(5) 引取り　引退すること。／(6) 入魂　昵懇《じつこん》。／(7) 足軽　雑役を行なう最下級の武士。／(8) 御譜代　序文(34頁)注(19)参照。／(9) 落着　心を据えること。

訳 一、なにがしは長年の精勤によって、「自分は一かどの御褒美《ほうび》を仰せ付けられるはずのこと」と存じておりましたところ、(殿より)お呼び出しの手紙が参った。諸人は前もって祝辞を申し述べました。そうしたところに、役米の加増を仰せ付けられましたため、皆意外のことと存じました。しかし仰せ付けのことですので祝い（の言葉を）申しますと、なにがしはもっての外に顔ぶりが悪く、「面目ないめぐり合わせでございました」などと受け止め、「結局御用に立たぬ者ですのでこのようななりゆき、是非お断り申して身を引き申そう」などと申しましたのを、入魂《じっこん》の衆が色々と申し宥《なだ》めまして、共に勤め申しました。これはひとえに奉公の覚悟がなく、ただ我が身自慢のゆえです。御褒美のことはさておき、侍を足軽に召しなされ、何の罪もないのに切腹を仰せ付けられました時、ひとしお勇み、進みましてこそ御譜代の御家来です。面目ないなどと申すのは、皆私の事です。この所にとくと落ち着くべきことである。ただし曲者の一類は別にあるべきことである。

88(1)一、「芸は身を助くる」と云《いふ》は他方《よそ》(2)の侍の事也。御当家の侍は「芸は身を亡す」也。何にても一芸有《これある》レ之者は芸者(3)にて、侍にあらず。「何某《なにがし》は侍也」と云《いは》るる様《やう》に可《こゝろがくべき》二心掛一事也。少しにても芸能有るは侍の害に成る事と得心したる時、諸芸ともに用に立つ也。此《この》当り可《とくしんすべき》二得心一事也。

（1）88　一の70参照。／（2）他方　他藩。／（3）芸者　芸達者。

訳　一、「芸は身を助ける」というのは他所《よそ》の侍のことである。御当家の侍は「芸は身を亡ぼす」である。何であっても一芸ある者は芸者であって、侍ではない。「なにがしは侍である」と言われるように心掛けるべきことである。少しでも芸の才能があるのは侍の害になることと得心した時、諸芸が共に用に立つのである。この見当を得心すべきことである。

89(1)一、風躰《ふうてい》(2)の修行は、不断鏡を見て直《なほ》したるがよし。是《これ》は秘蔵の事也。諸人鏡をよく見ぬ故、風躰悪《わろ》し。口上(3)の稽古は、宿元(4)にてのもの云《いひ》にて直す事也。文段(5)の修行は、一行の手紙も案文(6)するまで也。右、何《いづれ》も閑《しづ》かに強み有るがよき也。また「手紙は向様《さきさま》にて掛けものになると思へ」(7)と了山《れうざん》(8)上方にて承《うけたまは》り候由。

(1) 89　一の107参照。／(2) 風躰　身なり。／(3) 口上　公の場などで口頭で申し述べること。／(4) 宿元　自宅。／(5) 文段　文を書くこと。／(6) 案文する　文章を吟味する。／(7) 手紙は向様……思へ　二の42参照。／(8) 了山　梁山宗秀《りようざんそうしゆう》和尚。古賀弥兵衛《こがやへえ》政貫《まさつら》の子。母は鍋島舎人《とねり》助茂利の女。七歳で出家、今西行と称された。常朝の和歌の師。常朝より七歳年長で晩年互いに歌を贈答しあった。十の26参照。

訳　一、風体の修行は、常に鏡を見て直した方がよい。これは秘蔵のことである。諸人は鏡をよく見ぬため、風体が悪い。口上の稽古は、自宅での物言いで直すことである。文章の修行は、一行の手紙も文をよくよく考えるまでである。右は、いずれも閑《しず》かに強みあるのがよい。また「手紙は先様《さきさま》で掛け物になると思え」と了山《りょうざん》（和尚）が上方で承りましたとのこと。

90 一、「過《あやま》ちて改《あらた》むるに憚《はゞか》る事なかれ(1)」と云《いへ》り。少しも猶予なく改むれば、誤り忽《たちまち》滅する也。誤りを紛《まぎら》かさんなど、する時、猶々《なほなほ》見苦しく、苦しみ有り。禁句などを云出《いひい》だしたる時、手取早《ばや》に其《その》趣を云《いへ》ば、禁句少しも不レ残《のこらず》、心屈せざる也(2)。もしまた咎《とが》むる人ならば、「誤りて申し出《いだ》し候故、其謂《そのいはれ》を申し抜《ひら》き候。無二御聞分一《おき、わけなく》ば不レ及レ力《ちからおよばず》候。不二存当一《ぞんじあたらず》候て申し候へば(3)、無二御聞一《おき、なき》同前にて候。誰《たが》上をも沙汰は致す事に候(4)」と云《いひ》て覚悟すべし。さてこそ、隠事《かくしごと》・人事《ひとごと》ふつと(5)云《いふ》べからず。また、一座をはかりて(6)一言も云べき事也。

(1) 過ちて改るに……なかれ　『論語』学而《がくじ》、子罕《しかん》。／(2) 心屈せざる也　こだわってくよくよすることもない。／(3) 不二存当一……候へば　あなたのことを念頭に置いて言ったわけではないので。／(4) 誰上をも……候　どんな人であれ噂は避けられないものだ。／(5) ふつと　ふっつり。きっぱり。／(6) はかりて　推し量り考えて。

訳　一、「過って改めるのに憚ることなかれ」と言う。少しも猶予なく改めれば、誤りはたちまち滅するのである。誤りをごまかそうなどとする時、ますます見苦しく、苦しみがある。禁句などを言い出した時、手っ取り早くその趣旨を言えば、禁句（自体）は少しも残らず、心が屈せぬのである。もしまた咎める人ならば、「誤って申し出しましたので、そのわけを申し披《ひら》きします。お聞き分けいただけなければ、力及びませぬ。（貴殿のことは）存じ当たりませずに申しましたので、お聞きでないのと同然であります。誰の上をも噂は致すことであります」と言って覚悟しなければならぬ。

それだからこそ、隠し事・人のことははっきりと言ってはならぬ。また、一座を推し量って一つの言葉も言うべきことである。

91 一、手跡《しゆせき》の、行儀正しく疎略なきより上は有《ある》まじけれども、其《その》分にては堅《かた》くれ(1)、いやしく見ゆる也。此《この》上に格(2)を離れたる姿有べし。諸事に此《この》理有べし。

（1）堅くれ　堅苦しく。／（2）格　位。等級。

訳　一、手跡は、行儀正しく疎略のないものより上はあるまいが、その分では堅苦しく、卑しく見えるのである。この上に格を離れた姿があろう。諸事にこの理があるはずである。

92 一、何某《なにがし》申し候は、「牢人《らうにん》など、云は、難儀千万無㆓此上《このうへなき》㆒様《やう》に皆人思ふ。其期《そのご》(1)には殊の外仕遅《しおく》れ(2)草臥《くたび》る、事也。牢人して後はさほどには無きもの也。前方《まへかた》思ふたるとは違ふ也。今一度牢人仕《し》たし」と云《いふ》。尤《もつとも》の事也。死の道も、平生に死に習《なら》ふては心安く死ぬべき事也。災難は前方に了簡《れうけん》したる様《やう》にはなきものなるを、先きをはかりて苦しむは愚かなる事也。奉公人の打ち留め(3)は、牢人・切腹に極《きは》まりたると兼《かね》て可㆓覚悟《かくごすべき》㆒也。

（1）其期　浪人を仰せ付けられた時。／（2）仕遅れ　気遅れし。／（3）打ち留め　行きつくところ。

訳　一、なにがしが申しましたのは、「浪人などというのは、難儀千万この上ないように皆思う。その時には殊の外気遅れし草臥《くたび》れることである。浪人して後はそれほどではないものだ。前々から思っていたのとは違うのである。今一度浪人したい」と言う。もっともなことである。死の道も、平生に死に習っていれば心安く死ねることである。災難は前々から考えていたようにはならないものなのを、先を推し量って苦しむのは愚かなことだ。奉公人の行き着くところは、浪人・切腹に極《き》まっているとかねてより覚悟すべきである。

93 一、役儀を危《あぶな》きと思ふはすくたれ者(1)也。其《その》事に備《そな》へりたる身(2)なれば、其事にて仕損ずるは定《さだま》りたる事也。外の事、私の事にて仕損ずるこそ恥にても有べし。「無《ぶ》調法《てうはふ》にて何と可二相勤一《あひつとむべき》哉《や》」との心遣《こころづかひ》は有べき事也。

訳　(1)すくたれ者　臆病者。／(2)其事に備りたる身　その役を勤めるべき（家柄の）身。

訳　一、職分を危ないと思うのは臆病者である。そのことに専従する（家柄の）身であるから、そのことで仕損じるのは決まったことである。他のこと、私のことで仕損じることこそ恥でもあろう。「無調法でどう勤めるべきか」との心遣いはあるべきことである。

94　一、「人の心を見んと思はば煩《わづら》へ」と云《いふ》事有り。日頃は心安く寄合ひ、病気または難儀の時大方にする者は腰脱《こしぬ》け也。すべて人の不仕合せの時、別《べつし》て立ち入り(1)見廻ひ・付届け可レ仕《つかまつるべき》也。恩を受け候人には、一生の内疎遠に有まじき也。斯様《かやう》の事より人の心入れ(2)は見ゆるもの也。多分我《わが》難儀の時は人を頼み、後には思ひも出《い》ださぬ人多し。

訳　(1)立ち入り　親しく出入りし。／(2)心入れ　真情。

訳　一、「人の心を見ようと思うならば、煩え」ということがある。日頃は心安く寄り合い、病気または難儀の時にいい加減にする者は腰抜けである。すべて人の不幸せの時には、特に立ち入って見舞い、心付けを致すべきである。恩を受けました人には、一生の間疎遠にしてはならぬ。このようなことから人の心入れは見えるものである。大かた我が難儀の時は人をあてにして、後には思い出しもせぬ人が多い。

95 一、盛衰を以て、人の善悪は沙汰されぬもの也。盛衰は天然の事《こと》也。善悪は人の道也。教訓の為には盛衰を以て云《いふ》也。

訳 一、盛衰によって、人の善悪は判断できぬものである。盛衰は天の然《しか》らしめることである。善悪は人の道である。教訓のためには盛衰をもって言うのである。

96 一、山本前神《ぜんじん》右《ゑ》衛門《もん》(1)、召仕《めしつかひ》の者に不行跡の者あれば、一年の内何となく召仕ひて暮に成りしより無事に(2)隙《ひま》を呉れ被《まうされ》レ申候由《よし》。

(1) 山本前神右衛門　重澄《しげずみ》。常朝の父。一の60参照。／(2) 無事に　事を荒立てず。

訳 一、山本前神《ぜんじん》右《え》衛門《もん》は召し仕う者に行いの悪い者がいると、一年内は何となく召し仕って暮れになってから事もなく暇をやり申されましたとのこと。

97 一、鍋島次郎右衛門切腹の時、(1)何某《なにがし》に四段の異見有り。(2)御仕置の中《うち》に世上の聞《きこ》えを不レ憚《はゞからず》(3)しては却《かへり》て御悪名に成る事有り。最初、此沙汰《このさた》有りとも不レ被二取立一《とりたてられぬ》はず也。(4)次に、究《きはめ》の節、偽《いつはり》候はゞ其《その》分にて被二差置一《さしおかるゝ》はず也。其《その》次に、咎《とがめ》の僉議の時、先祖の功、(5)近年公儀に四郎が旗被レ成二御覧一《ごらんになられ》候儀申し達し、可二差留一《さしとむべき》事也。其次、右の段々難レ成《なりがたく》ば、(6)御内意可レ被二申上一《まうしあぐべき》事也。

（1）鍋島次郎右衛門　義之《よしゆき》。元禄六年（一六九三）光茂公の御供番で高伝寺に御供した際、公の目の前で小便をしてしまい切腹を仰せ付けられた。六の70参照。／（2）四段の異見　切腹を仰せ付けられた次郎右衛門をどうやって救えばよかったかということについての常朝の異見。四回も救う機会があったはずではないかと異見した。／（3）不レ憚して　考慮に入れずして。／（4）最初……也　最初この事件が問題とされた時も、取り上げられるべきでなかった。／（5）先祖の功　次郎右衛門の曾祖父鍋島大膳正之が、島原の乱で原城本丸一番乗りに功を立て、天草四郎時貞の旗を奪取したことを指す。／（6）内　山「内」、餠「同」。

訳　一、鍋島次郎右衛門《じろうえもん》切腹の時、なにがしに四段の異見をした。（殿＝光茂公の）御仕置きの際に世間の評判を無視してはかえって（殿の）御悪名になることがある。最初、この訴えがあったとしても取り上げられぬはずであった。次に、取り調べの際、偽りの証言をするならば、そのままで捨て置かれるはずであった。その次に、罪の詮議の時、先祖の功、近年公儀（将軍）に（天草）四郎の旗を御覧に入れましたことを申し伝え、差し留めるべきことであった。その次、右の段々ができ難ければ、（次郎右衛門を救いたいという）御内意を申し上げられるべきことであった。

98 一、諸岡彦右衛門(1)用事有レ之《これあり》候由《よし》にて召寄せ被二申聞一《まうしきけられ》候一通りの事。「神文《しんもん》(2)」と被レ申《まうされ》候へども、「侍の一言金・鉄よりも堅く候。自身決定《けつちやう》の上は、仏・神も被レ及《およばれ》まじく」と申し候て、神文相止《あひや》め候。二十六歳(3)の事也。〈弁財公事(4)の極意の事〉。

(1) 諸岡彦右衛門《もろおかひこえもん》 興貞《おきさだ》。貞享二年（一六八五）浪人、間もなく帰参。二の25参照。／(2) 神文 神仏に誓って記した証文。／(3) 二十六歳 享保元年（一七一六）。／(4) 弁財公事 元禄五、六年（一六九二、九三）の脊《せ》振山《ぶりやま》弁財岳の境界をめぐる福岡藩との争い。

訳 一、諸岡彦右衛門《ひこえもん》が用事がありますとのことで召し寄せて、申し聞かせられました一通りのこと。（彦右衛門が）「神への誓文を」と申されましたが、（常朝が）「侍の一言は金・鉄よりも堅いものです。自身が決め定めた上は仏・神も及ばれまい」と申しまして、神への誓文は取り止めました。二十六歳のことである。〈弁財公事の極意のこと〉。

99 一、将監《しやうげん》(1)介錯《かいしやく》一通りの事。御目附鍋島十太夫《じふだいふ》(2)・石井三郎太夫《さぶらうだいふ》(3)也。三郎太夫「見届申し候」と詞《ことば》を掛け、屛風《びやうぶ》引(4)廻し候由。

（1）将監　中野将監正包《まさかね》。元禄二年（一六八九）切腹。常朝が介錯。／（2）鍋島十太夫　契《けい》。着座。芦原領主。／（3）石井三郎太夫　忠統。目付役。八の88参照。／（4）屛風引廻し候　遺体を屛風で隠した。

訳 一、（常朝の）将監介錯《しようげんかいしやく》の一通りのこと。御目付は鍋島十太夫《じゆうだゆう》・石井三郎太夫《さぶろうだゆう》であった。三郎太夫は「見届け申しました」と言葉をかけ、（遺体の上に）屛風《びようぶ》を引き廻らせましたとのこと。

100(1) 一、造酒《みき》(2)切腹に付て一通りの事。八助殿付両人(3)の子細の事。預り物御改《あらた》めの時、数馬《かずま》(4)へ申し達し候事。番付き候時、一言申し達し内に入り候事。女房病気に付き医師呼び候一通の事。申し様《やう》聞合せの事。

（1）100 六の32、八の44参照。／（2）造酒　山村造酒之俊。切腹は元禄三年（一六九〇）のこと。／（3）八助殿　光茂の子。村田隠岐守政盛。／（4）数馬　中野数馬利明《としあき》。一の51参照。

訳　一、造酒《みき》切腹について一通りのこと。八助《やすけ》殿付きの二人の子細のこと。預り物をお調べになった時、数馬《かずま》に申し伝えましたこと。見張り番が付きました時、一言申し伝え内に入りましたこと。女房が病気のため医師を呼びました一通りのこと。（造酒の）申し様を問い合わせたこと。

101 一、御抱者（1）には、心得可レ有《あるべき》事也。器量をあらはし、御用に立ち、名を揚《あ》げ、子孫の為に成る事をするもの也。子孫にも多分此《この》風移るもの也。御譜代《ふだい》の者は、科《とが》は我《わが》身に引請け、主君の御為に成り候様《やう》に、と思ふ所有り。何某《なにがし》（2）、三家出入（3）の時諫言《かんげん》の様《やう》成る事也。

（1）御抱者　他藩から新たに召し抱えられた者。／（2）何某　中野将監正包《まさかね》。一の16、五の98参照。／（3）三家出入　本藩と三支藩とのもめごと。序文（33頁）注（7）参照。

訳　一、（他藩からの）御抱え者には心得があるべきことである。器量を顕《あらわ》し、御用に立ち、名を揚げ、子孫の為になることをするものである。子孫にも大かたこの気風が移るものである。御譜代の者は罪は我が身に引き受け、主君の御為になりますようにと思うところがある。なにがしの、三家ともめごとの時の諫言《かんげん》のようなことである。

102 一、一鼎《いってい》の咄《はなし》に「何事にても願ひさへすれば願ひ出《い》だすもの也。御国には昔は松茸と云《いふ》ものなし。上方にて見し者ども、御国の山に出で来《き》候へかしと願ひ候が、今北山(1)に願ひ出だし、如何《いか》ほども出で来たり。以後は御国の山に檜《ひのき》出で来可レ申《まうすべく》候。是《これ》、我未来記(2)也。諸人願ひ候故也。然《しかれ》ば人の願ひ事可レ有《あるべき》事」と也。

（1）北山　神埼《かんざき》・佐賀及び小城市の北部。／（2）未来記　未来のことを予言して記した書物。

訳　一、一鼎《いってい》の話に「何事でも願いさえすれば願い出《だ》すものである。御国には昔は松茸《まつたけ》というものはなかった。上方で見た者どもが、御国の山に出て来なさいよと願いましたのが、今北山に願い出し、いくらでも出て来た。以後は御国の山に檜《ひのき》が出て来申すはずです。これが我が予言書である。諸人が（そう）願っていますがゆえである。だから人の願いごとはあるべきことである」とのことである。

103 一、人相を見るは大将の専用(1)也。正成《まさしげ》(2)湊川(3)にて正行《まさつら》(4)に相渡し候一巻の書には眼ばかり書きたり、と云伝《いひ》へたり。人相に大秘事有《これある》レ之也。〈口伝〉。

(1) 専用　専要。最も大切なこと。／(2) 正成　楠木正成。鎌倉・南北朝時代の武将。後醍醐天皇を助け、湊川で非業の死を遂げ、中世・近世における『太平記』の広範な普及によって、忠臣として伝説化した。一の74参照。／(3) 湊川　湊川の戦い。ただし『太平記』巻十六に本項に該当する記述はない。／(4) 正行　楠木正行。正成の子。父とともに伝説化し、特に「桜井駅の別れ」(父子の別れ)の場面が有名。

訳 一、人相を見るのは大将の最重要の仕事である。正成が湊川《みなとがわ》で正行《まさつら》に渡しました一巻の書には眼だけが書いてあった、と言い伝えている。人相に大秘事があるのである。〈口伝(がある)〉。

104 一、常になき事のあれば、怪事《くわいじ》と云て「何事の前表か(1)」と云扱《いひあつか》ふ(2)は愚かなる事也。日月重出(3)・箒星《はうきぼし》(4)・旗雲(5)・光り物(6)・六月の雪・師走の雷などは、五十年・百年の間に有る事也。陰陽の運行にて出現する也。日の東より出《い》で西に入るも、常に無き事ならば、怪事と云べし。是《これ》に替る事なし。また、天変有《これある》レ之時世上に必ず悪事出来《いでく》る事は、旗雲を見ては「何事ぞ有べし」と人々、我《われ》と心に怪事を生じ、悪事を待つ故に其《その》心より悪事出来《しゆつたい》する也。怪事も用ひ様《やう》、口伝有《これある》之也。

(1) 前表　前兆。／(2) 云扱ふ　噂する。／(3) 日月重出　日食。日・月が重なって出ること。常朝の存命中、佐賀では寛文六年六月一日（一六六六年七月二日）に金環日食、正徳二年六月一日（一七一二年七月四日）に部分日食があった（園田正樹「葉隠と天文現象」）。後者は、陣基が常朝のもとに通っていた時期に当たる。／(4) 箒星　彗星。常朝の存命中、延宝八―九年（一六八〇―八一）のキルヒの大彗星、天和二年（一六八二）のハレー彗星など四彗星が見られた（前掲論文）。キルヒの大彗星については『武江《ぶこう》年表』にも「白気」を伴う「長空星」として記載されている。／(5) 旗雲　旗のようになびいている雲。／(6) 光り物　流星。

訳　一、普段無いことがあると、怪事と言って「何事の前兆か」と言い立てるのは愚かなことである。日食・彗星・旗めく雲・空飛ぶ光・六月の雪・師走（十二月）の雷などは、五十年・百年の間にはあることである。陰陽の運行で出現するのである。太陽が東から出て西に入るのも、普段無いことならば、怪事と言わねばならぬ。これと同じことである。また、天変がある時に世の中に必ず悪事が出て来ることは、旗めく雲を見ては「何事か起こるに違いない」と人々が自ら心に怪事を生じ、悪事を待つがゆえにその心から悪事が出て来るのである。怪事も用い様、口伝がある。

105 一、張良《ちやうりやう》(1)は石公の書を伝へたると云《いひ》(2)、義経は天狗の伝(3)を継ぐなどと云《いふ》は、兵法一流建立《こんりふ》の為也。

(1) 張良　秦に滅ぼされた韓の宰相家の人。高祖劉邦に仕え、兵法の奥義によって秦を滅ぼし漢の創業を助けた。／(2) 石公の書を伝へたる　張良が始皇帝暗殺に失敗し下邳《かひ》に潜んでいた時に、隠士黄石公《こうせきこう》から兵法の秘伝書を授けられたこと（『史記』留侯世家）。日本では、『和漢朗詠集』で「張良が一巻の書」と称され、のち兵法伝授の象徴として神格化された。／(3) 天狗の伝　幼少の義経（牛若）は鞍馬寺に預けられたが、己の素性を知り平家打倒を誓った頃に、鞍馬の大天狗から兵法の秘伝書を授けられたこと。この兵法の奥義が「張良が一巻の書」と信じられていた（伊藤正義「鞍馬天狗」解題。『謡曲集　中』）。

訳　一、張良《ちようりよう》は石公《せきこう》の書を伝えたと言い、義経《よしつね》は天狗の伝を継いだなどと言うのは、兵法の一流派を建立するためである。

106 一、御側長崎御仕組(1)に、一歳《とせ》(2)二番立(3)に割付け御帳出で来《いき》候を見候に付て、役人へ申し候は

「陣立《ぢんだて》(4)の時分、殿の御供不レ仕《つかまつらざる》儀、拙者は不二罷成《まかりならず》一候。弓矢八幡(5)触状《ふれじやう》(6)に判不レ仕《つかまつらず》候間、左様《さやう》に心得可レ被レ申《まうさるべく》候。是《これ》は書物役(7)仕《つかまつる》故にて候半《はん》と存《ぞん》じ候。斯様《かやう》に申す儀不レ聞《きこえず》(8)とて、役を被二差迦《さしはづさる》一は本望。切腹幸《さいはひ》にて候」と申し捨て、罷《まか》り立ち候。其《その》後僉議《せんぎ》にて仕直し被レ申《まうされ》候。若き内力《りき》み無レ之《これなき》にては不二罷成《まかりならず》一候。心得有る事の由。

（1）御側長崎御仕組　御側の者が主君の長崎警備に伴う際の組織立て。長崎警備は、寛永十八年（一六四一）より福岡藩・佐賀藩の隔年勤番で、異国船の長崎侵入を警備したもの。／（2）一歳　天和三年（一六八三）。常朝二十五歳。／（3）二番立　一年二当番制の第二当番。／（4）陣立　人員配置。／（5）弓矢八幡　武の神八幡大菩薩に誓って。断じて。／（6）触状　回状。回覧文書。／（7）書物役　主君の文書に関わる御用を勤める役。書物役だからと侮り、殿の御供を外したのであろうと常朝は憤慨の言葉を述べる。このような場面でこそ敬語が多いことに注意。／（8）不レ聞　認められぬ。

訳　一、御側の者の長崎警備の御配置で、ある年第二当番に割り付けられた御帳面が出て来ましたのを見ましたため、役人に申しましたのは「陣立ての際、殿の御供を致さぬこと、拙者は断じて認めませぬ。弓矢八幡に誓って触れ状に判を致しませぬので、そのように心得申されませ。これは（拙者が）書き物役を致すゆえでありましょうと存じます。このように申すことが聞かれぬということで、役を差し外されるのは本望。切腹は幸いであります」と申し捨て、退出しました。その後詮議で（割り付け）し直し申されました。若い内に力《りき》みがなくてはなりませぬ。心得ておくこととのこと。

107 一、風躰《ふうてい》(1)の修行には、不断鏡を立て見候て直《なほ》したるがよし。十三歳の時、髪を御立たせ(2)被《なさ》レ成候に付て、一年ばかり引入り(3)罷《まか》り有り候。一門ども兼々《かねぐ》申し候は、「利発顔なる者にて候間、頓《やが》て仕損じ可レ申《まうすべく》候。殿様別《べつし》て御嫌ひ被《なされ》レ成候が利発めき候者にて候」と申し候に付て「此《この》節顔つき仕直可レ申《しなほしまうすべし》」と存《ぞん》じ立《たち》、不断鏡にて仕直し、年過《すぎ》て出で候へば「虚労下地《きよらう》(4)」と皆人申し候。是《これ》が奉公の基《もと》かと存じ候。利発を面《おもて》に出し候者は、諸人請取不レ申《うけとりまうさず》候。ゆりすわり(5)て聢《しか》としたる所のなくては、風躰不レ宜《よろしからざる》也。うやく〵しく苦味《にがみ》(6)有りて、調子静かなるがよし。

(1) 風躰　身なり。／(2) 髪を御立たせ　前髪を立てさせ。元服させ。／(3) 引入り　引き籠もり。／(4) 虚労下地　生まれつきの弱々しい性質。／(5) ゆりすわり　(不動の位置を見付けて) どっしりと座り。坐禅に入る前の動作。／(6) 苦味　渋く引き締まったさま。

訳　一、風体《ふうてい》の修行には、常に鏡を立てて、見まして直しているのがよい。十三歳の時、殿が（わたしの）髪をお立たせなされましたため、一年ばかり引っ込んでおりました。一門どもがかねがね申しましたのは、「利発顔をした者ですので、そのうちに仕損じ申すに違いありませぬ。殿様がとりわけお嫌いなされますのが利発めきます者です」と申しましたので、「この際顔つきを作り直し申そう」と存じ立ち、常に鏡で作り直し、一年が過ぎて出ましたところ「虚弱体質」と皆が申しました。これが奉公の基かと存じます。利発を顔に出します者は、諸人が受け入れ申しません。どっしり座ってしかとした所がなくては、風体がよろしくないのである。うやうやしく苦みがあって、調子が静かなのがよい。

108 一、火急の場にて人に相談も不成《ならざる》時、分別の仕様《しやう》は、四誓願(1)に押し当てゝ(2)みれば其儘《そのまゝ》分るゝ也。立ち越えたる(3)事はいらぬ也。

（1）四誓願　序文（36頁）参照。／（2）押当て、　引き当てて。／（3）立ち越えたる　一段上の。

訳　一、火急の場で人に相談もできぬ時、分別の仕方は、四誓願に押し当ててみればそのまま分別されるのである。特別なことはいらぬのである。

109一、目附役は、大意の心得なくば、害に可レ成《なるべき》也。目附を被二仰付置一《おほせつけおかれ》候は、御国御治《をさ》め可レ被レ成《なさるべき》為にて候。殿様御一人にて端々《はしぐ》まで御見届不レ被二相叶一《あひかなはれざる》に付、殿様の御身持・御家老の邪正・御仕《し》置《おき》の善悪・世上の唱《とな》へ・下々《したじ》の苦楽を分明に被二聞召一《きこしめされ》、御政道を御糺《たゞ》し為レ可レ被レ成《なさるべきため》也。上に眼を付るが本意(1)也。然《しかる》に下々の悪事を見出し、聞出し候言上《ごんじやう》致す時、悪事絶えず却《かへり》て害に成る也。下々に直《すぐ》なる者は稀《まれ》也。下々の悪事は、御国家の害には成らぬもの也。また、究《きはめ》役(2)は、科人《とがにん》の云分け立ちて助《たす》かる様《やう》に、と思ひて可レ究《きはむべき》事也。是《これ》も畢竟《ひつきやう》御為也。

(1) 本意　本来のあり方。／(2) 究役　取り調べ役。一の168参照。

訳　一、目付役は、大義の心得がなくては、害になるであろう。目付を仰せ付け置かれましたのは、御国をお治めなされねばならぬためです。殿様お一人で隅々までお見届けになることは叶われぬので、殿様のお振る舞い・御家老の邪正・お仕置きの良し悪し・世間の評判・下々の苦楽を、はっきりとお聞きになられ、御政道をお糺《ただ》しなされねばならぬためである。上に目を付けるのが本来である。しかし下々の悪事を見出し、聞き出しまして言上いたす時、悪事は絶えず、かえって害になるのである。下々に真っ直ぐな者は稀である。下々の悪事は、御国家の害にはならぬものである。また、取り調べ役は「罪人の言い分が立って助かるように」と思って取り調べねばならぬことである。これもつまるところ殿様の御為《おんため》である。

110 一、主人に諫言《かんげん》(1)をするに色々有《ある》べし。志《こゝろざし》の諫言は、脇に知れぬ様《やう》にする也。御気に逆《さかは》ぬ様《やう》にして、御曲《くせ》を直《なほ》し申すもの也。細川頼之《よりゆき》(2)が忠義など也。昔、御道中にて「脇寄可㆑被㆑遊《あそばさるべし》」(3)と被㆓仰出《おほせいでられ》㆒候節、御年寄何某承㆑之《なにがしこれをうけたまはり》、「某《それがし》一命を捨てて可㆓申上《まうしあぐべく》㆒候。段々御延引の上に、脇寄など可㆑被㆑遊《あそばさるべき》事、以《もつて》の外《ほか》、不㆑可㆑然《しかるべからず》候」と諸人に向ひ、「御暇乞《おいとまごひ》仕《つかまつ》り候」と詞《ことば》を渡し、行水《ぎやうずい》白帷子《かたびら》(4)下着にて御前に被㆓罷出《まかりいでられ》㆒候が追付《おつゝけ》(5)退出、また諸人に向ひ「拙者申上げ候儀、被㆓聞召分《きこしめしわけられ》㆒本望至極《しごく》。皆様へ二度掛㆓御目《おめにかゝり》㆒候儀、不思議の仕合せ」などと広言被㆑申《まうされ》候。是《これ》は皆主人の非をあらはし、我《わが》忠を上げ、威勢を立つる仕事也。多分他国者に有㆑之《これある》也。

(1) 諫言《かんげん》　非を諫《いさ》めること。／(2) 細川頼之　室町幕府の管領《かんれい》としてよく幼将軍足利義満を補佐し、その忠心は伝説化した。『塵塚《ちりづか》物語』・『細川頼之記』では、頼之が義満に荒々しく諫言したため、勘気《かんき》を被って蟄居《ちっきょ》したが、これは実は、頼之がどれほど大きな力を持とうとも、あくまで義満が君であり、頼之は臣であるという、君臣の道を闡明《せんめい》し、将軍の権威を高めるために二人が仕組んだものであったとする。この話は事実として受け止められた。／(3) 可㆑被㆑遊　いわゆる自敬表現。引用を示すカギ括弧を付したために際立って見えるが、日本語にはそもそも引用符がなく、一種の間接話法を取っていたことに注意。現代語訳では敬意を保存し、そのまま訳出する。／(4) 白帷子　白地の単衣《ひとえ》。死に装束。／(5) 追付　追って。すぐに。

訳　一、主人に諫言《かんげん》をするにも色々あろう。志《こころざし》のある諫言は、脇の者に知れぬようにする。御気に逆らわぬようにして、御癖を直し申すものである。細川頼之《よりゆき》の忠義などである。昔、御道中で「寄り道遊ばされたい」と仰せ出《だ》されました際、御年寄のなにがしがこれを承り、「それがし一命を捨てて申し上げねばなりませぬ。一段一段御遅延の上に、寄り道など遊ばされようことはもっての外《ほか》、そのようなことはなりませぬ」と諸人に向かい、「お暇乞《いとまご》い致します」と言葉を告げ、行水《ぎょうずい》し白帷子《かたびら》を下に着て御前に参られましたが追っ付け退出し、また諸人に向かい「拙者が申し上げましたことをお聞き分けになられ本望至極である。皆様に再びお目に掛かりますことは不思議のめぐり合わせ」などと広言申されました。これは皆主人の非を顕《あらわ》し、自分の忠を揚げ、威勢を立てる仕事である。大かた他国者である。

三一、勘定者(1)はすくたるゝ(2)もの也。子細は、勘定は損徳の考《かんがへ》するものなれば常に損徳の心不レ絶《たえざる》也。死は損、生は徳なれば、死ぬる事も好かぬ故、すくたるゝもの也。また、学文《がくもん》者は才智・弁口にて本躰の臆病などを仕《し》隠《かく》すもの也。人々見誤る所也。

（1）勘定者　計算高い者。／（2）すくたる、　腰抜けになる。

訳　一、勘定高い者は腰が抜けるものである。そのわけは、勘定は損得の考えをするものだから常に損得の心が絶えぬ。死は損、生は得だから、死ぬことも好かぬゆえ、腰が抜けるものである。また、学問する者は才智・弁舌で本当の臆病などを隠すものである。人々が見誤る所である。

112 一、追腹《おひばら》御停止（1）に成りてより殿の御味方する御家来無き也。幼少にても家督被二相立一《あひたてられ》候に付て奉公に励み無し。小々姓《こごしやう》（2）相止《あひやみ》候に付て、侍の風俗悪《あし》く成りたり。あまり御慈悲にて奉公人の為に不レ成《ならず》候。今からにても小々姓は被二仰付一《おほせつけられ》たき事也。十五、六にて前髪取り候故、引嗜《ひきたしな》む事を不レ知《しらず》、呑喰《のみくひ》する雑談ばかりにて禁忌の詞《ことば》・風俗の吟味もせず、隙《ひま》を持ちて徒《いたづら》事《ごと》に染入《しみい》り、よき奉公人出《い》で来ざる也。小々姓勤《つと》め候者は、幼少の時より諸役見馴れ、御用に立つべし。副島八《はち》右衛門《ゑもん》（3）四十二歳、鍋島勘兵衛《かんべゑ》（4）四十歳にて元服也。

（1）追腹御停止　追い腹は死んだ主君のあとを追って腹を切ること。寛文元年（一六六一）光茂は追い腹を禁じた。寛文三年（一六六三）幕府も諸藩に殉死禁止令を出した。五の5参照。／（2）小々姓　元服前の小姓。前髪小々姓。天和元年（一六八一）以後小々姓を江戸参勤の供とするのをやめたことを指す。五の25参照。／(3) 副島八右衛門《そえじまはちえもん》 頼由《よりゆき》。家利の子。四の61参照。／(4) 鍋島勘兵衛 房利。茂実の子。

訳 一、追い腹御停止になってから殿の御味方をする御家来がいない。幼少でも家督《かとく》に立てられますため奉公に励みがない。小々姓《こごしょう》をとりやめましたため、侍の風俗が悪くなった。あまりの御慈悲で奉公人のためになりませぬ。今からでも小々姓は仰せ付けられたいことである。十五・六で前髪を取りますゆえ嗜《たしな》むことを知らず、呑み食いする雑談ばかりで禁忌の言葉・風俗の吟味もせず、暇を持て余して無駄事に染み入り、よい奉公人ができぬのである。小々姓を勧めました者は、幼少の時から諸役を見馴れ、御用に立つであろう。副島八右衛門《はちえもん》は四十二歳、鍋島勘兵衛《かんべえ》は四十歳で元服した。

113 一、武士道(1)は死狂ひ(2)也。「一人の殺害を数十人して仕《し》かぬるもの」と直茂公も被レ仰《おおせられ》候。本気にては大業はならず、気違ひ(3)に成りて死狂ひするまで也。また、武道において(4)分別出で来れば早《はや》遅る、也。忠も孝も不レ入《いらず》、一か道(5)においては死狂ひ也。此内《このうち》に自《おのづから》忠・孝はこもるべし。

(1) 武士道　ここでは実践的な意味が強く、「武道」に近づきつつも全体的な意味を保持した使用例。本項第三文での「大業」の語が「奉公」をも含む意であることを示唆する。／(2) 死狂ひ　自ら死地に突入し大暴れすること。死に物狂い。／(3) 気違ひ　一の193注(4)参照。／(4) 分別　思慮。／(5) 二か道　底本「二ヶ道」。本項では「武士道」と狭義の「武道」の微妙な使い分けがあるが、これらを二つの道とすることは『葉隠』の内容（一の139など）からして考え難い。誤写であろう。「忠」と「孝」を二つの道と誤解したか。あえて意味から推定すれば、元は「武道」か。山「武道」、餅「士道」。「武道」で訳出した。

訳　一、武士道は死に狂いである。「(死に狂いしている) 一人の殺害を数十人でしてもできぬものだ」と直茂公も仰せられました。本気では大業はならず、気違いになって死に狂いするまでである。また、武道において分別が出て来れば早くも遅れる。忠も孝も要らず、武道においては死に狂いである。このうちに自ずから忠・孝は籠もるはずである。

114 一(1)、〈此《この》事此中も承《うけたまはり》候。此度《たび》の御咄如レ此《かくのごとし》〉。志田《しだ》吉之《きちの》助《すけ》が「生きても死にても残らぬものならば生きたがまし」と申し候は裏を云《いひ》たるもの也。また、「行《い》かふか行くまいかと思ふ所には行かぬがよし」と。此《この》追加に、「食《く》はふか食ふまいかと思ふものは食はぬがよし。死なふか死ぬまいかと思ふ時は死にたがよし」。

（1）114　一の48参照。

訳　一、〈このことはこの間も承りました。この度のお話はこのようであった〉。志田吉之助《しだきちのすけ》が「生きても死んでも残らぬものならば生きた方がまし」と申しましたのは、裏を言ったものである。また、「行こうか行くまいかと思う所には行かぬがよい」と。この追加に、「食おうか食うまいかと思うものは食わぬがよい。死のうか死ぬまいかと思う時は死んだ方がよい」。

115　一、大難・大変に逢《あ》ふても動転せぬ、と云《いふ》はまだしき也。大変に逢ふては歓喜踊躍《くわんぎゆやく》(1)して勇み、進むべき也。一関(2)越えたる所也。「水増《まされ》ば舟高し」(3)と云が如し。〈村岡(4)氏御改(5)前異見の事〉。〈口達(6)〉。

（1）歓喜踊躍　喜び小躍《こおど》りすること。仏教語。もともとは仏法を聞いた時の喜びをいう。／（2）一関　一つの関門。／（3）水増ば舟高し　「水長《ま》せば船高く、泥多ければ仏大なり」（『碧巌録《へきがんろく》』第二十九則本則）。困難が大きければそれだけ多くの済度が約束されるという意の成句。二の41参照。／（4）村岡　村岡五兵衛清貞。年寄役。／（5）改　取り調べ。／（6）口達　口頭で伝えること。

訳　一、大難・大変事に遭っても動転せぬ、というのはまだまだである。大変事に遭っては歓喜踊躍《かんぎゆやく》して勇み進むべきである。一関を越えた所である。「水が増せば舟は高い」というのと同じである。〈村岡氏のお取り調べ前に異見したこと〉。〈口達《くたつ》（がある）〉。

116 一、名人の上を見聞て不レ及《およばざる》事と思ふはふがひ無き事也。「名人も人也、我も人也、何《なに》しに(1)可レ劣《おとるべき》」と思ひて一度《ひとたび》打ち向ふは、最早其《その》道に入りたる也。(2)「十有五にして学に志《こゝろざ》す処(3)が則《すなはち》聖人也。後に修行して聖人に成り給ふには非ず」と一鼎被レ申《いっていまうされ》候。「初発心時《しよほつしんじ》、弁成正覚《べんじやうしやうがく》」(4)ともも有レ之《これある》也。

（1）何しに　どうして。／（2）道に入りたる　その世界を体得する。／（3）十有五にして学に志す　『論語』為政。／（4）初発心時《しよほつしんじ》、弁成正覚《べんじようしょうがく》　正しくは「初発心時《しよほつしんじ》、便成正覚《べんじやうしやうがく》」（『華《け》厳経《ごんきよう》』「梵行品第十二」）。初めて発心した時すでに悟りを得ているの意。

訳　一、名人の上を見聞きして（自分には）及ばぬことと思うのは不甲斐《ふがい》ないことである。「名人も人であり、自分も人である。どうして劣ることがあろうか」と思って一度《ひとたび》打ち挑むならば、最早その道に入ったのである。「十五にして学に志すところが即ち聖人である。後に修行して聖人になられたのではない」と一鼎《いってい》が申されました。「初発心の時、便《すなわ》ち正覚を成す」とある。

117一、武士は、万事に心を付け、少しにても遅れに成る事を嫌ふべき也。就レ中《なかんづく》もの云《いひ》に不吟味なれば、「我は臆病に成る也」「其《その》時は迯《に》げ可レ申《まうすべし》」「恐ろしき」「痛い」などと云《いふ》事有り候。ざれにも、戯《たはむれ》にも、寝言にも、たは言(1)にも、云《いふ》まじき詞《ことば》也。心有る者の聞きては、心の奥おしはかるもの也。兼《かね》て吟味して可レ置《おくべき》事也。

(1) たは言　うわごと。

訳　一、武士は万事に心を付け、少しでも後《おく》れとなることを嫌うべきである。特に物の言い方に不吟味であると、「わたしは臆病になる」「その時は逃げ申そう」「恐ろしい」「痛い」などと言うことがあります。ざれ言にも、たわむれ言にも、寝言にも、たわ言にも、言ってはならぬ言葉である。心有る者が聞いては、心の奥を推し量るものである。かねてより吟味しておくべきことである。

118一、一分(1)の武篇(2)を聢《しか》と我《わが》心に極《きは》め置《お》き、無レ疑様《うたがひなきやう》に覚悟すれば、自然の時(3)一番に撰《えら》び出さる、事、必定《ひつぢやう》也。是《これ》は折節の仕かた・もの云《いひ》にてあらはる、もの也。別して一言が大事也。

我《わが》心を披露するものにてはなし。兼《かね》てにて人が知るもの也。〈口伝〉。

(1) 一分の　己一個の。/(2) 武篇　武事。戦場で自分がどのような働きをするか。/(3) 自然の時　いざという時。

訳　一、己一個の武篇をしかと我が心に極めておき、疑いのないように覚悟すれば、万一の時一番に選び出されることは確実である。これは折節の仕方・物の言い方に顕《あらわ》れるものである。とりわけ一言が大事である。我が心を披露するものではない。かねてからの姿で人が知るものである。〈口伝（がある）〉。

119 一、奉公の心掛けをする時分、内にても外にても膝を崩《くづ》したる事なく、ものを不《い》レ云《はず》、云《いひ》て不《かなはざる》レ叶事は、十言を一言で澄様《すますやう》に、と心掛け候也。山崎蔵人《くらんど》(1)など如《かくのごとき》レ斯也。

(1) 山崎蔵人　政良《まさよし》。年寄役。一の11・195参照。

訳　一、奉公の心懸けをしている頃、内でも外でも膝を崩したことはなく、物を言わず、言って叶わぬことは、十言を一言で済ますようにと心懸けました。山崎蔵人《くらんど》などこのようであった。

120(1)一、首打ち落させ(2)てより一働きは聢《しか》とするもの也と覚えたり。義貞《よしさだ》(3)・大野《おほの》道賢《だうけん》(4)などにて知れたり。何ぞ人が人に劣《おとる》べき哉《や》。三谷如休《みたにじよきう》(5)は「病死も二、三日は堪《こた》へ可レ申《まうすべし》」と申し候也。〈口伝〉。

(1) 120 二の52参照。／(2) させ　武士の強がりを示すための使役表現。あくまで受け身でないことを示す。／(3) 義貞　新田義貞。最期の時、自らの首をかき切り、泥の中に隠して、その上に横たわった(『太平記』巻二十)。／(4) 大野道賢　治胤《はるたね》。豊臣家臣。修理《しゆり》治長《はるなが》の弟。火あぶりにされ炭になった後に、徳川方に脇差しで斬りかかった。十の54参照。／(5) 三谷如休　千左衛門政通。勝茂公御歩行十人衆の随一(八の32)。元禄十三年(一七〇〇)光茂逝去の際出家。二の49、四の79、五の103、六の201、八の51、十の8参照。

訳　一、首を打ち落とさせてから一働きはしかとするものであると心得ている。(新田《にった》)義《よし》貞《さだ》・大野《おおの》道賢《どうけん》などで知れている。どうして人が人に劣ろうか。三谷如休《みたにじょきゅう》は「病死も二、三日は持ち堪《こた》え申そう」と申しました。〈口伝(がある)〉。

121 一、古人の詞《ことば》に「七息思案《しちそくしあん》」(1)と云《いふ》事有り。隆信公《たかのぶ》(2)は「分別も久しくすればねまる」(3)と被《おほせられ》レ仰候。直茂公は「万事しだるき事十に七悪し。(4)武士の物毎《ものごと》手取早《ばや》にするものぞ」とも被《おほせられ》レ仰候由。心気うろ〳〵としたる時(5)は分別も埒明《らちあか》ず。なづみ(6)なく、さはやかにりんとした る気にては、七息に分別澄《すむ》もの也。胸すわつてつゝ切れたる(7)気の位なり。〈口伝〉。

（1）七息思案　即座に考えを決めること。／（2）隆信　龍造寺隆信《たかのぶ》。序文（27頁）注（11）参照。／（3）ねまる　腐る。だめになる。／（4）万事……悪し　『直茂公御壁書』の十七条。一の46注（1）（2）参照。「しだるき」について一鼎は「物を気遣ひ過《すご》して、果敢行《おこな》はざる」ことと する（『喬木真宝《きょうぼくしんぽう》』の異本（『校註葉隠』所収本）による）。／（5）心気うろ〳〵としたる時　心 があちこちして定まらない時。／（6）なづみ　滞り。／（7）つゝ切れたる　突き抜けた。

訳　一、古人の言葉に「七息思案《しちそくしあん》」ということがある。隆信公は「分別も長くすれば滞る」と仰せられました。直茂公は「万事しだるいことの十に七は悪い。武士の物ごとは手っ取り早くするものぞ」とも仰せられましたとのこと。心気がうろうろとしている時は分別も埒《らち》が明かぬ。泥《なず》みなく、爽やかに凛としている気であれば、七息で分別は済むものである。胸が据わって突っ切れている気の位である。〈口伝（がある）〉。

122一、少し理屈などを合点《がってん》したる者は頓《やが》て高慢し、一ふり者(1)と云《いは》れて悦《よろこ》び、「我《われ》今の世間に合はぬ生付《うまれつき》」など、云《いひ》て、我上《わが》あらじと思ふは、天罰有べき也。何様《なにやう》のよき事持ちたりとても、人の好かぬ者は益《やく》に立たず。御用に立つ事、奉公する事には好きて、随分へりくだり、傍輩の下に居るを悦ぶ心入れ(2)の者は、諸人嫌はぬもの也。

(1) 一ふり者　一《ひと》かどの者。一の51、二の129参照。／(2) 心入れ　心構え。

訳　一、少し理屈などを承知した者はすぐに高慢となり、器量者と言われて喜び、「わたしは今の世間に合わぬ生まれ付き」などと言って、我が上はあるまいと思うのは、天罰があるに違いない。どれほどの良いことを持っているといっても、人の好かぬ者は役に立たぬ。御用に立つこと、奉公することには好いて、なるべく謙《へりくだ》り、傍輩《ほうばい》の下にいるのを喜ぶ心入れの者は、諸人が嫌わぬものである。

123一、諫言《かんげん》の道に、我其位《われその》(1)に非ずば其位の人に云《いは》せて御誤り直《なほ》る様《やう》にするが大忠也。此《この》階《きざはし》(2)の為《ため》に諸人と懇意する処也。我為にすれば追従《ついしょう》也。一方《ひとかた》は我ら担《にな》(3)ひ申す心入れから也。(4)成るほど成るもの也。

（1）位　地位。／（2）階　足がかり。／（3）担ひ　御家を背負い。／（4）成るほど成る　やればできる。

訳　一、諫言《かんげん》の道で、自分がその地位になければその地位の人に言わせて（殿の）御誤りが直るようにするのが大忠である。この足がかりのために諸人と懇意にするところである。我がためにすれば追従《ついしょう》である。もう一方は自分が担い申す心入れからである。やればできるものである。

124　一、御家中によき御被官出《い》で来《き》候様《やう》に人を仕立て候事、忠節也。志有る人には指南申す也。我《わが》持分（1）を人を以て御用に立つるは、本望の事也。

（1）持分　担当としてやるはずの範囲。

訳　一、御家中によい御家来が出て来ますように人を育てますことは、忠節である。志《こころざし》ある人には指導し申す。本来わたしがやるところを（他の）人によって（殿の）御用に立てるのは、本望のことである。

125一、隠居当住(1)、父子、兄弟仲悪しき事は、欲心より起る也。主従仲悪しきと云《いふ》事の無きが証拠也。

（1）当住　現住職。

訳　一、隠居と現住職、父子、兄弟の仲が悪いことは、欲心から起こるのである。主従に仲が悪いということがないのが証拠である。

126一、若き内に立身して御用に立つは、のうぢ(1)なきもの也。発明の生れ付きにても器量熟せず、人も請取《うけと》(2)らぬ也。五十ばかりより、そろ〳〵と仕上げたるがよき也。其中《そのうち》は諸人の眼に立身遅きと思ふほどなるがのうぢ有る也。また、身上崩して(3)も志有る者は、私曲(4)の事にて無《これなき》レ之故、早く直《なほ》る(5)也。

（1）のうぢ　能持。長続き。／（2）請取らぬ　認めない。／（3）身上崩しても　禄を取り上げられ家が傾いても。／（4）私曲　私利私欲。／（5）直る　元の地位に戻る。

訳　一、若いうちに立身して御用に立つのは、長続きさせぬものである。聡明な生まれ付きでも器量が熟せず、人も受け入れぬ。五十ばかりから、そろそろと仕上げた方がよい。それまでは諸人の目に立身が遅いと思う程であるのが長続きする。また、身を持ち崩しても志ある者は、私利のためのことではないから、早く元の地位に戻るのである。

127 一、牢人《らうにん》などして取乱すは、沙汰《さた》の限《かぎり》也。勝茂公御代の衆は、「七度牢人せねば誠の奉公人にてなし。七転八起」と口付け(1)に申し候由。成富兵庫《なりどみひやうご》(2)など七度牢人の由。起き上り人形の様に合点《がつてん》すべき也。主人も試《ためし》に被二仰付一《おほせつけらる、》事有べし。

(1) 口付け　口ぐせ。/(2) 成富兵庫　兵庫助茂安《ひょうごのすけしげやす》。河川の改修や有明海の干拓など新田開発に努めたことで知られる。七の1・2参照。

訳　一、浪人などして取り乱すのは、論外である。勝茂公の御代の衆は、「七度浪人しなければ誠の奉公人ではない。七転び八起き」と口癖に申しましたとのこと。成富兵庫《なりどみひようご》などは七度浪人したとのこと。起き上がり人形のように承知すべきである。主人も試しに仰せ付けられることがあろう。

128 一、病気などは気持から重く成るもの也。我は「老後御用に可レ立《たつべし》」との大願有レ之《これある》故、親七十歳の子にてかげぼし(1)の様《やう》に有りしかども、一機を以《もつ》て仕直《なほ》し(2)、終《つひ》に病気不レ出《いでず》。さて、婬事《いんじ》を慎み、灸治《きうぢ》を間もなく致す也。是《これ》にて慥《たしか》に覚え有り。「平口《ひらくち》(3)は七度焼きても本躰に返る」と云事有り。我《われ》大願有り。「七生《しちしやう》までも御家の士に生れ出《い》でて可レ遂二本望一《ほんまうとぐべし》」と聢《しか》と思ひ込む也。

(1) かげぼし　影法師。／(2) 一機を以て仕直し　一つの気根によって健康を持ち直し。／(3) 平口　まむし。

訳 一、病気などは気持ちから重くなるものである。わたしは「老後御用に立とう」との大願があったので、親七十歳の子で影法師のようであったが、一念をもって作り直し終《つい》に病気が出なかった。そして淫事を慎み、灸治《きゆうじ》を絶え間もなく致した。これで確かに心得た。「蝮《まむし》は七度焼いても本の体に返る」と言うことがある。わたしには大願がある。「七生《しちしよう》までも御家の士に生まれ出て本望を遂げよう」としかと思い込んだのである。

129 一、直茂公御意の通《とほ》り、志《こゝろざし》有る者は諸傍輩《はうばい》と懇意に寄合ふはず也。其《それ》故 士《さむらひ》より足軽までに大分入魂《じゆこん》致し置きたり。此《この》衆は、「自然の時(1)働き(2)存《ぞんじ》立ち候が、主人の御為《おんため》に同意有《ある》まじき哉《や》(4)」と申す時、二、三と云《いは》(3)ぬ所見届《とゞ》け置きたり。然《しかれ》ばよき家来を持ちたる始め也。御為に成る事也。

（1）自然の時　いざという時。戦の場面を考えている。／（2）一働き　命を捨てて主君を守るなどの働き。／（3）二、三と云ぬ　あれこれ言わない。／（4）始め　山「と同前」。

訳　一、直茂公の仰せの通り、志ある者は諸傍輩《ほうばい》と懇意に寄り合うはずである。それゆえ士《さむらい》から足軽まで大分入魂《じっこん》いたしておいた。この衆は、「万一の時一働きを存じ立ちましたが、主人の御為に同意してくれまいか」と申した時、あれこれと言わぬ所を見届けておいた。だから（わたしが）良い家来を持った初めである。（殿の）御為になることである。

130 一、『義経軍歌』に「大将は人に詞《ことば》をよくかけよ」と有り。（1）組被官（2）にても、自然の時は不レ及レ申《まうすにおよばず》、平生にも「さてまたよく仕《し》たり」「爰《こゝ》を一つ働き候へ」（3）「曲者哉《くせものかな》」と申し候時身命を《を》惜しまぬもの也。とかく一言が大事のもの也。

（1）『義経軍歌』に……有り　義経に仮託し兵法を説いた歌を集めた並河天民《なみかわてんみん》編『義経百首軍歌』の第一首に「大将は人に詞《ことば》をよく懸《かけ》て目をくばりつゝ、懸引《かけひき》をなせ」とある。「人」は配下の者。天民は伊藤仁斎《じんさい》門下。／（2）組被官　組子。組の者。／（3）働き候へ　骨を折ってくれ。

訳　一、『義経軍歌』に「大将は人に言葉をよくかけよ」とある。組子でも、万一の時は申すに及ばず、平生でも「それにしてもよくやった」「ここを一つ働きなさい」「曲者であるな」と申します時、身命を惜しまぬものである。とかく一言が大事なものである。

131　一、山本神右衛門《じんゑもん》(1)〈善忠〉兼々《かねぐ\》申し候は、「侍は人を持つに極《きは》まり候。何ほど御用に可レ立《たつべし》と存じ候ても一人武篇はされぬもの也。金銀は人に借りても有るもの也。人は俄《にはか》になきもの也。兼《かね》てよき人を懇《ねんごろ》に扶持《ふち》すべき也。人を持つ事は、我《わが》口にものを食《く》ふてはならず、一飯を分けて下人《げにん》に食はすれば人は持たる、もの也」。夫故《それゆゑ》「身上《しんしやう》通り(2)に神右衛門ほど人持ち候人は無レ之《これなし》」、「神右衛門は我《われ》に増したる家来を多く持ち候(3)」と其《その》時分取沙汰《とりざた》有レ之《これある》也。仕立て(4)の者に、御直《おぢき》(5)の侍、手明鑓《てあきやり》(6)に罷《まかり》成り候衆数多《あまた》有レ之《これある》事に候。さてまた、組頭に被二仰付一《おほせつけられ》候節、「組の者の儀は神右衛門気に入《いり》候者を新《あらた》に召し抱《かか》へ候様に」と被二仰付一《おほせつけられ》、御切米《きりまい》(7)下されて、皆家来どもにて候。勝茂公月待(8)被レ遊《あそばされ》候時分は、寺井のしほひ(9)を取りに被レ遣《つかはされ》候。「神右衛門組の者に申付け候様に。此《この》者どもは深みに入りて可レ汲《くむべき》者ども」と被レ成二御意一《ぎよいなされ》候。斯様《かやう》に御心付候ては、志を勤め候はで不レ叶《かなはざる》(10)也。

(1) 山本神右衛門　重澄《しげずみ》。常朝の父。／(2) 身上通りに　禄高相応に。経済的に難しいことであったのだろう。／（3）我に増したる……候　（禄高は同じか自分の方が上なのに）神右衛門は自分よりも家来を多く持っている。／（4）仕立ての　一人前に仕立てた。／（5）御直の侍　主君付きの侍。／（6）手明鑓　平侍の下、徒士の上の身分。序文（33頁）注（8）・（10）参照。／（7）御切米　俸禄の米または金銀。／（8）月待　十七夜・二十六夜などの月の出を待って供物を供え、飲食を共にする風習。／（9）寺井のしほひ　寺井（諸富町）は金立《きんりゅう》権現上陸の地と伝えられ、祭事にこの海水を神水として汲む。／（10）志を勤め　心を尽くした奉公を勤め。

訳　一、山本神右衛門《じんえもん》〈善忠《よしただ》〉がかねがね申しましたのは、「侍は人を持つことに極《きわ》まります。どれほど御用に立とうと存じましても一人武篇はできぬものである。金銀は人に借りてもあるものである。人は急にないものである。前もってよい人を懇《ねんご》ろに抱えておくべきである。人を持つことは、我が口に物を食ってはならず、一椀の飯を分けて下人《げにん》に食わせれば人は持てるものである」。それゆえ「身上《しんしょう》通りに神右衛門ほど（多く）人を持ちました人はいない」、「神右衛門はわたし以上に家来を多く持っています」とその頃取り沙汰された。育てた者に、主君御付きの侍、手明鑓《てあきやり》になりました衆が数多くいたことです。そしてまた、（神右衛門が）組頭に仰せ付けられました際、「組の者のことは神右衛門が気に入りました者を新たに召し抱えますように」と仰せ付けられ、御切米を下されて、（結局神右衛門が選んだのは）皆家来どもでした。勝茂公が月待ちを遊ばされました際は、寺井の潮を取りに遣わされました。「神右衛門組の者に申し付けますように。この者どもは深みに入って汲むに違いない者どもだ」と仰せなされました。このようにお心に掛けられましては、志ある奉公を勤めませんでは叶わぬのである。

132（1）一、神右衛門《じんゑもん》申候は、「曲者《くせもの》は頼《たの》もしき者也。頼もしき者は曲者也。年来例《としごろためし》（2）覚ゆる。頼もしきと云は、首尾よき時は不レ入《いらず》（3）、人の落目に成り難儀する時節、くゞり入り（4）て頼もしく（5）するが頼もし也。左様《さやう》の心は必定《ひつぢやう》曲者也」と。

（1）132 一の60参照。／（2）例 実例。／（3）首尾よき時は不レ入 調子のよい時にはやって来ず。／（4）くゞり入り ひそかにやって来。／（5）頼もしくする 頼りになる働きをする。

訳 一、神右衛門が申しましたのは、「曲者《くせもの》は頼もしい者である。頼もしい者は曲者である。長年の実例が思い当たる。頼もしいというのは首尾のよい時には来ず、人が落ち目になり難儀する時に、忍び込んで頼もしくするのが頼もしいのである。そのような心は定《さだ》めし曲者である」と。

133 一、何某《なにがし》帰参、（1）悴《せがれ》初て御目見《めみえ》の時申し候は、「御礼仕《つかまつ》り候節、「さて／＼有難き事哉《かな》。埋《うも》れ候者が御目見を仕《つかま》つる冥加《みやうが》(2)の仕合せ不レ過レ之《これにすぎず》。此《この》上は身命を擲《なげう》ち、御用に可二罷立一《まかりたつべし》」と観念可レ有レ之《これあるべく》候。此《この》一念則《すなはち》御心に感応《かんおう》有りて、御用に立ち申す事に候」と申し候。「御礼前、殿中にて、眼にものを不レ見《みず》、口にものを不レ云《いはず》と合点して、座《すわ》りたる所を不レ動《うごかず》、人に申し掛け候とも十言は一言にて澄可レ申《すましまうすべく》候。脇より見てしっかりと見え申し候。八方を詠《なが》め、口を叩き候に付て(3)、内の心が外に散り、うかつげに見ゆる也。心のすわりと申すもの也。馴《な》る丶ほど失念有まじき」と申し候也。

（1）帰参　暇を出された者が、許されて主君に再び仕えること。／（2）冥加　神仏の助け。／
（3）口を叩き……付て　よくしゃべるために。

訳　一、なにがしが帰参し、倅《せがれ》が初めて（殿に）御目見えする時に（倅に）申しましたのは、「御礼いたします際、「さてもさても有り難いことよ。埋もれていました者が御目見えを致す冥加《みやうが》のめぐり合わせ、これに過ぎるものはない。この上は身命を擲《なげう》ち、御用に立とう」と観念せねばなりませぬ。この一念が即ち（殿の）御心に感応して、御用に立ち申すことです」と申しました。「御礼の前は、殿中で目に物を見ぬ、口に物を言わぬと承知して、座った所を動かず、人に申し懸けましても十言は一言で済まし申しなさい。脇から見てしっかりと見え申します。あちこちを眺め、軽口を叩きますために、内の心が外に散り、迂闊《うかつ》げに見えるのである。心の据わりと申すものである。馴《な》れれば馴れるほど（これを）失念してはならぬ」と申しました。

134 一、少し智恵有る者は、当代を諷するもの也。災《わざはひ》の基《もと》也。口上嗜《たしな》む者は、善世には用ひられ、悪世には刑戮《けいりく》に免《まぬ》かるゝもの也。

訳 一、少し智恵のある者は、当代を諷刺するものである。災いの元である。口上を嗜《たしな》む者は善い世では用いられ、悪い世では処刑を逃れるものである。

135 一、神文《しんもん》(1)に深き秘事有《これある》レ之也。

（1）神文　神仏に誓って血判《けつぱん》した証文。一の98参照。

訳 一、神文《しんもん》に深い秘事がある。

136 一、「御異見を申上げ候へば、一倍御こじ(1)被《あそばされ》レ遊、却《かへり》て害に成り候故御異見不《まうさず》レ申候也。御無理の事ながら畏《かしこま》り罷《まか》り在り候(2)」と被《まうされ》レ申候は皆云《いひ》わけ也。一命を捨てゝ申上げ候へば、被㆓聞召分《きこしめしわけらる、》㆒もの也。なまかはに(3)被㆓申上《まうしあげらる、》㆒故、御気に逆《さか》ひ、云出《いひ》さるゝ半《なかば》にて打崩《うちくず》され(4)、引取(5)る衆ばかり也。

先年、相良求馬《さがらきうま》(6)御気に逆《さか》ひ候。御異見を強く申上げ候に付、御立腹被㆑成《なされ》「切腹」と被㆓仰出《おほせいださる》㆒。生野織部・山崎蔵人参り候て内意(7)被㆓申聞《まうしきけられ》(8)㆒候へば、求馬は「本望至極。さりながら今一事申し残し、死後までの残念に候。各《おの〱》(9)年来の誼《よしみ》に此《この》事を被㆓仰上《おほせあげられ》㆒被㆑下《くだされ》候様に」と申し候に付て、則《すなはち》両人より求馬申上げ候趣被㆑達㆓御耳《おみゝにたつせられ》㆒候。尚々《なほ〱》御立腹被㆑遊《あそばさる、》事にて候つる由候処に、「求馬切腹相待ち候様に」と被㆓仰出《おほせいでられ》㆒、被㆓聞召分《きこしめしわけられ》㆒被㆓差免《さしゆるされ》㆒候。

(10)また、中野数馬《かずま》年寄の時分、羽室清左衛門(11)・大隈五太夫(12)・江副甚兵衛《じんべゑ》(13)・石井源左衛門《げんざゑもん》(14)・石井八郎左衛門《はちらうざゑもん》(15)御意に背き候に付「切腹」と被㆓仰出《おほせいでられ》㆒候。其《その》時綱茂公の御前に数馬罷《まか》り出《い》で「右の者どもは御助け被㆑成《なされ》候様に」と申上げ候。公被㆓聞召《きこしめされ》㆒御立腹被㆑成《なされ》「僉議《せんぎ》相極《あひきは》め、切腹申し付け候に可㆑助《たすくべき》道理有㆑之《これあり》て申す儀哉《や》」と被㆑成㆓御意《ぎよいなされ》㆒候。数馬承《これをうけたまはり》㆑之「道理は無㆓御座《ござなく》㆒候」と申上げ候。「道理無㆑之《これなき》処に助け候様にと申す儀、不届《ふとゞき》」の由、御呵被㆑成《しかりなされ》候。引取りまた罷り出で「右の者ども何卒《なにとぞ》御助け被㆑成《なされ》候様に」と申上げ候に付き如㆓最前《さいぜんのごとく》㆒また〱御呵被㆑成《なされ》候に付き引取り、また罷り出で、如《かくのごとく》㆑斯七度まで同じ事を申上げ候。公被㆓聞召《きこしめされ》㆒「道理は無㆑之《これなき》処に七度まで申す事に候間、助くる時節にて有べし」と忽《たちまち》に被㆓思召直《おぼしめしなほされ》㆒、御助け被㆑成《なされ》候。斯様《かやう》の事ども数多《あまた》有㆑之《これある》也。

（1）こじ　意固地になること。／（2）畏り罷り在り　黙って控えており。／（3）なまかはに　中途半端に。／（4）打崩され　だめにされ。／（5）引取る　引き退く。／（6）生野織部　孝《たか》時《とき》。家老。四の2参照。／（7）内意　主君の意向。／（8）被ニ申聞一　申し聞かせ。／（9）年来　長年。／（10）また　以下、一の168参照。／（11）羽室清左衛門　長英《ながひで》。着座。江戸屋敷頭人。五の94参照。／（12）大隈五太夫　部屋住中に浪人。孝辰の子。／（13）江副甚兵衛　豊季《とよすえ》。為豊の子。／（14）石井源左衛門　正澄《まさずみ》。八の11参照。／（15）石井八郎左衛門　美文《よしふみ》。八の24参照。

訳　一、「御異見を申し上げますと（殿は）いっそう御意《おんい》固地《こじ》になり遊ばされ、かえって害になりますので御異見を申し上げなかった。御道理の通らぬことながら畏まっておりました」と申されますのは皆言い訳である。一命を捨てて申し上げますと、お聞き分けになられるものである。生半可《なまはんか》に申し上げられるから（殿の）御気に逆らい、言い出された半ばで打ち崩され、引っ込む衆ばかりである。

先年、相良求馬《さがらきゅうま》が（殿の）御気に逆らいました。御異見を強く申し上げましたため、（殿は）御立腹なされ「切腹」と仰せ出《だ》された。生野《いくの》織部《おりべ》・山崎蔵人《くらんど》が参りまして（殿の）意向を申し聞かせられますと、求馬は「本望至極である。さりながら、もう一つのことを申し残し、死後までの残念であります。おのおの、長年のよしみでこのことを仰せ上げられて下されますように」と申しましたため、すぐさま両人から求馬が申し上げました旨《むね》を（殿の）御耳に達せられました。ますます御立腹遊ばされることでありましたとのことでしたが、「求馬の切腹を待ちますように」と仰せ出され、お聞き分けになられ許されました。

また、中野数馬《かずま》が年寄役の頃、羽室清左衛門《はむろせいざえもん》・大隈五太夫《おおくまごだゆう》・江副甚兵衛《えぞえじんべえ》・石井源左衛門《げんざえもん》・石井八郎左衛門《はちろうざえもん》が仰せに背きましたため「切腹」と仰せ出されました。その時綱茂公の御前に数馬が参り出て「右の者どもはお助けなされますように」と申し上げました。公はお聞きになられて御立腹なされ「詮議を極め、切腹を申し付けましたのに、助けるべき道理があって申すことか」と仰せになられました。数馬はこれを承《うけたまわ》り「道理はございませぬ」と申し上げました。（公は）「道理がないところで助けますようにと申すのは、不届き」とのことでお叱りなされました。（数馬は）引っ込みまた参り出て「右の者どもを何卒《なにとぞ》お助けなされますように」と申し上げましたため、（公は）先のようにまたまたお叱りなされましたため、（数馬は）引っ込みまた参り出て、このように七度まで同じことを申し上げました。公はお聞きになられ「道理はないところに七度まで申すことですので、助ける頃合いであろう」とたちまちにお思い直しになられ、お助けなされました。このようなことが数多くあるのである。

137 一、人に超《こ》する処は、我《わが》上を人に云《いは》せて異見を聞くばかり也。並《なみ》の人は我《わが》一分(1)にて澄《すむ》故、一段越えたる処無し。人に談合《だんかふ》する分が一段越えたる所也。何某《なにがし》役所の書付を相談被《まうされ》レ申候。

我らよりよく書き調《との》ふる人也。添削《てんさく》を被《うけらるゝ》請が人より上也。

(1) 一分　自分一人の考え。

訳 一、人を越えるところは、我がことを人に言わせて異見を聞くだけである。並の人は自分一身の考えで済むので、一段越えたところがない。人に相談する分が一段越えたところである。なにがしは役所の文書を相談申されました。わたしよりよく書き調《ととの》える人である。添《てん》削《さく》を受けられるのが人より上である。

138 一、修行においては、是《これ》まで成就《じやうじゆ》と云《いふ》事はなし。成就と思ふ所其儘《そのまゝ》道に背《そむ》く也。一生の間、不足〳〵と思ひて死する処、跡より見て成就の人也。純一無雑(1)、打成一片《だじやういつぺん》(2)に成る事は、中々《なかなか》一生に成り兼《かね》べし。まじりもの有りては道にあらず。奉公・武篇一片に成る事心掛くべき也。

(1) 純一無雑　全くまじりけがなく、一つであること。／(2) 打成一片　禅語。一つになり切ること。

訳 一、修行においては、これまでで成就ということはない。成就と思う所がそのまま道に背《そむ》いている。一生の間、不足不足と思って死ぬところが、後から見て成就の人である。純一無雑・打成一片《だじょういっぺん》になることは、なかなか一生のうちになり難いであろう。混じり物があっては道ではない。奉公・武篇一片になることを心懸けるべきである。

139 一、ものが二つに成るが悪《あし》き也。武士道一つにて他《ほか》に求る事有《ある》べからず。道の字は同じ事也。然《しかる》に儒道(1)・仏道を聞きて、武士など云《いふ》は道に叶はぬ所也。如《かくのごとく》レ斯心得て、諸道(2)を聞き、いよいよ道に叶ふべし。

(1) 儒道　餅「神道」。/(2) 諸道　神・儒・仏などの道。

訳 一、物が二つになるのが悪いのである。武士道一つで他に求めることがあってはならぬ。道の字は同じことである。それなのに儒道・仏道を聞いて、武士などと言うのは道に叶《かな》わぬ所である。このように心得て、諸道を聞き、いよいよ道に叶うようにせよ。

140 一、「歌の詠《よ》み方に続けがら、てにはが大事也」と云《いへ》り。是《これ》を思ふに、常々のもの云心《いひ》を付《つく》べき事也。

訳　一、「歌の詠み方には、続け方、てにはが大事である」と言われる。これを思うに、常々の物言いに心を付けるべきことである。

141 一、武士は当座の(1)一言が大事也。たゞ一言にて武勇あらはるる也。治世に勇をあらはすは詞《ことば》也。乱世にも一言にて剛・臆見ゆると見えたり。この一言が心地尤《もつとも》(2)也。口にて云《いは》れぬもの也。

(1) 当座の　その場での。／(2) 心地尤　「尤」は最も肝要の意。山「心の花」。餅「心ち尤」・餅傍書「肝腎か」。

訳　一、武士は当座の一言が大事である。ただ一言で武勇が顕《あらわ》れるのである。治世で勇を顕わすのは言葉である。乱世でも一言で剛勇・臆病が見えると心得ている。この一言の心持ちが最も大切である。口で言われぬものである。

142 一、武士はかりにも弱気の事を云《いふ》まじするまじ、と兼々《かねぐ》可二心掛一《こゝろがくべき》事也。仮初《かりそめ》の事にて心の奥見ゆるもの也。

訳　一、武士は仮にも弱気なことを言うまい、するまいとかねがね心懸けるべきことである。ちょっとしたことで心の奥が見えるものである。

143(1)一、何事も、成らぬと云《いふ》事なし。一念発《おこ》ると天地《あめつち》をも思ひほがすもの也。(2)成らぬと云事なし。人が甲斐なき故、思ひ立《た》ゝぬ也。「力をも入れずして天地を動かす」(3)と云《いふ》もただ一心の事也。

（1）143　一の58参照。／（2）一念発ると、……也　己の強い意志によって、天地の意思をも覆すこと。／（3）力をも入れずして……動かす　『古今和歌集』仮名序。

訳　一、何事も、できぬということはない。一念を発すると天地をも思い崩すものである。できぬということはない。人が不甲斐《ふがい》ないから、思い立たぬのである。「力をも入れずして天地《あめつち》を動かす」というのもただ一心のことである。

144一、「礼に腰折れず、恐惶《きようくわう》に筆潰《つひえ》ず」(1)と申す事、親神右衛門《じんゑもん》常に申し候。当時の人は礼が少き故、うつかりとも見え風躰《ふうてい》悪しく候。へだてなく礼々《うやうや》しきがよし。また、長座の時は始めと終りに深く礼をして、中は座の宜《よろしき》に従ふべし。相応《さうおう》に礼をすると思へば不足に有る也。

近代の衆は、無礼・調子早《ばや》に成りたり。(2)

（1）礼に……潰ず　どんなに深く頭を下げても腰が折れることはなく、どんなに慇懃《いんぎん》に書いても筆先がすり減ることはない。十一の42参照。／（2）調子早に　せかせかと気早に。

訳　一、「いくら礼をしても腰は折れず、いくら恐れ畏《かしこ》まっても筆は潰《つぶ》れぬ」と申すこと、親の神右衛門《じんえもん》が常に申しました。今時の人は礼が少ないから、うっかりとも見え風体が悪いです。隔てがなく恭《うやうや》しいのがよい。また、長座する時は初めと終わりに深く礼をして、中ほどは座のよろしいように従うのがよい。相応に礼をすると思うと不足になる。最近の衆は、無礼・気早《きばや》になった。

145(1)一、「奉公人は食《くは》ねども空楊枝《からやうじ》。内は犬の皮、外は虎の皮」と云事、是《これ》また神右衛門常々申し候。士《さむらひ》は外目《そと》を嗜み、内は費《つひえ》なき様《やう》にすべき也。多分逆に成る也。

（1）145　一の60参照。

訳　一、「奉公人は食わねども空楊枝《からようじ》。内は犬の皮、外は虎の皮」ということ、これまた神右衛門が常々申しました。士《さむらい》は外見を嗜《たしな》み、内は無駄のないようにするべきである。たいてい逆になるのである。

146(1) 一、芸能に上手と云《いは》る丶人は馬鹿風の者也(2)。是《これ》は、たゞ一篇(3)に貪着《とんぢやく》する愚痴故、無㆓余念㆒《よねんなく》て上手に成る也。何の益《やく》にも立たぬもの也。

(1) 146一の70参照。/(2) 馬鹿風の　馬鹿のような。/(3) 一篇　一つのこと。

訳　一、芸能で上手と言われる人は馬鹿風の者である。これは、ただ一篇に執着する愚かさゆえに、余念がなくて上手になるのである。何の役にも立たぬものである。

147 一、聖君・賢君と申すは諫言《かんげん》を被㆓聞召㆒《きこしめさる丶》ばかり也。其《その》時御家中力《りきみ》を出《いだ》し「何事がな申上げ、何事がな御用に可㆑立《たつべし》」と思ふ故、御家治《をさ》まる也。士《さむらひ》は、諸傍輩《はうばい》に頼《たの》もしく(1)寄合ひ、中にも智恵有る人に我《わが》身の上の異見を頼み、我《わが》非を知りて一生道を探捉《たんそく》する(2)者は御家の宝と成る也。

(1) 頼もしく　互いに頼りになるように。/(2) 探捉する　探し求める。

訳　一、聖君・賢君と申すのは諫言《かんげん》をお聞きなされるだけである。その時御家中《ごかちゆう》は力みを出し「何事かでも申し上げ、何事かでも御用に立とう」と思うから、御家が治まるのである。士は、諸傍輩《ほうばい》と頼み合えるように寄り合い、中でも智恵ある人に我が身の上についての異見を頼み、我が非を知って一生道を探求する者は御家の宝となるのである。

148　一、四十より内は強みたるがよし。五十に及ぶ頃はおとなしく成りたるが相応《さうおう》也。

訳　一、四十（歳）より前は力んでいるのがよい。五十（歳）に及ぶ頃は閑《しず》かになっているのが相応《ふさわ》しい。

149　一、人に取合ひ咄《はなし》⑴などするは、夫《それ》と相応《さうおう》がよき也。よき事とて合はぬ事を云《いひ》ては無興《ぶきよう》のもの也。

⑴　取合ひ　相手し。

訳　一、人の相手をし話などをするのは、それ相応がよい。よいことだからといって合わぬことを言っては興醒《きようざ》めするものである。

150(1)一、御前《おまへ》近き出頭《しゆつとう》(2)人《にん》には親しく可レ仕《つかまつるべき》事也。我為《わがため》にすれば追従《ついしよう》也。何と申上げたき事有る時の階《きざはし》(3)也。尤《もつとも》其《その》人忠義の志《こゝろざし》なき人ならば無用也。何事も皆主人の御為《おんため》也。

（1）150 一の123参照。／（2）出頭 出仕。／（3）階 足がかり。

訳 一、御前近い出仕人には親しく致すべきことである。我が為にすれば追従《ついしよう》である。何か申し上げたいことがある時の階《きざはし》である。もっともその人が忠義の志のない人ならば無用である。何事も皆主人の御為である。

151一、人の異見を申し候時は、益《やく》に立たぬ事にても「忝《かたじけな》し」と深々取合ひ可レ申《まうすべき》也。左様《さやう》に不レ仕《つかまつらず》候へば、重《かさね》て聞付《きゝつ》け、見付けたる事をも云《いは》ぬもの也。何卒《なにとぞ》心安く異見云《いひ》よき様《やう》に仕《し》成《な》して、人に云《いは》するがよき也。

訳 一、人が異見を申しました時は、役に立たぬことでも「忝《かたじけな》い」と深々と相手し申すべきである。そのように致しませんと、二度と聞き付け、見付けたことをも言わぬものである。何としても心安く異見を言いやすいようにしておいて、人に言わせるのがよい。

152　一、諫言《かんげん》の仕様が第一也。「何《なに》も角《か》も御そろひ(1)被レ成《なされ》候様に」と存じ候て申上げ候へば、御用《もち》ひ不レ被レ成《なされず》却《かへり》て害に成る也。「御慰み(2)の事などはいか様《やう》に被レ遊《あそばされ》候ても不レ苦《くるしからず》候。「下々《した〴〵》安《あん》穏《をん》に御座候様《やう》に、御家中の者御奉公に進み申し候様に」と被レ思召《おぼしめされ》候へば、下《した》より「御用に立ちたし」と存じ候に付き、御国家治《をさ》まる儀に候。是《これ》は御苦労に成り申す事にても無レ之《これなく》候」と申上げ候はゞ、御得心可レ被レ遊《あそばさるべく》候。諫言・異見は和の道(3)、熟談にてなければ、用に不レ立《たゝず》候。屹《きつ》(4)と仕《つかまつ》り候申し分などにては、当り合ひ(5)に成りて、安き事も直《なほ》らぬもの也。

(1) そろひ　完備。／(2) 慰み　趣味。／(3) 和の道　心を通い合わせる道。／(4) 屹と　厳しく。／(5) 当り合ひ　ぶつかり合い。

訳　一、諫言《かんげん》の仕方が第一である。「何もかもがお揃《そろ》いなされますように」と存じまして申し上げますと、お用いなされずかえって害になるのである。「御趣味のことなどはどのように遊ばされましても問題ありませぬ。「下々（の者）が安穏《あんのん》でございますように、御家中の者が御奉公に進み申しますように」とお思いになられますと、下から「御用に立ちたい」と存じますため、御国家が治まるのです。これは御苦労になり申すことでもありませぬ」と申し上げますならば、御得心遊ばされましょう。諫言・異見は和の道、じっくりと話すのでなければ、用に立ちませぬ。厳しく致します申し分などでは、ぶつかり合いになって、簡単なことも直らぬものである。

153 一、世に教訓する人多し。教訓を悦《よろこ》ぶ人寡《すくな》し。まして教訓に従ふは稀也。年三十も越えたる者は教訓する人もなし。教訓の道ふさがりて我儘《わがまま》に成る故、一生非を重ね愚を増して廃《すた》る(1)也。道を知れる人には、何卒《なにとぞ》馴れ近付《ちかづき》て教訓を請くべき事也。

(1) 廃る　だめになる。

訳 一、世に教訓する人は多い。教訓を喜ぶ人は少ない。まして教訓に従うのは稀である。齢《よわい》三十も越えた者には教訓する人もいない。教訓の道が塞がってわがままになるため、一生非を重ね愚かさを増してだめになるのである。道を知っている人には、何とかして馴れ近付いて教訓を受けるべきことである。

154 一、名利薄き士《さむらひ》(1)は多分えせ者(2)に成りて人を誹《そし》り、高慢して益《やく》に立ず。名利深き者には劣り也。今日の用に立たず。

（1）名利薄き　名聞・利益に淡泊な。／（2）えせ者　似非者。にせ者。

訳　一、名聞・利益に淡泊な士はたいてい似非《えせ》者になって人を誹《そし》り、高慢になって役に立たぬ。名聞・利益に欲深い者には劣るのである。今日の用に立たぬ。

155 一、「大器は晩《おそ》く成る」(1)と云《いふ》事有り。二十年、三十年して仕果《しおほ》する事にならで大功者はなきもの也。奉公も急ぐ心ある時、我《わが》役の外に推参し(2)、若功者《わかこうしや》(3)と云れ、乗気さし(4)、がさつに見え、出《で》かしだて(5)・功者振《ぶり》をして追従《ついしよう》軽薄の心も出来《いでき》、後指《うしろゆび》さゝるゝ也。修行には骨を折り、立身する事は人より引立てらるゝ者ならでは用に不レ立《たゝざる》也。

（1）大器は晩く成る　『老子』四十一章。／（2）推参し　差し出たことをし。／（3）若功者　若いが働きのある者。／（4）乗気さし　いい気になり。／（5）出かしだて　手柄顔で振る舞うこと。

訳　一、「大器は晩《おそ》く成る」ということがある。二十年、三十年かけてやり遂げることでなくては大功者《だいこうしゃ》はいないものである。奉公も急ぐ心がある時、我が役以外に押しかけ、若功者《わかこうしゃ》と言われ、調子に乗り、がさつに見え、手柄顔・功者振りをして追従《ついしょう》・軽薄の心も出てきて、後ろ指をさされるのである。修行には骨を折り、立身することは人から引き立てられる者でなくては用に立たぬ。

156 一、一役を勤むる者は、其《その》役の肝要を僉議《せんぎ》(1)して、今日ばかり思ひ、念を入れ、主君の御前と思ひ、大切にすれば誤りなき也。「役を勤めて本意を達す」(2)と云《いふ》事有り。其《その》役を手に入る(3)べき也。

(1) 僉議　よく調べること。／(2) 役を勤めて……達す　役目を勤めることで奉公の志を達成する。／(3) 手に入る　自分のものとする。

訳　一、一役を勤める者は、その役の肝所《かんどころ》を吟味して、今日だけを思い、念を入れ、主君の御前と思い、大切にすれば誤りがない。「役を勤めて本意を遂げる」ということがある。その役を手に入れるべきである。

157 一、不気味なる事(1)有りとて役所《やくどころ》(2)引取り(3)などする事は、御譜代相伝《ふだいさうでん》の身として主君を跡《あと》に成し(4)、逆心(5)同前也。他家の士《さむらひ》は、不気味なる時引取るをたてばに(6)する也。仰付《おほせつけ》にさへあらば、理非(7)に構《かま》はず畏《かしこま》り、さて気に不レ叶《かなはざる》事はいつまでも〳〵訴訟《そしよう》(8)をすべし。

（1）不気味なる事　気に入らぬこと。／（2）役所《やくどころ》　役目。／（3）引取り　辞任すること。／（4）跡に成し　後回しにし。蔑《ないがし》ろにし。／（5）逆心　謀反《むほん》心。／（6）たてば　立場。「上方風の打上《うちあがり》たる武道」（一の2）は儒学化した武士道として、主君が正しくなければ辞めるとする立場を取る。／（7）理非　道理に叶っているか否か。是非。／（8）訴訟　訴え。

訳　一、気に食わぬことがあると言って役を辞めなどすることは、御譜代相伝《ごふだいそうでん》の身として主君を後にし、逆心同然である。他家の士《さむらい》は、気に食わぬ時辞めることを（己の）立場にする。仰せ付けでさえあれば、理非を問わずに畏まり、そして気に叶わぬことはいつまでもいつまでも訴えをするべきである。

158 一、『楠正成《まさしげ》兵庫記』[1]の中に「降参と云《いふ》事は、謀《はかりごと》にても君の為にても、武士のせざる事也」と有り。忠臣は如《かくのごとく》レ斯有べき也。

（1）楠正成兵庫記　『楠《くすのき》兵庫記《ひょうごのき》』。「敵四方ニ有《あり》テ我一夫《いっぷ》ノ身ニ逼《せま》ル時暫《しばらく》敵ヲ謀《はか》ラン為《ため》トテ降《かう》人《にん》トナル事勇士ニアラズ」とある。

訳　一、『楠正成兵庫記《ひょうごのき》』の中に「降参ということは、謀《はか》りごとでも君のためでも、武士のせぬことである」とある。忠臣はこのようにあるべきである。

159(1) 一、奉公人は、たゞ奉公に好きたるがよき也。また、大役などを危《あぶな》き事と思ひ引取りたがるは、逃尻《にげじり》(2)・すくたれ者(3)也。其《その》役に指されて不レ心仕損《こゝろならずしそんず》るは、虎口《こぐち》(4)の打ち死に同前也。

(1) 159 一の93参照。／(2) 逃尻　逃げ腰。／(3) すくたれ者　臆病者。／(4) 虎口　激戦地。

訳　一、奉公人は、ただ奉公を好いているのがよい。また、大役などを危ないことと思い退きたがるのは、逃げ腰・臆病者である。その役に指名されて心ならずも仕損ずるのは、激戦地での討ち死に同然である（から、恥にならぬ）。

160 一、役儀を見立て(1)好み、主君・頭人の気風をはかりて(2)我《わが》為に勤むる者は、縦《たとへ》十度はかりて当るとも、一度はかり迦《はづ》したる時、滅亡してきたな崩《くず》(3)しをする也。手前に一定(4)したる忠心なく、私曲《しきよく》(5)・邪智の深き故《ゆゑ》する事也。

(1) 見立て　あれこれと選び。／(2) はかりて　推し量って。／(3) きたな崩し　見苦しい仕方で身上《しんしよう》を崩すこと。／(4) 一定したる　定まった。／(5) 私曲　自分の利益だけをはかること。

訳　一、役目を選《え》り好み、主君・頭《かしら》の気風を推し量って我がために勤める者は、たとえ十度推し量って当たっても、一度推し量りを外した時、滅んで汚い崩れ方をするのである。自分に定まった忠心がなく、私曲《しきょく》・邪智が深いゆえにすることである。

161　一、一門・同組に、介錯《かいしやく》・捕《と》りものなど武士道にかゝりたる事有る時、我《われ》に続く者なき様に平生覚悟して置けば、自然の時、人の眼にも掛かるもの也。常に武勇の人に乗越えんと心掛け、「何某《なにがし》に劣るまじき」と思ひて勇気を修すべき也。

（1）人の眼にも掛かる　立派にやってのけて人の目にも留まる。

訳　一、一門・同組に介錯《かいしやく》・捕り物など武士道に関わることがある時、自分に続く者がないように平生覚悟しておけば、万一の時、人の目にも留まるものである。常に武勇の人を乗り越えようと心掛け、「なにがしに劣るまい」と思って勇気を修めるべきである。

162　一、「戦場にて人に先《さき》を越されじと思ひ、敵陣を打破りたしとのみ心掛る時、人に遅れず心気猛《たけ》く成り武勇をあらはす」由、古老申し伝へ候也。また、討死したる時、敵方へ死骸向きて居《ゐ》る(2)様にと可二覚悟一《かくごすべき》也。

(1) 心気　気力。／(2) 敵方へ死骸向きて居る　二の27参照。

訳　一、「戦場で人に先を越されまいと思い、敵陣を打ち破りたいとのみ心懸ける時、人に後《おく》れず心気が猛《たけ》くなり武勇を顕わす」とのこと、古老が申し伝えています。また、討ち死にした時、敵方へ（己の）死骸が向いているようにと覚悟すべきである。

163 一、諸人一和して天道に任せて居《ゐ》れば心安き也。一和せざれば大儀を調《とゝの》へても忠義にあらず。傍輩《はうばい》と仲悪く、仮初(3)の出合ひにも顔出し悪く、すね言(1)のみ云《いふ》は、胸量狭き愚痴(2)より出《い》づるも、自然の時の事と思ひて、心に叶はぬ事有りとも、出合ふ度毎《たびごと》に会釈よく、無二他事一《たじなく》、幾度にても飽かぬ様《やう》(4)に心を付けて取合ふべし。また、無常の世の中今の事も知れず、人に悪しく思はれて果《は》つるは無レ詮《せんなき》(5)事也。ただし売僧《まいす》(6)・軽薄は見苦しき也。是《これ》は我《わが》為にする故也。人に悪しく思はれて果《は》つるは無レ詮事也。

また、人を先きに立て、争ふ心無く、礼義を乱さず、謙《へりくだ》りて、我為に悪くても人の為によき様《やう》にすれば、いつも初参会(8)の様《やう》にて仲悪しく成る事なし。婚礼の作法も別の道(7)也。終りを慎む事始めの如《ごと》くならば、不和の儀不レ可レ有《あるべからざる》也。

（1）すね言　すねて言う言葉。／（2）愚痴　愚かさ。最も根元的な三毒煩悩《さんどくぼんのう》（貪《とん》・瞋《じん》・痴《ち》）の一つ。／（3）と　山「を」。／（4）飽かぬ様に　飽きて嫌にならぬように。／（5）無レ詮　甲斐がない。／（6）売僧　商売坊主。堕落僧。嘘つき。／（7）別の道　五倫における「夫婦別《べつ》有り」の道。『孟子』滕文公上。／（8）終りを慎む事始めの如くならば　「則ち事を敗《やぶ》ること無し」へと続く『老子』第六十四章の言葉。常朝はこれを具体的な人間関係のこととして捉え直している。

訳　一、諸人が一つに和して天道に任せていれば心安い。一つに和していなければ大仕事を調《ととの》えても忠義ではない。傍輩《ほうばい》と仲が悪く、ちょっとした会合にも出席が悪く、すね言《ごと》ばかり言うのは、胸量の狭い愚痴から出るものだけれども、万一の時のことと思って、心に叶《かな》わぬことがあっても、会合の度《たび》ごとに会釈《えしやく》をよくし、うちとけて、幾度でも嫌にならぬように心懸けて相手をするべきである。また、無常の世の中で今のことも知れず、人に悪く思われて生を終えるのは甲斐《かい》のないことである。ただし法螺《ほら》吹き・軽薄者は見苦しい。これは我がためにするからである。また、人を先に立て、争う心がなく、礼儀を乱さず、謙《へりくだ》って、我がために悪くても人のためによいようにすれば、いつも初めての参会のようで仲が悪くなることはない。婚礼の作法も別の道である。終わりを慎むことが初めのようであれば、不和のことはあるはずがない。

164 一、何事も人よりは一段立上りて（1）見ねばならず。同じあたりにくどつきて（2）がたひし（3）と当り合ひ（4）に成る故はつきりとしたる事なし。何某《なにがし》身上崩し候事を諸人嘲《あざけ》り申し候故、「不レ苦《くるしからざる》事（5）にて候に不運にて残念の事」と申し候。また、「御主人の御懇《ねんごろ》も御騙《だま》しにて候故有難くも不レ存《ぞんぜず》」と申す人候故、「さて〳〵不当介《ふあてがひ》（6）の人かな。志（7）深き者は騙さるゝが一入《ひとしほ》嬉しきものにて候」と申し聞け（8）候也。

（1）立上りて　高い所に立って。一の195参照。／（2）くどつきて　ぐずぐずして。／（3）がたひし　仏語。我他彼此。自と他、あれとこれの対立。ガタピシ。／（4）当り合ひ　ぶつかり合い。／（5）不レ苦事　大したことでもないこと。／（6）不当介　家来として不相応。／（7）志　主君を思う心。／（8）申し聞け　申し聞かせ。

訳　一、何事も人よりは一段上に立って見なければならぬ。同じあたりにぐずついてガタピシとかち合いになるため確かなことがない。なにがしが身上《しんしょう》を崩しましたことを諸人が嘲《あざけ》り申しましたので、「問題ないことでしたのに不運で残念なこと」と申しました。また、「御主人のお懇《ねんご》ろもお騙《だま》しでありましたので有り難くも存ぜぬ」と申す人がありましたので、「さてさて不相応な人よ。志の深い者は騙されるのがひとしお嬉しいものであります」と申し聞かせました。

165 一、何和尚《なにおしやう》(1)は利発にて、万事を押し付けて澄被レ申《すましまうされ》(2)候。今、日本に手向《てむか》(3)ひ申す出家なし。替りたる事少しもなし。大根(4)を見届くる力有る人無きもの也。

(1) 何和尚　和尚のなにがし。一の34参照。／(2) 押し付けて　人に任せて。／(3) 手向ひ　立ち向かうことができ。／(4) 大根　物事の根本。

訳　一、何々和尚は利発で、万事を人に押し付けて済まし申されました。今、日本に太刀打《たちう》ち申す出家はいない。変わったことは少しもない。根本を見届ける力がある人はいないものである。

166 一、よき人は無きものにて候。功《こう》に成る咄《はなし》(1)を聞く人さへなし。まして修行する人はなし。この前より方々にて数人出合ひ申し候に、皆加減して咄申し候。一ぱい(2)を咄候はゞ嫌ひ可レ被《まうさ》レ申《るべく》候。

(1) 功に成る　ためになる。／(2) 一ぱい　思っていることの全て。

訳　一、よい人はいないものです。ためになる話を聞く人さえいない。まして修行する人はいない。この前から方々で数人に出合い申しましたのに対し、皆加減して話し申しました。全部を話しましたならば嫌い申されましょう。

167（1）一、老耄《らうもう》は得方《えかた》（2）にするものと覚えたり。気力強き内は差し引き（3）をし隠し果《お》ほすれども、衰へたる時本躰の得方が出《い》で恥かしきもの也。色《いろ》・品《しな》（4）こそ替れ、六十に及ぶ人の老耄せぬはなし。せぬと思ふ所が早《はや》老耄也。

一鼎《いつてい》は理屈老耄と覚えたり。「我《われ》一人して御家は抱へ留むる（5）」とて、歴々方へ老ぼれたる形にて駆廻り、入《い》れ魂《だましひ》を被レ仕《つかまつられ》候。諸人「尤《もつとも》」と存《ぞんず》る事にて候。今思ふに老耄也。我らがよき手本、老気身に覚え候付て、御寺（6）へも御十三年忌（7）限に不二参仕一《まゐりつかまつらず》いよ〳〵禁足（8）に極《きは》めたり。先を積《つも》らねばならず。

（1）167　一の41参照。／（2）得方　得意な事柄。／（3）差し引き　加減すること。／（4）色・品　種類。／（5）抱へ留むる　倒れぬよう体を張って支える。／（6）御寺　高伝寺。佐賀市本庄町本庄。鍋島家菩提寺。六の2・156参照。／（7）御十三年忌　光茂の年忌。正徳二年（一七一二）。／（8）禁足　外出しないこと。

訳　一、耄碌《もうろく》は得意な方面でするものとわかった。気力の強い内は加減をし隠し通すが、衰えた時本来の得意な方面が出て恥ずかしいものである。（人によって）色《いろ》・品《しな》こそ変わるが、六十に及ぶ人で耄碌しない者はない。しないと思う所が早くも耄碌である。
一鼎《いってい》は理屈耄碌とわかった。「わたし一人で御家は抱え留める」と言って、（お）歴々方へ老いぼれた姿で駆け廻り、入知恵《いれぢえ》を致されました。諸人は「もっとも」と存ずることでした。今思うに耄碌である。我が良い手本、老いの気が身に思い当たりまして、御寺へも御十三年忌を限りに参り申さず、いよいよ禁足に決めた。先を見積らねばならぬ。

168 一、新儀と云《いふ》は、よき事にても悪事出《い》で来るもの也。先年(1)、御参勤前、御側《おそば》年寄など僉議《せんぎ》にて「此度《このたび》将軍宣下《せんげ》に、御能に人多く入り申し候間、御馬廻組(2)の手明鑓《てあきやり》(3)に侍役をさせ、兼々《かねがね》御見知り被《なさる》レ成為《ため》にもよし」とて、数人被二召置《めしおかれ》一候様《やう》に被レ仕《つかまつられ》候。功者(4)の衆は「悪事の基《もと》」と申し候が、争論出で来、御部屋付(5)羽室・大隈など五人牢人《らうにん》仕り候(6)。また、侍御見知り被《なさる》レ成為とて究役《きはめ》(7)二十人に申し付け候。夫《それ》より究役の隙《ひま》無《これなき》レ之様《やう》に悪事は多く候。

（1）先年　天和元年（一六八一）。／（2）御馬廻組　主君の側に付き添い護衛に当たる組。大組の一。／（3）手明鑓《てあきやり》　平侍《ひらざむらい》と徒士《かち》の中間身分。／（4）功者　経験に富んだ者。／（5）御部屋付　部屋住みだった綱茂付き。／（6）羽室・大隈……仕り候　一の136参照。／（7）究役　評定所において罪科を取り調べる役。一の109参照。

訳　一、新事というのは、良いことでも悪事が出て来るものである。先年、御参勤前、御側年寄などの詮議で「この度将軍（綱吉）の宣下《せんげ》で、お能に人が多く要り申しますので、御馬廻組の手明鑓《てあけやり》に侍役をさせ、前々から（殿が）お見知りおきなされるためにも良い」ということで、数人召し置かれますように致されました。功者の衆は「悪事の元」と申しましたが、争論が起こり、御部屋（綱茂公）付きの羽室・大隈など五人が浪人いたしました。また、侍をお見知りおきなされるためということで取り調べ役を二十人に申し付けました。それから取り調べ役の隙《ひま》がないほどに悪事は多く出て来ました。

169　一、本筋をさへ立て迦《はづ》さぬ様《やう》にすれば、枝葉の内、飛手《とびて》(1)をも、案外の事をもして不ㇾ苦《くるしからざる》也。枝葉の事に結句大事は有る也。少しの事にふり(2)のよしあし有る也。

(1) 飛手　順序を飛ばすこと。／(2) ふり　やり方。

訳　一、本筋をさえ踏み外《はず》さぬようにすれば、枝葉の内に、手順飛ばしをも、意外なことをもして問題ない。枝葉のことに結局大事はある。少しのことにやり方の良し悪しがあるのである。

170 一、龍泰寺の咄(1)に、「上方にて易者申し候は、「御出家方にても四十より内の立身無用にて候。誤り有るものにて候。〝四十にして惑《まどは》(2)ず〟と云は孔子の上ばかりにてはなし。賢愚とも四十になればたけ〴〵相応《さうおう》(3)に功の入りて不レ惑《まどはざる》もの也」」。

(1) 龍泰寺　龍泰寺の和尚。龍造寺家菩提寺。／(2) 四十にして惑ず　『論語』為政。／(3) たけ〴〵相応に　それぞれの器量に応じて。

訳　一、龍泰寺の話に、「上方で易者が申しましたのは、「御出家方でも四十より内の立身は無用です。誤りがあるものです。〝四十にして惑わず〟というのは孔子の上ばかりではない。賢愚とも四十になれば、身の丈《たけ》相応に年功を積んで惑わぬものである」」。

171 一、武篇は、敵を打ち取りたるよりも、主の為に死にたるが手柄也。継信《つぐのぶ》(1)が忠義にて知れたり。

(1) 継信　佐藤継信《つぐのぶ》。屋島《やしま》の戦いで義経の身代りに矢面に立ち討ち死にした。『平家物語』巻十一「嗣信最期」。十一の87参照。

訳 一、武篇は、敵を打ち取ったことよりも、主の為に死んだことが手柄である。継信《つぐのぶ》の忠義で知れる。

172 一、若き時分「残念記」と名付て、其日〳〵の誤りを書き付けて見たるに、二十、三十なき日はなし。果《はて》もなく候故止《やめ》たり。今にも一日の事を寝てから案じて見れば、云《いひ》そこなひ、仕《し》そこなひなき日はなく、さても成らぬもの也。利発任せにする人は不レ及二了簡一《れうけんにおよばざる》事也。

訳 一、若い頃「残念記」と名付けて、その日その日の誤りを書き付けて見たところ、二十、三十とない日はなかった。果てもありませぬので止めた。今でも一日のことを寝てから考えてみると、言い損ない、仕損ないのない日はなく、さても思うようにならぬものである。利発任せにする人は（このようなことに）考えも及ばぬことである。

173 一、「ものを読むは腹にて読みたるがよし。口にて読めば声がつゞかず」と式部(1)に指南候也。

（1）式部　未詳。一の180参照。

訳　一、「物を読むのは腹で読んだ方がよい。口で読むと声が続かぬ」と式部に指南しました。

174 一、仕合せよき時、自慢と奢《おごり》が危《あぶな》き也。其《その》時は日来《ひごろ》の一倍敬《つゝし》まねば追付かざる也。よき時進む者、悪しき時草臥《くたび》るゝもの也。

訳　一、巡り合わせがよい時、自慢と奢《おご》りが危ない。その時は日頃の倍、慎まなければ追い付かぬ。よい時に進む者は、悪い時に草臥《くたび》れるものである。

175 一、「忠臣は孝子の門に尋ねよ」（1）と有り。随分心を尽して孝行すべき事也。なき跡にて残念事《じ》有《ある》べし。奉公に精を出す人は自然にあれども、孝行に精出す人は稀《まれ》也。忠・孝と云《いふ》は、無理なる主人・無理なる親にてなくば知れまじき也。よき者には他人も懇《ねんごろ》にする也。「松柏《しようはく》は霜後にあらはるゝ」（2）と有り。「元政《げんせい》法師（3）は夜明に魚の棚に行きて、苞《つと》を衣の内に隠し、母に進ぜられたり」と有り。案《あん》じて見ても常躰《つねてい》（4）の事にてなし。

（1）孝子の門　孝行の誉れ高い家。「求二忠臣一必於二孝子之門一」（『後漢書』韋彪伝）。／（2）松柏は……る、慣用句。松柏は霜が降りて初めて緑を変えないことが露わになるの意。／（3）元政法師　日蓮宗の学僧。元彦根藩士。京都深草瑞光寺《ふかくさずいこうじ》に隠棲。詩文に優れ（十の68・83参照）、北村季吟《きぎん》・熊沢蕃山《ばんざん》らと交流。著書に『草山集《そうざんしゆう》』『扶桑隠逸伝《ふそういんいつでん》』など多数。／（4）常躰の事　尋常なこと。

訳　一、「忠臣は孝子の家に求めよ」とある。できるだけ心を尽くして孝行すべきことである。亡《な》き後で残念なことがあろう。奉公に精を出す人は自ずとあるが、孝行に精出す人は稀《まれ》である。忠・孝というのは、理不尽な主人・理不尽な親でなければ知れまい。よい者には他人も懇《ねんご》ろにするのである。「松や柏は霜の降った後に露わになる」とある。「元政《げんせい》法師は夜明けに魚の店に行って、包みを衣の内に隠し母に進ぜられた」とある。考えてみても並大抵のことでない。

176　一、「ものを書くには紙に筆と墨と思ひ合ふ様《やう》に成るが上《あがり》たる也（1）」と一鼎《いってい》被レ申《まうされ》候。離れ〳〵に成りたがる也。

（1）上たる　上達した。

訳　一、「物を書くには紙に筆と墨とが思い合うようになるのが上達しているのである」と一鼎《いってい》が申されました。離れ離れになりたがるのである。

177(1)　一、(2)文庫より書物を出し給ふ。開《あ》け候へば丁子《ちやうじ》(3)の香《か》致し候也。

(1) 177　陣基が常朝のイメージを感覚的に語る異色な項。常朝像に新たな一面を加えている。思い合うことを語る前項からの並びも秀逸。／(2) 文庫　書物や手回り品を入れておく手箱。／(3) 丁子　丁子の蕾を乾燥させて作った香料。二の10参照。

訳　一、(師が)文庫から書物を出しなさる。開けますと丁子《ちようじ》(クローブ)の香りが致しました。

178　一、「大気(1)と云《いふ》は大慈悲の儀也。神詠《しんえい》(2)に、

慈悲の眼に憎しと思ふ人あらじ　科《とが》のあるをば猶《なほ》も哀《あはれ》め

広く大なる事は限なし。「普《あまね》く(3)」と云《いふ》所也。上古三国の聖衆を今日まで崇敬(4)奉《たてまつる》も慈悲の広く至る所也。何事も、君父の御為、または諸人の為、子孫の為とすべき、是《これ》大慈悲也。慈

悲より出づる智・勇が本のもの也。慈悲の為に罰し、慈悲の為に働く故、強くて正しき事限なし。我為《わが》にするは、狭く小さく小気也。悪事と成る也。勇・智の事は此《この》前得心せり。慈悲の事は頃日《けいじつ》(5)とくと手に入れたり。家康公仰《おほせ》に、「諸人を子の如く思ふ時、諸人また我《われ》を親の如く思ふ故、天下泰平の基《もと》は慈悲也(6)」と。

また、寄親《よりおや》・組子《くみこ》(7)と申す事、親子の因《ちなみ》に一和の心を付たる名かと思はれ候。直茂公「理非を糺《ただ》す者は人罰に落る也(8)」と被レ仰《おほせられ》候は、慈悲よりの御箇条かと存《ぞん》ぜられ候。「道理の外に理有り」と被レ仰候も、慈悲成るべし。無尽なる事味ふべし」と精に入りて御咄《おはなし》也。

(1) 大気　度量の広いこと。／(2) 神詠　神が詠んだ歌。『愚見集』に「天照太神の御歌」とする。／(3) 三国　インド・中国・日本。／(4) 聖衆　釈迦・孔子・聖徳太子のこと。／(5) 頃日　近頃。／(6) 諸人を……慈悲也　『東照宮御遺訓』に類似する言葉がある。／(7) 寄親《よりおや》・組《くみ》子《こ》　組頭《くみがしら》と組に属する者。／(8) 理非を……落る也　『直茂公御壁書』の十一条。「道理の外に理有り」は同四条。一の46注（1）参照。

訳

一、「大気というのは大慈悲のことである。神詠《しんえい》に、

慈悲の目に憎いと思う人はなし　罪ある者を猶《なお》も哀れめ

広く大なることは限りない。（これこそ）「普《あまね》く」と言うところである。古代三国の聖者た

ちを今日まで崇敬申し上げるのも慈悲が広く至る所である。何事も、君父の御為、または諸人の為、子孫の為とするべきこと、これが大慈悲である。慈悲より出る智・勇が本当のものである。慈悲の為に罰し、慈悲の為に働くから、強くて正しいこと限りない。我が為にするのは、狭く小さく小気である。悪事となる。勇・智のことはこの前得心した。慈悲のことは近頃とくと手に入れた。家康公の仰せに、「諸人を子のように思う時、諸人もまたわしを親のように思うから、天下泰平の基は慈悲である」と。

また、寄親《よりおや》・組子《くみこ》と申すことは、親子に因んで一つに和する心を付けた名かと思われます。直茂公が「理非を糺《ただ》す者は人罰に落ちる」と仰せられましたのは、慈悲からの御箇条かと存ぜられます。「道理の外に理がある」と仰せられましたのも、慈悲であるに違いない。限りのないことを味わうべきである」と精を込めてお話しになった。

179 一、湛然《たんねん》(1)和尚御申し候。「奉公人の利発なるは、のだゝぬ(2)もの也。されどもふうけ(3)の人に成り(4)たる事はなし」と。

(1) 湛然　常朝の仏教の師。一の39参照。／(2) のだゝぬ　伸び立たぬ。伸びぬ。／(3) ふうけ　呆気。阿呆。／(4) 人に成りたる事　家臣として出世した例。

訳　一、湛然《たんねん》和尚が申されました。「奉公人で利発であるのは、伸び立たぬものである。しかし阿呆《あほう》が出世した例はない」と。

180　一、式部(1)に異見有り。若年の時、衆道《しゆだう》(2)にて多分一生の恥になる事有り。心得なくしては危き也。云聞《いひき》かする人が無きもの也。大意(3)を申すべし。

「貞女両夫にまみえず」と、心得べし。情《なさけ》は一生一人のもの也。さなければ野郎《やらう》(4)・陰間《かげま》(5)に同じく、へら(6)はり女に等し。是《これ》は武士の恥也。

「念友(7)のなき前髪(8)は、縁夫(9)持たぬ女に等し(10)」と西鶴《さいかく》が書きしは名文也。人がなぶり(11)たがるもの也。念友は五年ほど試《ため》して志《こころざし》を見届けたらば、此方《このはう》よりも頼む(12)べし。浮気者は根に入《い》らず(13)、後は見離すもの也。互に命を捨る後見(14)なれば、よく〳〵性根《しやうね》を可二見届一《みとゞけるべき》也。くねる者(15)あらば、「障《さはり》有り」と云《いひ》て、手強くふり切るべし。「障は」とあらば、「夫《それ》は命の内(16)に申すべし哉《や》」と云て、無体に申さば、腹立てなほ無理ならば切り捨つべし。

また、男の方(17)は、若衆の心底を見届くる事前に同じ。命を擲《なげう》ちて五年部《はま》れば、叶はぬと云《いふ》事なし。尤《もつとも》、二道すべからず(18)。武道を励《はげ》(19)むべし。是《これ》にて武士道(20)と成る也。

(1) 式部　一の173参照。／(2) 衆道《しゆどう》　男色の道。若衆《わかしゆ》を念《おも》う道。「しゅうどう」とも。／(3) 大意　根本。／(4) 野郎　前髪を剃った男娼《だんしよう》。／(5) 陰間　前髪を剃っていない男娼。／(6) へら

はり女　淫奔《いんぽん》な女。／(7)念友《ねんゆう》　念者。衆道で兄分の者。／(8)前髪　元服前の男子。／(9)縁夫　夫または許婚《いいなずけ》。相手の男。／(10)念友のなき前髪は……等し　井原西鶴『男色大鑑』巻一「玉章《たまずさ》は鱸《すずき》に通はす」の言葉。／(11)なぶり　からかい。／(12)此方よりも　「も」に注意。衆道は念友が若衆を念《おも》うことが基本の形であることを示している。／(13)根に入らず　奥深く入り込まず。／(14)後見　後ろ楯。／(15)くねる者　（どうしてわたしを念者にしてくれないのかと）すねて恨みごとを言う者。五年も待てなかったのだろう。／(16)命の内　生きている間。／(17)男　念友。兄分の者。／(18)二道すべからず　一の181参照。／(19)武道　一の1注(2)参照。／(20)武士道　一の2注(1)参照。

訳　一、式部に言いたいことがある。若年の時、衆道《しゆどう》で多く一生の恥になることがある。心得がなくては危ない。言い聞かせる人がいないものである。大意を申そう。

「貞女は二夫《にふ》に見《まみ》えぬ」と心得るべきである。情は一生一人のものである。そうでなければ野郎《やろう》・陰間《かげま》（の男娼《だんしよう》）と同じく、好色女に等しい。これは武士の恥である。

「念友のいない前髪は、縁夫《えんぷ》を持たぬ女に等しい」と西鶴《さいかく》が書いたのは名文である。人が嬲《なぶ》りたがるものである。念友は五年ほど試して志を見届けたら、こちらからも頼むべきである。浮気者は根まで入り込まず、後は見離すものである。互いに命を捨て合う後ろ楯であるから、よくよく性根《しようね》を見届けるべきである。すねる者がいたら「障《さわ》りがある」と言って、手強くふり切るべきである。「障りとは」と訊《き》かれたら、「それは命のある内に申せようか」と言って無体に申すと、腹を立ててなお無理に絡《から》んでくるならば切り捨てるべきである。

また、男（念友）の方（の立場に立つ時）は、若衆の心底を見届けることは前と同じである。命を擲《なげう》って五年はまれば、叶《かな》わぬということはない。もっとも、二道してはならぬ。武道を励むべきである。これで武士道となるのである。

181 一、星野了哲《れうてつ》(1)は、御国衆道の元祖也。弟子多しと雖《いへど》も皆一つずつ伝へたり。枝吉《えだよし》氏(2)は理(3)を得られ候。江戸御供の時、了哲暇乞《いとまご》ひに「若衆好《ず》きの得心いかゞ(4)」と申し候へば、枝吉答に「好いて好かぬもの」と被《まうされ》レ申候。了哲悦《よろこ》び、「其方《そのはう》を其長《そのた》け(5)になさんとて数年骨を折たり」と被レ申候。
後年、枝吉に其《その》心を問ふ人有り。枝吉被レ申候は「命を捨つるが衆道の至極(6)也。さなければ恥になる也。然《しかれ》ば主に奉《たてまつ》る命なし。夫《それ》故、好きて好かぬものと覚え候」由。

(1) 星野了哲　源兵《げんべ》衛《え》重之《しげゆき》。父の源兵衛親之は秀吉から直茂に預けられ、鍋島家臣となった。／(2) 枝吉　三郎《さぶろう》右《え》衛門順恒《もんのぶつね》。請役相談人。大木八右衛門とともに弁財公事の佐賀藩側主席となり、勝利をもたらした。／(3) 理　（衆道の）ことわり。／(4) 得心いかゞ　極意を何と見るか。／(5) 長け　高み。／(6) 至極　極意。

訳　一、星野了哲《りょうてつ》は、御国衆道の元祖である。弟子が多いといえども皆一つずつを伝えている。

枝吉《えだよし》氏は理を得られました。（殿の）江戸御供の時、了哲が（枝吉の）暇乞《いとまご》いの際に「若衆好きの極意はどうか」と申しますと、枝吉の答えに「好いて好かぬもの」と申されました。了哲は喜び、「そなたをその丈《たけ》になそうとして長年骨を折った」と申されました。

後年、枝吉にその心を問う人がいた。枝吉が申されましたのは「命を捨てるのが衆道の至極である。そうでなければ恥になる。しかしそうすると主に奉る命がない。それゆえ、好いて好かぬものと心得ました」とのこと。

182　一、中島山三《さんざ》(1)殿は、政家公(2)の御小姓也。船中にて死去。高尾竈王院《かまわう》に墓有り。中島甚五左衛門先祖也。
或る者、恋の叶はぬを意恨《いこん》に存じ、「七つ過《すぐ》れば二合半《こなから》恋し」(3)と云小歌を教へ申し候。御座(4)にて諷《うた》ひ被レ申《まうされ》候。古今無双の少人(5)と誉《ほ》め申し候由。勝茂公も御執心御座候由。御出仕の時分、山三殿通りがけに御膝に足触《さは》る。則居《すなはちゐ》さがり、御膝を押へ、御断《ことわり》被二申上一《まうしあげられ》候と也。

或る夜、百武次郎兵衛《ひやくたけじらうべゑ》辻(6)の堂屋敷に山三殿被レ参《まゐられ》、被二申入一《まうしいれられ》候に付て、次郎兵衛駆け出で、外にて出合ひ「御前の憚《はゞか》り(7)、外見ともに則《すなはち》御帰り候様に」と申し候。山三殿被レ申《まうされ》候は

「たゞ今遁《のが》れぬ行掛《いきが》りにて三人切り捨て、則座の切腹は残念の事に候故、子細申し上げてよりと存《ぞん》じ、其《その》間の命、御自分を見立て(8)、御近付きにてもなく候へども御頼み致す」と也。次郎兵衛胸治《をさま》り「私を人(9)と思し召《おぼ》し御頼み、過分至極に候。御心安く候へ。内に入り身支度も少しの遅れ。直《ぢき》に」と有ㇾ之、けなり(10)にて伴《ともな》ひ、まづ筑前の方へと志《こゝろざ》し、都渡城《とぎ》(11)まで手を引きたり負《お》ひたりして、夜明けに山中に入りて隠す。其時に「此《この》事偽りにて、御心底見届け申し候」と知契《ちけい》(12)せられしと也。其《その》前二年の間、次郎兵衛無二懈怠《けたいなく》一山三殿登城の道筋の橋に通り合ひ、下城にも通り合ひ、毎日見送りしと也。

(1) 中島山三《さんざ》 『葉隠聞書校補』では、三左、信晴《のぶはる》の子、龍造寺高房《たかふさ》の小姓、慶長九年（一六〇四）御参勤御供中海上で病死、十七歳とされる。／(2) 政家 龍造寺政家。隆信の嫡子。隆信の戦死後、直茂に領国経営を委ね、嫡子高房を直茂の養子とし、直茂に龍造寺の姓を与え、天正十八年（一五九〇）隠居。六の11参照。／(3) 二合半《こなから》 「或る者」は、「こなから」に「小姓」の「中島」を掛け、恋する思いを乗せて山三に小歌を教えた。もとは「七つ時（午後四時頃）を過ぎると二合半の食事が恋しい」という意味の歌であったが、山三本人がこれを歌うと「夕方を過ぎると小姓の中島が恋しい」という意味のみを浮き立たせ、聴衆の思いを見透かしたかのように誘ってくる歌となり、その美貌と美声と相俟《あいま》って聴衆の心を直撃したとみられる。二合半は一食の量（十の140参照）。／(4) 御座 主君出座の場。／(5) 少人 若衆。／(6) 百武次郎兵衛 政長《まさなが》。兼政《かねまさ》の子。生年不明。文禄二年（一五九三）朝鮮の陣の時に在京。慶長十一年（一六〇六）

に密通事件の捕手役。寛文八年（一六六八）没。／（7）御前の憚り　八の73参照。／（8）御自分　あなた様。／（9）人　ひとかどの武士。／（10）けなり　平服。／（11）都渡城《とどぎ》　佐賀市大和町。／（12）知契　極めて厚い交わり。契《ちぎ》り。

訳　一、中島山三《さんざ》殿は、政家《まさいえ》公の御小姓である。船中で死去。高尾竈王院《かまおういん》に墓がある。中島甚五左衛門《じんござえもん》の先祖である。

ある者が恋の叶わぬことを遺恨《いこん》に存じ、「七つ時過ぎると二合半恋《こなから》しい」という小歌を教え申しました。御前で謡い申されました。古今無双の少年と誉《ほ》め申しましたとのこと。勝茂公も御執心がございましたとのこと。（公が）御出仕していた頃、山三殿の通りがけに（公の）御膝に足が触った。すぐに後ずさりし、御膝を押さえ、おわび申し上げられましたとのことである。

ある夜、百武次郎兵衛《ひゃくたけじろべえ》の辻の堂屋敷に山三殿が参られ、申し入れられましたため、次郎兵衛は駆け出て、外で対面し「御前の憚《はばか》り、人目もある、すぐにお帰りなされますように」と申しました。山三殿が申されましたのは「たった今逃れられぬ行き懸かりで三人を切り捨て、即座の切腹は残念なことでありますゆえ、子細を申し上げてからと存じ、その間の命、貴殿を見込んで、お知り合いでもありませぬがお頼み致す」と申した。次郎兵衛は胸が落ち着き「わたしを人とお思いになってのお頼み、身に余ること至極であります。御安心なさい。内に入り身支度するのも少しの遅れ（となる）。すぐに」と言い、普段のなりで伴をし、まず筑前の方へと志《こころざ》し、都渡城《ととぎ》まで手を引いたり背負ったりして、夜明けに山中に入って隠した。その時に「このことは偽《いつわ》りで、御心底を見届け申しました」と契《ちぎ》りを結ばれたとのことである。その先二年の間、次郎兵衛は怠《おこた》ることなく山三殿が登城する道筋の橋に通い合わせ、下城にも通い合わせ、毎日見送ったとのことである。

183 一、一鼎被レ申《まうされ》候は、「よき事をするとは何事ぞと云《いふ》に、一口に云《いへ》ば苦痛《いた》さ堪《こら》ゆる事也。苦を堪へぬは皆悪《あし》き事也」と。

訳 一、一鼎が申されましたのは、「良いことをするとはどういうことかと言うと、一口に言えば苦痛を堪えることである。苦を堪えぬのは皆悪いことである」と。

184 一、大人は詞《ことば》少きもの也。日門様《にちもん》(1)へ一雲《いちうん》(2)御使者に被レ参《まゐられ》候時、御面談にて御返言「丹後守《たんごのかみ》へよき様《やう》に」とばかり被レ仰《おほせられ》候。

(1) 日門様 未詳。／(2) 一雲 鍋島弥平左衛門嵩就《やへいざえもんたかなり》。加判家老。五の15、八の13参照。

訳　一、大人は言葉少ないものである。日門《にちもん》様に一雲《いちうん》が御使者に参られました時、御面談して御返答は「丹後守《たんごのかみ》（光茂公）によろしく」とだけ仰《おお》せられました。

185(1) 一、四十歳より内は、智恵・分別を除《の》け強み(2)過ぎるほどがよし。人により身のほどにより四十過ぎても強み無ければ響《ひゞき》(3)無きもの也。

（1）185　一の148参照。／（2）強み　力み。／（3）響《ひびき》　周囲に伝わり、一目《いちもく》置かせる存在の力。

訳　一、四十歳より内は、智恵・分別を除き力み過ぎるほどがよい。人により身のほどにより四十過ぎても力みがなければ、響《ひび》きがないものである。

186 一、物頭《ものがしら》(1)などは、組衆に親切に可《あるべき》レ有事也。中野数馬《かずま》(2)〈利明《としあき》〉、大役にて隙無《ひまこれなく》レ之候に付て終《つひ》に組衆の所へ参り候事無《これなく》レ之候。然《しかれ》ども(3)組衆病気か何事か有《これある》レ之時は、御城より帰りに毎日見廻ひ申し候。夫《それ》故、組中思ひ付き候也。

（1）物頭　組頭。／（2）中野数馬　常朝は中野数馬組の組衆であった。／（3）思ひ付き　心服し。

訳　一、物頭などは、組衆に親切であるべきことである。中野数馬《かずま》〈利明《としあき》〉は、大役で隙《ひま》がありませんでしたため、終《つい》に組衆の所に参りましたことがありませんでした。しかし組衆に病気か何事かある時は、御城からの帰りに毎日見舞い申しました。それゆえ、組中が思いを寄せました。

187 一、何某《なにがし》今度江戸へ出で、御一宿より細書《さいしょ》(1)被二差越《さしこされ》一候。取紛《まぎ》れの時分は大方無沙汰をするものなるが、斯様《かやう》に心の入り廻り(2)たる分が人より上の所也。

(1)細書《さいしょ》　こまごまと書いた手紙。／(2)入り廻りたる　よく気がついた。

訳　一、なにがしがこの度《たび》江戸へ出て、ある御宿からこまごまとした手紙をよこされました。取り紛れる時は大かた無沙汰をするものであるが、このように心が行き届いている分が人より上の所である。

188 一、古老の評判に(1)「武士の意地を立つる事は過ぐるほどにするもの也。よい加減にして置きたる事は後日の評判に不足出で来るもの也。仕過《しす》ぎと思ひて仕たる時、迦《はづれ》なし」と承り候。

斯様《かやう》の儀、失念すまじき事也。

訳　一、古老の批評に「武士が意地を立てることはし過ぎるほどにするものである。よい加減にしておいたことは後日の評価で不足が出て来るものである。し過ぎと思ってした時、外《はず》れがない」と承《うけたまわ》りました。このようなことは失念してはならぬことである。

（1）評判　批評。評価。

189　一、打果《うちは》たす(1)と部《はま》りたる(2)事有る時、たとへば「直《すぐ》に行《いき》ては仕果《おほ》し難し。遠けれども此道《この》を廻りて可ㇾ行《いくべし》」なんどと思はぬもの也。手延《てのび》(3)に成りて心にたるみ出来《いでく》る故、大方仕届《しとゞ》けず。武道は粗忽《そこつ》なれば、無二無三(4)可ㇾ然《しかるべき》也。

或る人、「川上御経《かはかみおきやう》(5)の内、渡し舟にて小姓酒狂《さけぐるひ》にて船頭とからかひ(6)、向《さき》へ上《のぼり》て小姓刀を抜き候を、船頭竿《さを》にて頭を打ち申し候。其時《その》、辺《あた》りの船頭ども櫂《かい》を提《さ》げ駆け集り、打拉《うちひし》ぎ可ㇾ申《まうすべし》と仕り候。然《しかる》に主人は知らぬふりにて被ㇾ通《とほられ》候。小姓一人走り帰り、船頭どもに断《ことわり》(7)を被ㇾ申《まうされ》、宥《なだ》め連れ帰り候。其晩《その》、右の酒狂の者(9)、大小を取り払ひ(8)被ㇾ申《まうされ》候」由承《うけたまはり》候。

まづ、船中にて酒狂者を呵《しかり》、船頭を不ㇾ宥《なだめざる》所不足也。また(10)、無理にても頭を打《うた》れてからは断《ことわる》所にてなし。断云振《ことわりいふゝり》にて近寄り、相手の船頭打ち捨て、酒狂者も打ち捨つべき所也。

主人は不甲斐無《ふがひな》し也。

(1) 打果たす　斬り殺す。／(2) 部りたる　心がぴたりと決まっている。／(3) 手延　延び延びになり時期を逃すこと。／(4) 無二無三　一心不乱。／(5) 川上御経の内　佐賀市川上山実相院(大和町川上)の如法経会の期間中。／(6) からかひ　言い争い。／(7) 断　謝り。／(8) 大小を取り払ひ　刀を取り上げ。／(9) 不足　手落ち。／(10) 打ち捨て　斬り捨て。

訳　一、打ち果たすと心決まっていることがある時、例えば「真っ直ぐに行ってはし遂げ難い。遠いけれどもこの道を廻って行こう」などと思わぬものである。延び延びになって心にたるみが出て来るゆえ、大かたやり遂げない。武道は粗忽《そこつ》(なもの)であるので、無二無三《むにむさん》であるべきである。

ある人から、「川上御経《かわかみおきょう》の間に、渡し舟で小姓が酒に狂って船頭《せんどう》と言い争い、向こう(岸)へ上がって小姓が刀を抜きましたのを、船頭が竿《さお》で頭を打ち申しました。その時、辺《あた》りの船頭どもが櫂《かい》を携えて駆け集まり、打ち潰《つぶ》し申そうと致しました。しかし主人は知らぬふりで通られました。(別の)小姓が一人走り戻り、船頭どもに詫《わ》びを申され、宥《なだ》めて連れ帰りました。その晩、右の酒狂いの者は大小(の刀)を取り上げ申されました」とのことを承《うけたまわ》りました。

まず、船中で酒狂い者を叱《しか》り、船頭を宥《なだ》めなかった所が手落ちである。また、こちらに理がなくても頭を打たれてからは詫《わ》びる所でない。詫びを言うふりをして近寄り、相手の船頭を打ち捨て、酒狂い者も打ち捨てるべき所である。主人は不甲斐《ふがい》ない。

190 (1)一、古人の覚悟は深き事也。「十三以上六十以下は出陣」と云《いふ》事有り。夫《それ》故に古老は年を隠すと云《いへ》り。

(1) 190 斎藤実盛《さねもり》が髪を黒く染めて戦に出たことが有名。『平家物語』巻七「実盛」参照。十一の110参照。

訳 一、古人の覚悟は深いことである。「十三以上六十以下は出陣」ということがある。それゆえに古老は年を隠すという。

191 一、或る人覚悟の躰《てい》覚書に「主君の身辺勤むる者は、別して身持《みもち》・覚悟可レ慎《つゝしむべき》事也。御側の様子を見て主人の長《た》(1)けを人が積《つ》もるもの也。また、諫言は、時を不レ移可ニ申上一《うつさずまうしあぐべき》事、「今は御機嫌悪《わろ》し、序《ついで》に(2)」など、思ひて居《ゐる》内に、ふと御誤りも可レ有《あるべき》事也。また、科人《とがにん》を悪く云《いふ》(4)は不義理の事也。仰出《おほせい》で澄《すみ》て後も其《その》者に理を付《つ》け(3)、少しづつもよき様《やう》に云《いひ》なせば、帰参も早きもの也。また、仕合せよき人には無音《ぶいん》(5)しても不《くるしからず》レ苦、落ちぶれたる者には随分不便《ふびん》を加へ、(6)何卒《なにとぞ》立直す様《やう》に可《いたすべき》レ致事、侍の義理(7)也」と有《これあり》レ之候也。

(1) 長け　人物・器量のほど。／(2) 序に　よい機会に。／(3) 其者に理を付け　その者がしたことには正当な理由もあったとすること。／(4) 帰参　許しが出て再び主君に仕えること。／(5) 無音　無沙汰。／(6) 不便を加へ　憐《あわ》れみを掛け。／(7) 義理　一の10注参照。

訳　一、ある人の覚悟のほどの覚え書きに「主君の身辺に勤める者は、とりわけ身持ち・覚悟を慎むべきことである。御側《おそば》(の者)の様子を見て主人の丈《たけ》を人が見積もるものである。また、諫言《かんげん》は、「時を移さず申し上げるべきこと、「今は御機嫌が悪い、機会を見て」などと思っている内に、ふとお誤りもあろうことである。仰《おお》せが出て、済んで後もその者に理を付け、少しずつでもよいように言いなせば、帰参も早いものである。また、罪人を悪く言うのは不義理なことである。また、巡り合わせがよい人には無沙汰《ぶさた》をしても問題なく、落ちぶれた者には極力憐《あわ》れみを掛け、何としても立て直すように致さんとすることが、侍の義理である」とありました。

192　一、何某《なにがし》、今の役にて音物《いんぶつ》(1)を不《うけず》レ受。其《その》上、返したる時無《よんどころなく》レ拠して家来ども留め置くも心許《もと》無しとて、時々に手形(2)を取らせ候由。其外《その》一双《いっそう》(3)、取入れ・云入《いひい》れ、頼み事不《ならず》成。「今、日の出のきけ役(4)」と佐嘉中取沙汰の由に候。初心(5)なる事にて候。欲深にはましなれども、真の志《こころざし》にはあらず。我身《わがみ》立て候仕方《しかた》也。今時此《この》分する衆も無き故に、沙汰をすると見えたり。少し踏張《ふんば》れば、名を取る事などは安きもの也。欲は、内心に離れ、眼に立たぬ様《やう》にするが成らぬもの也。

(1) 音物　贈り物。／(2) 手形　印形《いんぎょう》を押した証文。ここでは確かに返却したとの証文。／(3) 一双《いっそう》　すべて。／(4) きけ役　利《き》け者。優《すぐ》れた働きがあって幅を利かせている者。／(5) 初心　未熟。

訳　一、なにがしは今の役で進物を受け取らない。その上、(進物を) 返した時やむを得ずして家来どもが (手元に) 留め置くのも心許《こころもと》ないと言って、時々に手形を取らせましたとのこと。その他全て、取り入り・申し入れ・頼みごとは禁じている。「今、日の出の勢いのやり手」と佐賀中で取り沙汰されているとのことです。未熟なことです。欲深いのよりはましであるが、真の志《こころざし》ではない。我が身を立てますやり方である。今時この程度の働きをする衆もいないため、取り沙汰をすると見える。少し踏ん張れば、名を取ることなどはたやすいものである。欲は、心の中で離れ、目に立たぬようにすることができぬものである。

193 一、我《わが》身にかゝりたる重き事は、一分《いちぶん》(1)の分別にて地盤を据《す》ゑ(2)、無二無三に踏み破りて仕《し》て退《のか》ねば埒明《らちあか》ぬもの也。大事の場を人に談合《だんかふ》しては見限らるゝ事多く、人が有躰《ありてい》(3)には云《いは》ぬもの也。斯様《かやう》の時が、我《わが》分別入るもの也。とかく気違(4)にと極《きは》めて、身を捨《すつ》るに片付くれば澄《すむ》也。此《この》節よく仕様《しやう》と思へば、早《はや》迷が出《い》で来て多分仕損ずる也。多くは、味方の人の此方《このはう》の為と思ふ人より転ぜられ、引きくさらかさるゝ(5)事有り。出家願ひの時の様《やう》なる事(6)也。

(1) 一分の　己一人の。／(2) 地盤を据ゑ　根本をしっかりさせ。／(3) 有躰　ありのまま。／(4) 気違　現代の精神的不具者の意味とは異なり、積極的な意味合いを持っていることに注意。／(5) 引きくさらかさるゝ　だめにされる。／(6) 出家願ひの時の様なる事　光茂死去に際しての常朝の出家願いが想起されるが、常朝はかねてから本項のように覚悟していたため、うまく出家を果たせたということになろう。一の9参照。この一文山本本欠。

訳　一、我が身に関わる重いことは、己一人の分別で地盤を据《す》え、無二無三に踏み破ってやってのけねば埒《らち》が明かぬものである。一大事の場を人に相談しては見限られることが多く、人がありのままには言わぬものである。このような時が、我が分別が要《い》るものである。とかく気違いにと極《き》めて、身を捨てる方に片付ければ済むのである。この際よくしようと思うと、早くも迷いが出て来て大かたし損ずる。多くは、味方の人でこちらのためと思う人から転ばされ、引き腐らかされることがある。出家願いの時のようなことである。

194 一、当春(1)、権之丞《ごんのじよう》(2)所へ初入《はついり》(3)致し候時、「去暮《さる》より出米休息《しゆつまいきうそく》(4)にて、八月まで隙《ひま》を持ち申し候間、此間《この》(5)に一字一石など書き可レ申《まうすべし》」と申し候に付て異見申し候は、「第一隙無レ之《これなき》時節にてこそあれ(6)。当九月に人並に勤めに出ては本望にてなし。出米休息の内に撰び出されてこそ嬉しかるべけれ。然ば《しかれ》たゞ今が一ち(7)隙なき時也。「有無出米《しゆつまい》(8)の内に撰び出さるべき」と粉骨相《あひ》部《はま》(9)り候へば、其儘叶《そのまゝかな》(10)ひ申すもの也。是《これ》は我ら覚《おぼえ》有る事也。十二歳より「髪を立て候様に」と被二仰付一《おほせつけられ》引入り、十四歳まで無奉公にて居《を》り申候。然《しかる》処御両殿様御下国御行列を奉《をがみたてまつり》レ拝頻《しきり》に奉公仕《つかまつ》りたく存じ候に付古勢宮《こせぐう》(11)へ参詣致し、「当年五月朔日《ついたち》に被レ召出《めしいだされ》候様に」と願を掛け申し候。誠に不思議の事にて、四月晦日に「明朔日より相《あひ》勤め候様に」と被二仰付一《おほせつけられ》候。其後《そのゝち》、若殿様御前に罷出《まかりい》(12)でたく、「いつぞ御出での折、掛け合ひ可レ申《まうすべし》(13)」と夜昼心掛け居《を》り申し候処、或る夜「若殿様御出で被レ成《なされ》候間、小々姓《こゞしやう》罷《まか》り出で候様に」と申し来たり、早速罷り出で候へば、「さても早く罷り出で候。外に出合ひ候者一人もなく候。よく罷り出で候」と呉々《くれぐ》被レ成《なされ》二御意《ぎよい》一候。此時の有難さ今に不レ忘《わすれず》候。一念志候へば、叶《かな》はぬと云《いふ》事なきもの也」と申し候処、今度、権之丞出米《しゆつまい》内に御使者被二仰付一《おほせつけられ》、一家の者不思議と申す事に候。若年の時より見掛りの拙者に候へば御用に立つ事もなく、出頭人《しゆつとうにん》(14)などを見うらやましく候へども、「殿様を大切に思ふ事は我に続き被レ申《まうさる》まじく」と存じ出《いだ》し、是《これ》一つにて心を慰め、小身・無足(15)をも打忘れ、勤め申し候。如レ案《あんのごとく》御卒去の時、我ら一人にて御外聞取りたり(16)。

(1)当春　正徳五年（一七一五）か。この年権之丞は江戸で病死。三十八歳。／(2)権之丞　常俊《つねとし》。富永琳庵良朝の弟で常朝の養嗣子。／(3)初入　年賀の挨拶。一の38参照。／(4)出米休息　一年限り勤務を免除され、代償に若干の禄高を献米すること。／(5)一字一石　一字《いちじ》一《いっ》石経《せききょう》。経文を一字ずつ小石に墨または朱で書き、祈願・先祖供養のために土中に埋める。／(6)こそあれ　逆接の意を響かせる。／(7)一ち　一番。／(8)有無　何としても。／(9)相部り心を定め。／(10)引入り　奉公を退き。／(11)古勢宮　現在の巨勢《こせ》神社（佐賀市巨勢町半島）。『肥陽古跡記』（一六六五）に「佐嘉郡巨勢郷老松大明神、本地十一面観世音菩薩、後鳥羽院勅願にして筑前太宰府天満宮の末社なり」とある。／(12)若殿様御前　綱茂の御前。延宝六年（一六七八）常朝二十歳の時。／(13)掛け合ひ　談判し。／(14)出頭人　主君の側近くにあって政務に参与する人。／(15)無足　切米を貰うだけで知行地を持たない身分。／(16)如レ案……取りたり　山・欠。一の9参照。「御外聞取りたり」は主君の名誉を保ったの意。

訳　一、この春、権之丞《ごんのじょう》の所に年賀の挨拶を致しました時、「去年の暮れより出米休息《しゆつまいきゆうそく》で八月まで暇を持ち申しますので、この間に一字一石などを書き申そう」と申しましたため異見を申しましたのは、「第一に暇のない時節ではないか。この九月に人並に勤めに出ては本望でない。出米休息の内に選び出されてこそ嬉しかろう。だから、只今が一番暇のない時である。「是非とも出米（休息）の内に選び出されよう」と骨を砕いて心はまりますと、そのまま叶い申すものである。これはわたしに覚えがあることである。十二歳から「前髪を立てますように」と仰せ付けられて引っ込み、十四歳まで無奉公でおり申しました。そうしたところに、御両殿（光茂・綱茂）様の御下国の御行列を拝み申し上げ、頻《しき》りに奉公いたしたく存じましたため古勢宮《こせぐう》へ参詣《さんけい》いたし、「本年五月一日に召し出されますように」と願を掛け申しました。誠に不思議なことで、四月晦日《みそか》に「明くる一日より勤めますように」と仰せ付けられました。その後、若殿様の御前に参り出たく、「いつかお出ましの折、掛け合い申そう」と夜昼心懸けており申しましたところ、ある夜「若殿様がお出でなされましたので、小々姓《こごしょう》は参り出ますように」と申して来て、早速参り出ますと、「さても早く参り出ました。他に出合いました者は一人もいません。よく参り出ました」と何度も仰せなされました。この時の有り難さは今に忘れませぬ。一念の志がありますと、叶わぬということはないものである」と申しましたところ、この度、権之丞が出米（休息）の内に御使者に仰せ付けられ、一家の者が不思議と申すことでした。若年の時より見かけ通りの拙者ですから御用に立つこともなく、（御側に）出仕する人などを見てうらやましくありましたが、「殿様を大切に思うことはわたしに続き申され（る者はい）まい」と存じ始め、これ一つで心を慰め、小身・無足であることも打ち忘れ、勤め申しました。考え通りに（光茂公）御卒去の時、わたし一人で御外聞を取った。

195　一、山崎蔵人(1)の「見え過《す》ぐる(2)奉公人は悪《あし》き」と被レ申《まうされ》たるが名言也。忠の不忠の、義の不義の、当介《あてがひ》(3)の不当介のと、理非(4)・邪正のあたりに心の付くがいや也。無理無躰に奉公に好き、無二無三に主人を大切に思へば夫《それ》にて澄《すむ》事也。是《これ》もよき御被官也。奉公に好き過ごし、主人を歎き(5)過ごして誤り有る事も可レ有レ之《これあるべく》候へども、夫《それ》が本望也。万事は「過ぎたるは悪き」と申し候へども、奉公ばかりは奉公人ならば好き過《す》ごし、誤りたが本望也。理の見ゆる人は多分少しの所に滞《とゞこほ》り、一生を無駄に暮し、残念の事也。誠に纔《わづか》の一生也。たゞ〳〵無二無三がよき也。二つに成《な》る(6)がいや也。万事を捨て、奉公三昧《ざんまい》に極《きは》まりたり。忠の義のと云《いひ》、立ち上りたる(7)理屈が返《かへ》す〴〵いや也。

（1）山崎蔵人　政良《まさよし》。年寄役。一の11、二の60参照。／（2）見え過ぐる　分別がありすぎる。／（3）当介　家来としてふさわしい。／（4）理非　一の46注（1）『直茂公御壁書』・157・178、二の60、三の19参照。／（5）歎き　心底から切に思い。／（6）二つに成る　一の139参照。／（7）立ち上りたる　高い所に立った。一の164に「何事も、人よりは一段立上りて見ねばならず」とあったが、本項で、それが「理非邪正」を問題にする「理屈」には該当しないものとわかる。一の198、二の101、十一の140参照。

訳　一、山崎蔵人《くらんど》が「見え過ぎる奉公人は悪い」と申されたのが名言である。忠の不忠の、義の不義の、相応の不相応のと、理非・邪正のあたりに心を付けるのが嫌である。無理無体に奉公を好いて、無二無三に主人を大切に思えばそれで済むことである。これもよい御家来である。奉公を好き過ごし、主人を歎き過ごして誤りがあることもありましょうが、それが本望である。万事は「過ぎているのは悪い」と申しますが、奉公だけは奉公人ならば好き過ごし、誤っているのが本望である。理の見える人は大かた少しの所に滞り、一生を無駄に暮らし、残念なことである。誠にわずかの一生である。ただただ無二無三がよいのである。二つになるのが嫌である。万事を捨てて奉公三昧に極まった——忠の義のと言い、高い所に立った理屈が返す返す嫌である。

196 一、「先祖の善悪は子孫の請取手次第(1)」と被レ遊《あそばされ》候。先祖の悪《あし》き事を不レ顕《あらはさず》、善き事に成り行く様《やう》に、子孫として仕《つかまつ》る様《やう》に可レ有《あるべき》事也。是《これ》、孝行にて候。

(1) 先祖の……次第　『直茂公御壁書』の七条。一の46注(1)参照。

訳　一、「先祖の善悪は子孫の受け取り手次第」と(直茂公が仰せ)遊ばされました。先祖の悪いことを顕《あら》わさず、善いことに成って行くように、子孫として致すようにあるべきことである。これが孝行です。

197 一、養子縁組に金銀の沙汰ばかりにて、氏素性のわけ(1)もなく成り行く浅ましき事也。「斯《か》様《やう》の事もまづ不義ながら、今日が立たぬ(2)」と理を付けて不義を行ふは、重々《かさね〴〵》の悪行也。理を付けては道は不レ立《たゝざる》也。

(1) わけ　区別。／(2) 今日が立たぬ　生計が立たぬ。

訳 一、養子縁組するのに金銀の沙汰《さた》ばかりで、氏素性《うじすじよう》の区別もなくなって行くのは浅ましいことである。「このようなこともまずもって不義ではあるが、今日の暮らしが立たぬ」と理屈を付けて不義を行うのは、重ね重ねの悪行である。理屈を付けては道は立たぬのである。

198 一、或《あ》る人「何某《なにがし》は惜《をし》き者、早死したる」と被レ申《まうされ》候。「惜き者の内にて候(1)」と答へ申し候。また、「世が末に成りて義理は絶え申し候」と被レ申《まうされ》候に付き「「窮すれば変ず(2)」と申し候へば、追付《おつゝけ》(3)よく可レ成《なるべき》時節にて候」と答へ申し候。斯様《かやう》の越端《こしば》(4)が大事也。

中野将監《しやうげん》(5)切腹の脇(6)、大木前兵部《ぜんひやうぶ》(7)所にて、組中参会に将監事を様々《やう〳〵》悪口被レ仕《つかまつられ》候。兵部申し候は「人の無き跡にて悪口をせぬもの也。殊に科《とが》被二仰付一《おほせつけられ》候衆は不便《ふびん》の事にて候へば、よき様《やう》に少しなりとも云成《いひな》してこそ侍の義理にては候へ。二十年過ぎ候はゞ、将監は忠臣と取り沙汰有るべき」と被レ申《まうされ》候由、誠に老功《らうこう》の申し分にて候。

(1) 惜き者の内「或る人」は悲しみのあまり、「早死」という忌《い》むべき言葉まで口にした。常朝はそこには同意しないが、根本は同じ思いであったため「惜き者」という部分のみを繰り返して返答することで、「或る人」を宥めつつ、会話全体を収めた。／(2) 窮すれば変ず　行き詰まりも極限まで達すると、かえって事態が好転する。／(3) 追付　まもなく。／(4) 越端　相手よりも一歩越え出た所。一の86参照。餅「越端」、山「越度」。／(5) 中野将監　正包《まさかね》。年寄役。一の16・99、八の29参照。／(6) 切腹　元禄二年（一六八九）のこと。常朝が介錯。／(7) 大木前兵部　知昌《ともまさ》。年寄役。一の7参照。

訳　一、ある人が「なにがしは惜しい者、早死にした」と申されました。「惜しい者の内であります」と答え申しました。また、「世が末になって義理は絶え申しました」と申されましたので、「窮すれば変ず」と申しますので、追っ付けよくなるに違いない時節です」と答え申しました。このような一段越えた所が大事である。

中野将監《しょうげん》切腹の後、大木前兵部《ぜんひょうぶ》の所で、組中参会の際に将監のことを様々に悪口いたされました。兵部が申しましたのは、「人の亡き後で悪口をせぬものである。殊に罪を仰せ付けられました衆は不憫《ふびん》のことでありますので、よいように少しなりとも言いなしてこそ侍の義理ではありませぬか。二十年過ぎましたら、将監は忠臣と取り沙汰されるに違いない」と申されましたとのこと、誠に老功の申し分であります。

199 一、古川六郎左《ろくらうざ》衛《ゑ》門《もん》(1)申し候は、「主人として用に立つ者を欲《ほし》がらぬ主人は無レ之《これなく》候。我々式《しき》(2)さへ欲《ほし》く候へば、大人《たいじん》(3)ほど御大望の事に候。然《しかる》処「何卒《なにとぞ》御用に立ちたし」と思へば其儘《そのまゝ》一致(4)して御用に立つもの也。我「欲き」と兼々《かねぐ》存ずるものを人が「呉れ可レ申《まうすべく》候」と申し候はば、飛掛《とびかゝ》り可レ取《とるべき》也。是《この》あたりを諸人気付き不レ申《まうさず》、一生無駄に暮す事と老後に漸《やうや》く存《ぞん》じ付き候。若き衆油断有まじ」と被レ申《まうされ》候。耳に留《とゞま》り候て覚え居り候。何角《とかく》の分別を止《や》めて、たゞ「御用に立ちたし」と思ふまでの事也。如レ斯《かくのごとく》思ふまじき事にてはなけれども、色々阻《へだて》ものが有りて打破らぬ故、あたら一生を無駄に暮すは、返々《かへすぐ》残念の事也。

「我《われ》ら式《しき》は何として御用に可レ立《たつべし》」と卑下の心にて暮すも有り。御用に立ちたき真実さへ強ければ、無調法《ぶてうはふ》(5)者ほどがよき也。智恵・利口などは多分害に成る事有り。小身にして田舎などに居《ゐ》る者は、家老・年寄などと云《いふ》は(6)神変不思議(7)にても有る様《やう》に思ひのぼせて(8)、寄りも付きえず。親《した》しく成りて心安く咄などしてみるに、不断御用の事を不レ忘《わすれず》歎かるゝより外に替りたる事少しもなし。御用の筋にさほど奇妙の智恵入らぬもの也。「何卒《なにとぞ》、殿の御為、御家中・民百姓までの為になる事を」と思ふ事は、愚鈍の我々式《しき》にても澄《すむ》もの也。されども、御用に立つほど思ひ立つ事が、いかう(9)成りにくきもの也。

(1) 古川六郎左衛門　元孝。目付役。／(2) 我々式　我等式。我々程度の者。／(3) 大人　身分や地位の高い人。／(4) 其儘一致して　思うだけで直ちに主君の願いと一致し。／(5) 無調法者　行き届かぬ者。／(6) 神変　人間離れした力を持つこと。／(7) 不思議　人知の及ばぬこと。不可思議。／(8) 思ひのぼせて　思い崇《あが》めて。／(9) いかう　ひどく。

訳　一、古川六郎左衛門《ろくろうざえもん》が申しましたのは、「主人として用に立つ者を欲しがらぬ主人はいないというぞ。我々風情《ふぜい》でさえ欲しいのですから、大人《たいじん》ほど御大望のことです。そうしたところで「何卒《なにとぞ》御用に立ちたい」と思えばそのまま一致して御用に立つものである。自分が「欲しい」とかねがね存ずる物を人が「くれ申しましょう」と申しましたら、飛び掛かって取るはずである。このあたりを諸人は気付き申さず、一生無駄に暮らしたことと老後にようやく気付き申します。若い衆は油断してはならない」と申されました。耳に留《と》まりまして覚えております。あれこれの分別を止《や》めて、ただ「御用に立ちたい」と思うまでのことである。このように思えぬことではないが、色々障害物があって打ち破らぬため、あたら一生を無駄に暮らすのは、返す返す残念なことである。

「自分風情がどうして御用に立てようか」と卑下の心で暮らすのもいる。御用に立ちたい真実さえ強ければ、無調法者くらいがよいのである。智恵・利口などは多分に害になることがある。小身として田舎などにいる者は、家老・年寄などというのは神変・不思議でもあるように思い崇めて、寄り付くこともできぬ。親しくなって心安く話などしてみると、常に御用のことを忘れず歎かれているよりほかに変わったことは少しもない。御用の筋にそれほど奇妙な智恵は要らぬものである。「何卒、殿の御為、御家中・民《たみ》百姓までの為になることを」と思うことは、愚鈍の我々風情でも済むものである。しかし、(実際)御用に立つほど思い立つことが、ひどくでき難いものである。

200 一、仕合せよき時分、第一の用心は自慢・奢り也。常の一倍、用心せでは危き也。

訳 一、巡り合わせがよい時、第一の用心は自慢・奢《おご》りである。いつもの倍、用心せぬと危ない。

201 一、武具を立派にして置くはよき嗜《たしな》み(3)なれども、何にても数にさへ合へば澄《すむ》事也。深堀猪《ふかほりゐ》(4)之助《のすけ》(1)がものの具(2)の様《やう》なるもの也。用意銀なども、大身の人持ちなどは入る事也。岡部宮内は、組中の数ほど袋を作り、名を書付け、銘々《めい〳〵》相応《さうおう》の軍用銀入れ置き被《まうされ》レ申候由。斯様《かやう》に嗜む事、奥深き事也。(5)小身者などは其期《そのご》に用意なくば、寄親に頼みはごくまれて(6)澄《すむ》べし。さるほどに、兼々《かねぐ》寄親に入魂《じゆこん》して置くべし。御側《おそば》の者は、殿に付てさへ居たらば、用意なくとも可レ澄《すむべき》事也。何某《なにがし》(7)は大坂夏の陣の時、灰吹《はひふき》(8)十二匁《もんめ》持ちて、多久図書《づしよ》(9)殿に付て被レ罷立《まかりたたれ》候。たゞ早々駆出しさへすれば澄《すむ》事也。斯様《かやう》の世話も退《の》(10)けたるがよきと覚えたり。

（1）深堀猪之助　賢保《すけやす》。深堀安芸守茂賢《しげまさ》の筆頭家老。文禄・慶長の役で戦功があった。六の72参照。／（2）ものの具　武具、特に鎧《よろい》。／（3）用意銀　出陣の時の用意に蓄えておく金子《きんす》。／（4）岡部宮内　重利《しげとし》。年寄役。大組頭。一の7参照。／（5）奥深き　思慮深い。／（6）はごくまれて　育《はぐく》まれて。援助を受けて。／（7）何某　山本本傍書「古賀弥太右衛門祖父か」。／（8）灰吹　灰吹法で精錬した銀。／（9）多久図書　茂富《しげとみ》。大組頭。常朝の名付け親。二の140、六の103参照。／（10）退けたる　除けたる。やらずにおくこと。

訳　一、武具を立派にしておくのは良い嗜みであるが、何にしても数にさえ合えば済むことである。深堀猪之助《ふかほりいのすけ》の具足のようなものである。用意銀なども、大身の人持ちなどは要ることである。岡部宮内《おかべくない》は、組中の数ほど袋を作り、名を書き付け、銘々《めいめい》に相応の軍用銀を入れておき申されましたとのこと。このように嗜むことは奥深いことである。小身の者などはその時に用意がなければ、寄親に頼り世話されて済むはずである。そうであるから、かねがね寄親と入魂《じっこん》にしておくのがよい。御側の者は、殿に付いてさえいたならば、用意がなくとも済むはずのことである。なにがしは大坂夏の陣の時、灰吹銀《はいふきぎん》十二匁《もんめ》を持って、多久図書《たくずしょ》殿に付いて立たれました。ただ早々に駆け出しさえすれば済むことである。このような用意も避けた方がよいと心得ている。

202 一、昔の事を改《あらた》めて（1）見るに、説々有《これあり》レ之、決定《けつぢやう》されぬ事有り。夫《それ》は知れぬ分にて置きたるがよき也。実教《さねのり》（2）卿御咄《はなし》に「知れぬ事知るゝ様《やう》に仕《し》たるものが有り。また自得して知るゝ事も有り。また何としても知れぬ事も有り。是《これ》が面白き事也」と被《おほせられ》レ仰候。奥深き事也。甚秘《じんぴ》（3）・広大の事は知れぬはず也。たやすく知るゝ事は浅き事也。

（1）改めて　吟味して。／（2）実教　三条西《さんじようにし》権大納言実教。一の33参照。／（3）甚秘　深秘。奥深く秘められたこと。奥義。

訳　一、昔のことを吟味してみると、諸説があり決め定められぬことがある。それは知れぬ分にしておいた方がよい。実教卿《さねのりきよう》のお話に「知れぬことを知れるようにしているものがある。また自得して知れることもある。また何としても知れぬこともある。これが面白いことである」と仰せられました。奥深いことである。深秘《じんぴ》・広大なことは知れぬはずである。たやすく知れることは浅いことである。

葉隠聞書一終

此《この》(1)始終十一巻追て火中すべし。世上の批判、諸士の邪正、推量、風俗などにて、ただ自分の後学に覚居《おぼえをり》候を咄のまゝに書付候へば、他見の末にては、意恨・悪事にも可㆑成《なるべく》候間、堅《かたく》火中可㆑仕《つかまつるべき》由呉々《くれぐ〜》被㆑申《まうされ》候也。(2)

（1）此　この箇所に餅木本では代々藩主の書判《かきはん》を載せる。五常本は聞書六の末尾に「御代々御判形」として載せる。／（2）此始終……也　山本本では表紙の裏に載せる。この箇所の解釈として、①全体を陣基の言葉と取るもの（吉田説）、②全体を書写者の言葉と取るもの（佐藤説）の二つが考えられる。①は「他見の末にては……堅火中可㆑仕」を常朝の言葉と取り、②は「世上の批判……堅火中可㆑仕」を陣基の言葉と取るものである。いずれの解釈でも「自分」は陣基、「咄」は常朝の話を指す。文末の「被㆑申」は、①では陣基から常朝への敬意、②では書写者から陣基への敬意となる。「火中」については一の60参照。

葉隠聞書一終

この始終十一巻は追って火中せよ。世上の批判、諸士の邪正、推量、風俗などで、ただ自分の後学のために覚えておりましたのを、話のままに書き付けましたので、他見の末には意《い》恨《こん》・悪事にもなるに違いありませんので、堅く火中いたせとのことをくれぐれも申されました。

葉隠聞書　二　教訓

1 一、「奉公人の禁物《きんもつ》は何事にて候はん哉《や》」と尋ね候へば、「大酒・自慢・奢《おごり》なるべし。不仕《ふし》合《あはせ》の時は気遣《きづかひ》無し。ちと仕合よき時分、此《この》三箇条危きもの也。人の上を見給へ。頓《やが》て乗気《のりき》さし、自慢・奢が付きて散々見苦しく候。夫故《それゆゑ》、人は苦を見たる者ならで根情据《すわら》ず。若き内には随分不仕合せ成るがよし。不仕合せの時草臥《くたび》る丶者は益《やく》に不レ立《たゝざる》也」と。

訳 一、「奉公人に禁物なのはどういうことでしょうか」と尋ねますと、「大酒・自慢・奢《おご》りであろう。悪い巡り合わせの時は気遣いいらぬ。ちょっと巡り合わせの良い時は、この三箇条が危ないものである。人の上を見なされ。すぐに調子に乗り、自慢・奢りが付いてひどく見苦しいです。それゆえ、人は苦を見た者でなくては根性が据わらぬ。若い内にはなるべく悪い巡り合わせであるのがよい。悪い巡り合わせの時草臥《くたび》れている者は役に立たぬ」と。

2 一、「角蔵流《かくざうりう》とはいか様《やう》の心にて候哉」と申し候へば、「鍋島喜雲《きうん》(1)が草履取《ざうりとり》角蔵と申す者、力量の者にて候故、喜雲剣術者にて、取手《とりて》(2)一流仕《し》立て角蔵流と名付け方々指南致し、今に手方(3)残り居《を》り申し候。組打(4)・やはら(5)などと申す打上《うちあが》りたる(6)流にて無レ之《これなく》候。我らが流儀も其《その》如《ごと》く上《うは》びたる(7)事は知らず候。下手《げす》(8)流にて、草履取角蔵が取手の様《やう》に端的の当用《たうよう》(9)に立ち申す故、此《この》前から「我らが角蔵流」と申し候」。

また(10)、「この前寄合ひ申す衆に咄《はなし》申し候は、「恋の至極は忍《しの》ぶ恋と見立て申し候。逢ひてからは恋の長《た》け(11)が低し。一生忍びて思ひ死にするこそ恋の本意(12)なれ。歌に

恋死なん後の煙に夫《それ》と知れ　終《つひ》に洩らさぬ内《なか》の思ひを(13)

是《これ》こそ長け高き恋なれ」と申し候へば、感心の衆四、五人有りて「煙仲間(14)」と被《まうされ》レ申候」。

(1) 鍋島喜雲《きうん》　六之丞。喜雲は法名。初代小城《おぎ》藩主元茂《もとしげ》に仕えた。六の37参照。／(2) 取手《とりて》　捕手。捕縛術。／(3) 手方　術の型。／(4) 組打　格闘。／(5) やはら　柔術。／(6) 打上りたる　高尚な。／(7) 上びたる　上品ぶった。／(8) 下手流　下賤の者の流儀。／(9) 端的の当用に立ち　ずばりと実際の役に立ち。／(10) また　以下、二の33参照。／(11) 長け　格。／(12) 本意　本来の志。／(13) 恋死なん……思ひを　「恋死なん」は「恋い焦がれて死のう」の意。中院《なかのいん》通村《みちむら》の歌集『後十輪院内府集《のちのじゆうりんいんだいふしゆう》』所収の「こひしなむ後の煙にそれとみよつひにしられぬ中の思ひを」による。男女の恋を歌うものと見られるが、述語中心の和歌の言語的特性を活かして、常朝は家臣の主君への恋を読み込んで解釈している。中院通村は、後水尾院の最も厚い信任を得た近世初期堂上歌壇の中心人物で、光茂の後妻甘姫《かんひめ》の祖父。／(14) 煙仲間　主君を恋い歎き、思いを告げぬまま一生高め続けて死に、煙となってから思いを伝えようとする同志。

訳　一、「角蔵流《かくぞうりゅう》とはどのような心でありますか」と申しますと、「鍋島喜雲《きうん》の草履《ぞうり》取りの角蔵と申す者が力の強い者でしたので、喜雲は剣術者で、捕縛術の一流派に仕立てて角蔵流と名付け、方々に指南を致し、今も手の型が残っており申します。格闘術・柔術などと申す上等な流派ではありませぬ。我が流儀もそれと同じく上品なことは知りませぬ。げすの流儀で、草履取り角蔵の捕縛術のようにずばりと実用に立ち申すので、この前から「我が角蔵流」と申しました」。

また、「この前、寄り合い申した衆に話し申しましたのは、「恋の究極は忍ぶ恋と見定め申しました。逢ってからは恋の丈《たけ》が低い。一生忍んで思い死にすることこそ、恋の目指すものである。歌に

　恋《こ》い死のう　死後の煙でそれと知れ　ついに洩らさぬ内なる思いを

（とある）。これこそ丈の高い恋である」と申しますと、感心した衆が四、五人いて、「（我々は）煙仲間だ」と申されました」。

3　一、多久美作殿老後に(1)家中の者へ無情・無理の御仕方《しかた》ども有レ之《これあり》候故、誰か異見申し候へば「長門(2)が為也。我《わが》死後に枕を高《たかく》して休み可レ被レ申《まうさるべし》」と答へ候由。惣《そうじ》て家中を憐愍《れんびん》し、隠居前に無理の事ども有れば、嫡子に家を譲り候時、家中の者早く直代《ぢきだい》(3)に思ひ付く(4)ものにて候。

是《これ》秘説の由、或る人の咄也。

（1）多久美作　茂辰《しげとき》。請役家老。多久領主。四の75、五の54、九の1参照。／（2）長門　茂矩《しげのり》。茂辰の子。五の29、六の15参照。八の38参照。／（3）直代　次代。／（4）思ひ付く　心を寄せる。

訳　一、多久美作《たくみまさか》殿は老後に、家中の者に無情・無理なお振る舞いが（多々）ありましたので、誰かが異見を申しますと、「長門《ながと》のためである。わしの死後に枕を高くして休み申されることができよう」と答えましたとのこと。総じて家中を憐れみ、隠居前に無理なことが（多々）あると、嫡子に家を譲りました時、家中の者は早く次の代に思いを付けるものです。これは秘説であるとのこと、ある人の話である。

4一、人に出合ひ候時は、其《その》人々の気質《かたぎ》を早く呑み込み、それぐに応《おうじ》て会釈可《あしやくあるべき》レ有事也。其内《そのうち》、理堅く強勢《がうせい》の人には随分折れて取合ひ、稜《かど》立たぬ様《やう》にして、間々《まゝ》相手に成り上は手の理を以て云伏《いひ》せ、其《その》跡は少しも遺恨を残さぬ様《やう》に有べし。是《これ》は胸の働き、詞《ことば》の働き也。〈何某《なにがし》へ和尚出合ひの異見。口達有り〉。

訳　一、人に出合いました時は、その人その人の気質《きしつ》を早く呑み込み、それぞれに応じて応対しなければならぬことである。その中で、理が勝ち勢いの強い人にはなるべく折れて受け合い、角が立たぬようにして、時々受けて立ち上手《うわて》の理で言い伏せ、その後は少しも遺恨を残さぬようにせよ。これは胸の働き、言葉の働きである。〈なにがしに和尚が出合いについての異見。口達がある〉。

5一、「加州大乗寺隠居(1)了為《れうゐ》和尚(2)下国前、北山宗寿庵《そうじゆ》普請(3)掃除《さうぢ》有りし時分、行寂《ぎやうじやく》和尚(4)、上《じやう》堂《だう》(5)の掃除は自身被レ成《なされ》候。また、天祐寺《てんいう》(6)雪門《せつもん》和尚、隠居海音《かいおん》和尚へ夏衣持参候処「新しき物良《よ》過ぎて不二似合一《にあはず》」とて返進、雪門古衣《ふるぎぬ》所望にて候。また、宗寿庵へ水岩《すいがん》和尚(7)御越前上堂立て申し候。御待儲《まちまうけ》(8)にとて壁は了為和尚御塗り(9)候。冥加《みやうが》(10)に被レ叶《かなはれ》候所也」と。〈北山黒土原《くろつちばる》(11)に了為和尚隠居所、長陽軒と申し候。正徳二年四月十九日寺号引(12)相澄《すみ》、宗寿庵と申し候〉。

(1) 隠居　住持をやめた者。／(2) 了為和尚　高伝寺住持。常朝の受戒の師。光茂逝去の際、常朝と共に宗寿庵に隠居。その後宝永六年（一七〇九）加賀大乗寺住持となり、正徳四年（一七一四）帰国し宗寿庵に下着。十の146参照。／(3) 普請　建築または修理。／(4) 行寂和尚　了為に次いで高伝寺住持となる。綱茂逝去の際、梅村庵に隠居。／(5) 上堂　僧堂内の上の間。／(6) 天祐寺　直茂が龍造寺高房夫婦の菩提のために建てた寺。佐賀市多布施。／(7) 水岩和尚　高伝寺住持。／(8) 待儲　用意して待つこと。／(9) 塗り　底本「壁」。山本本による。／

（10）冥加に……所　仏の御心に叶う行為。／（11）黒土原　佐賀市金立町金立。／（12）寺号引
宗寿庵は、長陽軒を引き継ぐ形で寺社奉行から認められた。新しく寺を造ることは法度《はっと》により禁じられていたため、廃寺などの名を引き継ぐ形が取られた。五の136、六の196・198参照。

訳　一、「加賀国大乗寺隠居である了為《りょうい》和尚が（佐賀に）下国する前に、北山宗寿庵《きたやまそうじゅあん》の普請《ふしん》掃除があった時、行寂《ぎょうじゃく》和尚は、上堂の掃除は自身でなされました。また、天祐寺《てんゆうじ》雪門《せつもん》和尚が、隠居の海音《かいおん》和尚へ夏衣《なつごろも》を持参しましたところ「新しい物は良過ぎて似合わぬ」と言って返上し、雪門の古い衣を所望でした。また、宗寿庵に水岩《すいがん》和尚がお越しになる前に、上堂を建て申しました。お迎えする用意にといって壁は了為和尚がお塗りになりました。冥加《みょうが》に叶われますところである」と。〈北山黒土原《くろつちばる》に了為和尚が隠居した所は、長陽軒《ちょうようけん》と申しました。正徳二年（一七一二）四月十九日寺号引き継ぎが済み、宗寿庵と申しました〉。

6（1）一、夢が正直の試《ため》し（2）也。切り死に・切腹の夢折々見候が、勇気据《すわ》り候へば段々夢中の心持ち替《かは》り申し候由。〈閏五月廿七日夜の夢の事〉。

（1）6　正徳三年（一七一三）のこと。二の54・86参照。／（2）正直の試し　嘘偽りのない証拠。

訳　一、夢が嘘偽りのない証拠である。切り死に・切腹の夢を折々見ますが、勇気が据わりますと段々夢の中の心持ちが変わり申しますとのこと。〈閏五月二十七日夜の夢のこと〉。

7　一、「武士の大様《おほやう》(1)の次第を申さば、まづ身命を主人にとくと奉《たてまつ》るが根元也。如《かくのごとき》レ斯の士は何事をするぞと云《いへ》ば、内には智・仁・勇を備ふる事也。三徳兼備などと云《いへ》ば、凡人の及びなき事の様《やう》なれども安き事也。智は、人に談合《だんかふ》するばかり也。量《はかり》も無き(2)智也。仁は、人の為に成る事也。我《われ》と人と比《くら》べて、人のよき様《やう》にするまで也。勇は、歯噛《はが》み(3)也。前後に心付けず(4)、歯噛みして踏《ふ》み破る(5)まで也。此《この》上の立上りたる事(6)は知らぬ事也。さて外には風躰《ふうてい》・口上・手跡也。是《これ》は、何《いづれ》も常住(7)の事なれば、常住の稽古にて成る事也。大意(8)は、閑《しづ》かに強み有る様《やう》にと心得べし。此《この》分手に入りたらば、国学(9)を心掛け、其《その》後気晴しに諸芸能も習ふべし。よく思へば、奉公などは安き事也。今時少し御用に立つ人を見れば外の三箇条(10)まで也」と。

(1) 大様　山「大括」、餅「大活」。／(2) 量も無き　量り知れぬほどの。／(3) 歯噛み　歯を食いしばること。／(4) 前後に心付けず　後先を考えず。／(5) 踏み破る　思い切って事をしてのける。／(6) 立上りたる事　人より上のこと。／(7) 常住　不断。／(8) 大意　根本。／(9) 国学　序文（26頁）注（6）参照。／(10) 外の三箇条　風体・口上・手跡。

訳　一、「武士の大体の次第を申すならば、まず身命を主人にとくと奉るのが根元である。このような士《さむらい》は何事をするかと言えば、内には智・仁・勇を備えることである。三徳兼備などと言えば凡人が及ばぬことのようだが、たやすいことである。智は、人に相談するだけである。量り知れぬ智である。仁は、人の為になることである。自分と人と比べて、人が良いようにするまでである。勇は、歯噛《はが》みである。前後を考えず、歯噛みして踏み破るまでである。この上の優れたことは知らぬことである。そうして外《そと》には風体・口上・手跡である。これはいずれもふだんのことだから、ふだんの稽古でできることである。根本の意《こころ》は「閑《しず》かに強みあるように」と心得よ。この分が手に入ったならば、国学を心懸け、その後気晴らしに諸芸能も習ってよい。よく考えれば、奉公などはたやすいことである。現在少し御用に立つ人を見てみると（備えているのは）外の三箇条までである」と。

8　一、或る出家被レ申《まうされ》候は、「淵瀬(1)も知らぬ川をうかと渡り候ては、先《さき》へも不レ届《とゞかず》、用事不レ澄《すまず》(2)、流れ死にも仕《つかまつ》る事に候。時代の風俗、主君の好き嫌ひをも合点なく、無分別に奉公に乗気などさし候はゞ、御用にも不レ立《たゝず》、身を亡《ほろぼ》し候事可レ有レ之《これあるべく》候。「御意に可レ入《いるべく》」と仕《つかまつ》るは見苦しきものに候。まづ引取りて、ちと淵瀬をも心得候て、御嫌ひ被レ成《なさる》る事を不レ仕《つかまつらざる》様《やう》に可レ仕《つかまつるべき》事と存じ候」由。

訳　(1)淵瀬　水の深い所と浅い所。／(2)乗気　気が向くこと。

一、ある出家が申されましたのは、「淵も瀬も知らぬ川をうっかり渡りましては、向こう岸にも届かず、用事が済まず、流れ死にも致すことです。時代の風俗・主君の好き嫌いをも承知せず、無分別に奉公に調子に乗りなどしますならば、御用にも立たず、身を滅ぼしますことがありましょう。「御気に入るように」と致すのは見苦しいものです。まず引っ込んで、ちょっと淵と瀬とをも心得まして、お嫌いなされることを致さぬようにいたすべきことと存じます」とのこと。

9一、前神右衛門(1)〈法名善忠〉は、沓《くつ》・草鞋《わらぢ》作り候事上手にて候。組被官(2)抱へ候時も「草鞋作り候哉《や》。此《この》細工不ㇾ成《ならざる》者は足持たず也」と申し候。また、一里外へは一人に一升づつの兵《ひやう》粮《らう》を袋に入れ付《つ》けさせ候。向《さき》より直《すぐ》に出陣の仕組也。まづ一升づつさへ有れば其内《そのうち》に才覚(3)成り候。夫故《それゆゑ》、浅黄木綿《あさぎもめん》の袋数多く作り置き候。太閤様名護屋(4)御下向の時朱鞘《しゆざや》の大小に脚《あし》半《なか》(5)を御掛け候て、高木上道(6)御通り候由。また、家康公の御家中の騎馬を太閤様に被ㇾ掛㆓御目㆒《おめにかけられ》候時、成瀬《なるせ》小《こ》吉《きち》(7)紅の沓を鞘に掛け候由也。軍中にて第一の用意(8)也。今にても長崎立ち(9)と申し候時、上下の数万人の用に立ち候に付、沓・草鞋一束も有まじく候。然ば兼々《かねぐ》心に掛け用意可レ有《あるべき》事也。尤《もっとも》作り習ひ候はで不レ叶《かなはざる》儀也。「芝原・山道・川中などにて草鞋はすべり候。脚《あし》半《なか》よく候」と也。

（1）前神右衛門　重澄《しげずみ》。常朝の父。一の60参照。／（2）組被官　組子。／（3）才覚成り　考えて何とかすることができ。食料の現地調達など。／（4）名護屋　唐津市鎮西町。朝鮮の役の際、秀吉により名護屋城が築かれた。／（5）脚半　踵の部分のない短い草履。／（6）高木上道　佐賀市大和町の街道。／（7）成瀬小吉　隼人正正成《はやとのかみまさなり》。犬山城主。十の73・139参照。／（8）用意　意を用いるべきこと。／（9）長崎立ち　長崎警備のための出立。

訳　一、前神《ぜんじん》右衛《え》門《もん》〈法名善忠《ぜんちゅう》〉は、沓《くつ》・草鞋《わらじ》を作りますことが上手でした。組の家来を抱えました時も「草鞋を作りますか。この細工ができぬ者は足持たずである」と申しました。また、一里外へ行く時は、一人に一升ずつの兵糧を袋に入れて付けさせました。出先から直接出陣する仕組みである。まず一升ずつさえあれば、それがあるうちに何とかできます。それゆえ、浅黄木綿《あさぎもめん》の袋を数多く作っておきました。太閤（秀吉）様が名護屋に御下向の時、朱鞘《しゅさや》の大小に足半《あしなか》草履をお掛けになりまして、高木上道をお通りになりましたとのこと。また、家康公が御家中の騎馬を太閤様に御目に掛けられました時、成瀬《なるせ》小吉《こきち》が紅の沓を鞘に掛けましたとのことである。軍中で第一に意を用いることである。今でも長崎（御番《ごばん》）に出立と申しました時、上下の者数万人が用いますため、沓・草鞋は一束もないでしょう。だからかねがね心に懸け用意のあるべきことである。もっとも、作り習いませんではできぬことである。「芝原・山道・川中などで草鞋はすべります。足半草履は良いです」とのことである。

10 一、丁子《ちやうじ》(1)数袋身に付け候へば、寒気・風気に当らず。先年、前数馬(2)寒中早打ち(3)にて罷《まか》り下り、「老人少しも痛み(4)不レ申《まうさず》。右の伝故」と被レ申《まうされ》候。

また、落馬血留の法(5)、芦毛《あしげ》馬の糞煎《せん》じ呑めと也。

(1)丁子　丁子の蕾を乾燥させて作った香料。/(2)前数馬　利明。加判家老。一の51参照。/(3)早打ち　馬を馳せて急を知らせる使者。/(4)痛み　健康を損ない。/(5)落馬血留の法　十の156参照。

訳　一、丁子《ちやうじ》(クローブ)数袋を身に付けますと、寒気・風邪にならない。先年、前数馬《かずま》が寒中の早馬で(佐賀に)下り、「拙老は少しも煩い申さなかった。右の伝えゆえ」と申されました。

また、落馬して止まらぬ血を止める方法は、葦毛《あしげ》馬の糞を煎じて飲めとのことである。

11一、結構者《けつこうしや》(1)はずり下り(2)候。強みにてなければならぬもの也。

(1)結構者《けつこうしや》　結構人《けつこうじん》。優しい人。お人好し。／(2)ずり下り　次第に後ろに下がり。

訳　一、気立てのよい者はずり下がります。力んでいなければならぬものである。

12一、「内気にようき(1)なる御主人は、随分誉《ほ》め候て、御用落度《をちど》無き様《やう》に調《とゝの》へ上げ申すはず也。御気を育立《そだて》申す所也。さてまた、御気勝《すぐ》(2)れ御発明《ほつみやう》(3)なる御主人は、ちと御心被レ置《おかれ》(4)候様《やう》に仕掛け、「此《この》事を彼者《かのもの》承《うけたまは》り候はゞ何と可レ存《ぞんずべき》」と被二思召一《おぼしめさるゝ》者に成る事、大忠節也。斯様《かやう》の者一人も無レ之《これなき》時は、御家中御見こなし(5)、皆手もみ(6)と被二思召一《おぼしめさるゝ》時は御高慢《かうまん》出で来《き》申し候。不レ依二上下一《じやうげによらず》何ほどよき事を成《な》し候ても高慢にて打崩《うちくづ》す也。右のあたりに眼の付く人無きもの也。求馬《きうま》(7)・吉右衛門《きちゑもん》(8)などは、慥《たしか》に見知らせ(9)申して置きたる者ども也。吉右衛門は病中にも隠居後も事により御相談被レ成《なされ》候由有難き御事に候。成し難き事とばかり存ずる故不レ成《ならず》候。十年骨を砕き候へば、聢《しか》と成る事に候。覚え(10)有る事に候。一国一人の重宝なれば、成りたく思はぬは腑甲斐《ふがひ》なき事也。まづ仕寄り(11)は信方《のぶかた》(12)・喬朝《たかとも》(13)の如き者也。疎《うと》まれては忠を尽す事不レ叶《かなはず》。ここが大事也。大方の人の見付けぬ所也。其《その》後少しづつずめかせ(14)申して置くまで也」と。

(1) ようき　凡庸の器。／(2) 気勝れ　勝気で。きかぬ気で。／(3) 発明　利発。／(4) 心被レ置　距離を置かれ。／(5) 見こなし　軽く扱い。／(6) 手もみ　主君の顔をうかがうだけの腰抜け。／(7) 求馬　相良及真《ちかざね》。加判家老。一の7参照。／(8) 吉右衛門　原田種文《たねふみ》。加判家老。二の34・46参照。／(9) 見知らせ　一目置かせ。／(10) 覚え　思い当たる節《ふし》。／(11) 仕寄り　仕寄せ。敵方の城壁の近くに設ける攻撃用の仮設前衛陣地。転じて、とっかかりの意。／(12) 信方　板垣駿河守信方。武田信玄の家老。十の153参照。／(13) 喬朝　秋元但馬守喬朝。十の154参照。／(14) ずめかせ　感づかせ。

訳　一、「内気で並の器量の御主人は、できるだけ誉めまして、御用に落ち度のないように調《ととの》え上げ申すはずである。御気を育て申すところである。そしてまた、御勝気《かちき》で御利発な御主人は、ちょっと御心を置かれますように仕掛け、「このことをあの者が承《うけたまわ》りましたならばどのように存じるだろうか」とお思いになられる者になることが、大忠節である。このような者が一人もいない時は御家中をお見下しになり、皆手もみする輩《やから》とお思いになられる時は、御高慢が出て来申します。上下によらずどれほど良いことをなしましても高慢で打ち崩れるのである。右のあたりに眼を付ける人がいないものである。求馬《きゅうま》・吉右衛門《きちえもん》などは、しっかりと一目置かせ申しておいた者どもである。吉右衛門は病中でも隠居後も、事により御相談なされましたとのことは有り難い御事です。なし難いこととばかり存ずるからできぬのです。十年骨を砕きますと、しかとなることです。覚えがあることです。一国に一人の重宝なのだから、なりたいと思わぬのは不甲斐ないことである。まずとっかかりは信方《のぶかた》・喬朝《たかとも》のような者である。疎《うと》まれては忠を尽くすことが叶わぬ。ここが大事である。大かたの人が見付けぬ所である。その後、少しずつ感づかせ申しておくまでである」と。

13 一、「火事の節、請取《うけとり》の場(1)へ駆付け候事は、火消の為ばかりにてはあらず。敵方または逆心の者どもは、付火《つけび》(2)をして、其《その》騒ぎの紛《まぎ》れに取掛くる(3)事有り。其《その》心得を可レ仕《つかまつるべき》事也。然《しかれ》ば火事の不掛け合ひ(4)は不覚悟也。常々心掛け可ニ罷在《まかりあるべき》一事也。御門〳〵の堅めも其《その》為也。また、御法事の節の堪忍番《かんにんばん》(5)は非常を禁むる為也。「寸善尺魔」(6)にて、法会《ほふゑ》には必ず邪魔(7)入り来るもの也。喧嘩・口論其外《そのほか》不意の事有レ之《これある》節、御法事の障《さはり》に不レ成様《ならざるやう》に早速取鎮《とりしづ》むる役と心得て堪忍番可レ仕《つかまつるべき》仕事也。斯様《かやう》の事、我人よく存じたる事なれども、多分うか〳〵罷《まか》り出づる故、事に臨《のぞ》み候て仕後《しおく》れ申すと相見え候。証拠の咄など可ニ承置《うけたまはりおくべく》一候」由を助右衛門殿(8)御咄也。

(1) 請取の場　担当の場。／(2) 付火　放火。／(3) 取掛くる　事に着手する。／(4) 不掛け合ひ　駆け付けないこと。／(5) 堪忍番　法事の際の見張り番。堪忍は娑婆《しゃば》(人間世界)の意。

五の147参照。／（6）寸善尺魔　世の中は良いことが少なく、悪いことばかりが多いこと。また、わずかな良いことにも多くの悪いことが伴うこと。一寸は約三センチメートル、一尺はその十倍。／（7）邪魔　仏道を妨げる悪魔。（8）助右衛門　徳永助右衛門。陣基の母方の叔父。

訳　一、「火事の時、受け持ちの場へ駆け付けますことは、火消しのためばかりではない。敵方または逆心の者どもは、付け火をして、その騒ぎの紛《まぎ》れに取り掛かることがある。その心得を致すべきことである。だから火事に駆け付けぬのは不覚悟である。常々心懸け致すべきことである。御門御門を堅めるのもそのためである。

また、御法事の時の堪忍番は非常を警戒するためである。「一寸の善に一尺の魔」で、法《ほう》会《え》には必ず邪魔が入って来るものである。喧嘩・口論、その他不意のことがある時、御法事の妨げにならぬように早速取り鎮める役と心得て堪忍番を致すべきことである。このようなことは我も人もよく存じていることであるが、大かたうかうかと参り出るので、事に臨みまして仕後《しおく》れ申すと見えます。証拠となる（具体的な）話などを承っておくべきです」とのことを、助右衛門《すけえもん》殿がお話しされた。

14　一、諫言《かんげん》・異見など、悪事出で来てよりしては其験《そのしるし》有兼《かね》、却《かへり》て悪名を広げ申す様《やう》成るもの也。病気出で来てより薬を用ふるが如《ごと》し。兼《かね》て養生をよくすれば終《つひ》に病気不レ出《いでず》、病気出でてより養生するよりは、兼ての養生は手間も不レ入仕《いらずし》よきもの也。未《いま》だ悪事不二思立一《おもひたゝざる》前に、兼々《かねぐ》心得に成る事を何となく諫言・異見仕り候はゞ、兼て養生の如く可レ成《なるべく》候。

訳　一、諫言・異見などは、悪事が出て来てからしたのではその効果がありにくく、かえって悪名を広げ申すようなものである。病気が出て来てから薬を用いるようなものである。かねてから養生をよくすればついに病気が出ず、病気が出てから養生するよりは、かねてからの養生は手間も要らずやり易いものである。まだ悪事を思い立たぬ前に、かねがね心得になることを何となく諫言・異見いたしますならば、かねてからの養生のようになりましょう。

15(1)一、御用に立ちたしと思ふ奉公人は、其儘《そのまゝ》引上げ被二召仕一《めしつかはる》儀、疑も無き事也。上よりは「御用に立つ者がな」と兼々《かねぐ》御探捉被レ成《なさる》(2)事に候。縦《たとへ》ば能拍子《のうひやうし》(3)に御好き候御主人、芸能有る者を御探捉被レ成《なされ》候処に、百姓・町人《まちにん》にても笛なりとも太鼓なりとも得方《えかた》(4)の者候へば、其儘《その》被二召出一《めしいださる》と同じ事也。能役者よりは、御国家の御用に立ち奉公に心掛け候者は、いつの御時代にも御探捉の事に候。

また、上の御好き被レ成《なされ》候事は(5)、其道々の者出《い》で来申す事に候へば、御用に立つ者を御好き可レ遊《あそばすべき》事也。昔より其位々には出で来兼《かね》候。下より登り大功を遂《と》げ御用に立ちたる人、御代々数人有レ之《これあり》たる事に候。

（1）15 一の199参照。／（2）探捉　探し求め。／（3）能拍子　能の笛・小鼓《こつづみ》・大鼓《おおつづみ》・太鼓《たいこ》による合奏。／（4）得方　得手。得意。／（5）其位々　諸役の位。

訳　一、御用に立ちたいと思う奉公人は、そのまま引き上げて召し仕われることは疑いもないことである。上からは「御用に立つ者が欲しい」とかねがねお探しなされることです。例えば、能囃子《のうはやし》がお好きでありますご主人が、技芸・才能のある者をお探しなされていますところに、百姓・町人でも笛なり太鼓なり得意の者がいましたら、そのまま召し出されるのと同じことである。能役者よりは、御国家の御用に立ち奉公に心懸けます者は、いつの御時代にもお探しのことです。
また、上がお好きなされますことは、その道々の者が出て来申すことですので、（上は）御用に立つ者をお好き遊ばすべきことである。昔からそうした役々には出て来にくいものです。下から上り大功を遂げ御用に立った人は、御代々に数人あったことです。

16一、「御位牌釈迦堂より(1)御移し被レ成《なされ》候を何某《なにがし》見付け候て「可ニ申達一哉《まうしたつすべきや》」と相談被レ申《まうさる》、に付「尤《もつとも》の事に候。斯様《かやう》の事存じ寄りの人(2)、御手前ならで無レ之《これなき》事に候。然《しかれ》ども被ニ仰達一《おほせたつせらる》、儀は御無用に候。右申し分尤《もつとも》に候とて如レ元《もとのごとく》相成り候時、世上に相《あひ》知れ、御手前御外聞よく成り申す事に候。もし不㆓相澄《あひすまざる》㆒時はいよ〳〵不㆑宜《よろしからざる》儀と取沙汰《とりざた》仕《つかまつ》り、御手前御外聞ばかりよく候。悪事は我《わが》身にかぶり申すこそ当介《あてがひ》(3)にて候。今の如《ごと》くしてまづ被㆓差置《さしおかれ》㆒候時は、誰か気の付き申す者も無㆑之《これなく》、何の沙汰無く相澄《あひすみ》申す事に候。左《さ》候《うらひ》ていつぞの時節次第、沙汰無しに如㆑元御直《なほ》り候様《やう》に致し様可㆑有㆑之候《やうこれあるべく》」と申し候て、差留め置き申し候。斯様《かやう》の事にて、上の御無調法《ぶてうはふ》(4)、世間に知れ申す事有㆑之《これある》儀に候。心を付《つ》け罷《まか》り在り候へば、聢《しか》とよき時節がふり来るものに候。大方悪事は内輪から云崩《いひくづ》す(5)もの也。上の批判は一向《いつかう》不㆓申出《まうしいでざる》㆒(6)ものと覚悟可㆑仕事《つかまつるべき》に候。親子・兄弟・入魂《じゆこん》の間などは各別《かくべつ》と存じ「隠密《おんみつ》沙汰無し」などと申し候て咄《はなし》仕り候へばやがて広がり、後は自国・他国・日本国に洩《も》れ聞え申す事、間も無きものに候。また、下人当り其外《そのほか》(7)、内証(8)にて仕方《しかた》悪しき人は、やがて世上に悪名唱へ申し候。内輪ほど慎《つゝし》み可㆑申事《まうすべき》也」と。

(1) 釈迦堂　釈迦仏を祀るお堂。／(2) 存じ寄りの人　「存じ寄り」は考え及び。現代語訳では「存じ」に含まれる場の敬意を過不足なく訳出するために「考え及び申す人」とした。／(3) 当介　奉公人としてふさわしい。／(4) 無調法　過ち。／(5) 云崩す　口に出して物事を駄目にする。／(6) 隠密沙汰無し　内密のことだから人に言わないように。／(7) 下人当り　下人への対応。／(8) 内証　身内。

訳　一、「御位牌を釈迦堂よりお移しなされましたのをなにがしが見付けまして「申し伝えるべきか」と相談申されたため、「もっとものことです。このようなことに考え及び申す人は、御手前《おてまえ》の他にないことです。しかし仰《おお》せ伝えられることは御無用です。右の申し分がもっともでありますということで、元のようになりました時、世間に知れ、御手前の御外聞が良くなり申すことです。もしそれで済まぬ時はいよいよよろしからぬことと取り沙汰いたし、御手前の御外聞ばかりが良くなります。悪事は我が身にかぶり申すことこそが相応であります。今のままにしてまず差し置かれます時は、誰か気の付き申す者もなく、何の沙汰もなく済み申すことです。そうしまして、いつぞの時節に従って、沙汰なしで元のようにお直りになりますようにする致し方があるはずです」と申しまして、差し留めておき申しました。このようなことで、上の御無調法が世間に知れ申すことがあることです。心を付けておりますと、しかと良い時節がやって来るものです。大かた悪事は内輪から言い出して崩《くず》れるものである。上の批判は一向に申し出さぬものと覚悟いたすべきことです。親子・兄弟・入魂《じっこん》の間柄などは特別と存じ、「内密のことだから話してはいけない」などと申しまして話を致しますとすぐに広まり、後は自国・他国・日本国に洩れ聞こえ申すことは、間もないものです。また、下人への態度その他、内々でやり方の悪い人は、すぐに世間で悪名を唱え申します。内輪ほど慎しみ申すべきことである」と。

17(1)一、「端的たゞ今の一念(2)より外《ほか》は無《これなく》レ之候。一念〳〵と重ねて一生也。此所《この》に覚え付き候へば、外に忙しき事もなく求る事もなし。ここの一念を守りて暮すまで也。皆人此所を取失ひ、別に有る様《やう》にばかり存じて探捉《たんそく》致し、ここを見付くる人無きもの也。守り詰めて抜けぬ様に(3)成る事は功を積まねば成るまじく候。されども一度たづり付き候へば、常住になくても(4)最早別のものにてはなし。此《この》一念に極《きは》まり候事をよく〳〵合点《がってん》候へば、事少く成る(5)事也。此一念に忠節備はり候也」と。

(1) 17 二の20参照。／(2) 端的たゞ今の一念 そのものずばりの一念。今ここに徹して普遍性に達した一念。禅定。／(3) 守り詰めて抜けぬ様に (端的只今の一念を) しっかりと守って失わぬように。／(4) 常住になくても 常時この境地にいるわけではなくても。／(5) 事少く成る 物事が簡明になる。

訳 一、「端的只今の一念より他はありませぬ。一念一念と重ねて一生である。ここに気が付きますと、他に忙しいこともなく求めることもない。ここの一念を守って暮らすまでである。皆が皆ここを見失い、別にあるようにばかり存じて探求いたし、ここを見付ける人がいないものである。守り詰めて抜けぬようになることは経験を積まねばできませぬ。そうではあるが一度辿り着きますと、常時そうあるのでなくてももはや別のものではない。この一念に極《きわ》まりますことをよくよく承知しますと、事が少なくなるのである。この一念に忠節が備わります」と。

18 一、「時代の風と云《いふ》ものは知られぬ事也。段々と落下《さが》り候は世の末に成りたる処也。一年の内、春ばかりにても、夏ばかりにても、同じ様《やう》にはなし。一日も同前也。(1) 然《しかれ》ば今の世を、百年も以前のよき風に成《な》したしと候ては不レ成《ならざる》事也。然ば其《その》時代〳〵にてよき様《やう》にするが肝《かん》要《えう》也。昔風を慕ひ候人に誤り有るは此所《この》合点無レ之《がってんこれなき》故也。また、当世風ばかりを存じ候て昔風を嫌ひ候へば、かへりまち(2)もなく成る也」と。

(1) 一年の内……同前也　「一年」の内実は、「春」だけとっても移り変わりがあり、「夏」だけとっても移り変わりがある。「一日」の内実も同様である。常に移り変わっている。／(2) かへりまち　返襠《かえりまち》。公家装束の表袴《うえのはかま》の一部で、近世の具足下である小袴《こばかま》によくその様式が受け継がれた。昔のものが現在のものに形を変えつつ息づいている身近な例。かへしまち。

訳 一、「時代の風というものは知れぬことである。段々と落ち下《くだ》りますのは世の末になったところである。一年の内、春だけでも、夏だけでも、同じようではない。一日も同様である。だから今の世を、百年も以前の良い風になしたいとしましてはできぬことである。だからその時代時代で良いようにするのが肝要である。昔風を慕います人に誤りがあるのはここを承知せぬからである。また、当世風ばかりを存じまして昔風を嫌いますと、（小袴の）返《かえり》襠《まち》もなくなるのである」と。

19 一、「奉公に志有て工夫・修行など致し候時、多分高上《かうじやう》(1)に成り、至り過ぎ本《もと》を唱《とな》へ失ひ候。たゞ何の合点《がつてん》も不レ入《いらず》、世間並にして、主を歎き、奉公に好くまで也。(2)本に立ち帰り、勤めたるがよし。尤《もつとも》はじめより此《この》心入れにては役に不レ立《たゝず》、一通り工夫・修行して、夫《それ》をさらりと捨てゝ、如レ是《かくのごとく》心得候事也」と。

（1）高上　高尚、上品。／（2）本に　以下、餅木本では別項。

訳　一、「奉公に志《こころざし》があって工夫・修行などを致します時、大かた高尚になり、行き過ぎて根本を見失います。ただ何の納得も要《い》らず、世間並にして、主を歎き、奉公を好くまでである。根本に立ち帰り、勤めた方がよい。もっとも初めからこの心入れでは役に立たず、一通り工夫・修行して、それをさらりと捨てて、このように心得ますことである」と。

20 一、「当念《たうねん》(1)を守りて、気を抜かさず勤めていくより外《ほか》に何も不レ入《いらず》。一念〳〵と過《すご》まで也」

と。

（1）当念　この今の純一無雑な心。

訳　一、「この一念を守って、気を抜かず勤めていくより他に何も要《い》らぬ。一念（が全て）、一念（が全て）と過ごすまでである」と。

21 一、付紙《つけ》(1)の仕様《しやう》有り。端を剣先(2)に切り、尖《とがり》に糊を薄く付けて、書きものの裏に付け候由。また、弔状《とぶらひじやう》其外《そのほか》凶事の包み物は両の折返しを一度にする也。夫故《それゆゑ》、常には片々づつ折り候。其《その》時は左の方を初《はじめ》に折返《をりかへ》し可レ申《まうすべき》か。

（1）付紙　文章中の必要箇所にしるしとして付けておく紙。／（2）剣先　剣の先のように尖った形。

訳　一、付箋《ふせん》のやり方がある。端を剣先状に切り、尖ったところに糊を薄く付けて、書物の裏に付けますとのこと。
また、弔い状その他凶事の包み物は両側の折り返しを一度にする。それゆえ、ふだんは片方ずつ折ります。その時は左の方を初めに折り返し申すべきか。

22 一、「古来の勇士は大方《おほかた》そげ者也。(1)そげ廻りたる気情故(2)気力強くして勇気有るか、此《この》あたり不審に候」と尋《たづ》ね候へば、「気力強き故、平生《へいぜい》手荒くそげ廻り申すと相見え候。此方は気力弱く候故、そげ候事は不レ成《ならざる》也。気力は劣り候。人柄は増《まし》に候。勇気は別事也。此方、無二気力一《きりよくなき》故おとなしくして、死狂《しにぐる》ひ(3)に劣るべき謂《いはれ》なし。気力の入る事にてはなき也」と。

(1) そげ者　削者。逸《そ》れ外《はず》れた者、変わり者。曲者に通ずる。／(2) 気情　気性。／(3) 死狂《しにぐる》ひ　進んで死地に突入すること。

訳　一、「古来の勇士は大かた逸《そ》れ外《はず》れた者である。逸れ外れ回っている気性ゆえに気力が強くて勇気があるのか、このあたりが不審です」と尋ねますと、「気力が強いゆえに、ふだん手荒く逸れ外れ回り申すと見えます。わたしは気力が弱いですので、逸れ外れますことはできぬ。気力は劣ります。人柄はましです。勇気はこれとは別のことである。わたしが気力がないゆえにおとなしいからといって、死に狂いするのに劣るべき謂われはない。気力の要ることではないのである」と。

23 一、「奉公は色々心持有レ之《これあり》と相見え候。大躰にては成り兼可レ申《かねまうすべし》」と申し候へば、「左様《さやう》にてなし。生れ付きの分別にて澄《すむ》もの也。勝茂公よく御撰び被レ成《なされ》たる御掟《おんおきて》(1)に合はせていくまで也。安き事也。その中《うち》「御家中下々までの為に成る様《やう》に」と思ひてするが、上への奉公也。不了簡《ふれうけん》の出頭人(2)などは、上の御為に成るとて新儀を企《くはだ》て、下の為にならぬ事は不レ構《かまはず》、下に愁《うれひ》出で来候様《やう》に致し候。是《これ》は、第一の不忠也。御家中下々、皆殿様のものにて候。また、上よりは御慈悲にて澄《すむ》もの也。其《その》時は磔《はりつけ》も御慈悲に成る也」。

(1) 御掟　『御鳥《おんとり》の子帳《こちよう》』を指す。序文(30頁)注(16)参照。/(2) 出頭人　主君の側で要務に携わる者。出頭衆。

訳　一、「奉公は色々と心懸けがあると見えます。大体ではできかね申すだろう」と申しますと、「そうではない。生まれ付きの分別で済むものである。勝茂公がよくお撰びなされた御掟に合わせて行くまでである。たやすいことである。なかでも「御家中下々までの為になるように」と思ってするのが、上への奉公である。考えなしの出頭人などは、上の御為になるといって新しいことを企て、下の為にならぬことは構わず、下に愁《うれ》いが出て来ますように致します。これは、第一の不忠である。御家中下々は、皆殿様のものです。また、上からは御慈悲で済むものである。その時は磔《はりつけ》も御慈悲になるのである」。

24 一、権之丞《ごんのじょう》(1)殿被レ参《まゐられ》、長崎仕組(2)の事被レ尋《たづねられ》候返答に「我らは御側に居《を》り候故、其方《そのはう》の今の矩《かね》(3)には合《あ》はず。其《その》時分、皆人御供の仕組被レ仕《つかまつられ》候に、我らはたゞ不断の枕一つにて澄《すま》す合点《がつてん》也。其《その》子細は、殿様御発足の時、罷《まか》り立ち候まで也。武具も金銀も兵粮《ひやうらう》も上の物にて澄《すみ》候。〈御納戸(4)置物の事。口達〉。其《その》折は御前へも可二申上《まうしあぐべき》一事。御側《おそば》役人(5)も其期《そのご》に成り、何と異義可レ被レ申哉《まうさるべきや》。仕組如レ斯《かくのごとく》にて相澄《あひすみ》候。尤《もつとも》、夫丸《ぶまる》(6)・荷付《につけ》馬などの引合ひは張紙仕《つかまつ》り置き候へども、大根《おほね》は、殿様と一所に居《をり》候へば相澄《すむ》ものと存じ罷り在り候」由。

(1) 権之丞　常俊《つねとし》。常朝の養嗣子。一の194参照。／(2) 長崎仕組　長崎警備の用意。／(3) 矩　尺度。／(4) 御納戸　主君の衣類・調度を納めて置く部屋。／(5) 御側役人　主君の側近く仕える者。／(6) 夫丸　人夫。

訳　一、権之丞殿が参られ、長崎（御番）の準備のことを尋ねられました返答に、「わたしは御側《おそば》におりましたので、その方《ほう》の今の基準には合わぬ。その頃、皆が皆御供の準備を致されましたのに、わたしはただふだんの枕一つで済みました。その子細は、殿様が御出発の時、出立しますまでである。武具も金銀も兵糧《ひょうろう》も上（様）の物で済ます考えである。〈御納戸の置物のこと。口達（がある）〉。その折は御前へも申し上げるべきこと。御側役人もその期《ご》に及んで、何と異議を申されるか（わからぬ）。準備はこのようにして済みました。もっとも、人夫・荷馬などの引き合わせは張り紙を致しておきましたが、根本は、殿様と一所におりましたら済むものと存じておりました」とのこと。

25 一、「奉公仕り候時分は、内証支《ないしようつか》(1)への事ども何とも不㆑存《ぞんぜず》候。もし飢え申す時節は、御側《おそば》の衆へも御前へも申上げ、江副兵部左衛門《ひやうぶざゑもん》(2)が如《ごと》く拝領可㆑仕《つかまつるべし》と存じ居《をり》候。先年京都より罷《まか》り下り、また罷り登り候時分(3)、年寄衆へ「拙者事、久しく在京仕り候に付て内証差支へ申し候。上方罷り在り候時分、引掛り(4)など候ては御外聞不㆑宜《よろしからざる》事に候。御僉議《せんぎ》被㆑成《なされ》可㆑被㆑下《くださるべく》候。全く私欲にて無㆑之《これなく》、御用にて在京仕る事に候故、申上げ候」由申し候に付きて、則《すなはち》御前へも被㆓申上㆒《まうしあげられ》、銀子拝領致し候。

また、病気にて服薬仕《し》ながら相詰居《をり》候時分、医師より「人参《にんじん》(5)用ひ候様《やう》に」と被㆑申《まうされ》候へども、手間《つか》へ不㆓相叶㆒《あひかなはず》候処に、諸岡彦右衛門(6)聞き付け「神右衛門殿用の人参は、御用の内(7)より何《なに》ほどにても可㆓相渡㆒《あひわたすべく》候間、無㆓用捨㆒《ようしやなく》(8)御用ひ候様に」と被㆑申《まうされ》、少しも遠慮不㆑仕《つかまつらず》請取り申し候。彦右衛門申し候は「御自分方(9)は殿様被㆑入㆓御精㆒《ごせいにいれられ》候御用調《とゝの》へ申す人に候へば、人参など何ほど遣《つか》ひ候ても不㆑苦《くるしからず》」と被㆑申《まうされ》候。惣躰《そうたい》奉公人は、何も角《か》も根からぐわらりと主人に打任《まか》すれば澄《すむ》もの也。阻《へだ》て候故難しく成る也」と。

(1)内証支へ　家計の困窮。／(2)江副兵部左衛門　茂久。一番鑓の軍功を幾度も立て、直茂より一字を賜る。元茂に付けられるが、元和四年（一六一八）直茂に追い腹した。／(3)先年京都より……時分　元禄十一、十二年（一六九八、九九）、常朝四十、四十一歳の時。常朝は京都役を命ぜられ、京都に勤務することが多かった。／(4)引掛り　掛かり。他人の世話になること。／(5)人参　朝鮮人参。強壮薬。／(6)諸岡彦右衛門　興貞。一の98参照。／(7)御用の内　主君が用いる分。／(8)無二用捨一　遠慮なく。／(9)御自分方　あなた様。

訳　一、「奉公致しました頃は、家計の差し支えのことは何とも存じませんでした。もし飢え申す時は、御側《おそば》の衆へも御前へも申し上げ、江副兵部左衛門《えぞえひょうぶざえもん》のように拝領いたそうと存じておりました。先年京都から下り、また上りました時、年寄衆に「拙者は、久しく在京いたしましたため家計が差し支え申しました。上方におります時、他人を頼るなどしましては御外聞がよろしくないことであります。御詮議なされてくだされませ。全く私欲ではなく、御用で在京いたすことですので、申し上げます」とのことを申しましたため、すぐに御前へも申し上げられ、銀子《ぎんす》を拝領いたしました。

また、病気で服薬しながら詰めておりました頃、医師から「人参《にんじん》を用いますように」と申されましたが、手元が差し支え叶いませんでしたところに、諸岡彦右衛門《もろおかひこえもん》が聞き付け「神右衛門（常朝）殿用の人参は、御用の内からどれほどでも渡しますので、遠慮なくお使いになりますように」と申され、少しも遠慮いたさず受け取り申しました。彦右衛門が申しましたのは「あなた様は殿様が御精魂を入れられます御用を調え申す人ですので、人参などどれほど使いましても問題ない」と申されました。総じて奉公人は、何もかも根からがらりと主人に打ち任せれば済むものである。隔てますから難しくなるのである」と。

26 一、「直茂公御軍法(1)は、兼々《かねぐ》御家中の者何とも不レ存《ぞんぜず》、其場《その》に臨《のぞ》み、御一言にて万事はらりと埒明《らちあ》くる所が御一流にて候」と内田正右衛門(2)咄被レ申《まうされ》候。「既に(3)御他界の時分、御家老衆御尋《たづ》ね被二申上一《まうしあげられ》候にさへ、不レ被二仰聞一《おほせきけられず》候」と也。

（1）直茂公御軍法　三の8参照。／（2）内田正右衛門　良昌《よしまさ》。『視聴覚知抄』・『先考三以記』の編纂に参与。八の78参照。／（3）既に　もはや。

訳　一、「直茂公の御軍法は、かねて御家中の者は何とも存ぜず、その場に臨んで、御一言で万事をはらりと埒《らち》を明ける所が御一流でありました」と内田正右衛門《しょうえもん》が話し申されました。「もはや御他界になる時、御家老衆がお尋ね申し上げられましたのに対してさえ、仰せ聞かせになられませんでした」とのことである。

27(1)一、家康公或《あ》る時御軍不レ利《りならず》、後の評判に「家康は大勇気の大将也。打死《うちじに》の士卒一人も後《うしろ》向《む》きて死にたる者無し。皆敵陣の方を枕にして死にて居《をり》申す」と沙汰《さた》有レ之《これあり》候由。武士は、日来《ひごろ》の心掛けが死後にまであらはれ申すものにて、恥かしき事と也。

（1）27　一の162参照。

訳　一、家康公がある時御軍が不利で、後の評判に「家康は大勇気の大将である。討ち死にした士卒は一人も後ろを向いて死んだ者がいない。皆敵陣の方を枕にして死んでおり申した」と評されましたとのこと。武士は日頃の心懸けが死後にまで顕《あらわ》れ申すもので、立派なこととのことである。

28　一、「今時の衆陣立て(1)など無レ之《これなく》候て仕合せ」と被レ申《まうされ》候。無嗜《ぶたしな》みの申し分にて候。纔《わづか》の一生の内《うち》、其《その》手(2)に合ひたき事にて、寝蓙《ねござ》の上にて息を引切り候は、(3)まづ苦痛堪難《たへがた》く武士の本意にあらず。古人は別して歎き申したる由に候。打ち死にほど仕りよき事は有るまじく候。右の躰《てい》申す衆に一言申すも事々《ことごと》しく、老人など被レ申《まうされ》候時は紛《まぎ》らかして居《をり》申す事も候が、脇より心有る人聞き候はゞ同意の様《やう》に可レ存《ぞんずべく》候へば、不レ障様《さはらざるやう》に一言可レ申《まうすべく》は「左様《さやう》にても無レ之《これなく》候。今時の者無気力に候は無事故《ゆゑ》(4)にて候。何事ぞ出来《いでき》候はゞちと骨々《ほねぼね》と成り可レ申《まうすべく》候。昔の人とて替《かは》るはずにて無《これなく》レ之候。よし〳〵(5)替《かは》り候ても昔は昔にて候。今時の人は、世間押《おし》なべて落ち下り候へば、劣り可レ申謂《まうすべきいは》れ無レ之《これなし》」などと一座を見《み》測《はか》り可レ申《まうすべき》事に候。誠に一言が大事のもの」と也。

（1）陣立て　戦のための陣備え。陣構え。／（2）其手　戦。／（3）寝蓙の上にて……候　九の15参照。／（4）無事　天下泰平。／（5）よし〳〵　よしんば。

訳　一、「「今時の衆は陣立てなどがありませんで仕合わせ」と申されます。無嗜《ぶたしな》みの申し分です。わずかの一生の内、その手に合いたいことであって、寝蓙《ねござ》の上で息を引き取りますのは、まず苦痛に堪え難く武士の本意ではない。古人はとりわけ歎き申したとのことです。討ち死にほど致し良いことはありますまい。右のようなことを申す衆に一言申すのも事々《ことごと》しく、老人などが申されました時は紛《まぎ》らかしており申すこともありますが、脇から心有る人が聞きますならば同意しているように存ずるに違いありませんので、差し障《さわ》りのないように一言申すべきは、「そうでもありませぬ。今時の者が無気力でありますのは、無事の世ゆえです。何事かが起こりますならばちょっと骨々しく成り申そう。昔の人とて変わるはずがありませぬ。よしんば変わりましても昔は昔です。今時の人は、世間がおしなべて落ち下りましたので、劣り申すべき謂われはない」などと一座を見計らって申すべきことです。誠に一言が大事なもの」とのことである。

29 一、「安田右京《うきやう》(1)が盃《さかづき》の納《をさ》め場《ば》の事を為レ申《まうしたる》如く、たゞ仕廻口《しまひぐち》(2)が大事にて候。一生も如レ是《かくのごとく》にて可レ有レ之《これあるべく》候。客人帰り候時分など、名残り尽きぬ心得肝要《かんえう》也。左無《さな》く候へば、早《はや》飽《あ》きて居《ゐ》たる様《やう》にて、終日終夜の咄も無に成る也。すべて人の交《まじは》りは飽く心の出で来《こ》ぬが肝要也。いつも〳〵珍しき様《やう》にすべき也。是《これ》は少しの心得にて替るもの」と也。

(1) 安田右京　「貞丘頭書に、安田は飛鳥井家の雑掌也。酒納候時は一扁盃銚子共に改めねば酒にひけを付る、と云しよし」(『葉隠聞書校補』)。／(2) 仕廻口　切り上げ方。

訳　一、「安田右京《うきよう》が盃《さかずき》の納め場のことを申したように、ただ仕舞《しま》い口が大事です。一生もこのようでなければなりませぬ。客人が帰ります時など、名残りが尽きぬ心得が肝要である。そうでありませんと、早くに飽きていたようで、終日終夜した話も無になるのである。すべて人の交わりは飽きる心が出て来ぬことが肝要である。いつもいつも珍しいようにすべきである。これは少しの心得で変わるもの」とのことである。

30 一、「万事実《まこと》一つにて仕《し》ていけば澄《すむ》もの也。其中《そのうち》に奉公人は御側《おそば》・外様《とざま》(1)、大身《たいしん》・小身《せうしん》、古家(2)・取立て(3)などに付て少しづつの心入れは替《かは》るべし。御前近き奉公などは差出でたる事第一悪《わろ》き也。大人《たいじん》(4)の御嫌ひ候もの也。御前の仕事は成るほど引取りて(5)、「あれにては埒《らち》が明き兼《かぬ》るが、されども別に人がなければ」と被ニ思召《おぼしめさる》一位《くらゐ》がよき也。さて、先役《せんやく》はもとより同役を成るほど御用に立つ様《やう》に仕成《しな》し、もし病気・差し合ひ(6)・役替りなどの時(7)御事《おんこと》欠け候に付て我身勤め候様《やう》に心得たるがよし。是《これ》が道にても有《ある》べし。とかく忠節を根にして見れば、よく知るゝ也。早出頭《はやしゅっとう》(8)のうぢ(9)なきもの也。古来例《ためし》多し。幼少より御前に相勤め候へども、一言を尖《するど》に為ニ申上《まうしあげたる》一事なし。ここにはいかう心得有る事に候」と也。

(1) 外様　外側の勤め。御側に対する語。／(2) 古家　譜代の家。／(3) 取立て　新たに挙用された者。／(4) 大人　身分の高い者。主君。／(5) 引取りて　控えめに振る舞って。／(6) 差し合ひ　差し支え。／(7) 役替り……時　新任の者が役目に不案内などの時。／(8) 早出頭　年若く出世すること。／(9) のうぢ　能持。長続き。

訳　一、「万事は実一つでして行けば済むものである。そのうち奉公人は御側《おそば》・外様《とざま》、大《たい》身《しん》・小身《しょうしん》、旧家・取り立てなどに応じて少しずつの心構えは変わろう。御前に近い奉公などは差し出たことが第一に悪い。大人《たいじん》のお嫌いになりますものである。御前の仕事はなるべく控えめにして、「あの者では埒《らち》が明けられぬが、そうはいっても別に人がいないので（仕方がない)」とお思いになられるくらいがよい。そうして、先輩はもとより同輩をなるべく御用に立つようにしなし、もし病気・差し支え・転任などの時に御事《おんこと》が欠けます際は自身が勤めますように心得ているのがよい。これが道でもあろう。とかく忠節を根にして見れば、よくわかるのである。早《はや》出世は長続きせぬものである。古来例が多い。幼少より御前に勤めましたが、一言をするどく申し上げたことがない。ここには深く心得があることです」とのことである。

31 一、「「身は無《む》相《さう》の内より生を受く(1)」と有り。何も無き所が色即是空也。其《その》何も無き所にて万事を備ふるが空即是色也。二つに成らぬ様《やう》に」と也。

(1) 身は……受く　鈴木正三『麓草分《ふもとのくさわけ》』十一に引く古仏の偈《げ》の一部。「無相」は一切の執着を離れた境地、空《くう》のすがた。

訳　一、「「身は無相の内から生を受ける」とある。何も無い所が色即是空である。その何も無い所で万事を備えるのが空即是色である。二つにならぬように」とのことである。

32 一、「武勇(1)と少人(2)は、「我は日本一」と大高慢(3)にてなければならず。道を修行する今日の事は、知非便捨《ちひべんしゃ》(4)にしくはなし。斯様《かやう》に二つに分けて心得ねば埒明《らちあ》かず」と也。

(1)と 並列を示す。/(2)少人 若衆。ここでは衆道《しゅどう》(若衆を念《おも》う道)のこと。一の180―182参照。/(3)大高慢 序文(36頁)注(4)、一の47、二の39参照。/(4)知非便捨 己の非を知れば、直ちにこれを捨てる。一の47参照。

訳 一、「武勇と若衆《わかしゅ》は、「我は日本一」と大高慢でなければならぬ。道を修行する今日のことは知非便捨《ちひべんしゃ》(「非を知れば便《すなわ》ち捨てる」)に及ぶものはない。このように二つに分けて心得ないと埒《らち》が明かぬ」とのことである。

33(1)一、「恋のはまり(2)の至極《しごく》は忍ぶ恋也。

恋死なん後の煙に夫《それ》と知れ 終《つひ》に洩《もら》さぬ内《なか》の思ひを

如レ斯《かくのごとく》也。命の内《うち》にそれと知らさば深き恋にあらず。思ひ死にの、長《た》け(3)高き事限《かぎり》なし。縦《たとへ》先より「斯様《かやう》にてはなきか」と問《と》はれても「全く思ひもよらず」と云《いひ》て、思ひ死にに極《きは》むる至極也。廻《まは》り遠き事にてはなく候や(4)。此前是《このまへこれ》を語り候へば、請合ふ(5)者ども有りしが、其《その》衆中を「煙仲間《けむりなかま》」(6)と申し候也。此事《このこと》万《よろづ》の心得に渡るべし。主従の間など此心《このこころ》にて澄《すむ》也。

また、人の陰《かげ》にて嗜《たしな》むが、則公《すなはちく》界《がい》(7)也。独居《ひとりゐ》る暗がりにていやしき挙動をなさず、人の眼に掛《か》ぬ胸の内にいやしき事を思はぬ様《やう》に心掛けねば、公界にて奇麗《きれい》には見えず。俄《にはか》に嗜《たしな》みては垢《あか》が見ゆるもの」と也。

（1）33　二の2参照。山本本傍書「此事此中も承候。此節の御咄如此也《おはなしかくのごとき》」。／（2）はまり　没入し切ること。／（3）長け　格。／（4）廻り遠き事……候や　この言い方に常朝の屈折が垣間見られる。この遠回り（忍ぶ恋）こそが主君への唯一の道であると常朝は考える。／（5）請合ふ　同感する。／（6）煙仲間　二の2注参照。遠回りであるからこそ同じ人物（主君）を恋していても仲間になれるのである。／（7）公界　公の場。

訳　一、「恋のはまりの究極は忍ぶ恋である。
　恋《こ》い死のう死後の煙でそれと知れ　ついに洩らさぬ内なる思いを
このようなものである。命ある内にそれと知らせるならば深い恋ではない。思い死にの、丈が高いことは限りない。たとえ向こうから「こうではないか（＝わたしに思いがあるのではないか）」と問われても「全く思いも寄らぬ」と言って、思い死にに極めるのが究極である。遠回りなことではありませぬか。この前これを語りましたところ、請け合う者どもがいたが、その連中を「煙仲間」と申しました。このことは万《よろず》の心得に渡るだろう。主従の間などはこの心で済むのである。

また、人の陰で嗜《たしな》むのが、そのまま公の場である。独りでいる暗がりで卑《いや》しい挙動をなさず、人の目に掛からぬ胸の内に卑しいことを思わぬように心懸けねば、公の場で綺麗《きれい》には見えぬ。にわかに嗜んでは垢《あか》が見えるもの」とのことである。

34 一、「照庵《せうあん》(1)は連歌好《ず》き、素方《そはう》(2)は誹諧好き、長《た》けがあれほど違ふ也。常々の慰《なぐさ》み方にも長けの高き所に眼を可レ付《つくべき》事か、と我見立《わがみたて》也。連歌・誹諧よりは狂歌也と詠み習ひたき事也」と。〈私云《いふ》(3)、腰折《こしをれ》(4)とは武家にては云《いふ》まじき事也。口伝〉。

（1）照庵　原田吉右衛門種文《はらだきちえもんたねふみ》。加判家老。一の12参照。／（2）素方　中島善太夫尚俊《なかしまぜんだゆうなおとし》。年寄役。八の12参照。／（3）私云　この一文は陣基による補足。／（4）腰折《こしおれ》　腰折歌。三句と四句との接続が悪い下手な歌。

訳　一、「照庵《しょうあん》は連歌好き、素方《そほう》は誹諧好きで、丈《たけ》があれほど違う。常々の慰みごとの方面においても丈の高い所に眼を付けるべきことか、というのが我が見立てである。連歌・誹諧よりは狂歌なりとも詠《よ》み習いたいことである」と。〈私に言う、「腰折れ（歌）」とは武家では言ってはならぬことである。口伝（がある）〉。

35一、「謙信の(1)「始終の勝など云《いふ》事は知らず。場を迦《はづ》さぬ所(2)ばかりを仕覚《しおぼえ》たる」と被《まうされ》レ申候由。是《これ》が面白き事也。奉公人など其場を迦《はづ》しては口は利《きけ》ず」と也。「右の如《ごと》く当座(3)〳〵の働き・挨拶、感心(4)不《あさからず》レ浅候」と也。

(1) 謙信　上杉輝虎《てるとら》。「輝虎は勝負にも国をとるにもかまはぬ、唯せいでかなはぬ合戦をまはさぬやうに仕《つかまつ》らる、武士」とされる（『甲陽軍鑑』品第十）。七の44参照。／(2) 場を迦さぬ　今この場を逃さぬ。／(3) 当座〳〵　その場その場。／(4) 感心　それを見聞きする者が心を動かされること。

訳 一、「謙信が「最初から最後までの勝ちなどということは知らぬ。場を外《はず》さぬことだけを仕覚えている」と申されましたとのこと。これが面白いことである。奉公人などはその場を外しては口は利《き》けぬ」とのことである。「右のようにその時その時の働き・挨拶は、人が感心すること浅くありませぬ」とのことである。

36一、病気を養生《やうじやう》すると云《いふ》は第二段に落つる也。難《むつか》しき也。仏家にて有相《うさう》(1)に付きて沙汰《さた》するが如《ごと》し。病気以前に病気を切断する事を医師も知らぬと見えたり。是《これ》、我聢《われしか》(2)と仕覚えたり。其仕様《そのしやう》は飲・食・婬欲を断ちて、灸治《きうぢ》間もなくする、此分《このぶん》也。我《われ》は老人の子成る故、水少《すくな》(3)しと覚え候。若年の時、医師などは「二十歳を越えまじく」と被レ申《まうされ》候に付《つき》、「適《たま〳〵》生れ出《い》で、御奉公も仕届けずして相果て候ては無念の事に候。さらば生きて可レ見《みるべし》」と思ひ立ち、七年不婬《ふいん》したるが、病気終《つひ》に不レ発《おこらず》、今まで存命仕《つかまつ》り候。薬呑みたる事なし。また小煩《こわづら》ひなどは気情にて押たくり(4)候。今時の人生まれ付き弱く候処に婬事を過ごす故、皆若死をすると見えたり。たはけたる事也。医師にも聞かせて置きたきは、今時の病人を半年か一、二年不婬させ候はゞ、自然と煩《わづらひ》は直《なほ》るべし。大方《おほかた》虚弱の性也。これを切り得《え》ぬは腑甲斐《ふがひ》なき事也。

(1) 有相　色・形を備えたもの。「無相」(二の31)に対する。／(2) 老人の子　「老人の子に影なし」(老人から生まれた子は虚弱である)との言葉がある(『文明本節用集』〈室町中期〉)。一の128参照。／(3) 水　腎水《じんすい》(精子)。中国伝統医学における「腎」は、親から授けられた先天の精と飲食物から作られた後天の精とをたくわえ、発育・生殖を司る臓腑。老年期には衰えるとされる。／(4) 押たくり　(負けじと)押しまくり。

訳　一、病気を養生《ようじよう》するというのは第二段に落ちる。難しいことである。仏教で有相《うそう》について問題とするようなものである。病気以前に病気を断ち切ることを医師も知らぬと見える。このことは、わたしはしかと仕覚えている。その仕方は飲み・食い・婬欲を断《た》って、灸治《きゆうじ》を間断なくする、これだけのことである。わたしは老人の子だから腎水が少ないと思われます。

若年の時、医師などは「二十歳を越せまい」と申されましたため、「たまたま生まれ出て、御奉公もやり遂《と》げずに果てましては無念のことです。それならば生きてみよう」と思い立ち、七年不婬したが、病気は終《つい》に起こらず、今まで存命いたしました。薬を呑んだことはない。また小さな患《わずら》いなどは気合いで押しまくりました。今時の人は生まれ付きが弱くありますところに婬事をし過ぎるため、皆若死にをすると見える。たわけたことである。医師にも聞かせておきたいのは、今時の病人を半年か一、二年不婬させますれば、自然と患いは治るであろう。大かた虚弱の質である。これを（断ち）切れぬのは腑甲斐ないことである。

37 一、貴人・老人などの前にて、左右《さう》なく(1)文学(2)方・道徳の事・昔咄など遠慮すべし。聞き憎し。

(1) 左右なく　あれこれとためらわず。／(2) 文学　山「学文」。底文「文学」を「学文」の誤りと見て訳出した。

訳　一、貴人・老人などの前で、配慮なく学問方面・道徳のこと・昔話など（を話すの）は遠慮するべきである。聞き苦しい。

38 一、「上方《かみがた》にて花見提重《さげぢう》(1)有り。一日の用事(2)也。帰りには踏み散して捨《すつ》る由。流石《さすが》都の心《こゝろ》付《づけ》(3)也。万《よろづ》仕《し》廻《ま》(4)ひ口が大事」と也。

(1) 提重　提重箱《さげじゅうばこ》。手に提げる組重箱。／(2) 一日の用事　一日だけ用いるもの。／(3) 心付　心を付けること。配慮。／(4) 仕廻ひ口　切り上げ方。

訳 一、「上方で花見の提《さ》げ重箱があった。一日だけの用であった。帰りには踏み散らして捨てるとのこと。さすが都の心遣いである。万事、終え方が大事」とのことである。

39 一、武士たる者は、武勇に大高慢をなし、死狂《しにぐる》(1)ひの覚悟が肝要也。不断の心立て(2)・もの云《いひ》・身の取廻し(3)、万《よろづ》奇麗《きれい》にと心掛け嗜《たしな》むべし。奉公方は其《その》位を落着《らくちゃく》、人によく談合《だんかふ》し、大事の事は構《かま》はぬ人に相談し、一生の仕事は人の為に成るばかりと心得、雑務方《ざふむかた》(4)を知らぬがよし。

(1) 死狂《しにぐる》ひ　ひたすらに死の道を選び突入すること。／(2) 心立て　心のあり方。／(3) 構はぬ人　無関係の人。／(4) 雑務方　財政経理に関すること。

訳 一、武士たる者は、武勇に大高慢をなし、死に狂いの覚悟が肝要である。普段の心ばえ・物言い・身のこなし、すべて綺麗にと心懸け嗜《たしな》まねばならぬ。奉公方はその位（がどのようなものであるか）を納得し、人によく相談し、大事なことは（それと）関わりを持たぬ人に相談し、一生の仕事は人の為になるだけと心得、財務方を知らぬのがよい。

40一、「無レ謂傍輩《いはれなくはうばい》に席を越され居肩《ゐかた》下り⑴たる時、少しも心に不レ掛《かけず》奉公する人有り。また夫《それ》を「腑甲斐《ふがひ》なき」と云《いひ》て愚意⑵を申し、引取り⑶などするも有り。いかゞ」と申し候へば「夫《それ》は時により、事によるべし」。

（1）居肩　地位。／（2）愚意　自分の考え。愚考。一人称で謙遜の意を込めて用いる。一般論を語っているようでいながら、実は背後に陣基その人の経験が込められているか。／（3）引取り　出仕をやめること。

訳　一、「理由なく傍輩《ほうばい》に席次を越され居場所が下った時、少しも気に掛けず奉公する人がいる。またそれを「腑甲斐ない」と言って愚考を申し、身を引きなどするのもいる。どうか」と申しましたところ、「それは時により、事によるだろう」。

41一、「「水増《ま》されば舟高し⑴」と云《いふ》事有り。器量者⑵、または我得方《わがえかた》⑶の事は、難しき事に出合ふほど一段進む心に成る也。迷惑がるとはいかい違《ちが》ひぞ」と也。

（1）水増されば舟高し　一の115参照。／（2）器量者　才能のある者。／（3）得方《えかた》　得意の方面。

訳　一、「『水が増せば舟は高い』ということがある。器量のある者は、または自分の得意なことは、難しいことに出合うほど一段進む心になる。迷惑がるのとはひどい違いぞ」とのことである。

42（1）一、梁山《りやうざん》（2）咄《はなし》に、「上方にて指南を請け候。書物《かきもの》は残る物なれば、手紙一通も則《すなはち》向方《さきかた》にては掛物《かけもの》に成ると思ひて嗜《たしな》みて可レ書《かくべき》也。大方《おほかた》恥をかき置くばかり也」と。

（1）42　一の89参照。／（2）梁山　梁山宗秀《りようざんそうしゆう》和尚。常朝の和歌の師。一の89参照。

訳　一、梁山《りようざん》の話に、「上方で指南を受けました。書いた物は残る物だから、手紙一通でもそのまま先方では掛け物になると思って嗜《たしな》んで書くべきである。大かた恥をかき残すだけである」と。

43(1)一、奉公人は、風躰《ふうてい》・口上《こうじやう》・手跡《しゆせき》にて、上《う》は手《て》を取る也(2)。風躰の本《もと》は時宜《じぎ》也(3)。見事成るもの也(4)。今時些《ちと》眼に立つ衆は、書読《かきよみ》の分也(5)。安き事を人が油断して居《ゐ》る也。

(1) 43 二の7参照。／(2) 上は手を取る　人より一段立ち勝る。／(3) 時宜　辞儀。／(4) 見事　見るに値すること。見もの。／(5) 書読の分　字の読み書きに秀でているだけのこと。

訳　一、奉公人は、風体《ふうてい》・口上《こうじょう》・手跡《しゅせき》で上手《うわて》を取るのである。風体の本は辞儀《じぎ》である。見ものであるものである。今時ちょっと目に立つ衆は、読み書きまでである。たやすいことを人が油断しているのである。

44一、道すがら、(1)「何とよくからくつた(2)人形ではなき哉《や》。糸を付けても無きに歩いたり、飛んだり、跳《は》ねたり、ものまでも云《いふ》は、上手の細工也。来年の盆には客にぞ可レ成《なるべし》(3)。さてもあだな(4)世界哉《かな》。忘れてばかり居《ゐ》るぞ」と。

(1) 道すがら　道を歩きながら。／(2) からくつた　あやつってある。／(3) 客にぞ可レ成　死者として供養の対象となるだろう。／(4) あだな　はかない。

訳　一、道すがら、「何とよくからくった人形ではないか。糸を付けてもないのに歩いたり、飛んだり、跳ねたり、ものまでも言うのは、上手な細工である。来年の盆には客になるだろう。さてもはかない世界であるよ。忘れてばかりおるぞ」と。

45　一、「(1)柳生殿伝授に「道にて牛に行合ひて恐る丶気色有るは見苦しき也。牛の人を突く時は常の形にてその儘《まま》突くものにあらず。屹《きつ》と角構《つのがま》へをしてから突くもの也。斯様《かやう》に心得候へば、脇を通りても恐る丶事なし」と有レ之《これある》由。如レ斯《かくのごとき》事までも武士は可レ嗜《たしなむべき》事也」と。〈(2)私云、馬の反《はね》るを度々《たびたび》見候に反るにてなし。足を引上てのべて踏《ふ》む也。馬に寄り付かずば、反《はね》ても当《あた》るまじ。一足立ち直りても(3)当るまじき也〉。

(1) 柳生　但馬守宗矩《むねのり》。一の45参照。／(2) 私云　以下は陣基による補足。／(3) 立ち直りても　踏み直しても。足を替えて体勢の乱れを直しても。

訳　一、「柳生殿の伝授に「道で牛に行き合って恐れる様子があるのは見苦しい。牛が人を突く時はいつもの形でそのまま突くものではない。キッと角構《つのがま》えをしてから突くものである。このように心得ますと、脇を通っても恐れることはない」とあるとのこと。このようなことまでも武士は嗜《たしな》むべきことである」と。

〈私に言う、馬が跳ねるのを度々見ますと（あれは）跳ねるのではない。足を引き上げて伸ばして踏むのである。馬に寄り付かなければ、跳ねても当たるまい。一足踏み直しても当たるはずのないものである〉。

46(1)一、「奉公人はよき手本が入る事に候へども、今時手本が無きもの也。風躰《ふうてい》・口上《こうじやう》は、石井九《く》郎《らう》右《ゑ》衛門《もん》(2)にても可レ有レ之《これあるべく》候。律義《りちぎ》成《な》る事は、村岡五兵衛(3)にて候。物を書き調《とゝの》へ候事は、(4)原田殿以後に不レ及《みおよばず》レ見候。さても人は無きもの也。あれこれ寄せても昔の一人前にも不レ成《ならず》候。尤《もつとも》昔も少き成るべし。若き衆は少し精出し候はゞ上《うへ》は手《て》取《とる》時節なるに、油断ぞ」と也。

（1）46　一の64参照。／（2）石井九郎右衛門　正証《まさつぐ》。一の11参照。／（3）村岡五兵衛　清貞《きよさだ》。年寄役。五の45参照。／（4）原田　吉《きち》右《え》衛門《もん》種文《たねふみ》。二の12参照。

訳　一、「奉公人は良い手本が要ることですが、今時手本がないものである。風体《ふうてい》・口上《こうじよう》は、石井九《く》郎《ろう》右《え》衛門《もん》でもありましょう。律義であることは、村岡五兵衛《ごへえ》です。物を書き調えますことは、原田殿以後に見当たりませぬ。さても人はないものである。あれこれ寄せ集めても昔の一人前にもなりませぬ。もっとも昔も（手本は）少しであったに違いない。若い衆は少し精を出しますならば上手を取れる時代であるのに、油断しているぞ」とのことである。

47　一、権之丞《ごんのじよう》(1)殿へ咄《はなし》に、「たゞ今が其《その》時。其時がたゞ今也。二つに(2)合点《がってん》して居る故、其《その》時の間に不レ合《あはず》。たゞ今御前へ被二召出一《めしいだされ》、「これ〳〵の儀をそこで云て見よ」と被二仰付一《おほせつけられ》候時、多分(3)迷惑なるべし。二つに合点して居る証拠也。「たゞ今が其時」と一つにして置くと云は、終《つひ》に御前にてもの申上る奉公人にてはなけれども、(4)公儀の御城にて公方《くばう》様の御前にても、家老衆の前にても、さつぱりと云て澄《すま》す様《やう》に、寝間の隅《すみ》にて云習ひて置く事也。(5)万事如レ是《かくのごとく》也。准《なずら》ひて吟味すべし。鑓《やり》を突く事も、公儀を勤る事も同前也。斯様《かやう》にせり詰めてみれば、日来《ひごろ》の油断・今日の不覚悟、皆知るゝか」と也。

(1) 権之丞《ごんのじよう》　常朝の養嗣子。二の24参照。／(2) 二つに　いざという時と今とを別々に。／(3) 迷惑　当惑。／(4) 公儀　幕府。／(5) せり詰めて　押し詰めて考えて。

訳　一、権之丞《ごんのじよう》殿への話に、「只今がその時。その時が只今である。二つに承知しておるから、その時に間に合わぬ。只今御前へ召し出され、「これこれのことをそこで言ってみよ」と仰せ付けられました時、大かた困惑するだろう。二つに承知しておる証拠である。「只今がその時」と一つにしておくというのは、終《つい》に御前で物を申し上げる奉公人ではないけれども、奉公人となるからには、御前でも、家老衆の前でも、公儀（幕府）の御城で公方《くぼう》（将軍）

様の御前でも、さっぱりと言って済ますように、寝間の隅で言い習っておくことである。万事このようにするのである。（これに）準《なずら》えて吟味せよ。鑓《やり》を突くことも、公務を勤めることも同様である。このように突き詰めてみると、日頃の油断・今日の不覚悟が皆知られるか」とのことである。

48 一、公儀《こうぎ》なども仕損じても「無調法」「不馴れ」などと云《いひ》て澄可㆑申《すみまうすべく》候。此度《このたび》、不慮《ふりよ》(1)の座に居合はせ候者の後《おく》れは、何と云分け可㆑仕哉《つかまつるべきや》。善忠《ぜんちゅう》(2)様常に「武士は曲者《くせもの》(3)一種にて澄《すむ》」と御申し候も、斯様《かやう》の事に候。もし「無念《むねん》也」と思はば、武運に尽き、即座の働きをもせず、悪名と成るからは身の置き所無し。中々《なかなか》生きて恥をさらし、胸を焦《こが》(4)すべきよりは、腹を切りたらばせめて成るべし(5)。是《これ》も命が惜しくて「無駄死に」などと云《いひ》て生きる方《かた》の分別に仕《し》替《か》へ、今から先五年か十年、二十年の間生きて後指《うしろゆび》さゝれ恥をさらしみても、死に失《う》せ骸《むくろ》の上に恥を塗り付け、子々孫々咎《とが》もなき者も縁により、生来の恥を受け、先祖の名をくたし、一門親類にも疵《きず》を付け、無念千万《せんばん》の事に候。偏《ひと》へに日来《ひごろ》の心掛無く、武士とは何としたるものやら夢にも不㆑存《ぞんぜず》、うかうかと日を暮しゝ、罰と云《いふ》もの成るべし。

だしぬきに切られたる者は、不㆑及㆑力《ちからおよばず》、武運に尽きたると云《いふ》もの成るべし。切りたる者は、遁《のがれ》ぬ行掛《いきが》りにて(6)、「残らぬ」(7)と思ふ心にて命を捨つるからはどこと云《いふ》(8)事は見えぬはず也。短気にて不《ふ》当介者《あてがひもの》(9)と云成るべし。相手向《むかひ》(10)二人はすくたれとは云ず。一座の者(11)は、生きて恥をかき武士にあらず。

「其《その》時がたゞ今」と兼《かね》て吟味・工夫して押直《おしなほし》(12)て置かねばならぬはずにて候。皆人油断して、大形《おほかた》にも一生を過《す》ごすは不思議の仕合せ也、と申し候へ。武道は、毎朝〳〵死に習ひ、彼《かれ》に付き、是《これ》に付き、死んでは見〳〵して切れ切れて置く(13)一つ也。尤《もつとも》、大儀にてはあれどもすれば成る事也。すまじき事にては無し。

また、詞《ことば》の勢ひが武篇の大事也。此度《このたび》も取り留《と》むれば上《じやう》也。手に余らば打ち捨て、取遁《のが》さば「何某《なにがし》やらぬぞ(14)。比興者《ひきようもの》遁《にぐ》るか」などと、時に応じ変に乗じ、詞を掛くる勢にて仕澄《しすます》也。何某《なにがし》、「眼心利き(15)候者」と兼《かね》て諸人の眼にも乗り候が、仕留《しとめ》たり。「たゞ今が其時」の証拠也。横座(16)の鑓《やり》も是《これ》也。兼てが入りたもの(17)也。とかく兼て吟味可二仕置一《しおくべき》事数多可レ有《あまたあるべき》也。殿中殺害人(18)は、もし取延《の》ばし(19)、切り働き(20)、御次(21)辺《あたり》まで可レ参《まゐるべき》も不二相知一《あひしれず》候へば、いづれ切り捨て可レ然《しかるべく》候。尤《もつとも》、後の御咎《とが》め、「同類か、意趣(22)有るか」との御僉議《せんぎ》も可レ有レ之《これあるべく》候へども、「たゞ仕留め申すばかりの所存、科《とが》の儀は不レ顧《かへりみず》候」と可レ申《まうすべき》事に候。

(1) 不慮の座　思いがけない事件の場。十一の103の事件を指すか。／(2) 善忠　山本神右衛門重澄《しげずみ》。常朝の父。／(3) 曲者　常ならぬ剛の者。／(4) 胸を焦す　苦しみ悩む。／(5) せめて成るべし　まだしもであろう。／(6) 遁ぬ行掛りにて　事のなりゆき上避けられぬ事情があって。／(7) 残らぬ　他に道はない。／(8) どこと云事　これといって非難するべき点。／(9) 不当

介者　家臣たるにふさわしくない者。／（10）相手向　当事者双方。／（11）一座の者　その場に居合わせた者。／（12）押直て　念を入れ、心を決めて。／（13）切れ切れて置く　切られ切られておく。／（14）やらぬ　逃さぬ。／（15）眼心利き　目の付け所、心配りが優れている。／（16）横座　主君の座。／（17）兼てが入りたもの　かねてからの心懸けが必要なことである。／（18）殿中殺害人　殿中で人を殺した者。／（19）取延ばし　取り逃がし。／（20）切り働き　切り廻って。／（21）御次　主君の居室の次の間。／（22）意趣　恨み。遺恨。

訳　一、公務などは仕損じても「不手際」「不慣れ」などと言って済み申しましょう。この度《たび》、不慮の場に居合わせました者の後《おく》れは、何と言い訳を致せようか。善忠様が常に「武士は曲者《くせもの》（の）一種で済む」と申されましたのも、このようなことです。もし「無念である」と思う（よう）ならば、武運が尽き、即座の働きをもせず、悪名となるからには、身の置き所はない。なまじ生きて恥をさらし、胸を焦がそうことよりは、腹を切ったならばまだしもであろう。これも命が惜しくて、「無駄死に」などと言って生きる方の分別に変えてしまい、今から先五年か十年、二十年の間生きて後ろ指さされ恥をさらしてみても、（いずれ）死に失せて骸《むくろ》の上に恥を塗り付け、子々孫々罪もない者も（一族である）縁により、生まれた時からの恥を受け、先祖の名を落とし、一門親類にも傷を付け、無念千万《せんばん》のことです。ひとえに日頃の心懸けがなく、武士とは何としたものやら夢にも存ぜず、うかうかと日を暮らした罰というものだろう。

出し抜けに切られた者は、力及ばず、武運が尽きたというものだろう。切った者は、逃れられぬ行き懸かりで、「他に道はない」と思う心で命を捨てるからにはどこということは見えぬはずである。短気で不相応者《もの》と言うようになろう。(この) 当事者二人は臆病者とは言わぬ。一座の者は、生きて恥をかき武士ではない。

「その時が只今」とかねてから吟味・工夫して、押し直しておかねばならぬはずです。皆が皆油断して、「ほどほどにも一生を過ごすのは不思議の仕合わせである」(など) と申しなさい。武道は、毎朝毎朝死に習い、あれに付き、これに付き、死んではみ死んではみして、ずたずたになっておくこと一つである。もっとも、大変なことではあるがやればできることである。できぬことではない。

また、言葉の勢いが武篇の大事である。この度も取り押さえたので上出来である。手に余るならば切り捨て、取り逃がしたら「なにがしゆかせぬぞ。卑怯者逃げるか」などと、時に応じ変化に乗じ、言葉を懸ける勢いでやり遂げるのである。(この度は) なにがしという、「目心が利きます者」とかねてから諸人の目にも映っていましたのが、仕留めた。「只今がその時」の証拠である。横座の鑓《やり》もこれである。かねてから (の心懸け) が要るものである。とかくかねて吟味しておくべきことが数多くあろう。殿中での殺害者は、もし取り逃がし、切り廻って、御次の間あたりまで参るべきやも知れませぬので、いずれにせよ切り捨てるべきです。もっとも、後のお咎《とが》めで「一味か、遺恨があったか」との御詮議もありましょうが、「ただ仕留め申すばかりの所存で、罪のことは考えていませんでした」と申すべきことです。

49一、日来《ひごろ》の心掛けほど仕果《しおほ》する証拠は、此《この》前何事(1)ぞ。男仕事(2)にてさへ有れば、三谷千左衛《せんざゑ》門《もん》(3)手に廻り合ひ仕果せ申し候。軍神の加護なるべし。

（1）何事　あのこと。万治元年（一六五八）の切支丹囚人斬首のことを指すか。六の201参照。／（2）男仕事　武士の仕事。／（3）三谷千左衛門《せんざゑもん》　政通。光茂死去の際出家し如休《じょきゅう》と号す。一の120参照。

訳　一、日頃の心懸けほど仕遂《しと》げる証拠は、この前のあのことぞ。武士の仕事であるからこそ、三谷千左衛門《せんざえもん》の手勢が巡り合い仕遂げ申しました。軍神の加護であろう。

50一、「「殿中にては抜き掛《かけ》られても手向《てむか》ひ不レ致《いたさず》、其段御目附へ断《ことわり》候はゞ、非分たりとも理に付けらるべし」と承《うけたまは》り伝へ候。後の利運(1)を存じ、当座の恥を堪忍致し候儀、いかゞ」と申し候へば「元心《げんしん》師指南に、「詞《ことば》の働き入る処也。相手を召連《めしつ》れ申すか、我身《わがみ》ばかりにても御目附へ面談、〃如レ斯《かくのごとく》の仕合せ誠に堪忍仕《つかまつ》り難く候へども、殿中憚り多く、御上《おんうへ》に奉レ対《たいしたてまつり》、当座の恥辱を堪忍仕り候心底御推量可レ被レ下《くださるべく》候。某《それがし》一命は遄《すみやか》に捨て置き申し候。此《この》段御届け仕り候〃段、当時の趣《おもむき》次第に(2)可二申達一《まうしたつすべく》候。もし相手御構無レ之《おかまひこれなく》(3)候はば、はじめに捨て置きたる命に候へば、何の手(4)もなく打果し可レ申《まうすべく》候」一由。

(1) 利運　幸運。／(2) 次第に　経過を追って。／(3) 御構無レ之　お咎《とが》めなし。／(4) 何の手もなく　躊躇なく。そのまま。

訳　一、「『殿中では切り懸けられても手向い致さず、その段を御目付に断りますならば、不当であっても理があると認められるはず』であると承り及んでいます。後の幸運を期し、その場の恥を堪忍《かんにん》いたしますことは、どうか」と申しますと、「元心《げんしん》師の教えに、『言葉の働きが要るところである。相手を召し連れ申すか、我が身だけでも御目付に面談し、このような巡り合わせは誠に堪忍いたし難くありますが、殿中は憚《はばか》りが多く、御上《おんうえ》に配慮申し上げ、その場の恥辱を堪忍いたしました心底を御推量下されますように。それがしの一命は速やかに捨て置き申しています。この段をお伝え致します。その時の様子を順々に申し伝えるべきです。もし相手にお構いなしとなりますならば、初めに捨て置いた命ですので、ためらいもなく打ち果たし申します』（とあった）」とのこと。

51 一、「武道・奉公方に付き、段々心相打替《あひうちかは》り申し候。ふと気に乗り、(1)此《この》上はあらじと存じ候事も、暫《しばら》くして「いや〳〵危《あぶな》き事にて有し」と打替り候事ども御座候。時々、心相改《あひあらたま》り行き申す事ども、もし書付け候はば、若年より此方《このかた》百度や二百度と申す事は有まじく候。さて〳〵埒明《らちあ》き不ㇾ申《まうさゞる》事に候。何《なに》とぞ仕届け申したし」と申し候へば、「其内《そのうち》がよき也。仕届け候へば早違《はやちが》ひ候。一生と存じ候へ」と也。

(1) 気に乗り　調子づき。

訳 一、「武道・奉公の方面について、次第次第に心持ちが替わり申しました。ふと調子に乗り、この上はあるまいと存じましたことも、しばらくして「いやいや危ないことであった」と替わりましたことがございました。時々、心持ちが改まって行き申すことを、もし書き付けましたならば、若年よりこの方、百度や二百度と申す（数で済む）ことはありますまい。さてさて埒《らち》が明き申さぬことです。何とぞ成し遂げ申したい」と申しますと、「そう考えているうちがよい。成し遂げますと早くも違《たが》えます。一生と存じなさい」とのことである。

52 (1)一、出抜《だしぬき》に首打ち落されても一働きは聢《しか》と成るはずに候。義貞《よしさだ》の最期など証拠也。心甲斐《かひ》なく候て、其儘《そのまゝ》打倒《たふ》ると相《あひ》見え候。大野道賢《だうけん》が働きなどは近き事也。是《これ》は何がする事と思ふと、たゞ一念也。「武勇の為悪霊と成らん」と大悪念(2)を起したらば、首の落ちたるとて死すはずにてなし。

(1) 52　一の120、十の54参照。／(2) 大悪念　悪念を越えた悪念。

訳　一、出し抜けに首を打ち落とされても一働きはしかとできるはずです。(新田)義貞《よしさだ》の最期などが証拠である。腑甲斐ない(者)ですと、そのまま打ち倒れると見えます。大野道《どう》賢《けん》の働きなどは最近のことである。これは何がすることと思うと、只一念(がするの)である。「武勇のため悪霊となろう」と大悪念を起こしたならば、首が落ちたとて死ぬはずがない。

53　一、或る人の物語に「大人《たいじん》(1)の名言を被二仰出《おほせいださる》一事不思議に存じ、ふと存じ当り候。下々は欲徳をはじめ、常々きたなき事ばかりを思ひ、胸中を汚《けが》し候に付き、俄《にはか》に思慮をめぐらさんとしても、また詩歌等の作意(2)も、出《い》で難く候。大人は、元来汚れたる事御胸中に出で来不レ申《まうさず》、清浄心(3)に自然と被レ為レ叶《かなはせられ》候故、と存じ候」由。

(1) 大人　身分や地位の高い人。／(2) 作意　趣向。／(3) 清浄心　煩悩《ぼんのう》・悪行《あくぎょう》を脱した心。

訳　一、ある人の話に「大人《たいじん》が名言を仰《おお》せ出《だ》されることを不思議に存じて、ふと存じ当たりました。下々は欲得をはじめ、常々汚いことばかりを思い胸中を汚しますため、にわかに思慮を巡らそうとしても、また詩歌等の工夫も、出難いです。大人は、元来汚れたことが御胸中に起こり申さず、清浄心に自然と叶わせられますゆえ、と存じます」とのこと。

54(1)　一、正徳三年八月三日(2)夜夢中騒動の場の事。

(1) 54　山本本は54、53の順になっている。／(2) 正徳三年八月三日　一七一三年九月二二日。

訳　一、正徳三年八月三日夜、夢中騒動の場のこと。

55　一、貴《き》となく賤《せん》となく、老となく少となく、悟りても死に、迷ひても死ぬ。さても死ぬ事哉《かな》。我人《われひと》、死ぬと云《いふ》事知らぬではなし。ここに奥の手有り。死ぬと知りては居《を》るが、皆人死に果《はて》てから我《われ》は死ぬ事の様《やう》に覚《おぼ》えて、今時分にてはなしと思ひて居る也。はかなき事にてはなき哉《や》。何も角《かと》も益《やく》に不《た》レ立《ず》、夢の中の戯《たはむ》れ也。斯様《かやう》に思ひて油断しては成らず。足下《あしもと》に来る事成るほどに、随分精を出して早く仕廻ふはず也。

訳　一、貴《き》となく賤《せん》となく、老となく少となく、悟っても死に、迷っても死ぬ。さても死ぬことよ。自分も人も、死ぬということを知らぬのではない。ここに奥の手がある。死ぬと知ってはいるが、皆が死に果ててから自分は死ぬことのように思われて、（死ぬのは）今時分ではないと思っているのである。はかないことではないか。何もかも役に立たず、夢の中の戯れである。このように思って油断してはならぬ。（死は）足下に来ることであるから、できるだけ精を出して早く片付ける道理である。

56 (1) 一、不慮の事出で来て動転する人に、「笑止《せうし》(2) なる事」などと云《いは》ば、尚々《なほなほ》気ふさがりてものの理も不見《みえざる》也。左様《さやう》の時何もなげに「却《かへり》てよき仕合《しあは》せ」などと云《いひ》て気を奪ふ位(3)(4)有り。夫《それ》に取り付きて各別の理も見ゆるもの也。不定《ふぢやう》(5)世界の内にて、愁《うれ》ひも悦《よろこ》びも、心を可留《とむべき》様《やう》無き事也。

（1）56　八の40参照。／（2）笑止　気の毒。／（3）気を奪ふ　気を引き立たせる。／（4）位　次元。境地。／（5）不定世界　常なるもののない世界。娑婆《しやば》世界。

訳　一、不慮のことが出て来て動転する人に、「気の毒なこと」などと言えば、ますます気がふさがって物の理も見えない。そのような時何もなげに「かえってよい巡り合わせ」などと言って気を奪う境位がある。それにすがりついて格別の理も見えるものである。無常の世界のなかで、愁《うれ》いも喜《よろこ》びも、心を留めるべき理由はないことである。

57 一、悪逆の者(1)の仕方は、人の上の非を見出だし、聞き出だして語り広げ、慰《なぐさ》む也。また、「何某《なにがし》こそ斯様《かやう》の悪事故、御究めにも逢《あ》ひ閉門蟄居《ちつきよ》仕《つかまつ》り居《を》り候」など、無き事までもはやらかし、世上普《あまね》く取沙汰させて、其《その》者の耳に入れ、「さては此《この》事あらはれ候」と存じ、まづは病気分にて引入り(2)候時、「我身《わが》に悪事有る故、手前から引取りたり。其《その》子細御改《あらた》め可レ有《あるべし》」と沙汰して歴々の耳にも入れ、やむ事なく悪事に成る様《やう》に仕なすもの也。此《この》手を知らでうろたゆる者を笑ひ、悪事に成して面白がり、また我身《わが》の為の工《たく》みにも仕るものにて候。度々《たび〳〵》有し事也。〈弁財御下り(3)・袋酒盛(4)・二法師江戸頭人断《とうにんことわり》(5)何《いづれ》も口達〉。広き御家中なれば、斯様《かやう》の佞悪《ねいあく》の者(6)はいつの世にも有るもの也。可二覚悟一《かくごすべき》也。

(1) 悪逆の者　道に外れたひどい悪事を行う者。／(2) 引入り　出仕をやめ。／(3) 弁財御下り　京都の仏師が彫刻した弁財天の像を、元禄十年(一六九七)に常朝が脊《せ》振山《ぶりやま》に持ち帰ったこと。五の42参照。／(4) 袋酒盛　宝永三年(一七〇六)、石井伝《でん》右《え》衛門《もん》らが酒盛をして浪人を命じられた事件。七の23参照。／(5) 二法師江戸頭人断　未詳。／(6) 佞悪の者　口先だけで心が曲がった悪い者。

訳　一、悪逆の者のやり方は、人の上の非を見出し聞き出して語り広げ、心を晴らすのである。また、「なにがしはこのような悪事ゆえ、お取り調べにも会い、閉門・蟄居《ちっきょ》いたしております」などと無いことまでも言いはやし、世上に広く取り沙汰《ざた》させてその者の耳に入れ、（その者が）「さてはこのことが露見しました」と存じ、まずは病気とのことで引き退きました時、「我が身に悪事があるゆえ、自分から引き取った。その子細についてお調べがあろう」と噂して歴々の耳にも入れ、止まることなく悪事に成るように仕立てるものである。この手を知らないで狼狽《うろた》える者を笑い、悪事に成して面白がり、また我が身のための企みにも致すものです。度々《たびたび》あったことである。〈弁財御下り・袋酒盛・二法師江戸頭人の断り、いずれも口《く》達《たっ》（がある）〉。広い御家中だから、このような佞悪《ねいあく》の者はいつの世にもいるものである。覚悟すべきである。

58一、同座に若輩の人欠《あく》び被レ仕《つかまつられ》候時、「欠びは見苦しきもの也、欠び・くさめはするまじきと思へば、一生せぬもの也。気の脱《ぬ》けたる所にて出《い》づるもの也。ふと欠び出で候へば口を隠すべし。くさめは額を押《おさ》ゆると留《と》まる也。また、酒を呑む衆はあれども、酒盛《さかもり》よくする人なし。公界《くがい》(1)もの也。気を可レ付《つくべき》事也。斯様《かやう》の事ども奉公人の嗜《たしな》み、若き内《うち》に一々《ひとつひとつ》仕付けたき事也とて箇条書百ばかり(2)出《い》で来申し候。猶々《なほ〳〵》僉議《せんぎ》して書付け候へ」と也。

(1) 公界　公の場。／(2) 箇条書百ばかり　「常朝の草庵雑談覚書の事なるべし」（『葉隠聞書校補』）。現在の写本は百七項より成る。

訳　一、同じ座で若輩の人が欠伸《あくび》いたされました時、「欠伸は見苦しいものである、欠伸・くしゃみはするまいと思えば、一生しないものである。気の脱けた所で出るものである。ふと欠伸が出ましたら口を隠すべきである。くしゃみは額を押さえると止まる。また、酒を呑む衆はいるが、酒盛りを良くする人はいない。公の場のものである。気を付けるべきことである。このようなことは奉公人の嗜《たしな》みで、若いうちに一つ一つしつけたいことであると思って箇条書きが百ばかりでき申しました。ますます詮議して書き付けなさい」とのことである。

59 一、「帯の仕様《しやう》、上下《かみしも》付き(1)は御国風(2)にまさりたるはなし」と加賀守《かゞのかみ》(3)殿被《おほせられ》レ仰候由。皆加州の御仕出し(4)也。帯の結び目挟《はさ》む事、他国になし。別《わき》てよき也。

(1) 上下付き　裃の着方。／(2) 御国風　佐賀藩での風俗。／(3) 加賀守　第二代小城藩主鍋島直能《なおよし》。五の98、六の187、八の12、十一の61参照。／(4) 仕出し　工夫。

訳　一、「帯の仕方、裃《かみしも》の着け方は御国の風に優るものはない」と加賀守《かがのかみ》（直能《なおよし》）殿が仰せられましたとのこと。皆加州（直能）の御発案である。帯の結び目を挟《はさ》むことは他国にない。とりわけよいものである。

60 一、山崎蔵人《くらんど》(1) 被レ申《まうされ》候は「見え過《すぐ》る奉公人は悪《わろ》し」と。是《これ》金言にて候。たゞ奉公に好きたるは、当介《あてがひ》家職也。あるいは理非の穿鑿《せんさく》強く、または無常を観じ、隠者を好《この》み、濁れる世の中・事繁《しげ》き都など、見なし、仏道修行して生死《しやうじ》を離れ、詩歌の翫《もてあそ》び・風雅を好《この》みなどする事、よき事の様《やう》に思ふ也。是《これ》は我《わが》一身の安楽にして、心を浄《きよ》く持つばかり也。隠居人・出家など世外の者はよし。奉公人は第一の禁物。如レ此《かくのごとき》者は皆腰抜け也。武道・奉公は骨を折りて仕《し》難き事故《こと》、迯《にげ》て安楽を好むもの也。世間にて、無学文盲にて奉公一篇に精を入れ、または妻子以下の育立《そだて》に心掛くる者は、一生を見事に暮す也。奉公人にて有りながら、座禅を勤め、詩歌に心を寄せ、境界《きやうがい》(2)を風雅に、異風(3)にする人は、多分身上《しんしやう》(4)持ち損《そこな》(5)ひ無力に責《せ》められ、俗にも僧にもあらず、公家・隠者にもあらずして見苦しき有様也。また、「一篇にかたぶかず、家職の隙《ひま》に気晴し、慰《なぐさみ》に余の事をするは不レ苦《くるしからず》」と申す事有り。是《これ》は障《さはり》までには成るまじく候。さりながら家職一篇に心掛け候へば、曾《かつ》て少しの隙も無レ之《これなき》もの也。隙の有るは未《いま》だ打部《うちはま》らざる故也。

老功の士の一言は、厚き事也。(6)蔵人年寄役の時分、俳諧はやり、殿中にても俳諧する人多く候へども、蔵人一人終に仕習《つひ》ひ不レ被レ申《まうされず》候。御用澄《(7)すみ》候へば「各《おのおの》は俳諧被レ成《なされ》候へ」と申して帰り被レ申《まうされ》候。隠居以後、連歌三昧にて日を暮し被レ申《まうされ》候由。

(1) 山崎蔵人　政良《まさよし》。年寄役。一の11・195参照。／(2) 境界　身の回り。／(3) 異風　世間一般と異なった様。／(4) 身上　財産。／(5) 無力　貧乏。／(6) 厚き　思いやりがある。／(7) 御用　奉公勤め。

訳　一、山崎蔵人《くらんど》が申されましたのは「見え過ぎる奉公人は悪い」と。これは金言であります。ただ奉公を好いた者は、ふさわしい家職である。ある者は理非の穿鑿《せんさく》が強く、または無常を観じ隠者を好み、濁った世の中・せわしい都などと見なして、仏道修行をして生死《しょうじ》を離れ、詩歌の翫《もてあそ》び・風雅《ふうが》を好みなどすることをよいことのように思う。これは我が一身の安楽であって、心を浄《きよ》く持っているだけである。隠居人・出家者など、世俗外の者はそれでもよい。奉公人には第一の禁物。このような者は皆腰抜けである。武道・奉公は骨を折ってするのが難しいことゆえ、(それを)逃れて安楽を好むものである。世間において、無学文盲である。奉公一つに精魂を込め、または妻子以下の養育に心懸ける者は、一生を見事に暮らすのである。奉公人でありながら、坐禅を行い、詩歌に心を寄せ、身辺を風雅に、人と異なる風にする人は、大かた身上《しんしょう》を持ち崩し不如意に苦しめられ、俗でも僧でもなく、公家《くげ》・隠者でもなくして見苦しいあり様である。また、「一つに偏《かたよ》らず、家職の隙《ひま》に気を晴らし、慰みに他のことをするのは問題ない」と申すことがある。これは障《さわ》りまでにはなりますまい。しかしながら家職一つに心懸けますと、全く少しの隙もないものである。隙があるのはまだ打《う》ち部《はま》っていないからである。

老功の士の一言は、情けが厚いことだ。蔵人が年寄役の頃、俳諧が流行《はや》り、殿中でも俳諧する人が多くありましたが、蔵人一人は終《つい》に仕習い申されませんでした。御用が済みますと「おのおの方は俳諧なされませ」と申して帰り申されました。隠居後、連歌三昧《ざんまい》で日を送り申されましたとのこと。

61 一、奉公人は心入れ一つにて澄《すむ》事也。分別・芸能にわたれば事難しく、心落着《らくちゃく》せぬもの也。また、業《わざ》にて御用に立つは下段也。分別もなく、無芸無勇にて、何の御用にも不レ立《たゝず》、田舎の果《はて》にて一生朽果《くちはつる》者が、我《われ》は殿の一人被官(1)也。御懇《ねんごろ》にあらふも、御情なくあらふも、御存じなさるまいも、夫《それ》には曾《かつ》て不レ構《かまはず》、常住御恩の忝《かたじけな》き事を骨髄に徹して涙を流して大切に奉レ存《ぞんじたてまつる》まで也。是《これ》は安き事也。是が成らぬ生れ付きとては有るまじ。また如レ斯《かくのごとく》思ふまい事ではなし。

されども、斯様《かやう》の志《こゝろざし》の衆は稀《まれ》なるもの也。ただ心の内《うち》ばかりの事也。長《た》けの高き御被官也。恋の心入れの様《やう》なる事也。情なくつらきほど思ひを増す也。適《たま》にも逢ふ時は命を捨つる心になる。忍《しの》ぶ恋などこそよき手本なれ。一生云出《いひい》だす事もなく、思ひ死にする心入れは深き事也。また自然偽《いつはり》に逢ひても(2)、当座は一入《ひとしほ》悦び、偽のあらはるれば猶《なほ》深く思入る也。君臣の間、如《かくのごとく》レ斯なるべし。奉公の大意(3)、是《これ》にて埒《らち》明くる也。理非の外なるもの也。〈私云(4)、君臣の間と恋の心と一致成事、宗祇《そうぎ》(5)の註に見当り申し候〉。

(1) 一人被官　たった一人の家来。一の12、二の63参照。／(2) 偽に逢ひても　相手にだまされても。／(3) 大意　根本の心。／(4) 私云　以下、陣基による補足。／(5) 宗祇《そうぎ》　室町時代後期の連歌師。

訳　一、奉公人は心入れ一つで済むことである。分別・才芸に及ぶと事が難しく、心が落ち着かぬものである。また、わざで御用に立つのは下段である。分別もなく無才・無勇で、何の御用にも立たず、田舎の果てで一生朽ち果てる者が、わたしは殿の一人家来である。お懇《ねんご》ろであろうとも、お情けなくあろうとも、御存じなさるまいとも、それには全く構わず、常日頃御恩の忝《かたじけな》いことを骨髄に徹して、涙を流して大切に存じ申し上げるまでである。これはたやすいことである。これができぬ生まれ付きとてはあるまい。またこのように思えぬようなことではない。

しかし、このような志《こころざし》の衆はまれなものである。ただ心の内だけのことである。丈《たけ》の高い御家来である。恋の心入れのようなことである。情けなく辛いほど思いを増すのである。たまたまにでも逢《あ》う時は命を捨てる心になる。忍ぶ恋などこそよい手本である。一生言い出すこともなく、思い死にする心入れは深いことである。またもしも偽りに逢っても、その時はひとしお悦び、偽りが顕《あらわ》れればなお深く思い入れるのである。君臣の間はこのようでなければならぬ。奉公の根本はこれで埒《らち》が明くのである。理非の外にあるものである。〈私に云う、君臣の間と恋の心とが一致することは、宗祇《そうぎ》の註に見当り申します〉。

62(1)一、御側《おそば》の奉公は、成るほど不㆓差出㆒《さしいでざる》様《やう》にぶら〳〵として年を重ね、自然と御用に立つ様になければものに不㆑成《ならざる》也。一家の内の様《やう》なれば也。外様《とざま》(2)の奉公は、夫《それ》にては不㆓追付㆒《おひつかず》、随分無㆑迦《はづれなく》(3)心掛け、上たる人の眼にも付く心持有り。

(1) 62　二の30参照。／(2) 外様　外側の勤め。御側に対する語。八の26参照。／(3) 無㆑迦　遺漏なく。

訳　一、御側の奉公は、できるだけ差し出ぬようにぶらぶらとして年を重ね、自然と御用に立つようでなければ物にならぬ。一家の内のようなものだからである。

外様の奉公は、それでは追い付かず、なるべく外《はず》れのないように心懸け、上である人の目にも付く心持ちが要る。

63一、何の徳もなき身にて候へば、させる奉公も不レ仕《つかまつらず》、虎口前《こぐちまへ》(1)仕りたる事もなく候へども、若年の時分より、一向《いつかう》に「殿の一人被官は我《われ》也。武勇は我《われ》一人也」と骨髄に徹《とほ》り思込み候故か、何たる理発人・御用に立つ人にても押下げ得《え》(2)不レ被レ申《まうされず》候。却《かへり》て諸人の取持ち勿躰《もつたい》(3)なく候。たゞ殿を大切に存じ、何事にてもあれ「死狂ひは我一人」と内心覚悟仕りたるまでにて候。今こそ申せ、終《つひ》に人に語り不レ申《まうさず》候へども、一念天地を動かす故《ゆゑ》にて候か、人に免《ゆる》され(4)申し候。御子様方はじめ諸人の御懇意、誠に痛み入り申す事に候。主人に思ひ付く事は、御譜代の士《さむらひ》は奉公するの・せぬのにはより不レ申《まうさず》候へども、勤る時はまた品有る事に候。知行《ちぎやう》御加増、金銀過分に拝領ほど有難き事はなく候へども、夫《それ》よりは御一言が忝《かたじけな》くて、腹を切る志《こゝろざし》は発《おこ》るもの也。火事御仕組(5)に、江戸にて御書物心遣ひ(6)と被二申上《まうしあげられ》一候へば「若き者に候間、供《とも》申し付け候へ」と被二仰出《おほせいでられ》一候時、忽《たちまち》身命を捨つる心に成りたり。また大坂にて(7)御夜の物・御蒲団(8)拝領の時、「慰方《なぐさみがた》に召仕ひ候者に加増とは遠慮故、志までに呉るゝぞ。年寄どもへ礼にも及ばぬ」と被レ仰《おほせられ》候時、あはれ(9)昔ならば此《この》蒲団を敷き、此夜着を被《かぶ》り、追腹可レ仕《おひばらつかまつるべき》ものと骨髄有難く奉レ存《ぞんじたてまつり》候也。

（1）虎口前　戦場で戦うこと。／（2）押下げ　卑しめ。／（3）取持ち　世話。推挙。／（4）免され　認められ。／（5）火事御仕組　貞享二年（一六八五）、常朝二十七歳の時。仕組は部署を決めること。／（6）御書物心遣ひ　火事の際、殿の書き物を守る役。／（7）大坂にて　元禄九年（一六九六）、常朝三十八歳の時。／（8）御夜の物　夜着。／（9）昔　追い腹禁止以前。

訳　一、何の徳もない身ですのでさしたる奉公も致さず、虎口前《こぐちまえ》を致したこともありませぬが、若年の頃より、ひたすらに「殿の一人家来は自分である。武勇は自分一人である」と骨髄に徹し思い込みましたからか、どれほど利発な人・御用に立つ人でも（自分を）見下げることはでき申されませんでした。かえって諸人の取り持ちが勿体《もったい》ないほどでした。ただ殿を大切に存じ、何事でもあれ「死に狂いは自分一人」と内心覚悟いたしたまででした。今こそ申すが、終に人に語り申しませんでしたけれども、一念が天地を動かしたからでありましたか、人に認められ申しました。御子様（綱茂公）方をはじめ諸人の御懇意、誠に痛み入り申すことでした。主人に思いを寄せることは、御譜代《ごふだい》の士《さむらい》は奉公する・しないにはより申しませぬが、勤める時はまた位があることです。

知行《ちぎょう》の御加増、金銀の過分な拝領ほど有り難いことはありませぬが、それよりは（殿の）御一言が忝《かたじけな》くて、腹を切る志は起こるものである。火事の御配属で（わたしの部署は）江戸で御書物心遣い役と（殿に御報告）申し上げられましたところ、「（この者は）若い者ですから、供を申し付けなさい」と仰《おお》せ出《だ》されました時、たちまち身命を捨てる心になった。また大坂で御夜着・御蒲団を拝領した時、「趣味の方面に召し仕います者に加増とは憚《はばか》られるので、志までにやるぞ。年寄（役）どもに礼をするにも及ばぬ」と仰せられました時、嗚呼《ああ》昔ならばこの蒲団を敷き、この夜着を被《かぶ》り、追い腹を致すべきものをと骨の髄まで有り難く存じ申し上げました。

64 一、帰り新参(1)などは、さても鈍に成りたると見ゆる位(2)がよし。しつかりと落付きて動かぬ位が有る也。御譜代《ふだい》の忝さ、有難き御国なる事は、気の付くほど御恩が重くなる也。斯様《かやう》に行当りて(3)よりは、牢人《らうにん》などは何気《なにげ》もなき事(4)也。此《この》主従の契《ちぎり》より外には何もいらぬ事也。此事《このこと》はまだなりとて、釈迦・孔子・天照大神の御出現候て御勧《すす》め候ても、ぎすとも(5)する事なし。地獄にも落ちよ、神罰にもあたれ、此方《このはう》は主人に志《こゝろざし》立つる外《ほか》はいらぬ也。悪《わる》くすれば、神道の仏道のと云《いふ》、結構なる打上《うちあが》つた(6)道理などに転《てん》ぜらるる(7)もの也。仏・神も是《これ》を悪《わろ》しとは思召《おぼしめ》すまじき也。

(1) 帰り新参　帰参して仕え直す者。／(2) 位　気の位。／(3) 行当りて　気が付いて。／(4) 何気もなき　何でもない。／(5) ぎすとも　ぎくとも。びくとも。／(6) 打上つた　高尚な。／(7) 転ぜらるる　転ばされる。（生き方を）踏み違えさせられる。

訳　一、帰参して改めて仕える者などは、さても鈍くなったと見えるくらいがよい。しっかりと落ち付いて動かぬ位があるのである。御譜代の忝《かたじけな》さ、有り難い御国であることは、気が付くほどに御恩が重くなる。このように行き当たってからは、浪人などは何ともないことである。この主従の契《ちぎ》りよりほかには何も要らぬことである。このことはまだまだであると言って、釈迦・孔子・天照大神が御出現になりましてお勧《すす》めになりましても、びくともすることがない。地獄にも落ちよ、神罰にも当たれ、こちらは主人に志《こころざし》を立てるほかは要らぬのである。悪くすれば、神道だの仏道だのという、よく出来たお高い道理などに転ばされるものである。仏・神もこれを悪いとは思《おぼ》し召《め》すまい。

65一、或る方に見廻ひに御同道致し、暫《しばら》く咄有《はなしあり》て罷《まか》り帰ると有り。亭主「まづ暫く御咄候へ。晩までと存じ候へども客約束」と被《まうされ》ﾚ申候。追付《おつっけ》罷り立ち候。「差合ひ(1)を云《いは》れてから帰るは、追立てられたるにてこそあれ」と也。

（1）差合ひ　差し障《さわ》り。

訳　一、ある方への挨拶に御同道いたし、しばらく話をして帰るということであった。亭主が「まずしばらくお話しなさい。晩までと存じましたけれども客の約束が」と申されました。(師は)直ちに退出しました。「差し障《さわ》りを言われてから帰るのは、追い立てられたことになる」とのことである。

67 一、「写し紅粉《べにこ》(1)を懐中したるがよし。自然の時に(2)、酔覚《よひざ》めか寝起きなどは皃《かほ》の色悪しき事有り。斯様《かやう》の時、紅粉を引きたるがよき也」と。

(1) 写し紅粉　書画に用いる紅の粉末。／(2) 自然の時　事が起きた咄嗟《とつさ》の時。

訳　一、「写し紅粉《べにこ》を携帯しているのがよい。もしもの時に、酔い覚めか寝起きなどは顔の色が悪いことがある。このような時、紅粉を引いた方がよいのである」と。

67 一、相良求馬《さがらきうま》(1)ほど発明《ほつみやう》なる人また出来《いでく》まじきと思はれ候。打見たる所さても理発なる人と相見え候。分別するほど発明あらはれ候。光茂公歌道一篇に御執心故、勝茂公より御異見、年寄役(2)は蟄居被二仰付一《ちつきよおほせつけられ》候。其《その》時御側の者被二召出一《めしいだされ》御呵《しかり》にて候。求馬若年の時分にて末座に罷り在り候が、申上げ候は「丹州《たんしう》様(3)の御気質を某《それがし》ならでよく存じ候者無二御座一《ござなく》候。(4)抜群の御器量にて、御短気、手荒く被レ成二御座一《ござなされ》候。御気質和《やはら》ぎ申す為には御歌学頂上の儀に候。然《しかれ》ば御歌御好き被レ遊《あそばされ》候は、御家御長久の基《もと》と奉レ存《ぞんじたてまつり》候」と申上げ候由也。後までも斯様《かやう》に申し候。後日に勝茂公仰せに「丹後守が側の者どもを呼出し呵《しかり》候に、一言も申す者無し。たはけどもにて候。末座に若輩《じゃくはい》者居《をり》候が面付《つらつき》器量に見え候」と被レ成《ぎょいなされ》二御意一候由。〈此段脇説（5）に承《うけたまはり》候には相違の所有り。尚可レ尋《なほたづぬべし》〉。

（1）相良求馬　及真《ちかざね》。加判家老。一の7参照。／（2）年寄役　馬渡市之丞《まわたりいちのじょう》・副島五郎左衛門《そえじまごろうざえもん》。五の70参照。／（3）丹州　光茂。／（4）頂上の儀　この上ないこと。／（5）脇説　他の人の話。『御代々御咄聞書《ごだいだいおはなしききがき》』参照。

訳　一、相良求馬《きゅうま》ほど聡明である人は再び出て来そうもないと思われます。ちょっと見たところさても利発な人と見えます。分別するほど聡明が顕《あらわ》れます。光茂公が歌道一つに御執心のため、勝茂公より御異見があり、年寄役は蟄居《ちっきょ》を仰《おお》せ付けられました。その時御側《おそば》の者は召し出されお叱りを受けました。求馬は若年の頃で末席におりましたが、申し上げましたのは「丹州（光茂）様の御気質をそれがしでなくて良く存じています者はございませぬ。抜群の御器量で、御短気で、手荒くいらっしゃられます。御気質を和らげ申すためには御歌学が最上のものです。だからお歌をお好き遊ばされますのは、御家御長久の基と存じ申し上げます」と申し上げましたとのことである。後までもこのように申しました。後日に勝茂公の仰せに「丹後守（光茂公）の側の者どもを呼び出して叱りました際に、一言も申す者はなかった。たわけどもでありました。末座に若輩者《じやくはいもの》がおりましたが、面《つら》つきが器量者に見えました」と仰せなされましたとのこと。〈この段、他の説に承りましたのとは相違する所がある。なお調べよ〉。

68 一、新儀(1)は縦《たとへ》よき事にてもいかゞ也(2)。中野又兵衛《またべゑ》(3)元《もと》組の者申し候は「旦那様御苦労被レ成《なされ》、我々弓二十五人御仕立被二召置一《めしおかれ》候処、散々《ちりぢり》に相成り候に付て、責《せめ》て御形身《かたみ》と存じ、器量の者十人すぐり沢野殿(4)組に遣《つかは》し候が、組中胆を潰《つぶ》させ御恩報じと奉レ存《ぞんじたてまつり》候。残りは鉄炮《てつぱう》組に成り候故、弓切り折り「今より火縄拵《ごしら》へ成まじく」と申し候て気味をくさらかし申し候。一人は一石組(5)の押《おさ》(6)へに参るはずに候へども、請合不レ申《まうさず》候に付き、某《それがし》申し候は「弓は我らに続く人なし。然《しかれ》ども老年にて業不二相成一《わざあひならず》候。御上《おんうえ》の仰付《おほせつけ》を不二罷成一《まかりならず》などと申すは慮外《りよぐわい》にて候間、我ら一石組に可レ参《まゐるべし》」と申し乞ひ、今は弓を手にも取り不レ申《まうさず》」と涙を流し咄《はなし》申し候。斯様《かやう》の儀、上に相知り不レ申、下《した》の不和出《い》で来申し、笑止《せうし》の事に候。尤《もつとも》、有難き御家に候へば、追《つい》日《じつ》は不合点《ふがつてん》の者有まじく候。直茂公は一和の所を肝要《かんえう》に被レ遊《あそばされ》候。

また、有馬(7)の軍功一、二の入れ札(8)に被レ遊《あそばされ》候。備々《そなへぞなへ》(9)に御目附有レ之《これある》由。其《その》頃諸人不合点《ふがつてん》の由。敵合ひの(10)働き、何として見分け、明白に可レ成哉《なるべきや》。御目附武功の人にて無レ之《これなく》候はゞ、相違可レ有レ之《これあるべく》候。江戸御式台(11)にて石井弥七左衛門(12)有馬咄を仕出し候時、問田市郎左衛門《いちらうざゑもん》(13)罷り在り、

「よき折柄にて候。一番乗を我らより先に為レ参《まゐりたる》者有レ之哉《これあるや》。申して見候へ」と申し候に付て、「夫《それ》は乗り口(14)が違ひ可レ申《まうすべし》」と申し候由。斯様《かやう》の事多く、手柄隠れ、残念に存じ候者数多く有レ之《これあり》候由。

(1)新儀　新しい措置。元禄八年（一六九五）の足軽組替えのこと。序文（34頁）注（17）参照。／(2)いかゞ也　どうかと思われる。／(3)中野又兵衛　政良《まさよし》。常朝の叔父。足軽組頭。印西派の弓の師範。元禄八年没。六の117、八の21参照。／(4)沢野　新右衛門《しんえもん》精種《きよたね》。弓組頭。／(5)一石組　切米一石の足軽組をいうか。／(6)押へ　しんがり。隊列を整える役の足軽。／(7)有馬　寛永十四、十五年（一六三七、三八）の島原の乱。勝茂の時代。／(8)入れ札　投票。／(9)備々に　陣立てごとに。／(10)敵合ひの　入り乱れて敵と戦っている時の。／(11)式台　玄関先の板敷。／(12)石井弥七左衛門　正之《まさゆき》。林利兵衛《はやしりへえ》貞正《さだまさ》栄久《えいきゅう》の子。三の26、四の72、六の112参照。／(13)問田市郎左衛門　新五左衛門《しんござえもん》の子。／(14)乗り口　攻め口。

訳　一、新事はたとえ良いことでもいかがなものか。中野又兵衛《またべえ》の元組の者が申しましたのは、「旦那様は御苦労なされて我々弓二十五人をお育て上げなされ、召し置かれましたところ、散り散りになりましたため、せめて御形身をと存じ器量ある者を十人選りすぐり沢野殿組に遣わしましたのが、組中の胆《きも》を潰《つぶ》させて、御恩報じ（になった）と存じ申し上げました。

残りは鉄砲組になりましたので、弓を切り折り「今から火縄支度などできぬ」と申しまして気を腐らせ申しました。(誰か)一人は一石組の押さえ役に参るはずでしたが、(誰も)請け合い申しませんでしたため、それがしが申しましたのは、「弓はわしに続く人はいない。しかし老年で業《わざ》ができませぬ。御上《おんうえ》の仰《おお》せ付けをできぬなどと申すのは思いも寄らぬことですので、わしが一石組に参ろう」と申し願い、今は弓を手にも取り申さぬ」と涙を流して話し申しました。このようなことが上に知れ申さず、下の不和が起こり申し、困ったことです。もっとも、有り難い御家ですから、日増しには不合点《ふがてん》の者がいなくなるはずです。直茂公は一つに和するところを肝要に遊ばされました。

また、有馬の陣の軍功行賞を一、二の入札で遊ばされました。陣立てごとに御目付がいたとのこと。当時諸人が納得しなかったとのこと。敵と戦った働きをどのように見分け、明白にできるか。御目付が武功の人でありませぬならば、相違があるはずです。江戸の御式台で石井弥七左衛門《やしちざえもん》が有馬の話をし出しました時、問田市郎左衛門《といだいちろうざえもん》がおり、「よい折です。一番乗りをわたしより先に参った者はいるか。申してみなさい」と申しましたため、「それは乗り入れ口が違い申すだろう」と申しましたとのこと。このようなことが多く、手柄が隠れ、残念に存じました者が数多くいましたとのこと。

69(1)一、何某《なにがし》、或る御方《おんかた》にて笄《かうがい》(2)失せ候事を何角《なにかと》申し候を、同道の衆異見申し候て沙汰《さた》無しに(3)

被《かへられ》レ帰候。追《おつ》て盗み候人相知れ、仕置有《これあり》レ之候。御亭主に恥かゝせ申す事を不二行当一《いきあたらず》(4)云出《いひいだ》して見出だし不レ申《まうさゞる》時は、猶々《なほ〳〵》無興《ぶきよう》也。〈刀の拵《こしらへ》(5)様《やう》・置き処・失ひたる時の事をも兼々《かね〴〵》吟味可《つかまつるべき》レ仕事の由〉。

(1) 69 二の87、七の44参照。／(2) 笄 刀の鞘に差しておいて、髪をまとめたり掻いたりする道具。／(3) 沙汰無しに 表沙汰にせずに。／(4) 不二行当一 行き当たるまで考えず。／(5) 拵 刀の柄や鞘に施す装備。

訳 一、なにがしが、あるお宅で笄《こうがい》を失くしましたことを何かと申しましたのを、同道の衆が異見申しまして、表沙汰《ざた》にしないで帰られました。追って盗みました人がわかり、仕置きがありました。御亭主に恥をかかせ申すことに思い当たらず、言い出して（笄を）見出し申さぬ時は、なおさら興ざめである。〈刀の装備の仕方・置き所・失くした時のことをもかねがね吟味いたすべきこととのこと〉。

70 一、「興に乗じては、(1)口柄《くちがら》(2)にて咄《はなし》をもする事有り。我《わが》心浮きて実《まこと》なく、脇よりも左様《さやう》に見ゆる也。其《その》跡にて実儀なる事を見合せ咄《はなす》べし。我心実が出来《いでく》る也。軽く挨拶をする時も一座を見はかりて人の気に不レ障様《さはらざるやう》、少し案じてより可レ申《まうすべき》也。また、武道の方・御国家の事に難を申す衆候はゞ、愛相尽《あいさうつき》てしたゝかに申すべし。兼《かね》て覚悟可レ仕《つかまつるべく》候」由。

（1）興に乗じて　面白さにまかせて。／（2）口柄　話の仕方。話の内容に対する語。

訳　一、「興に乗じては、話の仕方で話をもすることがある。（その時は）我が心が浮《うわ》ついて実がなく、脇からもそのように見える。そのすぐ後で事実であることを見比べて話をせよ。（そうすれば）我が心に実が出て来る。軽く挨拶をする時も一座を見計らって人の気に障《さわ》らぬよう、少し考えてから申すべきである。また、武道の方面・御国家のことに難癖を申す衆がありましたならば、愛想を尽かして強く申せ。かねてから覚悟いたすべきです」とのこと。

71 一、「談合事(1)などは、まづ一人と示し合せ、其《その》後可レ聞《きくべき》(2)人々を集め、一決すべし。左《さ》なければ、恨《うら》み出《い》で来る也。また、大事の相談は、構《かまは》ぬ人(3)・世外の人などにひそかに批判させたるがよし。無二贔負《ひいきなき》一故、よく理が見ゆる也。一郭《くるわ》(4)の人に談合すれば、我《わが》心の理方(5)に申すものに候。是《これ》にては益《やく》に立ち不レ申《まうさず》候」由。〈二法師《にほふし》(6)口伝〉。

（1）談合事　相談する物事。／（2）可レ聞　相談すべき。／（3）構ぬ人　直接の関わりを持たない人。／（4）郭　仲間うち。／（5）理方　理の方。／（6）二法師　江戸の頭人を断わったこと。

二の57参照。

訳　一、「話し合わねばならぬことなどは、まず一人と示し合わせ、その後話を聞くべき人々を集め、一決せよ。そうでなければ、恨《うら》みが出て来る。また、大事な相談は、関わらぬ人・世俗外の人などに密かに批判させるのがよい。贔屓《ひいき》がないので、よく理が見えるのである。同じ仲間うちの人に相談すると、我が心の理がある方に（都合よく）申すものです。これでは役に立ち申しませぬ」とのこと。〈二法師の口伝（がある）〉。

72　一、一芸有る者は芸敵を思ふものなるに、左仲《さちゆう》(1)、先年正珍《しやうちん》(2)に連歌宗匠《そうしやう》を譲りたり。奇特の事也。

(1) 左仲　兵動左仲延貞《ひようどうさちゆうのぶさだ》。与賀社神職。／(2) 正珍　山口正珍《しょうちん》。六座町（現・佐賀市）の町人。

訳　一、一芸のある者は芸敵を思う者であるのに、左仲《さちゆう》は、先年正珍《しようちん》に連歌宗匠《そうしよう》を譲った。奇特なことである。

73　一、湛然《たんねん》(1)和尚、風鈴を掛け置かれ、「音を愛するにてはなし。風を知りて火の用心すべき為也。大寺を持つ気遣ひは火の用心ばかり也」と御申し候。風吹くには、自身夜廻り被レ成《なされ》一生火鉢の火を不レ被レ消《けされず》、枕許に行燈《あんどん》・付け木(2)を揃へ置き、「俄《にはか》の時うろたへて火を早く立てたる者なきもの也」と御申候。

(1) 湛然《たんねん》　湛然梁重《りようじゆう》和尚。一の39・179参照。／(2) 付け木　火を移して点けるのに用いる木。

訳　一、湛然和尚《たんねんおしよう》は風鈴を掛け置かれ、「音を愛するのではない。風を知って火の用心をすべきためである。大寺を持つ気遣いは火の用心だけである」と申されました。風が吹く時には、自身で夜回りをなされ一生火鉢の火を消されず、枕許《まくらもと》に行燈《あんどん》・付け木を揃え置き、「急の時にうろたえて、火を早く立てる者がいないものである」と申されました。

74(1) 一、公界《くがい》(2)と寝間の内《うち》、虎口前《こぐちまへ》(3)と畳の上二つ(4)に成り、俄《にはか》に作り立て候故に、間に不レ合《あはざる》也。たゞ常々《つねゞ》に有る事也。畳の上にて武勇のあらはるゝ者ならでは、虎口へも撰び出されず候。

(1) 74　二の47参照。／(2) 公界　公の場。／(3) 虎口前　戦場。／(4) 二つ　別々。

訳　一、公の場と寝間の中、虎口前と畳の上が二つになり、急に作り立てますゆえに、間に合わぬ。ただ常々（そこ〔公の場、虎口前〕に）いることである。畳の上で武勇の顕れる者でなくては、虎口（前）へも選び出されませぬ。

75 一、剛・臆と云《いふ》ものは、平生に当りて(1)見ては当らず。別段に有るもの也。〈御留守居二度の口達〉(2)。

（1）当りて　推測して。／（2）御留守居二度の口達　常朝は貞享三年（一六八六）と元禄九年（一六九六）に京都役に任ぜられている。

訳 一、剛勇・臆病というものは、平生の姿から推測して見ては当たらぬ。別段にあるものである。〈御留守居二度の口達（がある）〉。

76 一、主人にも何気《なにげ》もなく被(1)レ思《おもはれ》ては大事の奉公はされぬもの也。此《この》あたり一心の覚悟にてあらはるゝ也。御呵《しかり》の時は御悪口のみ被レ仰《おほせられ》候へども、終《つひ》に御悪口に逢《あ》ひ不レ申《まうさず》候。若殿様は「主人を見限りさう成る者」と度々《たび〳〵》被レ成二御意一《ぎよいなされ》、本望と存じ居《をり》候。光茂様御逝去の時分などは我ら申上げ候事は、少しも御疑無レ之《これなき》由。

（1）何気もなく　特にこれということもない者と。

訳　一、主人にも何気もなく思われては大事の奉公はできぬものである。このあたりは一心の覚悟で顕《あらわ》れるのである。お叱りの時は御悪口ばかり仰《おお》せられましたが、（わたしは）ついに御悪口に会い申しませんでした。若殿（綱茂）様は（わたしのことを）「主人を見限りそうな者」と度々《たびたび》仰せになられ、本望と存じておりました。光茂様御逝去の時などはわたしが申し上げましたことは、少しもお疑いなかったとのこと。

77　一、「今にてもあれ、「御家一大事出《い》で来《き》候時は進み出で一人も先にはやるまじきものぞ」と存じ出だし候へば、いつにても落涙申し候。今は何事も不ㇾ入《いらず》、死人同前と思ひて捨て果て候へども、此《この》一事は若年の時分より骨髄《こつずい》に通り思ひ込み申し候故か、何と可ㇾ忘《わするべし》と思ひ居《をり》ても不ㇾ任ㇾ心《こころにまかせず》、「天晴《あつぱれ》我ら一人ならではなき」とのみ存じ候。「家老衆をはじめ御家中の衆、斯様《かやう》に御家を思ひて上《のぼ》らるまじきか」と思ふ也」と御申し候て、涙落ち、声振《ふる》ひ、暫《しばら》くは咄《はなし》も成り不ㇾ申《まうさず》。「いつも此《この》事さへ存じ出で候へば斯様《かやう》に有ㇾ之《これある》也。夜半《やはん》・暁、独居・対座の時も同前也。誠に益躰《やくたい》もなき（1）事」と也。落涙の事、数度見及び申し候。

（1）益躰もなき　役に立たない。

訳　一、「今でも「御家に一大事が出て来ました時は進み出て一人も先にはやるまいものぞ」と考え出し申しますと、いつでも落涙いたします。今は何事も要《い》らず、死人同然と思って捨て果てましたが、この一事は若年の頃より骨髄に通り思い込み申しましたからか、何とか忘れようと思っておっても心に任せず、「あっぱれ我一人でなくてはいない」とのみ存じます。「家老衆をはじめ御家中の衆は、このように御家を思って出仕されていないのだろうか」と思うのである」と申されまして、涙が落ち、声は震え、しばらくは話もでき申さなかった。「いつもこのことさえ考え出し申しますとこのようになるのだ。夜半・暁、独居・対座の時も同様である。誠に無益なこと」とのことである。落涙のことは数度見及び申しました。

78　一、一鼎《いつてい》に逢《あ》ひて「御家などの崩《くづ》るゝと云事は、末代までも無レ之《これなく》候。子細は、生々世々《しやう〴〵せゞ》御家中に生れ出《い》で、御家は我《われ》一人して抱留申《だきとめまう》す」と申し候へば、「大胆なる事を申す」と笑ひ被レ申《まうされ》候。二十四、五の時の事也。卓本《たくほん》(1)和尚に一鼎被レ申《まうされ》候は「御国に変《かはり》たる者出で来《き》申し候。昔に恥《はづかし》からぬ」と咄被レ仕《つかまつられ》候を承り候。出家物語也。

（1）卓本　実山《じつざん》卓本和尚。高伝寺住持。

訳　一、一鼎《いってい》に会って「御家などが崩れるということは、末代までもありませぬ。（その）わけは、幾生幾世《いくしょういくせ》と御家中に生まれ（変わり）出て、御家はわたし一人で抱き留め申す」と申しますと、「大胆なことを申す」と笑い申されました。二十四、五の時のことである。卓《たく》本《ほん》和尚に一鼎が申されましたのは「御国に変わった者が出て来申しました。昔に恥じぬ」と話を致されましたのを承りました。ある出家者の話である。

79(1)一、湛然和尚御申し候は、「常に氏神を向《む》き、心を釣合《つりあはせ》て(2)居可レ申《をりまうすべく》候。運強く可レ有《あるべく》候。親同前にて候」と指南候由。

（1）79　六の21参照。／（2）釣合て　相応させて。

訳　一、湛然和尚が申されましたのは、「常に氏神に向かい、心を合わせており申しなさい。運が強くなるでしょう。親同然です」と指南しましたとのこと。

80(1)一、御国(2)に生れ候者の日峯《にっぽう》様を不レ奉レ拝《をがみたてまつらざる》事、大方の事也。御存生の内にも、立願《りふぐわん》掛け(3)申す者ども為レ有レ之《これありたる》由に候。「大切の事と存じ候へば宿願を掛け奉《たてまつり》候が、一度も不レ叶《かなはざる》事は無レ之《これなし》」(4)と前神右衛門常々咄被レ申《まうされ》候由。

（1）80　三の30参照。／（2）御国　佐賀藩。／（3）立願掛け　願掛け。／（4）前神右衛門　重澄《しげずみ》。常朝の父。

訳　一、御国に生まれました者が日峯《にっぽう》（直茂）様を拝み申し上げぬことは、ぞんざいなことである。（日峯様）御存命の内にも願掛けを掛け申す者どもがあったとのことです。「大切なことと存じますと（日峯様に）宿願を掛け申し上げましたが、一度も叶わなかったことはない」と前神右衛門が常々話し申されましたとのこと。

81一、神は穢《けが》れを御嫌ひ候由に候へども、一分《いちぶん》（1）の見立て有レ之《これあり》候て日拝怠り不レ申《まうさず》候。其子細は、軍中にて血を切りかぶり、死人乗越え〳〵働き候時分、運命を祈り申す為にこそ兼々《かねぐ》は信心仕る事に候。其時「穢れ有り」とて後向《うしろむ》き候神ならば無レ詮《せんなき》事と聢《しか》と存じ極《きは》め、穢れの無レ構《かまひなく》拝み仕り候由。

（1）一分の　自分なりの。

訳　一、神は穢《けが》れをお嫌いになりますとのことですが、自分なりの見立てがありまして日々の拝みを怠り申しませんでした。そのわけは、戦の中で血を切りかぶり、死人を乗り越え乗り越え働きます時、運命を祈り申すためにこそかねてからは信心いたすことです。その時「穢れがある」と言って後ろを向きます神ならば仕方ないことと存じ極め、穢れを構うことなく拝み申しましたとのこと。

82 一、「大難・大変の時も一言也。仕合《しあ》はせよき時も一言也。当座の咄《はなし》の内にも一言也。工夫して可レ云《いふべき》事也。ひつかりと(1)するもの也。慥《たしか》に覚え(2)有り、精気(3)を尽し、兼々可二心掛一《かね〴〵こころがくべき》事也。是《これ》はめつたに咄難き事也。皆心の仕事也。心に覚えたる人ならで知るまじき」と也。

(1) ひつかりと　凜と引き締まったさま。／(2) 覚え　思い当たること。経験。／(3) 精気　精魂。

訳 一、「大難・大変事の時も一言である。巡り合わせのよい時も一言である。その場の話の内にも一言である。工夫して言うべきことである。きりっとやるものである。確かに覚えがある、精魂を尽くし、かねがね心懸けるべきことである。これは滅多と話し難いことである。みな心の仕事である。心に覚えた人でなくては知るまい」とのことである。

83 一、或る方にて咄半《なか》ば出家見廻《みまひ》(1)有り。上座《かみざ》にて候が、則《すなはち》末座《まつざ》に下り、一通《ひとゝほ》りの礼儀有り。其後は常の通り也。兼《かね》て教訓の礼儀の所也。

(1) 見廻　訪問。

訳　一、ある宅で話している最中に出家者の訪問があった。上座《かみざ》でありましたが、すぐに末《まつ》座《ざ》に下り、一通りの礼儀を行った。その後はいつもの通りである。かねてから教訓している礼儀のところである。

84(1) 一、権之丞(2)、長崎御仕組(3)仮物頭《かりものがしら》(4)被二仰付一《おほせつけられ》候。就レ夫為二心得一《それにつきこゝろえのための》書付に、「早速打立ちの仕組(5)、夫丸《ぶまる》に宿元見せ置き候事ども、また、組の者(6)召寄《めしよせ》、馳走《ちそう》など致し、会釈《あしやく》(7)の心入れ有る事に候。一言にて「彼《かの》様なる寄親《よりおや》(8)哉《かな》」と思ふもの也。御為の志堅固ならば、此《この》次は物頭に可レ被二仰付一《おほせつけらるべし》」と也。

(1) 84　二の24参照。／(2) 権之丞　山本常俊《つねとし》。常朝の養嗣子。／(3) 長崎御仕組　長崎警備の陣立て。／(4) 仮物頭　組頭代理。／(5) 早速打立ちの仕組　直ちに出立するための準備。／(6) 組の者　組子。／(7) 会釈の心入れ　よろしく頼むなどと声を掛け、寄親としての心を組子に通じさせること。／（8）寄親　組頭。

訳　一、権之丞《ごんのじょう》が長崎警備の御陣立てで仮物頭《かりものがしら》を仰せ付けられました。それにつき心得のための書付に、「早速出立の準備をし、人夫に自宅を見せておきますこと、また、組の者を召し寄せ、馳走など致し、挨拶の心入れをすることです。一言で「あのような寄親よ」と思うものである。（殿の）御為《おんため》との志が堅固《けんご》ならば、この次は物頭に仰せ付けられるに違いない」（と書いた）とのことである。

85　一、「人間一生誠に纔《わづか》の事也。好《すい》たる事をして可レ暮《くらすべき》也。夢の間の世の中に、好《すか》ぬ事ばかりして苦を見て暮すは愚かなる事也。此事《このこと》は悪《わろ》く聞ては害に成る事故、若き衆などへは終《つひ》に語らぬ奥の手也。我《われ》は寝る事が好き也。今の境界相応《さうおう》に、いよ〳〵禁足(1)して寝て可レ暮《くらすべし》と思ふ」と也。

（1）禁足　外出しないこと。

訳　一、「人間の一生は誠にわずかのことである。好いたことをして暮らすべきである。夢の間の世の中で、好かぬことばかりして苦を見て暮らすのは愚かなことである。このことは悪く聞いては害になることだから、若い衆などへはついぞ語らぬ奥の手である。わたしは寝ることが好きである。今の境涯《きょうがい》相応に、いよいよ禁足して寝て暮らそうと思う」とのことである。

86 一、正徳三年十二月二十八日夜(1)夢の事。「志強く成り候ほど、夢の中の様子《やうす》段々替り申し候。有躰《ありてい》の例《ためし》(2)は夢にて候。夢を相手にして精を出だし候がよく候」と也。

（1）正徳三年十二月二十八日　一七一四年二月十二日。／（2）有躰の例　ありのままの証拠。二の6参照。

訳 一、正徳三年十二月二十八日夜の夢のこと。「志が強くなりますほど、夢の中の様子が段々変わり申します。あるがままの証拠は夢です。夢を相手にして精を出しますのがよいです」とのことである。

87(1) 一、慚愧《ざんき》・懺悔《ざんげ》と云《いふ》事は、器物に入れたる水をうつかへす様《やう》(2)なるもの也。或る御方の 笄《かうがい》盗み、白状の仕様《しやう》を聞き候へば不便《ふびん》になる也。則《すなはち》 改むれば 忽《たちまち》 跡は消て行く也。

（1）87　二の69、七の44参照。／（2）うつかへす　ひっくり返す。

訳　一、慚愧《ざんき》・懺悔《ざんげ》ということは、器物に入れた水をひっくり返すようなものである。ある御方の笄《こうがい》を盗み、白状したさまを聞きますと不憫《ふびん》になる。すぐに改めるとたちまち跡は消えて行くのである。

88　一、「少し眼見え候者は、我長《わがた》けは知り、非《ひ》を知りたりと思ふもの也。夫《それ》は、我長けより上のよき人にくらべ、我長けを知りたりと思ひ、仕損《しそん》じたる事に行き当りて非を知りたると思ふ故、なほ〳〵自慢になるもの也。実《まこと》に我長け・我非を知る事難《なりがたき》レ成もの」の由、海音和尚[(1)]御咄也。

（1）海音和尚　天祐寺住持。一の30、二の5参照。

訳　一、「少し眼が見えます者は、我が丈は知り、非を知っていると思うものである。それは、我が丈より上のよい人に比べて我が丈を知っていると思い、仕損じたことに行き当って非を知っていると思うから、なおさら自慢になるものである。実に我が丈・我が非を知ることはでき難いもの」とのこと、海音《かいおん》和尚のお話である。

89 一、「打見たる所に其人《そのひと》〳〵の長《た》け分の威《ゐ》があらはるゝもの也。調子静かなる所に威有り。詞寡《ことばすくな》き所に威有り。引嗜《ひきたしな》む所に威有り。礼儀深き所に威有り。行儀重き所に威有り。奥歯嚙み候て眼差《まなざ》し尖《するど》なる所に威有り。是《これ》、皆外にあらはれたる所也。畢竟《ひつきやう》気を抜かさず、正《しやう》念《ねん》(1)なる所が基《もと》にて候」と也。

(1) 正念　純一無雑な心。一の39・61参照。

訳 一、「ちょっと見たところにその人その人の丈分《たけぶん》の威が顕《あらわ》れるものである。調子の静かなところに威がある。言葉の少ないところに威がある。引き嗜《たしな》むところに威がある。礼儀の深いところに威がある。行儀の重いところに威がある。奥歯を嚙みまして眼差しの鋭いところに威がある。これは皆、外に顕れたところである。畢竟《ひっきょう》気を抜かず、正念《しょうねん》であるところが基です」とのことである。

90 一、「貪《とん》・瞋《じん》・痴《ち》(1)とよく撰り分けたるもの也。世間の悪事出《い》で来たる時引合はせて見るに、此《この》三箇条に迦《はづ》るゝ事なし。よき事を引合はするに、智・仁・勇に洩《も》れず」と也。

（1）貪・瞋・痴　仏語。貪欲《とんよく》（むさぼり）・瞋恚《しんい》（怒り）・愚痴（愚かさ）の三種の煩悩。三毒。

訳　一、「貪《とん》・瞋《じん》・痴《ち》とよく選《え》り分けたものである。世間の悪事が出て来た時引き合わせて見ると、この三箇条から外《はず》れることがない。良いことを引き合わせると、智・仁・勇に洩《も》れぬ」とのことである。

91　一、五郎左衛門《ごらうざゑもん》(1)申し候は「奉公人の心入れは、いつにても根本に替《かは》る事は無レ之《これなく》候へども、御時代〳〵にて趣《おもむ》きは替《かは》り申し候。直茂公・勝茂公は麁《そ》に入り細《さい》に入り、何事にても闇《くら》き事なく御存知被レ成《なされ》候に付、万事御下知《げち》の通りに勤め候て迦無レ之《はづれこれなく》、伺《うかが》ひたき事は御尋《おたづ》ね申上げ、御指南を請《う》け申す事に候。是《これ》は仕《し》よき奉公にて候。また、御不案内の御主人の時は、随分工夫・思案致し、御国家を治《をさ》めて上げ不レ申《まうさず》候はで不二罷成一《まかりならず》。是は大儀(2)にて候」由。

（1）五郎左衛門　山本常治《つねはる》。常朝の甥。一の8参照。／（2）大儀　骨の折れること。

訳　一、五郎左衛門《ごろうざえもん》が申しましたのは、「奉公人の心入れは、いつでも根本は変わることはありませぬが、御時代御時代で趣きは変わり申します。直茂公・勝茂公は粗《そ》に入り細《さい》に入り、何事でも暗いことがなく御存知なされていましたため、万事御下知の通りに勤めまして外れることがなく、伺いたいことはお尋ね申し上げ、御指南を受け申すことでした。これはしやすい奉公です。また、御不案内の御主人の時は、できるだけ工夫・思案を致し、御国家を治めて上げ申しませんではならぬ。これは大儀です」とのこと。

92 一、数馬《かずま》(1)〈利明〉申し候は、「茶の湯に古き道具を用《もち》ふる事、むさき事(2)、新しき器奇麗《きれい》にして可レ然《しかるべし》と申す衆有り。また古き道具はしをらしき(3)と思ふ人も有り。皆相違也。古き道具は、下賤の者も取扱ひたる物なれども、よく〳〵其《その》徳有る故に、大人《たいじん》(4)の手にもふれらるゝ物也。徳を貴《たふと》ぶ也。

奉公人も同然也。下賤より高位に成りたる人は其《その》徳有る故也。然《しかる》を、「氏《うぢ》も無き者と同役はなるまじ」「たゞ今まで足軽にて有りし者を頭人《とうにん》(5)には不二罷成《まかりならず》一」と思ふは、以《もつて》の外取違ひ也。本より其位《そのくらゐ》に備《そなは》(6)りたる人よりは、下より登りたるは、徳を貴びて一入《ひとしほ》崇敬するはず也」。

(1) 数馬　一の51参照。／(2) むさき　汚らしい。／(3) しをらしき　けばけばしくない。／(4) 大人　身分や地位の高い人。／(5) 頭人　かしら。／(6) 本より其位に備りたる　家柄で生まれつきその位に在る。

訳　一、数馬〈利明〉が申しましたのは、「茶の湯に古い道具を用いることは、汚らしいこと、新しい器を綺麗にして用いよと申す衆がいる。また古い道具は奥ゆかしいと思う人もいる。皆違っている。古い道具は、下賤《げせん》の者も取り扱ったものであるが、よくよくその徳があるために、大人《たいじん》の手にも触れられるものである。徳を貴ぶのである。

奉公人も同様である。下賤より高位になった人はその徳があるためである。それなのに、「氏《うじ》もない者と同役はできるはずがない」「ただ今まで足軽であった者を頭人《とうにん》には決してできぬ」と思うのは、もっての外の取り違えである。生まれつきその位にある人よりは、下から上った人は、徳を貴んでひとしお崇敬するはずである」。

93 一、「前神《じん》右衛《ゑ》門《もん》(1)申し付けにて、幼稚の時分市風に吹かせ、(2)人馴れ申す為とて、唐人町出《で》橋《ばし》に折々遣《つかは》し候」由。「五歳より各《おの〳〵》様方へ名代《みやうだい》(3)に遣し候。七歳よりがんぢう(4)の為とて武士《むしや》草鞋《わらぢ》(5)を踏《ふ》ませ、先祖の寺(6)参り仕《つかまつ》らせ候」由。

(1) 前神右衛門　重澄《しげずみ》。常朝の父。／(2) 市風《いちかぜ》に吹かせ　世の中の厳しい風に当たらせ。／(3) 名代　代理。／(4) がんぢう　強健であること。／(5) 武士草鞋　乳《ち》と紐を布で作った草鞋。／(6) 先祖の寺　佐賀城から約十キロメートル離れた小城市三日月町織島にある。

訳　一、「前神《じん》右衛《え》門《もん》の申し付けで、幼い頃世間の風に当たらせ、人に慣れ申すためといって、唐人町出橋《でばし》に折々遣わしました」とのこと。「五歳より各々《おのおの》様方へ名代《みようだい》に遣わしました。七歳より頑丈になるためといって武者草鞋《むしやわらじ》を履かせ、先祖の寺参りを致させました」とのこと。

94 一、「主にも家老・年寄にも些隔心《ちときやくしん》(1)に思はれねば、大業は成らず。何事もなく(2)腰に被レ付《つけられ》(3)ては働かれぬもの也。此《この》心持有レ之《これある》事に候」由。

(1) 隔心　心に隔てがあること。／(2) 何事もなく　どういうこともなく。／(3) 腰に被レ付　手中のものとされ。思いのままにされ。

訳 一、「主にも家老・年寄にもちょっと隔心に思われなければ、大業は成らぬ。何事もなく腰巾着《こしぎんちやく》にされては働かれぬものである。この心持ちが要《い》ることです」とのこと。

95 一、御家の事・御家中の事・古来・根元よく不レ存《ぞんぜず》候で不レ叶《かなはざる》(2)事に候。然《しかれ》ども物知りが差合(1)ふ事、有レ之《これある》もの也。了簡可レ入《れうけんいるべき》(3)事也。平生の事にも、案内知りて支《つかへ》なる事、有《ある》もの也。了簡可レ入事也。〈石井新五左衛門《しんござゑもん》山本紛《まぎれ》(4)の事。口達〉。

(1)差合ふ　差し支える。／(2)案内　内々の事情。／(3)石井新五左衛門　貞房《さだふさ》。良房《よしふさ》の子。綱茂部屋住の時の御側頭《おそばがしら》。／(4)山本紛　未詳。山本(甲)と山本(乙)を取り違えた意と見て訳出した。

訳　一、御家のこと・御家中のこと・古来・根元をよく存じませんではならぬことです。しかし物知りが差し障ることがあるものである。了簡《りょうけん》の要るべきことである。平生のことにも、事情を知って差し支えとなることがあるものである。了簡の要るべきことである。〈石井新《しん》五左衛門《ござえもん》の山本違《たが》えのこと。口達(がある)〉。

96 一、春岳《しゅんがく》(1)咄《はなし》に「「そこを引くな(2)と云儘《いふまゝ》に二人張《にんばり》(3)」と草紙に有り(4)。是《これ》が面白く候。端的に(5)澄《すま》ぬ事は、一生埒《らち》明かず。其《その》時一人力にては成り難し、二人力に成りて埒《らち》明くる所也。後にと思へば一生の懈怠《けたい》と成る也。また、「早足《さそく》を踏み(6)、鉄壁を通れ(7)」と云《いふ》も面白く候。忽《たちまち》飛込み、直《ぢき》に踏み破る事は、一歩の早足也。また、大一機を得たる人は日本開闢《かいびやく》以来秀吉一人と被《おもはれ》レ思候」由。

(1)春岳　春岳明凞《めいき》和尚。一の49参照。／(2)そこを引くな　そこを戻すな。二人張の弓に弦《つる》を掛ける際に、力を込めて弓をたわめる者に向かって、弦を張る者が「いま力を抜くな」と掛ける言葉。／（3）二人張　一人が弓をたわめて一人が弦を張った、強い弓。／（4）草紙　物語。／（5）端的に　ずばりその場で。／（6）早足を踏み　早く走り。さっそく行動に移し。／（7）大一機を得たる　「一機」は禅語で一つの働きの意（一の128参照。『碧巌録』三。同五七には「一機」及び「鉄壁」の語が見える）。秀吉が時を我が物とし、大いなる己の働きを示したことをいう。

訳　一、春岳《しゆんがく》の話に「「そこを戻すなと言うままに二《に》人張《にんばり》（が張れる）」と物語にある。これが面白いです。端的に済まぬことは、一生埒《らち》が明かぬ。その時一人力では成り難く、二人力になって埒が明く所である。後にと思うと一生の懈怠《けたい》となる。また、「早足で駆け、鉄壁を通れ」と言うのも面白いです。たちまち飛び込み、直ちに踏み破ることは、一歩の早足である。また、大一機を得た人は日本開闢《かいびやく》以来秀吉一人と思われます」とのこと。

97一、何某《なにがし》は第一顔の皮厚く、(1)器量有り。利発者にて御用に立つ所も有り。此前《このまへ》「其方《そのはう》は利発が不レ残《のこらず》外へ出て奥深き所なし。些《ちと》鈍に成りて十のもの三つ・四つ内《うち》に残す事は成るまじき哉《や》」と申し候へども、「其《それ》は成り不レ申候《まうさず》」と申し候。ほしめかして(2)公儀前《こうぎまへ》(3)などさすれば、どこまでも仕《し》て行く所有り。さりながら、御身辺・(4)国家篇・重き事は少しもさせられぬ長《た》け也。誰々と(5)一風の者也。利発・智恵にて何事も行くものと覚えて居る也。智恵・利発ほどきたなきものなし。まづ諸人不ニ請取《うけとらず》一(6)、帯紐解きて入魂《じゅこん》(7)されぬもの也。何某《なにがし》は不弁(8)には見ゆれども実《まこと》が有る故に、立ちて行く(9)奉公人也。

(1) 顔の皮厚く　厚かましく。／(2) ほしめかして　けしかけて。／(3) 公儀前　幕府の役人に対する接待役。／(4) 国家　藩。／(5) 一風　一つの流儀。／(6) 不ニ請取一　納得せず。／(7) 帯紐解きて　胸襟を開いて。／(8) 不弁　非才。／(9) 立ちて行く　やっていける。

訳　一、なにがし(甲)はまずもって面《つら》の皮が厚く、器量がある。利発者で御用に立つ所もある。この前「そのほうは利発が残らず外へ出て奥深い所がない。ちょっと鈍になって十の物の三つ・四つを内に残すことはできまいか」と申しましたが、「それはでき申しませぬ」と申しました。けしかけて公儀前などをさせると、どこまでもして行く所がある。しかしながら、御身辺・藩政・重いことは少しもさせられぬ丈《たけ》である。誰々と同じ流儀の者である。利発・智恵で何事も行くものと心得ているのである。智恵・利発ほど汚いものはない。まず諸人が受け入れず、帯紐《おびひも》を解いて入魂《じっこん》になれぬものである。なにがし(乙)は非才には見えるが実があるから、立ち行く奉公人である。

98　一、「殿《との》参り(1)するも奉公人の疵《きず》也。惣《そう》て御内縁(2)・殿贔負《とのひいき》(3)を持ちては口が利けぬ(4)もの也。折角骨を折《をり》て奉公しても、「引《ひ》きにて仕合はせよし」などと後指《うしろゆび》さされ、奉公が無に成るもの也。何の引きもなきが、奉公は仕《し》よきもの也」と。

(1) 殿参り　主君への御機嫌伺い。／(2) 内縁　姻戚関係。／(3) 殿贔負　主君からの贔屓。／(4) 口が利けぬ　一人前の口が利けない。／(5) 引き　引き立て。

訳　一、「殿参りするのも奉公人の傷である。総じて御姻戚・殿贔屓《ひいき》を持っては口が利けぬものである。折角骨を折って奉公しても、「引き立てで巡り合わせがよい」などと後ろ指さされ、奉公が無になるものである。何の引き立てもないのが、奉公はしやすいものである」と。

99　一、「さもなき事を念を入れて委《くはし》く語る人には、多分その裏《うら》に申し分が有るもの也。夫《それ》を紛《まぎら》かし隠《かく》さん為に、何となく繰立《くりた》て⑴、語《かた》る事也。夫《それ》は聞《き》くと胸に不審が立つもの也」と。

(1) 繰立て　順を追って述べたて。

訳　一、「大したこともないことを念を入れて委《くわ》しく語る人には、大かたその裏に申し分があるものである。それを紛らかし隠そうとするために、何となく順繰りに語ることである。それは聞くと胸に不審が立つものである」と。

100 一、「僉議《せんぎ》事、または世間の咄を聞く時も、其《その》理を尤《もつとも》とばかり思ひて其《その》あたりにくど付き(1)ては、立ち越えたる理が見えず。人が黒と云《いは》ば「黒きはずではなし、白きはず、白き理が有るべし」と其《その》事の上に理を付けて案《あん》じてみれば、一段立上り(2)たる理が見ゆるもの也。斯様《かやう》に眼を付けねば、上《う》は手《て》取る事成らず候。さて、其《その》座にて可レ云《いふべき》相手ならば、障《さは》らぬ様《やう》に云べし。云《いは》れぬ相手ならば、障らぬ様に取合ひして、心には其《その》理を見出して置きたるがよし。人に越えたる理の見ゆる仕様《しやう》は如レ此《かくのごとく》也。〈何某縁辺《なにがしえんぺん》切り(3)の事。口達〉。悪推量《わるずいりやう》(4)・裏廻り(5)・もの疑ひ(6)など、は違ひ候也」と。

(1) くど付き　ぐずぐずし。／(2) 立上りたる　上に立った。／(3) 縁辺切り　離縁。／(4) 悪推量《わるずいりよう》　邪推。／(5) 裏廻り　かんぐり。／(6) もの疑ひ　物事を疑うこと。

訳　一、「詮議は、または世間の話を聞く時も、その理をもっともとばかり思ってそのあたりにぐずついては、立ち越えた理が見えぬ。人が黒と言えば「黒いはずではない、白いはず、白い理があるに違いない」とそのことの上に理を付けて考えて見れば、一段立ち勝《まさ》った理が見えるものである。このように目を付けなければ、上手《うわて》を取ることはできませぬ。そうして、その場で言うべき相手ならば、差し障《さわ》りのないように言わねばならぬ。言えぬ相手ならば、差し障らぬように相手になって、心にはその理を見出しておくのがよい。人を越えた理が見える仕方はこのようである。〈なにがし縁切りのこと。口達（がある）〉。邪推・かんぐり・疑心などとは違います」と。

101 一、何某《なにがし》へ異見申し候は「身持ち・心入れ・今時の人に勝《すぐ》れ申《まう》され、結構の事に候。此上《このうえ》ながら、立ち上りたる所に眼を被レ付《つけられ》候へかし。今の分にては惜しき事に候。芸に勝《すぐ》れ候も低い位《くらゐ》也。もし名人に成り御用に立ち候時、先祖以来の侍を立て迦《はつ》(1)し、芸者(2)に成らるゝ事に候。御国の侍は「芸は身を亡す」と兼々《かねぐ》見立て候は、ここにて候。尤《もつとも》低い長《た》けにてはよき事に候。立ち上りたると云《いふ》は「何某《なにがし》儀は、武士也。さすがの奉公人也」と見られ、御家老御用の時撰《えら》び出《い》ださるゝ事也。御無人《ごぶにん》の時節は昔の科《とが》(3)も消えて行く事也。御国家治め申す迄の忠節、何か可レ有哉《あるべきや》。縦《たとへ》不レ被二召出一《めしいだされず》候ても、一分の覚悟は御用に立ちたると同じ事也。多分大事の時は、ひそかに相談に参るもの也。夫《それ》に指南申すはなほ〳〵忠義也。無二他事一《たじなき》(4)もの成る故少し立上りたる者は、人が捨て置かぬもの也。此《この》あたりに眼を被レ付《つけられ》(5)候へかし」と申し候へば、「夫《それ》は稽古にて可レ成哉《なるべきや》」と被レ申《まうされ》候に付き、「安き事也。当念に気を抜かさず、上《う》は手《て》の理を見出すまで也。少し精を入るれば慥《たしか》に成るもの也」。

また、「十日の内《うち》に国中に器量響く仕様《しやう》も有り。何和尚《おしやう》と兼《かね》て咄《はなし》候由。彼《かの》和尚は皆人《みなひと》畏《おそ》れて居《ゐ》る也。上《う》は手《て》の理が得方《えかた》にて、鳴り廻る(6)所を覚えたる人也。明日にても何事ぞ被レ申《まうされ》候はゞ、打崩し(7)、せかせ(8)候て、上は手の理にて云伏《いひふ》せ、理詰め可レ被レ仕《つかまつらるべく》候。諸人肝《きも》を潰《つぶ》し、云伝《いひ》へ〳〵、頓《やが》て沙汰《さた》をするもの也。大犬を嚙《か》み伏《ふ》せねば響き無きもの也」と申し候へば(10)、「誠に利発成る和尚」と被レ申《まうされ》候故(11)、「左様《さやう》に阻《はゞ》(9)み被レ申《まうさるゝ》故大業が成らず。何のかうばしき事可レ有哉《あるべきや》。誰にてもそくもやるまじとかゝらねば、矛手《ほこて》は不レ延《のびず》(12)。また義経の「勇・智・仁」と宣《のたま》ひしも面白く候。今の世にも四十歳より内は勇・智・仁也。埋《うも》れ居《ゐ》る衆は、四十過ぎても勇・智・仁にてなくば響き有まじく候。彼《かの》和尚など、たつた勇・智・仁を以《もつ》て鳴り廻り、名高く聞こえ候。

また、殿様の御上《おんうえ》・御家老・年寄衆などの上は、縦《たとへ》上は手の理を見付け候ひても人に批判をせぬもの也。聞えぬ(13)事にても「御尤《ごもつとも》」と理を付けて、諸人思ひ付き(14)候様《やう》に褒《ほ》め崇《あが》めて置くが忠義也。人の不信致す様《やう》に仕成《しな》すは勿躰《もつたい》なき事也。人の心は移り安きものにて、一人褒《ほ》むれば早夫《はやそれ》に傾《かたぶ》き、一人誹《そし》(15)れば早悪く思ふもの也。

また、「何処《どこ》へ在り付き候様《やう》に」と何某被レ申《なにがしまうされ》候由先年承《うけたまは》り候。左様《さやう》の時は日来《ひごろ》の懇意・愛想《あいさう》も尽きて(16)、したゝか(17)に申したるがよく候、事を不レ破《やぶらざる》(18)様《やう》に結構づく(19)に取合ひ候へば、うさん(20)に思はるるもの也。斯様《かやう》の事に、身方《みかた》(21)の人より転ぜられ、(22)引きくさらかさるゝ(23)事有るもの也。飢《うゑ》死にても御家来の内《うち》也。殿立て迦《はつ》す事は、仏・神の勧《すゝ》めにも見向《みむ》きも不レ仕《つかまつらざる》合点にて朽《く》ち果《は》て可レ被レ申《まうさるべし》」と申し候由。

(1)立て迦し　外《はず》し。捨て。一の169参照。／(2)芸者　一芸に優れるだけの者。／(3)一分の己なりの。／(4)無二他事一　余念のない。／(5)当念　この瞬間の一念。／(6)鳴り廻る　広く知らしめる。／(7)打崩し　真向から否定し。／(8)せかせ　焦らせ。／(9)阻み　怯《ひる》み。／(10)かうばしき　優れた。／(11)そくもやるまじ　一足も先に行かせぬぞ。／(12)矛手は不レ延　攻撃の手が出せない。二の110参照。／(13)聞えぬ　納得できない。／(14)思ひ付き　思いを寄せ。／(15)在り付き　仕官し。／(16)尽きて　打ち捨て。／(17)したゝかに　手強く。／(18)事を不レ破　場を壊さない。／(19)結構づくに　結構ずくめに。それも結構これも結構と。いいことばかりだと。／(20)うさんに　疑わしく。／(21)身方　味方。／(22)転ぜられ　転ばされ。／(23)引きくさらかさるゝ　だめにされる。序文(33頁)注(6)参照。

訳　一、なにがし(甲)へ異見を申しましたのは「身持ち・心入れが今時の人に優《すぐ》れ申され、結構なことです。この上に加えて、立ち勝《まさ》った所に眼を付けられませよ。今の分では惜しいことです。芸に優れますのも低い位《くらい》である。もし名人になり御用に立ちます時は、先祖以来の侍を捨て、芸者になられることです。御国の侍は「芸は身を滅ぼす」とかねがね見立てていますのは、このところです。もっとも(芸が)低い丈ではよいことです。立ち勝ったというのは「なにがしは武士である。さすがの奉公人である」と見られ、御家老の御用の時に選び出されることである。御人材のない時は昔の罪も消えて行くことである。御国家を治め申すほどの忠節は、（他に）何があろうか。たとえ召し出されませんでも、己一分の覚悟（があるの）は御用に立っているのと同じことである。大かた大事の時は、密かに相談に参るものである。それに指南し申すのはなおさら忠義である。余念のない者であるがゆえに少し立ち勝った者は、人が捨て置かぬものである。この辺りに眼を付けられませよ」と申しますと、「それは稽古でできることか」と申されましたので、「たやすいことである。今ここの一念に気を抜かず、上手《うわて》の理を見出すまでである。少し精を入れるとしっかりと成るものである」。また、「十日の内に国中に器量が鳴り響くやり方もある。なにがし和尚と前に話しましたこと。あの和尚は皆が皆畏《おそ》れている。上手の理が得意で、鳴り回る所を心得た人である。明日でも（和尚に）何事かを申されますならば、（それを）否定し、急かしまして、上手の理で言い伏せ、理詰めに致されるでしょう。諸人は肝を潰し、言い伝え言い伝えし、そのまま評判をするものである。大犬を噛み伏せなければ鳴り響かぬものである」と申しますと、「誠に利発な和尚」と申されましたので、「そのように怯《ひる》み申されるから大業が成らぬ。何の芳《かんば》しいことがあろうか。誰であっても一歩も先にやるまいと懸からねば、矛《ほこ》の手は延びぬ。また義経が「勇・智・仁」とのたまったのも面白いです。今の世にも四十歳より内は勇・智・仁である。埋もれている衆は、四十過ぎても勇・智・仁でなくては響くはずがありませぬ。あの和尚など、ただ勇・智・仁をもって鳴り回り、名高く聞こえています。

また、殿様の御上《おんうえ》・御家老・年寄衆などのことは、たとえ上手の理を見付けましてもその人を批判せぬものである。納得できぬことでも「ごもっとも」と理を付けて、諸人が思いを寄せますように褒《ほ》め崇《あが》めておくのが忠義である。人が不信を致すようにしなすのは勿体《もったい》ないことである。人の心は移り易いもので、一人が褒めると早くもそれに傾き、一人が誹《そし》れば早くも悪く思うものである。

また、「どこそこへ有り付きますように」となにがし（乙）が申されましたとのことを先年承りました。そのような時は日頃の懇意・愛想も尽かして、手厳しく申した方がよいです、場を壊さぬように結構ずくめに応対しますと、不審に思われるものである。このようなことで、味方の人から転ばされ、引き腐らされることがあるものである。飢え死にしても御家来の内である。殿を捨てることは、仏・神の勧めでも見向きも致さぬ覚悟で（そのまま）朽ち果て申されよ」と申しましたとのこと。

102 一、「当時の差合ひ(1)に成りさふ成る事を云《いは》ぬもの也。気を付け可レ申《まうすべき》也。世上に何角《なにかと》難しき事など有レ之《これある》時は、皆人浮立ちて、覚え知らずに其事《そのこと》のみ沙汰《さた》する事有り。無用の事也。(2)悪くすれば、口引張り(3)に成る。さなくても、口故に不レ入《いらざる》事に敵を持ち、意恨《いこん》出で来る也。左《さ》様《やう》の時は他出を止《や》め、歌など案じて居たるがよし」と。

（1）差合ひ　差し障《さわ》り。／（2）無用　無益。／（3）口引張り　論争。「引張り」はひっぱること、競争。

訳　一、「その時の差し障《さわ》りになりそうなことを言わぬものである。気を付け申すべきである。世上に何かと難しいことなどがある時は、皆が皆浮き立って、知らず知らずにそのことばかりを議論することがある。無用のことである。悪くすれば、言い争いになる。そうでなくても、口ゆえに要らぬことで敵を持ち、遺恨が出て来るのである。そのような時は外出を止め、歌などを案じているのがよい」と。

103　一、人事《ひとごと》を云《いふ》は大《おほ》きなる失《しつ》也。誉《ほ》むるも似合はぬ事也。我長《わがた》け(1)をよく知り、我《わが》修行に精を出し、口を慎《つつし》みたるがよし。

（1）長け　力量。

訳　一、人のことを言うのは大きな過ちである。誉《ほ》めるのもふさわしくないことである。我が丈をよく知り、我が修行に精を出し、口を慎《つつし》んでいるのがよい。

104一、徳有る人(1)は胸中に緩《ゆる》りとしたる所が有りて、もの毎忙《ごといそが》しき事無し。小人は静かなる所無く、当り合ひ(2)にてがたつき廻り(3)候也。

(1) 徳有る人　道を体得した人。徳は体得された道。／(2) 当り合ひ　ぶつかり合い。／(3) がたつき廻り　争い騒ぎ廻り。

訳　一、徳のある人は胸中にゆるりとした所があって、物毎《ものごと》に忙しいことがない。小人は静かな所がなく、ぶつかり合いでがたつき回ります。

105一、「夢の世とはよき見立て(1)也。悪夢など見たる時、「早く覚《さ》めよかし」と思ひ、「夢にてあれかし」など思ふ事有り。今日も夫《それ》に少しも不レ違《たがはざる》也」と。

(1) 見立て　捉え方。

訳　一、「夢の世とはよい見立てである。悪夢などを見た時、「早く覚めてくれよ」と思い、「夢であれよ」などと思うことがある。今日もそれに少しも違わぬのである」と。

106一、智恵有る人は、実(1)も不実も智恵にて仕組み、理を付けて仕通ると思ふもの也。智恵の害に成る所也。何事も実にてなければ、のうぢ(2)なきもの也。

(1) 実　誠実。真心。／(2) のうぢ　能持。長続きすること。

訳　一、智恵のある人は実《じつ》も不《ふ》実《じつ》も智恵で仕組み、理を付けて通用すると思うものである。智恵が害になる所である。何事も実でなければ、長続きしないものである。

107一、「公《く》事《じ》沙《ざ》汰《た》(1)、また云募《いひつの》る事などに早く負けて、見事な負けが有るもの也。相撲の様《やう》なるもの也。勝《か》ちたがりてきたな勝ちすれば、負けたるには劣り也。多分きたな負けに成るもの也」と。〈上屋敷の事(2)。口達〉。

(1) 公事沙汰　訴訟事件。／(2) 上屋敷の事　一の26参照。

訳　一、「裁判沙《ざ》汰《た》、またしつこく言って来ることなどに早く負けて、見事な負けがあるものである。相撲のようなものである。勝ちたがって汚い勝ちをすれば、負けたのには劣る。大かた汚い負けになるものである」と。〈上屋敷のこと。口達（がある）〉。

108一、自・他の思ひ深く、人を憎み、似非仲《えせなか》などするは慈悲の少き故也。一切悉《ことごと》く慈悲門に括《くく》り入《い》れてからは、当り合ふ事無きもの也。

(1) 自・他の思ひ　自・他を区別する心。／(2) 似非仲　うわべだけの仲。／(3) 慈悲門　仏門を慈悲の面から捉えた語。二の119参照。常朝は「成仏などは曾《かつ》て願ひ不レ申《まうさず》候」(序文)と言っていたことに注意。

訳　一、自他別の思いが深く、人を憎み、上っ面《つら》の付き合いなどをするのは慈悲が少ないからである。一切をことごとく慈悲門に括《くく》り入れてからは、ぶつかり合うことはないものである。

109一、「少し知りたる事は、知りだてをする也。初心なる事也。よく知りたる事は、其振見《そのふり》えず奥床しきもの也」と。

(1) 知りだて　知ったかぶり。「だて」(立て)は「ことさらにそのような様子をする」意の接尾語。／(2) 初心　未熟。

訳 一、「少し知っていることは、知ったかぶりをする。未熟なことである。よく知っていることは、その素振りが見えず奥ゆかしいものである」と。

110 一、権之丞《ごんのじよう》(1)へ咄《はなし》に、「今時の若者は女風に成りたがる也。結構者(2)・人愛《じんあい》(3)の有る人・ものを破らぬ(4)人・柔《やはら》かなる人と云様《いふやう》なるをよき人ととりはやす時代に成りたる故、矛手《ほこて》不レ延《のびず》(5)、心つゝ切れたる(6)事を成《なら》ぬ也。第一は身上《しんしやう》(7)を抱《だ》き留《と》むる合点《がつてん》が強き故大事とばかり思ひ、心ちゞまると見えたり。其方《そのはう》も我知行《わがちぎやう》にてなく親の苦労して為レ被二取立一《とりたてられたる》ものを、養子に来て崩《くづ》し候てはならぬ事と大事に可レ被レ思《おもはるべき》が、夫《それ》は世上の風《ふう》也。我《われ》らが所存は各別《かくべつ》也。奉公する時分、身上などの事は何とも思はざりし也。本《もと》より主人のものなれば、大事がり可レ惜様《をしむべきやう》なき事也。我ら生世《しやうぜ》の内《うち》(8)に、奉公方にて牢人《らうにん》・切腹してみすれば本望《ほんまう》至極也。奉公人の打留《うちど》(9)めは此《この》二箇条に極《きは》まりたるもの也。其内《そのうち》きたな崩《くづ》(10)しは無念也。遅《おくれ》・不当介《ふあてがひ》(11)・私欲・人の害に成る事などは有るまじき也。其《その》外にては、崩すを本望と思ふべし。如レ此落着《かくのごとくらくちやく》(12)と、其儘《そのまゝ》矛手《ほこて》延《の》びて働《はたら》かれ、勢《いきほ》ひ各別也」と。

(1) 権之丞 常俊《つねとし》。常朝の養嗣子。／(2) 結構者 気立てのよい人。好人物。／(3) 人愛 人に好まれる愛嬌。／(4) ものを破らぬ 物を壊さぬ。／(5) 矛手不レ延 攻撃の手が出せず。二の101参照。／(6) つゝ切れたる　突き抜けた。／(7) 身上　地位身分。俸禄。／(8) 我ら生世の内に　わたしが生きている内に。／(9) 打留め　最後。／(10) きたな崩し　見苦しい仕方で身上《しんしよう》を崩すこと。／(11) 不当介　奉公人として不相応。／(12) 落着　納得。

訳　一、権之丞《ごんのじよう》への話に、「今時の若者は女風になりたがる。優しい人・愛嬌のある人・物を壊さない人・柔らかな人というようなのを良い人ともてはやす時代になったから、矛の手が延びず、突っ切れたことをできぬのである。第一は身上《しんしよう》を摑《つか》んで離さぬ了簡《りようけん》が強いので（それを）大事とばかり思い、心が縮まると見える。その方《ほう》も自分の知行《ちぎよう》でなく親が苦労して取り立てられたものを、養子に来て崩しましてはならぬことと大事に思われるであろうが、それは世上のならわしである。我が所存はまた別である。奉公する時、身上などのことは何とも思わなかった。元から主人のものであるから、大事がり惜しむべき必要はないことである。わたしが生きて世にある内に、奉公方で浪人・切腹して見せれば本望至極である。奉公人の打ち留めはこの二箇条に極《きわ》まっているものである。そのなかで汚く崩すの（だけ）は無念である。後《おく》れ・不相応・私欲・人の害になることなどはあってはならぬことである。その他では、崩すのを本望と思え。このように得心すると、そのまま矛の手が延びて働かれ、勢いが格別である」と。

111 一、奉公の志の出《い》で来ぬも自慢故也。我《われ》をよしと思ひ、贔負《ひいき》の上から理を付けて悪《わる》かたまりにかたまり、一世帯構《かま》へて(1)澄《すま》して居る故也。歎《なげ》かしき事也。分別・芸能・大身・富貴・器量・発明、何ぞ一つの取柄《とりえ》に自慢して「我は是《これ》にて澄《すむ》」と思ふより心闇《ぐら》く、人に問ひ尋《たつ》ねもせず、一生をあらぬ事(2)して果《はた》す也。よく〳〵慢心は有るものなればこそ。何某《なにがし》は、御家中一番のたはけ成るが、たはけに自慢して「我《われ》はたはけたる故、身上無レ恙《つゝがなし》」と為レ申《まうされたる》と也。奉公の志と云《いふ》は別の事なし。当介《あてがひ》を思ひ、自慢を捨て、我非を知り、何とすればよきものかと探捉《たんそく》し、一生成就《じやうじゆ》せず探捉仕《つかまつ》(3)り、死ぬに極《きは》まる也。非を知《しり》て探捉するが、則《すなはち》取りも直《なほ》さず道也。

(1)一世帯構へて　自分独自の考えを築き上げて。／(2)あらぬ事　つまらぬ、無駄なこと。／(3)探捉仕り、死ぬ　探し求めつつ、その途上で死ぬ。

訳　一、奉公の志が出て来ないのも自慢ゆえである。自分をよいと思い、贔屓《ひいき》の上から理屈を付けて悪《わる》固まりに固まり、一家言を構《かま》えて済ましているゆえである。歎かわしいことである。分別・技能・大身《たいしん》・富貴・能力・利発、何か一つの取り柄を自慢して「わたしはこれで済む」と思うことから物事に暗く、人に問い尋ねもせず、一生をあらぬことをして終えるのである。よくよく慢心はあるものだからよ。なにがしは、御家中一番のたわけであるが、たわけを自慢して「わたしはたわけているから、身上がつつがない」と申されたとのことである。奉公の志というのは別のことではない。分《ぶん》相応を思い、自慢を捨てて我が非を知り、何とすればよいものかと探求し、一生成就《じょうじゅ》せず探求いたし、死ぬことに極まるのである。非を知って探求するのが、即ち取りも直さず道である。

112 一、何方《いつかた》へ咄《はなし》などに行くには、前方申し通してより行きたるがよし。何分の(1)隙入《ひま》り(2)の可レ有レ之《これあるべき》も不レ知《しらず》、亭主の心掛りの所へ行きては無興《ぶきよう》のもの也。惣《そうじ》て呼ばれねば行かぬに及《し》くはなし。心の友は稀《まれ》なるもの也。呼ばれても心持ち(3)入るべし。稀の参会ならで、染《し》まぬ(4)もの也。慰講《なぐさみかう》(5)は失多きもの也。また、問ひ来たる人に、縦《たとへ》隙入り候とも、不会釈《ふえしやく》(6)すまじき也。

(1) 何分の　何らかの。／(2) 隙入り　所用。時間の要ること。／(3) 心持ち　心遣い。／(4) 染まぬ　しみじみと感じない。／(5) 慰講　楽しみごとのための集まり。／(6) 不会釈　無会釈。挨拶・応対のないこと。

訳　一、どちらかへ話などに行くには、前もって申し伝えてから行った方がよい。何かの所用があろうかも知れず、亭主が心懸かりのある所へ行っては面白くないものである。総じて呼ばれなければ行かぬに越したことはない。心の友は稀なものである。呼ばれても心遣いが要るだろう。稀な参会でなくては、心に染みぬものである。趣味の集まりは過ちが多いものである。また、訪ねて来た人には、たとえ所用がありましても、応対せぬのはあるまじきことである。

113 一、「生駒壱岐守《いこまいきのかみ》(1)殿家老前野助左衛門《すけざえもん》悪行に付き、生駒将監《しやうげん》公儀へ訴へ、御糺明《きうめい》の上、助左衛門御成敗(2)、生駒殿領知被二召上《めしあげられ》一(3)、一万石被レ下《くだされ》候。此《この》聞書読み申し候処、将監忠義ながら、主の家を崩《くづ》したる也。不レ訴《うつたへざれ》ば二、三年なりとも堪《こた》(4)へ申すべし。其内《そのうち》にいか様《やう》なる変も有レ之《これあり》候はゞ、抱《だ》き留《と》め申し候ても可レ有《あるべく》候。また、助左衛門立て置きては不レ成《ならず》と存じ候はゞ、跡《あと》の事は余の家老どもに申し含め、向々《むき〳〵》(5)に可二打果一《うちはたすべき》事に候。其《その》時は家の疵《きず》に成るまじく候。斯様《かやう》の事に「牛の角直《なほ》すとて牛を殺す仕方」(6)有るもの」と也。

海音《かいおん》(7)御申し候は、「先年普周《ふしう》(8)に尋ね候は、「御異見僉議《せんぎ》の時、一人御迦《はつ》し候はいか様《やう》の子細にて候哉《や》」と申し候へば、「御異見は仕様《しやう》が有る事に候。挙《こぞ》つて申上ぐるなど丶云《いふ》は、悪事を銘打《めいうち》て世上に出《い》だす様《やう》なるもの也。大人《たいじん》(9)は我儘《わがまゝ》に育立《そだち》て曲《くせ》(10)有るに定《さだま》りたるもの也。大抵の曲《くせ》にては国を失ふほどの事はなし。多分仕直《しなほ》すとてどしめき候時、世上に洩《も》れ聞え、国を失ふ事有り。先年の僉議相止《あひや》み候が、御国少しも別条無レ之《これなく》候」と被レ申《まうされ》候」由。

「大方諫言《かんげん》と申し候には、佞臣《ねいしん》(11)の我《わが》手柄立てか、また後見《うしろみ》(12)など有りてする事也。忠義の諫言と申すは、よく御請《う》け被レ成《なさる》筋を以てひそかに申上ぐるもの也。もし御請け不レ被レ成《なされざる》時はいよ〳〵隠し候て、我身はいよ〳〵御味方に成りて、御名の立たざる様に仕《つかまつ》るものに候。多分腕立て(13)に成したがり、御請け不レ被レ成《なされざる》時後向《うしろむ》き申すが多く候。どしめき廻り候は不忠の至極に候。また、御家などは根元(14)不思議の御建立《こんりふ》故か、悪き様《やう》にても自然とよき様に相成り候」と也。

（1）生駒壱岐守　高俊。讃岐高松藩主。寛永十七年（一六四〇）出羽国由利郡矢島に移封された。／（2）成敗　斬罰に処すること。／（3）領知　領有していた知行地。／（4）堪へ　持ち堪《こた》え。／（5）向々に　それぞれ。思い思いに。ここは向かい合っての意か。／（6）牛の角……殺す　角を矯《た》めて牛を殺す。／（7）海音　天祐寺住持。一の30、二の88参照。／（8）普周　鍋島内記《ないき》種《たね》世《よ》。一の7参照。／（9）大人　身分の高い人。ここでは光茂を指す。／（10）どしめき　騒ぎ立て。／（11）佞臣　媚びへつらう臣下。／（12）後見　後見者。後ろ楯。／（13）腕立て　腕自慢。／（14）根元　起源。

訳　一、「生駒壱岐守《いこまいきのかみ》殿の（江戸）家老前野助左衛門《すけざえもん》が悪行したため、生駒将監《しょうげん》が公儀（幕府）に訴え、御究明の上、助左衛門は御成敗され、生駒（壱岐守）殿は知行を召し上げられ、一万石を下されました。この聞書を読み申しますと、将監は忠義ではあるが、主の家を崩したのである。訴え出なければ二、三年なりとも持ち堪《こた》え申せただろう。その間にどのような変事でもありましても、全身で受け留め申しますこともできたはずです。また、助左衛門を立てて置いてはならぬと存じましたならば、後のことは他の家老どもに申し含め、相対《あいたい》して打ち果たすべきことでした。その時は家の傷になりますまい。このようなことに「牛の角を直すといって牛を殺す仕方」があるもの」とのことである。

海音《かいおん》が申されましたのは、「先年普周《ふしゆう》に尋ねましたのは、「御異見詮議の時、一人お外《はず》しになりましたのはどのようなわけでありましたか」と申しますと、「御異見は仕方があることです。（皆で）こぞって申し上げるなどというのは、悪事であると銘打って世上に出すようなものである。大人《たいじん》はわがままに育って癖があるに決まっているものである。大抵の癖では国を失うほどのことはない。大かた（癖を）改めるといって騒ぎ立てます時、世上に洩《も》れ聞こえ、国を失うことがある。先年の詮議は沙汰止《さたや》みとなりましたが、御国は少しも別条ありませんでした」と申されました」とのこと。

「大かた諫言と申しますものには、佞臣《ねいしん》の我が手柄立てか、また後ろ楯などがあってすることである。忠義の諫言と申すのは、よくお受けなされる筋から密かに申し上げるものである。もしお受けなされぬ時はいよいよ隠しまして、我が身はいよいよ御味方になって、御名が立たぬように致すものです。大かた腕自慢に成したがり、お受けなされぬ時背を向け申す者が多いです。騒ぎ立て回りますのは不忠の極みです。また、御家などは根元が不思議の御建《こん》立《りゆう》であるゆえか、悪いようでも自然とよいようになります」とのことである。

114 一、「よき事も過ぐるは悪し。談議(1)・説法・教訓なども云過《いひす》ぐせば害に成る」と也。

(1) 談議　仏法・経典についての談論。

訳 一、「良いことも過ぎるのは悪い。道理を談ずること・説教・教訓なども言い過ぎると害になる」とのことである。

115 一、佞人《ねいじん》に気力強く、邪智深き者有る時は、主人をだまし込み、我《わが》立身の才覚のみ致し候。主の気に入る筋を考へ覚えたる者は、少々にて邪《よこしま》の処見えぬもの也。よく〳〵見難きものなればこそ、権現《ごんげん》様(1)を弥四郎《やしらう》(2)は騙《だま》しぬき申し候。斯様《かやう》の者は、多分新参・成り上りに有るもの也。譜代《ふだい》・大身《たいしん》には稀に有レ之《これある》也。

(1) 権現様　徳川家康。／(2) 弥四郎　大賀《おおが》弥四郎。『東照宮御遺訓』参照。

訳 一、媚《こ》びへつらう人で気力が強く、邪智が深い者がいる時は、主人をだまし込み、我が立身の画策ばかり致します。主が気に入る筋を考え心得た者は、少々では邪《よこしま》なところが見えぬものである。よくよく見分け難いものだからこそ、権現《ごんげん》（家康）様を弥四郎《やしろう》は騙《だま》し抜き申したのです。このような者は、大かた新参・成り上がりにいるものである。譜代《ふだい》・大身《たいしん》には稀《まれ》にいる。

116(1)一、前神右衛門申し候は(2)「娘の子(3)は育立《そだて》ぬがよし。名字に疵《きず》を付け、親に恥をかゝする事有り。頭子《かしらご》(4)などは各別、其外は捨て可レ申《まうすべし》」と也。

(1)116 六の74参照。／(2)前神右衛門 重澄《しげずみ》。常朝の父。／(3)娘の子 娘。女子。／(4)頭子 かしらの子。一番年上の子。餅「嫡女」。

訳 一、前神右衛門《じんえもん》が申しましたのは「娘子《むすめご》は育てぬのがよい。名字に傷を付け、親に恥をかかせることがある。最年長の子などはまた別、その他は捨て申せ」とのことである。

117一、恵芳《ゑはう》(1)和尚咄に、「安芸《あき》(2)殿物語に「武篇(3)は気違ひ(4)に成らねばされぬもの也」と御申《おまうし》候由。我ら覚悟に合ひ候儀、不思議に存じ、其後いよ〳〵気違ひに極め候」と也。

(1)恵芳 高伝寺住持。五の71、六の20参照。／(2)安芸 鍋島安芸守茂賢《あきのかみしげまさ》。深堀《ふかほり》領主。石井

安芸守信忠の子。深堀左《さ》馬助《まのすけ》純賢《すみまさ》入道茂《も》宅《たく》の養子。三の40・46、四の71、六の144・190、八の10・59、十一の26参照。／(3) 武篇　武事。／(4) 気違ひ　一の193注(4)参照。

訳　一、恵《え》芳《ほう》和尚の話に、「安《あ》芸《き》殿の話に「武篇は気違いにならねばできぬものである」と申されましたとのこと。我が覚悟に合いますことが不思議に存じ、その後いよいよ気違いに極《き》めました」とのことである。

118 一、前数馬《かずま》(1)申し候は「茶の湯の本意は、六根《ろくこん》(2)を清くする為也。眼に掛物・生花を見、鼻に香を嗅《か》ぎ、耳に湯音を聞き、口に茶を味ひ、手足の格(3)を正し、五根清浄なる時、意《こゝろ》自《おのづから》清浄也。畢竟《ひつきやう》、意を清くする所也。我《われ》は二六時中茶の湯の心を離れず。全く慰《なぐさみ》事にあらず」と。また「道具は長《た》け〳〵相応《さうおう》(4)にするもの也。梅一字の詩(5)に、「前村深雪裏《ぜんそんしんせつのうち》　昨夜数枝開《さくやすうしひらく》」、この「数枝」は富貴也とて、「一枝《いつし》」と直《なほ》されたりと也。「一枝」の所がわび数寄也(6)」と被《され》レ申《まう》候由。

(1) 前数馬　中野数馬利明。一の51、二の92参照。／(2) 六根　眼・耳・鼻・舌・身・意の総称。／(3) 格　行儀。／(4) 長け〳〵相応　それぞれの分相応。／(5) 梅一字の詩　唐末五代の詩僧斉己《せいき》の「早梅」。鄭谷《ていこく》に一字を直され、斉己が敬服したという「一字の師」の故事が有名。／

（6）わび数寄　侘《わ》びを好くこと。千利休が大成した侘び茶の精神。侘びは簡素で幽寂な風趣。

訳　一、前数馬《かずま》が申しましたのは「茶の湯の本意は、六根《ろっこん》を清くするためである。眼に掛け物・生け花を見、鼻に香を嗅ぎ、耳に湯の音を聞き、口に茶を味わい、手足の行儀を正し、五根清浄《しょうじょう》である時、意《こころ》が自ずから清浄となる。畢竟《ひっきょう》、意を清くするところである。わたしは四六時中茶の湯の心を離れぬ。全く慰み事ではない」と。また「道具は丈に応じて相応にするものである。梅一字の詩に、「前村深雪《ぜんそんしんせつ》の裏《うち》、昨夜《さくや》数枝《すうし》開く」とあり、この「数枝」は豊かであるといって、「一枝《いっし》」と直されたとのことである。「一枝」のところがわび数寄《すき》である」と申されましたとのこと。

119一、「恩を受けたる人・懇意の人・味方の人には、縦《たとへ》悪事有りともひそかに異見致し、世間にはよき様《やう》に取り成し、悪名云《いひ》ふさぎ、誉め立《た》て、無二の味方・一騎当千に成り、内々にてよく請け候様に異見すれば、疵《きず》も直《なほ》りよき者に成る也。誉め立て候へば、人の心も移り自然と悪しき沙汰止《や》むもの也。すべて慈悲門に括《く》り込《こ》みて、よく成さねば置かぬとの念願也」と。

訳　一、「恩を受けた人・懇意の人・味方の人には、たとえ悪い事があっても密かに異見いたし、世間には良いように取りなし、悪名を言い塞《ふさ》ぎ、誉め立て、無二の味方・一騎当千になり、内々で良く受け取りますように異見すると、傷も直り良い者になるのである。誉め立てますと、人の心も移り自然と悪い評判は止むものである。すべて慈悲門に括《くく》り込んで、良くなさずにおかぬとの念願である」と。

120 一、或る人云、「意地は内に有ると外に有るとの二つ也。外にも内にも無き者は益に不レ立《たゝず》。例へば刀の躬《み》の如し。切れもの(1)を研ぎはしらかして(2)鞘《さや》に納めて置き、自然(3)は抜きて眉毛に掛けて、拭《ふ》きて納むるがよし。外にばかり有りて、白刃を不断振り廻す者には、人が寄り付かず一味の者無きもの也。内にばかり納め置き候へば、錆《さび》も付き、刃も鈍《にぶ》れ、人が思ひこなす(4)もの也」と。

(1) 切れもの　よく切れる刃物。／(2) 研ぎはしらかして　研ぎ走らせて。研ぎ澄まして。／(3) 自然は　何かの折は。／(4) 思ひこなす　見くびる。

訳　一、ある人が言うには、「意地は内にあるのと外にあるのとの二つである。外にも内にもない者は役に立たぬ。例えば刀身のようである。刃を研ぎ澄まして鞘に納めておき、何かの折には抜いて眉毛に掛けて（切れ味を試し）、拭いて納めるのがよい。外にばかりあって、白刃をいつも振り回す者には、人が寄り付かず仲間の者がいないものである。内にばかり納めておきますと、錆も付き、刃も鈍り、人が侮るものである」と。

121 一、「小利口《こりこう》などにてはもの事澄《すま》ぬもの也。大《おほ》きに見ねば成らず。是非の沙汰《さた》などむざと(1)すまじき事也。また、ぐなつきて(2)は成らず。切る、所早く据《すわ》(3)つてつ、(4)切れて、埒《らち》明かねば、武士にてはなき也」と。

(1) むざと　うっかりと。／(2) ぐなつきては　ぐにゃぐにゃしていては。／(3) 据って　心を決めて。／(4) つ、切れて　突き切って。

訳 一、「小利口《こりこう》などでは物事は済まぬものである。大きく見なければならぬ。是非の判断などをむざむざとしてはならぬことである。また、ぐにゃついてはならぬ。切れる所は早く胸を据えて突き切って、埒が明かなければ、武士ではないのである」と。

122 一、「若年の時分、一鼎《いってい》被《まうされ》レ申候は「其方《そのはう》は末頼母《たのも》しき器量(1)にて候。我《わが》死後に御家(2)を偏《ひとへ》に頼み申し候。大儀ながら御国を荷《にな》ふて上げ候へ」と泪《なみだ》を流し、被《まうしきけられ》二申聞一候。其《その》時ふと胸にこたへ、此《この》一言荷に成り、今に忘れ不《まうさず》レ申候。斯様《かやう》の詞《ことば》はじめて承《うけたまは》り候。今時はやらぬ事にて候。人に教訓するも、「身持ち・心持ち・嗜《たしな》みよく奉公仕り候へ」と申すが一ぱい(3)也。是《これ》、我《わが》身の欲まで也。いかい(4)行き違ひ也。斯様の一言、最早云人《もはやいふひと》も有るまじ。歎かしき事」の由。

(1) 器量　力量（のある人）。／(2) 御家　佐賀藩。／(3) 一ぱい　せいぜい。／(4) いかい　ひどい。

訳　一、「若年の頃、一鼎《いってい》が申されましたのは「その方は末頼もしい器量です。我が死後に御家をひとえに頼み申します。大儀であるが御国を荷ってあげなさい」と涙を流し、申し聞かされました。その時ふと胸に応え、この一言が重しになり、今も忘れ申しませぬ。このような言葉を初めて承りました。今時流行らぬことです。（今時は）人に教訓するのも、「身持ち・心持ち・嗜みよく奉公いたしなさい」と申すのが精一杯である。これは我が身の欲（から言う）までである。ひどい違いである。このような一言は、最早言う人もいまい。歎かわしいこと」とのこと。

123 一、「意趣(1)・遺恨《ゐこん》出で来、公事沙汰《くじざた》(2)など致す人は、扱ひ様《やう》有りて何の事もなく澄《すむ》もの也。一《ひとつ》橋にて奴《やつこ》(3)出合ひ、互によけず打果し候処を、大根売りが中に入り、枴《あふご》(4)の先に双方取りつかせ、荷なひ替へて通したる様《やう》なるもの也。やり様《やう》は幾筋も有る事也。是《これ》また主君への奉公也。大事の御家来めつたに死なせ、(5)不和に成してはならぬ事也。

先年、京都にて江島正兵衛《えじましやうべゑ》と源蔵《げんざう》(6)酒の上《あが》りにて(7)異見を申し候。是《これ》が源蔵酒癖にて候。翌朝、正兵衛大小を差し、源蔵長屋に仕掛け(8)申し候を、本村武右衛門《もとむらたけゑもん》(9)聞き付け、すかし(10)候て長屋へ連れ帰り候由にて、武右衛門我ら長屋へ参り「いかゞ可レ仕《つかまつるべき》哉《や》」と申し候半《なか》ば(11)に源蔵参り、「正兵衛は居《を》り不レ申《まうさず》哉《や》。先《さき》ほど彼方《あの》へ事々しく仕掛け参候由。たはけたる家来ども拙者へ不二申聞一《まうしきけず》。たゞ今聞き付け参りたる」と申し候て、正兵衛小屋(12)へ可レ参《まゐるべし》と仕り候を差し留め、「まづ可レ被二罷帰一《まかりかへらるべく》候。我ら請取《うけと》(13)り候間、正兵衛所存聞き届け、知らせ可レ申《まうすべき》」由申聞《まうしきけ》帰し申し候。左《さ》候て、正兵衛を呼び承り候へば「諸人の中にて誤りを数へたて、異見を被レ申《まうされ》候は、異見とは不レ存《ぞんぜず》。意恨有りて恥をかゝせ被レ申《まうされ》候儀と存じ候。意趣直《ぢき》に可レ承《うけたまはるべく》と存じ、仕掛《し》け候」由申し候。某《それがし》申し候は「尤《もつとも》の事也。さりながら源蔵意恨《いこん》有《ある》まじく候。異見が酒癖(15)にて候。永山六郎(14)は抜くが酒癖にて候。癖は色々有ものにて候。酒の云《いひ》たる事を実《まこと》に取持ち、(16)大事の御家来二人打果し、主人に損取らせ、どこが忠節にて可レ有レ之《これあるべき》哉《や》。其方《そのはう》も御重恩の人に候へば、何卒《なにとぞ》御恩を可レ報《ほうずべし》とこそ可レ被レ存《ぞんぜらるべく》候。かつて恥になる事にて無レ之《これなく》候。源蔵心底は我ら聞き届け、可二申達一《まうしたつすべし》」と申して返し、源蔵へ斯様《かやう》〳〵と申し候へば、「夜前(17)申し候事曾て覚え不レ申《まうさず》候。元より意恨少しも無レ之《これなく》候」と申し候故「さらば正兵衛に其旨《そのむね》申し聞け、頭人(18)に向《むか》ひ事々しく仕掛け候事は不届きに候へども、年若く候間不了簡《ふれうけん》も可レ有レ之《これあるべく》候。向後《かうご》嗜み申し候様に可二申聞一《まうしきかすべし》」と申し候て罷《まか》り帰り、正兵衛に申し聞け、何の事もなく候。

其《その》上にて、正兵衛納戸《なんど》役(19)断《ことわり》申し候に付き、我ら頻《しきり》に差し留め候処、ひそかに北島甚左衛《きたじまじんざゑ》門《もん》(20)へ相頼み御国元へ断《ことわり》申し遣《つかは》し候由武右衛門へ申聞け候に付、武右衛門より申し遣し、甚左衛門手元を差留め、正兵衛に右の通り申達し候へば、「いづれ仲宜《よろ》しくは有るまじく候間代り可レ申《まうすべし》」と申し候。夫《それ》に付き「仲良く成る事は我ら請取り申し候。まづ了簡して被レ見《みられ》候へ。半途(21)に代り被レ申《まうされ》候節は、源蔵と酒事の上にて意恨出《い》来《き》、下り被レ申《まうさる》と沙汰《さた》有レ之《これあり》候時は、其方《そのはう》も酒呑にて候へば、奉公の障《さはり》になり、源蔵為にも不二罷成一《まかりならず》候。暫《しばらく》時節を待ち被レ申《まうされ》候様に」と申し宥《なだ》め、寄り〳〵(22)「源蔵と無二の仲に成り候へ」と申し候へば、「我ら左様に存じ候ても、源蔵殿心解け申すまじく候」と申し候。「夫解《それわか》る様《やう》相伝へ可レ申《まうすべく》候。向《さき》には不レ構《かまはず》、其方心ばかり、〃さて〳〵痛み入りたる事哉《かな》。よく顧《かへり》み候へば、我らに誤り有り。殊に頭人《とうにん》に無礼を仕掛け、無調法《ぶてうはふ》。此《この》上は、彼方《かなた》役中(23)は粉骨に可レ勤《つとむべし》〃と被レ存《ぞんぜられ》候へば、其《その》心忽《たちまち》向《さき》に感通し、其儘《そのまゝ》仲良く成る事《こと》候。其方《そのはう》酒癖有り。我非を知りて禁酒して被レ見《みられ》候へ」と節々《せつ〳〵》(24)申し候に付き、ふと得心致し禁酒仕り候。其後《そのゝち》正兵衛心入れ源蔵へ咄《はなし》候へば、「さて〳〵感じ入りたる事。痛み入り、恥かしき仕合はせ。此《この》上は我役中には代へ申すまじく(25)」と無二の仲に成り申し候。源蔵代り申し来たる節、源蔵より申し遣し、正兵衛も代り申し候。仕様により斯様《かやう》に成る事に候。

さてまた、当座(26)にて、酒狂《さけぐるひ》にても妄言《まうげん》にても耳に立ち候事(27)申す人有レ之《これある》時は、其相応《それさうおう》の返答したるがよし。愚痴に候て、早《はや》胸ふさがり(28)、心せき(29)、則座《そくざ》の一言不二出合一《いであはず》、是《これ》にては残らぬ仕合はせ、(30)と打果《うちはた》し申す事、たはけたる死に様《やう》也。「馬鹿者」と申し掛け候はゞ、「たはけ者」と返答して澄《すむ》事に候。正兵衛も其《その》座にて「御異見は忝《かたじけな》く候へども、夫《それ》は追つて差向《さしむ》か(31)ひに可ㇾ承《うけたまはるべく》候。諸人の中にては恥御かゝせ候様に聞こえ申し候。また、人の上云《いひ》ぐろふならば、御手前の上にも可ㇾ有二御座一《ござあるべく》候。とかく酒の上にて理屈は違ひ申し候。本性《ほんしやう》(32)の時承り、嗜《たしな》みに可ㇾ仕《つかまつるべく》候。まづ御酒を御上り候へ」などと軽く取り成さば、恥にも不ㇾ成《ならず》、腹も不ㇾ立《たゝず》、其《その》上にても理不尽に申し掛け候はゞ、相当《さうたう》〳〵の返答して澄《すむ》事也。また、ここには些《ちと》(33)様子有り。兼日《けんじつ》聢《しか》としたる所有る者には、酒狂人もめたと(34)云掛けえぬもの也。先年、御城にて何某《なにがし》へ何某戯言《なにがしざれごと》の上にて「磔《はりつけ》(35)道具よ」と申し候を、憤り「可二打果一《うちはたすべし》」と仕り候を、五《ご》郎左衛門《らうざゑもん》(36)・成富蔵人《なりどみくらんど》(37)泊番にて聞き付け、扱《あつかひ》(38)に、何某夜中に態《わざ》と出仕候て、断云《ことわりいは》せ澄《すみ》申し候。是《これ》も、其《その》座にて「其方《そのはう》こそ火炙《ひあぶり》道具よ」と返答すれば、何の事も無く候。始終だまるは腰抜け也。詞《ことば》の働き・当座の一言可二心掛一《こゝろがくべき》事也」と。

（1）意趣　恨みを含むこと。／（2）公事沙汰　訴訟事件。／（3）奴　武家の奴僕《ぬぼく》。／（4）枴天秤棒。／（5）めつたに　むやみに。／（6）源蔵　牛島《うしじま》源蔵直孝《なおたか》。歌書役《うたかきやく》。京都留守居役。光茂逝去の時常朝と同時に出家し、一中《いっちゅう》と号した。二の124、五の45・93・103・120参照。／（7）酒の上りにて　酒を召し上がって。／（8）仕掛け　乗り込み。押し掛け。／（9）木村武右衛門　九の33参照。／（10）すかし　宥め。／（11）たはけたる　愚かな。／（12）小屋　藩主の藩邸または城中にある軽輩の住宅。／(13) 請取り　引き受け。／(14) 永山六郎　六郎左《ろくろうざ》衛《え》門貞宣《もんさだよし》。七の35参照。／(15) 実に取持ち　まともに受け取って。／(16) 御重恩の人　主君の深い恩を蒙《こうむ》った者。／(17) 夜前　昨夜。／(18) 頭人　かしら。／(19) 納戸役　金銀・衣服・調度の出納を司る役。／(20) 北島甚左衛門　元範《もとのり》。／(21) 半途　中途。／(22) 寄り〳〵　折々。／(23) 彼方役中　源蔵が今の役を勤めている間は。／(24) 節々　たびたび。／(25) 代り　役替え。／(26) 当座　その場。／(27) 耳に立ち候事　聞き捨てならぬこと。／(28) 胸ふさがり　(怒りで) 胸が一杯になり。／(29) 心せき　気が急き。／(30) 残らぬ仕合はせ　このまま生きておられぬ行きがかり。／(31) 云ぐろふ　あれこれとあげつらう。／(32) 本性　正気。／(33) 様子　子細。／(34) めたと　むやみに。／(35) 磔道具　磔《はりつけ》にされる者を道具として言った語。／(36) 五郎左衛門　山本常治《つねはる》。常朝の甥。／(37) 成富蔵人《なりどみくらんど》　為門《ためかど》。左内為利《さないためとし》の子。／(38) 扱　仲裁。

訳　一、「意趣・遺恨が起こって裁判沙汰《ざた》などを致す人は、扱い方があって何のこともなく済むものである。一本橋で奴《やっこ》が出合い、互いによけず打ち果たし（になり）ますところを、大根売りが中に入り、天秤棒の先に双方を取り付かせ、担《にな》い替えて通したようなものである。やり方は幾通りもあることである。これはまた主君への奉公である。大事な御家来を滅多なことで死なせ、不和にしてはならぬことである。

先年、京都で江《え》島正兵衛《じましょうべえ》に源蔵《げんぞう》が酒を上がって異見を申しました。これが源蔵の酒癖です。翌朝、正兵衛は大小（の刀）を差し、源蔵の長屋に乗り込み申しましたのを、本村武《もとむらたけ》右《え》衛門《もん》が聞き付け、宥《なだ》めすかしまして長屋へ連れ帰りましたとのことで、武右衛門が我が長屋に参り「どう致すべきか」と申しています半ばに源蔵が参り、「正兵衛はおり申さぬか。先程あちらに事々しく乗り込んで参りましたとのこと。たわけた家来どもが拙者に申し聞かせなかった。ただ今聞き付けて参った」と申しまして、正兵衛宅に参ろうと致しますのを差し留め、「まず帰られるべきです。わたしが引き受けますので、正兵衛の所存を聞き届け、知らせ申そう」とのことを申し聞かせ帰し申しました。そうしまして、正兵衛を呼んで承りますと「諸人の中で誤りを数え立て、異見を申されましたのは、異見とは存ぜぬ。遺恨があって恥をかかせ申されましたことと存じます。意趣を直接承ろうと存じ、乗り込みました」とのことを申しました。それがしが申しましたのは「もっともなことである。しかしながら源蔵に遺恨はありますまい。異見するのが酒癖です。永山六郎《ろくろう》は（刀を）抜くのが酒癖です。癖は色々あるものです。酒が言わせたことをまともに受け取り、大事な御家来を二人打ち果たさせ、主人に損を取らせ、どこが忠節であろうか。その方も御重恩《じゅうおん》の人ですので、何卒《なにとぞ》御恩を返そうとこそ存ぜられましょう。決して恥になることではありませぬ。源蔵の心底はわたしが聞き届け、申し伝えよう」と申して帰し、源蔵にかくかくしかじかと申しますと、「前夜申しましたことは全く覚え申しませぬ。元より遺恨は少しもありませぬ」と申しましたので、「それならば正兵衛にその旨を申し聞かせ、頭《かしら》に向かい事々しく乗り込みましたことは不届きでありますが、年若くありますので不了簡《ふりょうけん》もありましょう。今後嗜《たしな》み申しますように申し聞かせよう」と申しまして帰り、正兵衛に申し聞かせ、何のこともありませんでした。

その上で、正兵衛が納戸《なんど》役を断り申しましたため、わたしが頻《しき》りに差し留めましたところ、(正兵衛が)密かに北島甚左衛門《きたじまじんざえもん》に頼み御国元へ断りを申し遣わしましたとのことを武右衛門に申し聞かせましたため、武右衛門から申し遣わし甚左衛門の手元を差し留めて、正兵衛に右の通り申し伝えますと、「どのみち仲がよろしくはなりますまいから代わり申そう」と申しました。そのため「仲が良くなることはわたしが引き受け申します。まず考えてごらんなさい。中途で代わり申されました時は、源蔵と酒事《さけごと》の上で遺恨が起こって(国に)下り申されたと噂がありました時は、その方も酒呑みですので、奉公の障《さわ》りになり、源蔵のためにもなりませぬ。しばらく時節を待ち申されますように」と申し宥《なだ》め、折々「源蔵と無二の仲になりなさい」と申しますと、「わたしはそのように存じましても、源蔵殿が心を解き申しますまい」と申しました。「それが分かるよう伝え申すべきです。向こう(の心)には構わずその方の心だけ、〝さてさて恐れ入ったことよ。よく顧みますと、わたしに誤りがある。殊に頭《かしら》に無礼を挑《いど》み、無調法《ぶちょうほう》であった。この上は、あちらの役中は粉骨に勤めよう〟と存ぜられますと、その心がたちまち向こうに感通し、そのまま仲が良くなることです。その方は酒癖がある。我が非を知って禁酒してごらんなさい」と度々《たびたび》申しましたため、ふと得心いたし禁酒いたしました。その後正兵衛の心入れを源蔵に話しますと、「さてさて感じ入ったこと。恐れ入り、恥ずかしい巡り合わせ。この上は我が役中には代え申すまい」と無二の仲になり申しました。源蔵の役替えを申して来た際、源蔵から申し遣わし、正兵衛も代わり申しました。やり方によりこのようになることです。

そしてまた、その場で、酒狂いでも妄言でも耳に立ちますことを申す人がいる時は、それ相応の返答をした方がよい。愚鈍でありまして、早くも胸がふさがり、心が急《せ》き、即座の一言が出て来ず、これでは生きて残れぬ巡り合わせ、と打ち果たし申すことは、たわけた死に方である。「馬鹿者」と申し掛けて来ましたならば、「たわけ者」と返答して済むことです。正兵衛もその場で「御異見は忝《かたじけな》いことですが、それは追って差し向かいで承りましょう。諸人の中では恥をおかかせになりますように聞こえ申します。また、人の上をあれこれあげつらうならば、御手前の上にもございましょう。とかく酒の上では理屈は違い申します。素面《しらふ》の時に承り、嗜みに致しましょう。まず御酒をお上がりなさい」などと軽く取りなすならば、恥にもならず、腹も立たず、その上でも理不尽に申し掛けて来ますならば、それ相応の返答をして済むことである。また、ここにはちょっと子細がある。日頃しかとした所のある者には、酒狂い人もめったと言い掛けられぬものである。先年、御城でなにがし（甲）になにがし（乙）が戯れ言の上で「（その方は）磔《はりつけ》道具よ」と申しましたのを、（甲が）憤《いきどお》り「打ち果たそう」と致しましたのを、五《ご》郎《ろう》左《ざ》衛《え》門《もん》・成富蔵人《なりどみくらんど》が宿直で聞き付け、仲裁し、なにがし（乙）が夜中にわざわざ出勤しまして、わびを言わせて済み申しました。これも、その場で「その方こそ火《ひ》炙《あぶ》り道具よ」と返答すれば、何のこともありませんでした。始終だまるのは腰抜けである。言葉の働き・当座の一言を心懸けるべきことである」と。

124(1)一、「源蔵、御究《おきは》めの沙汰《さた》承り付き、何某《なにがし》殿へ参り「人を御退《おの》け被レ下《くだされ》候様に」と申し「何事を被二相究《あひきはめらる、》一事に候哉《や》。幸ひ爰元《こゝもと》(2)参り居り、不二承届《うけたまはりとどけずさうらは》一候では難二罷登《まかりのぼりがたく》一候。(3)無遠慮千万《せんばん》の儀に候へども、私心底難二黙止《もだしがたく》一(5)候て御尋ね仕り候。御知らせ被レ下《くだされ》候様に」と無レ拠《よんどころなく》仕掛《かけ》申し候に付、「御屋形《やかた》(4)道具を自分に取遣《つか》ひ、節々御門外へ出で遊山所《ゆさんじよ》(7)へ参り、また、(8)下女を召抱《かゝ》へ、大酒仕り候事言上《ごんじやう》(6)」と申され候に付て、「さてく落付き申し候。何事もなき事に候。数年の留守居(9)にて、似合ひの諸道具は事欠き不レ申《まうさず》。御手前様御越の時分にも御覧の通りに候。留守居寄り合ひ三、四十人の客に不足の物、御道具を借り申し候事に候。是《これ》は御(14)用筋(10)にて候。また、御役人方(11)・堂上方《だうじやう》(12)勤めに、間もなく外へ罷《まか》り出《い》で、他方《よそ》の留守居(13)・銀主参会《さんくわい》(15)には茶屋・芝居不レ参候《まゐらずさうらは》では御用不二相澄《あひすまず》一候。下女置き候事は、数年詰《づめ》の者は足軽・手男まで召仕ひ申す事御存じの前に候。(16)大酒仕り候事は、今に始《はじ》め不レ申《まうさず》候へども、酒狂仕りたる事は一度も無レ之《これなく》候。然《しかれ》ば皆以て、御咎《とが》め可レ被レ成《なさるべき》事にて無二御座《ござなく》一候。不馴れの歩行《かち》目附(17)、見馴れ不レ申《まうさゞる》事故、御法背き候様に存じ候て言上仕り候は、尤《もつとも》に候。留主居役は、右の通り不レ仕《つかまつらず》候はで不二罷成《まかりならざる》一ものに候。安堵《あんど》仕り候」由申し候て罷り帰り候。然ば此節御免《ゆるし》にて、居付《ゐつ》(18)き相勤め候。訳有レ之《わけこれある》ものは、云様にて理《ことわり》よく聞こえ申し候。また、仕掛候様《やう》にて聞き取り申す事も有レ之《これある》」由。

（1）124　五の93参照。／（2）爰元　こちら。佐賀を指す。／（3）罷登　京都へ行く。／（4）御屋形　主君。／（5）自分に　自分勝手に。／（6）言上　主君に申し上げること。／（7）落付き　はっきりと納得し。／（8）何事もなき　何でもない。／（9）留守居　京都留守居役。／（10）御用筋　公の御用に関わること。／（11）御役人方　幕府役人。／（12）堂上方　公家衆。／（13）他方の留守居　他藩の留守居役。／（14）銀主　大名に金銀を貸す者。／（15）手男　佐賀藩における最下級の役。夫役《ぶやく》の者が任ぜられた。／（16）御存じの前　御存じの通り。／（17）歩行目附　目付の下で監察を行なう役。／（18）居付き　留任し。

訳　一、「源蔵がお取り調べの沙汰を承ったため、なにがし殿に参り「人をお払い下されますように」と申し、「何事を取り調べられることでありますか。幸いこちらに参っており、聞き届け申しませんでは上京し難いです。無遠慮千万のことでありますが、わたくしの心底を黙っていられませぬのでお尋ね致します。お知らせ下されますように」とやむを得ず押し掛け申しましたため、「御屋形様の道具を自分勝手に取り遣《つか》い、度々《たびたび》御門外へ出て遊山所に参り、また、下女を召し抱え、大酒いたしましたことを言上《ごんじよう》する」と申されましたため、「さてさて得心し申しました。何事でもないことです。長年の留守居役で、ふさわしい諸道具は不自由し申さぬ。あなた様がお越しの時にも御覧になった通りです。留守居役が集まり

三、四十人の客に足りぬ物は、御道具を借り申しましたことです。これは御用筋でした。また、幕府御役人方・公家《くげ》衆方の勤めで、まもなく外へ出て、他国の留守居役・金貸しの参会では茶屋・芝居に参りませんでは御用が済みませぬ。下女を置きましたことは、長年詰めの者は足軽・手男まで召し仕い申すことは御存じの通りです。大酒いたしましたことは、今に始め申したことではありませぬが、酒狂い致したことは一度もありませぬ。だから皆もって、お咎《とが》めなさるべきことではございませぬ。不慣れの歩行《かち》目付が見慣れ申さぬことゆえ、御法《ごはっ》度《と》に背きましたように存じまして言上いたしましたのは、もっともなことです。留守居役は、右の通り致しませんではできぬものです。安堵《あんど》いたしました」とのことを申しまして帰りました。だからこの際はお許しとなり、（そのまま京に）居続けて勤めました。訳があるものは、言いようで理がよく聞こえ申します。また、押し掛けますようにして聞き取り申せることもある」とのこと。

125一、何《なに》和尚（1）へ耳に口を付け「追院《ついゐん》（2）の時分も申し候様に、暫《しばらく》は行き所も不レ知様《しれざるやう》に被レ成《なされ》、「其《それ》には不レ及《およばず》」と御差図の時、佐嘉《さが》へも御出で候時は、現住（3）の時よりは光も差し申し候。今ほど佐嘉御出頭、諸人請取り（4）不レ申《まうさず》候。もし上より御沙汰（5）も御座候時は、何事も捨《すた》（6）り申し候。何和尚追院の後、高伝寺（7）に被レ居《をられ》候事達二御耳一《おみゝにたつし》（8）内意候て、一度佐嘉へ出で被レ申《まうさるゝ》儀不二罷成一《まかりならず》候。よく〳〵御了簡《れうけん》候へ」と申し捨て罷《まか》り立ち候。我《わが》身は見えぬ所が有るものにて候由。

（1）何和尚　ある和尚。／（2）追院　寺院から追放されること。／（3）現住の時　住職であった時。／（4）請取り　納得すること。／（5）沙汰　指示。／（6）捨り　駄目になる。／（7）高伝寺　鍋島家菩提寺。曹洞宗。佐賀市本庄町本庄。／（8）内意　内々の意向。

訳　一、なにがし和尚（甲）へ耳に口を付け「寺院追放の時も申しましたように、しばらくは行方《ゆくえ》も知れぬようになされ、「それには及ばぬ」と御指図があった時、佐賀にもお出向きになります時は、住職であった時よりは光も差し申します。今佐賀に御出頭されることは諸人が受け入れ申しませぬ。もし上から御沙汰《さた》もございました時は、何事も駄目になり申します。なにがし和尚（乙）が寺院追放の後、高伝寺におられましたことが御耳に達し、内意がありまして、二度と佐賀へ出向き申されることがなりませんでした。よくよくお考えなさい」と申し捨てその場を立ちました。我が身は見えぬ所があるものですとのこと。

126　一、小々姓《こごしやう》(1)仲間五、六人同船にて罷《まか》り登《のぼ》り候時分、夜中に此方《このはう》の船、廻船《くわいせん》(2)に突き当り申し候。船子《ふなこ》(3)五、六人飛び乗り「船作法に任《まか》せ、碇《いかり》を取り上げ申す」とひしめき候(4)を承り走り立ち、「作法はおのれ仲(5)間の事也。武士の乗りたる船の道具を取らせて可《おく》レ置《べき》か。一々海に切りはめよ」と鳴(6)り廻り候に付て、悉《ことごと》く迯《に》げ帰り申し候。斯様《かやう》の時、武士の仕事の振《ふり》(7)が入るもの

来の事有るもの也。

也。軽き事には鳴り廻りて澄《すま》したるがよし。軽き事に重く、手延《てのび》(8)に成り末はとまらず、(9)不出

(1) 小々姓　元服以前に近習《きんじゅう》として御側《おそば》に仕える者。／(2) 廻船　貨物運送の海船。／(3) 船子　船乗り。／(4) ひしめき候を　騒ぎ立てるのを。／(5) おのれ仲間　お前らの仲間。／(6) 鳴り廻り　大声でどなって廻り。／(7) 振　振る舞いよう。／(8) 手延　手遅れ。／(9) 末はとまらず　未詳。底本「末はとまらす」。仮に「末は通らず」(やり遂げず) の意で訳出した。

訳　一、小々姓《こごしょう》仲間五、六人が同じ船で上京いたしました際、夜中にこちらの船が、廻船に突き当たり申しました。水夫五、六人が(こちらに) 飛び乗り「船作法により、碇《いかり》を取り上げ申す」と騒ぎ立てますのを承って走り立ち、「作法はおのれらの仲間のことである。武士の乗っている船の道具を取らせておくべきか。一人一人海に切って落とせ」と怒鳴り回りましたため、ことごとく逃げ帰り申しました。このような時、武士の仕事振りが要るものである。軽いことには怒鳴り回って済ませるのがよい。軽いことに重く、手遅れになって末まで遂げず、不出来のことがあるものである。

127 一、何某《なにがし》帳納め(1)の時、銀不足に付き寄親《よりおや》(2)へ申し達し、「金銀の事にて腹を切らせ候ては残

念の事に候。寄親役に銀子《ぎんす》被二差出一《さしだされ》候様に」と申し候に付、「尤《もつとも》」の由にて合力《がふりき》(3)被レ致《いたされ》、相澄《あひすみ》候。悪事も、破《やぶ》れぬに仕様《しやう》(4)有るものに候由。

(1) 帳納め　帳簿を上役へ提出すること。／(2) 寄親《よりおや》　組頭。／(3) 合力　金銭面で助けること。／(4) 破れぬに　破綻しないように。二の113など参照。

訳　一、なにがしが帳簿納めをした時、銀が不足のため寄親《よりおや》に申し伝え、「金銀のことで腹を切らせましては残念なことです。寄親役には銀子《ぎんす》を差し出されますように」と申しましたため、「もっとも」とのことで力添え致され、済みました。悪事も、大きい傷にならぬようにやり方があるものですとのこと。

128
一、「将監《しやうげん》(1)常々申し候は、「諫《いさ》めと云詞《いふことば》早私也。諫めは無きもの也」と申し候。一生御異見申上げたるを知りたる人無し。また一度も理詰《りづめ》にて為二申上一《まうしあげたる》事無し。ひそかに御納得被レ成《なされ》候様《やう》に申上げ候由。前々数馬《かずま》(2)も、終《つひ》に「御用」(3)と申して罷り出で御異見為二申上一《まうしあげたる》事無し。御序《ついで》にひそかに申上げ候に付、よく御請け被レ成《なされ》候。外《ほか》に存じたる者無レ之《これなき》故、御誤り終《つひ》に知れ不レ申《まうさず》。

理詰にて申上ぐるは皆忠節立て、主君の悪名をあらはし申すに付き大不忠也。御請け不レ被レ成《なされざる》時はいよ〳〵御悪名に成り、不二申上一《まうしあげざる》には劣り候て、我《われ》ばかり忠節者と諸人に知られ申すまでに候。ひそかに申上げ、御請け不レ被レ成《なされざる》時は、不レ及レ力《ちからおよばざる》儀と存じ果《はて》、いよ〳〵隠《おん》密《みつ》して色々工夫を以て、または申上げ〳〵仕り候へば一度は御請け被レ成《なさる》事に候。御請け不レ被レ成《なされず》、御悪事有レ之《これある》時、いよ〳〵御味方仕り、何卒《なにとぞ》世上に知れ不レ申《まうさず》候様《やう》に可レ仕《つかまつるべき》事」と也。

（1）将監　中野将監正包《まさかね》。一の16、五の98参照。／（2）前々数馬　中野数馬政利。加判家老。四の50参照。／（3）「御用」と　申し上げるべきことがあると。

訳　一、「将監《しょうげん》が常々申しましたのは、「諫《いさ》めという言葉は早くも私《わたくし》である。諫めは無いものである」と申しました。（将監が）一生御異見申し上げたことを知っている人はいない。また一度も理詰めで申し上げたことはない。密かに御納得なされますように申し上げましたとのこと。前の前の数馬も、終《つい》に「御用」と申して出頭して御異見を申し上げたことはない。御ついでに密かに申し上げましたため、よくお聞き入れなされました。他に存じている者はいないので、お誤りが終に知れ申さなかった。

理詰めで申し上げるのはみな忠節立てであって、主君の悪名《あくみょう》を顕《あら》わし申すため大不忠である。お聞き入れなされぬ時はいよいよ御悪名となり、申し上げぬのには劣りまして、自分ばかりが忠節者と諸人に知られ申すまでです。密かに申し上げ、お聞き入れなされぬ時は、力及ばぬことと思い切り申し、いよいよ隠密《おんみつ》にして色々工夫をし、あるいは申し上げ申し上げ致しますと一度はお聞き入れなされることです。お聞き入れなされず、御悪事がある時は、いよいよ御味方いたし、何卒《なにとぞ》世上に知れ申しませぬように致すべきこと」とのことである。

129 一、「上下万民の心入れを直《なほ》し、不忠・不義の者一人も無レ之《これなく》、悉《ことごと》く御用に立て、面々安穏《あんをん》(1)仕り候様可二仕成一《やうつかまつりなすべし》と大誓願を起《おこ》すべし。伊尹《いゐん》(2)が志の如《ごと》し。大忠節・大慈悲也。人の癖《くせ》を直すは、我《わが》癖直すよりは仕難《しにくき》もの也、まづ一人も似非《えせ》(3)仲を不レ持《もたず》、近付きはもとより、不二見知一《みしらざる》人よりも恋ひ忍《しの》ばるゝ様《やう》に仕成《しな》すが基《もと》也。我《わが》身にても覚え有り。相口《あひくち》(4)の人より云《いは》るゝ、異見は、よく請《う》る也。

さて、異見の仕様《しやう》は応機説法(5)にて、人々の気質次第に好きの道などより取り入りて、云様《いひやう》品々《しなじな》有るべし。非を見立て、云《いひ》たる分にては請けぬはず也。我はよき者に成り、人は悪しき者に云成《いひな》しては、何しに悦《よろこ》び可レ申哉《まうすべきや》。まづ我非をあらはし、「何としても直らぬ故、宿願をも掛け置きたり。懇意の事に候間、ひそかに異見めされ給ひ候様に」など、云《いへ》ば、「夫《それ》は我らも左様《さやう》に有り」と申す時、「さらば申し合はせて可レ直《なほすべし》」と云て、心によく請け候へば頓《やが》(6)て直るもの也。

一念発起《ほつき》すれば、過去久遠劫《くをんごふ》(7)の罪を滅するも此《この》心也。「何様《いかやう》の悪人にても直さずには置くまじき」と思ふべし。不了簡《ふれうけん》の者ほど不便《ふびん》の事也。色々工夫して直せば、直らぬと云《いふ》事なし。成らぬと云は、成し様《やう》不足故也。

何某《なにがし》の子を諸人憎み、か丶らぬ(8)生れ付きなれども、祖父以来「頼む」と云《いは》れたる一言故今に不レ捨《すてず》、毎朝仏・神に致《いたし》二祈誓《きせい》一候。誠は天地に通ずるもの(9)なれば例《ためし》有べし。是《これ》、我ら一生の願ひ也。人の好かぬ悪人ほど懇意にして通りたり。誰々諸人請取らぬ者なれども、我ら一人贔負《ひいき》して、人に逢ひては「さて〳〵一(10)ふり有る秘蔵の者ども、第一は御為《おんため》也(11)」と褒《ほ》め立て候へば、人の心も移り直り候。直《ぢき》に少しづつの取柄《とりえ》有るもの也。悪しき所有れども、取柄を取り持ち候へば益《やく》に立つ也。

兼々《かね〴〵》示し合ひ候は、「殿は近年の内、御他界有るべし。其時、我々追腹《おひばら》の覚悟にて髪を剃り、五、六十人の御傍の者どもに目を覚《さま》さすべし。不断御呵《しかり》(12)にばかり逢ひ、大事の(13)時は身を捨て、損なる事なれども、是《これ》こそ真の御被官なれば、日陰《ひかげ》奉公の小身《せうしん》者どもが歴々衆追ひ倒し、御外聞(14)を取る事、無二他事一《たじなき》(15)儀也。随分打ち任《まかせ》(16)て可レ勤《つとむべし》」と申し合ひ候。出来出頭《できしゆつとう》(17)などが頭かぶせ(18)にがさつなる事(19)申し候時は、「可二打果一《うちはたすべし》」と申したる者も候へども、「さて〳〵取り違ひ哉《かな》(20)。彼《あれ》は殿の尻拭《しりぬぐひ》(21)役也。しまり潰《つぶさ》る丶奴《やつ》(22)也。夫《それ》が目に掛《かゝら》ぬか。四、五年の内に殿の御外聞取りて上げ申す大事の御被官が、今かつたゐと棒打ち(23)するものか」と申し候て差し留め申し候。

殿の御為に諸傍輩に致二入魂一《じゆこんいたし》、人のよくなる様《やう》に、為《ため》になる様《やう》に大誓願を発《おこ》し候奇特(24)に哉《や》、我らが申す事は何事もよく請け被レ申《まうされ》候。また、御為と存じ、着座(25)より下《しも》足軽までに究竟《くつきやう》(26)の者数十人入魂《じゆこん》にて手に付け(27)、我らが一言にて忽《たちまち》御為に一命を捨て申す様《やう》に仕置《しお》き候。また、人々心入れ、少しも直《なほ》り候時は、夫《それ》を育《そだ》て、随分褒《ほ》め候て嬉《うれ》しがらせ、いよ〳〵よくなり候様《やう》にと申し候へば、進みて直り申すもの」と也。

(1) 面々　めいめい。／(2) 伊尹《いいん》　殷《いん》初の宰相。湯王《とうおう》を助け、夏《か》を滅ぼして天下を平定した。／(3) 似非仲　うわべの仲。／(4) 相口　話の合う人。／(5) 応機説法　人の機根に応じて法を説くこと。／(6) 頓て　直ちに。／(7) 過去久遠劫の罪　永遠の昔から何度も生まれ変わりつつ背負ってきた罪業。／(8) かゝらぬ　手に負えない。どうしようもない。／(9) 誰々　なにがし。／(10) 一ふり　一かど。／(11) 御為　主君のため。／(12) 日陰奉公　目立たぬ、裏側の奉公。／(13) 歴々衆　身分・家柄の高い人々。／(14) 御外聞を取る　主君の名誉を高める。／(15) 無二他事一　他の何事よりも大切な。／(16) 打ち任て　普通に。当たり前に。／(17) 出来出頭　成り上がりの側近。九の21参照。／(18) 頭かぶせに　頭ごなしに。／(19) がさつなる事　横柄なこと。／(20) 哉　以下「差し留め申し候」まで山本本により補う。底本「等あれば」。／(21) 尻拭役　身の回りの雑用をする役。三の9参照。／(22) しまり……也　結局身上を潰《つぶ》される者である。／(23) かつたゐと棒打ち　つまらない争いを意味する慣用句。「かつたゐ」はハンセン氏病患者。／(24) 奇特　不思議な験《しるし》。／(25) 着座　家老に次ぐ家格。序文（33頁）注（8）参照。／(26) 究竟の　武勇に優れた。／(27) 手に付け　味方に引き入れ。

訳　一、「『上下万民の心入れを直し、不忠・不義の者が一人もなく、ことごとく御用に立って、面々が安穏《あんのん》にできますように致そう』と大誓願を起こさねばならぬ。伊尹《いいん》の志のようにである。大忠節・大慈悲である。

人の癖を直すのは、我が癖を直すよりはしにくいものである。まず一人も上っ面《つら》の仲を持たず、知人はもとより、見知らぬ人からも恋い忍ばれるようにしなすのが基である。我が身でも覚えがある。話の合う人から言われる異見は、よく受け入れるのである。

そして、異見の仕方は応機《おうき》説法《せっぽう》で、人々の気質次第で好きな道などから取り入って、言い方は様々あるだろう。非を見立てて言っている分では受け入れぬはずである。自分はよい者になり、人は悪い者に言いなしては、どうして喜び申そうか。まず我が非を顕わし、『どうしても直らぬゆえ、宿願をも懸けておいた。懇意の間柄ですので、密かに御異見して下されますように』などと言えば、『それはわたしもそうである』と申す時、『それならば申し合わせて直そう』と言って、(相手が)心によく受け入れますとすぐに直るものである。

一念発起すると、過去久遠劫《くおんごう》の罪を滅するのもこの心である。『どのような悪人でも直さずにはおくまい』と思わねばならぬ。考えなしの者ほど不憫《ふびん》なことである。色々工夫して直すと、直らぬということはない。成らぬというのは、成し方が足りぬからである。

なにがしの子を諸人が憎み、手に負えぬ生まれ付きであるが、祖父の代から『頼む』と言われた一言ゆえ今も見捨てず、毎朝仏・神に祈誓を致します。誠は天地に通ずるものだから験《しるし》があろう。これがわたしの一生の願いである。人が好かぬ悪人ほど懇意にして通ってきた。誰々は諸人が受け入れぬ者であるが、わたし一人が贔屓《ひいき》して、人に逢《あ》っては「さてさて一かどある秘蔵の者どもで、第一は（殿の）御為である」と褒《ほ》め立てますと、人の心も移り直ります。じきに少しずつの取り柄が現れるものである。悪い所があっても、取り柄を用いますと役に立つのである。

　かねがね示し合わせましたのは、「殿は近年の内、御他界になるだろう。その時、我々は追い腹の覚悟で髪を剃り、五、六十人の御《お》側《そば》の者どもに目を覚まさせよう。いつもお叱りにばかり会い、大事の時は身を捨て、損なことであるが、これこそ真の御家来であるから、日陰奉公の小身《しょうしん》の者どもが歴々の衆を追い倒し、御外聞を取ることは、二つとないことである。できるだけ身を任せて勤めよう」と申し合いました。成り上がりの側近などが頭ごなしにがさつなことを申しました時は、「打ち果たそう」と申した者もいましたが、「さてさて取り違えよ。あれは殿の尻拭《しりぬぐ》い役である。結局潰される奴である。それが目に止まらぬか。四、五年の内に殿の御外聞を取って上げ申す大事な御家来が、今かったいと棒打ち（など）するものか」と申しまして差し留め申しました。

　殿の御為に諸傍輩《ほうばい》に入魂《じっこん》いたし、人がよくなるように、為になるように大誓願を発《おこ》しました霊験であったのか、わたしが申すことは何事もよく受け入れ申されました。また、御為と存じ、着座より下《しも》足軽まで究竟《くつきよう》の者数十人と入魂して味方に付け、我が一言でたちまち御為に一命を捨て申すようにしておきました。

また、人々の心入れが少しでも直りました時は、それをおだて、できるだけ褒《ほ》めまして嬉《うれ》しがらせ、ますますよくなりますようにと申しますと、進んで直り申すもの」とのことである。

130 一、皆人気短か故に大事を成らず、仕損ずる事有り。いつまでも〳〵(1)とさへ思へば、しかも早く成るもの也。時節はふり来る(2)もの也。今十五年先を考へて見給へ。さても世間違ふべし。「未来記」(3)など云《いふ》も余り替りたる事有《ある》まじ。今時御用に立つ衆、十五年過《すぎ》れば一人も無し。今の若手の衆が打《うち》て出《い》でても半分長《た》け(4)にても有るまじ。段々下《くだ》り来《きた》り、金払底《ふつてい》すれば銀が宝と成り、銀払底すれば銅が宝と成るが如《ごと》し。時世相応《さうおう》に人の器量も下り行く事なれば、一精出だし候はゞ、今の生ひ立ちには劣るまじき事也。すれば十五年過ぎて丁度《ちやうど》御用に立つ也。十五年などは夢の間也。身養生《みやうじやう》さへして居《を》れば、しまり本意を達し、御用に立つ事也。名人多き時代にこそ骨も折る事也。世間一統に下り行く時代なれば、其中《そのなか》にて抜け出るは安き事也。

（1）いつまでも〳〵　気長にするさま。／（2）時節はふり来る　(己にとっての) 時節はいつかやって来る。ここでは十五年後のこととして語られている。／（3）未来記　未来のことを予言した書物。／（4）半分長け　半分の力量。

訳　一、皆が皆気が短いために大事を成せず、し損じることがある。いつまでもいつまでもとさえ思えば、（成し遂《と》げられ）しかも早く成せるものである。時節は降って来るものである。もう十五年先を考えて見なされ。さても世間は違うであろう。「予言書」などというが余り変わったことはあるまい。今時御用に立つ衆は、十五年過ぎると一人もいない。今の若手の衆が打って出ても半分の力量にもなるまい。段々と下って来て、金《きん》が底を突けば銀が宝となり、銀が底を突けば銅が宝となるようなものである。時世相応に人の器量も下って行くことであるから、一つ精を出しますならば、今の育ちの者には劣るまいことである。そうすればおれば、十五年過ぎてちょうど御用に立つのである。十五年などは夢の間である。身の養生《ようじょう》さえしておれば、結局本意を遂げ、御用に立つことである。名人が多い時代にこそ骨も折ることである。世間が一様に下り行く時代であるから、その中で抜きん出るのはたやすいことである。

131　一、「精を出《い》だして人の癖を直《なほ》したらば、直るはず也。似我蜂《じがばち》（1）の如し。養子なども、我に似よ〳〵と云教《いひ》へ致し候はゞ、似るべき也」と。

（1）似我蜂　ジガバチ科の昆虫の総称。羽音がジガジガと鳴る。本項がふまえる「似我の功徳《くどく》」については以下を参照。「仏語《ぶつご》には、仏の万徳円満の心付《つき》て有る故に、誦《じゆ》する者に天然と功徳備《そなは》る也。是を似我の功徳と云。似我蜂と云者《いふは》、菜虫を子とし、似我類、似我類とさせば、功積《つみ》て天然と蜂となる也。如レ是《かくのごとき》道理は知らねども、経呪《きやうじゆ》を誦すれば天然と仏心に近付く。是故《このゆゑ》に似我の功徳を説玉《ときたま》ふと也」（鈴木正三『驢鞍橋《ろあんきよう》』巻中）。

訳　一、「精を出して人の癖を直したならば、直るはずである。似我蜂《じがばち》のようである。養子なども、我に似よ我に似よと言って教えを致しますならば、似るはずである」と。

132　一、「佞人《ねいじん》(1)出頭の時か、また上に悪事有レ之《これある》時、多分構《かま》はぬ者までも気すさび(2)して、欠《あく》び気《け》色《しき》に成り、精を不レ出《いださず》、沙汰《さた》・評判ばかりするもの也。斯様《かやう》の時、第一口を慎《つゝし》むべし。ここに眼の付け所有り。左様《さやう》に致し候時は、殿は何と可レ被レ成哉《ならるべきや》。斯様《かやう》の仕《し》難き時こそ、一入《ひとしほ》精を出してよき様に仕《し》て上げ申すはず也。古き家は佞人幾人出《い》で来《き》候ても、上に悪事何ほど有りても、十年より内《うち》に崩《くづ》るゝものにてなし。二十年も続き候はゞ危《あぶな》き事も有るべし。ここを呑み込みて、左様《さやう》の時分、十年より内に仕直《しなほ》し、御家抱《だ》き留《と》めて上げ可レ申《まうすべし》と可レ存《ぞんずべき》事也。身にかゝらぬ者までも早気《はやき》草臥《くたびれ》(3)して、不レ宜《よろしからざる》事をそゝめき廻り(4)、御家中籠《かご》に成り(5)うそゝけ(6)候故、世上へも洩《も》れ聞こえ十年より内《うち》にも崩《くづ》るゝ也。悪事は内輪から多分云崩《いひくず》すもの也。惣て《そうじ》人の上の悪事を憎まぬがよき也。いらぬ所に敵を持ち、害に成る事有り。悪人も此方《このはう》を頼む様《やう》にして、折を以てよき様《やう》に仕成《しな》して可レ遣《つかはすべき》事也」と。

（1）佞人　媚《こ》びへつらう人／（2）気すさび　気が荒《すさ》むこと。／（3）気草臥して　やる気をなくして。／（4）そゝめき廻り　ひそひそ話して歩き。／（5）籠に成り　籠のように隙だらけになり。／（6）うそゝけ　不安で落ち着かない状態であり。

訳　一、「佞人《ねいじん》が出世した時か、また上に悪事がある時、大かた関わらぬ者までも気がすさんで、欠伸《あくび》する気持ちになり、精を出さず、噂・評判ばかりするものである。このような時、第一に口を慎まねばならぬ。ここに目の付け所がある。そのように致しました時は、殿はどうなられるだろうか。このようなやりにくい時こそ、ひとしお精を出してよいようにしてあげ申すはずである。古い家は佞人が幾人出て来ましても、上に悪事がどれほどあっても、十年より内に崩れるものではない。二十年も続きますならば危ないこともあろう。ここを呑み込んで、そのような時、十年より内に仕直して、御家を抱き留めてあげ申そうと存じるべきことである。身に関わらぬ者までも早くも気疲れして、よろしからぬことをささやき回り、御家中が籠になり落ち着きませぬため、世上にも洩《も》れ聞こえ十年より内にも崩れるのである。悪事は内輪から大かた言い崩すものである。総じて人の上の悪事を憎まぬ方がよい。要《い》らぬ所に敵を持ち、害になることがある。悪人もこちらを頼むようにさせて、折をもってよいようにしなしてやるべきことである」と。

133 一、「気力さへ強ければ、詞《ことば》にても身の行ひにても道に叶ふ様《やう》に成るもの也。是《これ》を脇よりは褒《ほ》むる也。然《しかれ》ども心に問はれたる時、一句もいけぬもの也。「心の問はゞ(1)」の下《しも》の句は、諸道の極意とも可レ申《まうすべき》もの也。よき目附也」と。

訳 一、「気力さえ強ければ、言葉でも身の行いでも道に叶うようになるものである。これを脇からは褒《ほ》める。しかし心に問われた時、一句も継げぬものである。「心の問わば」の下の句は、諸道の極意とも申すべきものである。よい目付である」と。

(1) 心の問はゞ「なき名ぞと人にはいひて有りぬべし心のとはばいかゞ答へむ」(『後撰和歌集』恋三)。一の40参照。

134 一、「功者(1)の咄《はなし》など聞く時、例へば我《われ》知りたる事にても深く信仰して可レ聞《きくべき》(2)也。同じ事を十度、二十度も、三十度も聞くに、ふと胸に請取《うけと》る時節有り。其《その》時は各別のものに成る也。老《おい》の繰《く》り言《ごと》と云《いふ》も功者成る事也(3)」と。

（1）功者　熟練の者　老練。／（2）信仰して　信じ尊んで。／（3）功者成る事也　功者であればこそ言えることである。

訳　一、「功者の話などを聞く時、例えば自分が知っていることでも深く信じ仰いで聞くべきである。同じことを十度、二十度も、三十度も聞くと、ふと胸に受け取る時がある。その時は格別のものになる。老いの繰《く》り言《ごと》というのも功者である証《あかし》である」と。

135　一、「事によりては、主君の仰《おほ》せ付けをも諸人の愛相《あいさう》(1)をも尽《つ》かして、だゞを踏み廻りて(2)打破りて退《の》けねば成らぬ事有り。畢竟《ひつきやう》は御為《おんため》一篇の(3)心入れさへ出《い》で来《く》れば、紛《まぎ》れぬもの也。何某《なにがし》(5)事、御前様《ごぜんさま》(4)付にて、御死去の時「上より被㆓差留㆒《さしとめらる》」と申し候て髪を剃り不㆑被㆑申《まうされず》、表より被㆓相附㆒《あひつけられ》候人さへ剃髪《ていはつ》仕り、無興《ぶきよう》(6)にて候故、付《つき》役ども剃り申し候。斯様《かやう》(7)の時などは、御意《ぎよい》にても差図にても不㆓聞入㆒《き、いれず》、「上にも御家老衆も御存じ有まじく候。伝高院様付の男女六人追腹《おひばら》。(8)上代には八並武蔵《やつなみむさし》(9)(10)覚悟仕り候。上の御外聞にて候へば承引不㆑仕《つかまつらず》(11)」と申し切るはず候」と也。

（1）愛相　好意。／（2）だゞを踏み　地団駄を踏み。悔しさや怒りで何度も地を踏みつけること。／（3）御為一篇の　ひたすら主君のためという。／（4）御前様　奥方。／（5）表より　公式に。／（6）無興　興ざめ。／（7）伝高院　お市《いち》。勝茂の娘。上杉弾正少弼定勝《うえすぎだんじょうしょうひつさだかつ》の妻。寛永十二年（一六三五）没。／（8）上代　古き良き時代。／（9）八並武蔵　武蔵守重《むさしのかみしげる》。波多三河守信時《はたみかわのかみのぶとき》の家臣。のち鍋島に仕えた。／（10）覚悟　追い腹の覚悟。八の47参照。／（11）承引　承知。

訳　一、「事によっては、主君の仰せ付けをも諸人の信頼をも無視して、駄々《だだ》を踏み回って打ち破って退けねばならぬことがある。結局は（殿の）御為一つの心入れさえ出て来ると、紛れぬものである。なにがしは奥方様付きで、（奥方様）御死去の時「殿から差し留められた」と申しまして髪を剃り申されず、表向きに付けられました人さえ剃髪いたし、興ざめでありましたので、付き役どもが剃り申しました。このような時などは、（殿の）仰せでも（御家老衆の）指図でも聞き入れず、「殿にも御家老衆も御存じありますまい。伝高院《でんこういん》様付きの男女六人が追い腹した。良き時代には八並武蔵《やつなみむさし》が覚悟いたしました。殿の御外聞でありますから承知いたさぬ」と申し切るべきでした」とのことである。

136　一、(1)「山の奥まで閑《しづ》かにして、適《たま》に問ひ来る人に世間の事を尋ね候へば、殿様公儀《こうぎ》御首尾よき事、御慈悲の御仕置の(2)沙汰《さた》ばかり承り候は、目出《めで》たき御家、日本に並ぶ所有るまじく候。此跡《このあと》、不レ宜《よろしからざる》事ども有レ之《これあり》候へども、自然とよき様《やう》に成り行き候は、不思議の御家、御先祖様方の御加護有レ之《これあり》て御仕置き被レ遊《あそばさるゝ》儀かと存じ候」由。

(1) 公儀御首尾よき事　対幕府の関係が円滑にいっていること。／(2) 仕置　処置。采配。

訳　一、「山の奥まで入って閑居して、たまに訪《と》い来る人に世間のことを尋ねますと、殿様が公儀の御首尾のよいこと、御慈悲の御采配《さいはい》をされることの噂ばかり承りますのは、めでたい御家、日本に並ぶ所はありますまい。この後、よろしからぬことどもがありましても、自然とよいようになって行きますのは、不思議の御家、御先祖様方の御加護があって御采配遊ばされるためかと存じます」とのこと。

137 一、或る牢人《らうにん》衆被レ申《まうされ》候は、「他国出(1)を不レ被ニ差免一《さしゆるされず》、牢人者に飯料《はんれう》も不レ被レ下《くだされざる》は御無理なる事、他国へなりとも出で候はゞ、渡世の仕様《しやう》も可レ有レ之《これあるべく》候。追付《おつゝけ》悪事に可ニ罷成一《まかりなるべし》」と被レ申《まうされ》候に付、「他国を不レ被ニ差免一《さしゆるされざる》が有難き事にて候。牢人は御異見にて候。大切に被ニ思召一《おぼしめさるゝ》故、他国へは不レ被ニ差出一《さしいだされず》候。斯様《かやう》なる主従の契《ちぎ》り深き家中はまた有るまじく候。御懲《こらし》め被レ成《なされ》候て、段々被ニ召出一《めしいださるゝ》事に候。「悪事に成る」と申す事は、数年跡《あと》より申す事に候。面々苦痛さに上を恨《うら》みて申し扱ふ(2)事と相見え候。御罰危《あやふき》事」と申し候へばまた、「今佐嘉《さが》の士ども、朝は昼まで休み、役儀には虚病を構《かま》へ、自堕落千万《じだらくせんばん》の風俗」と被レ申《まうされ》候に付、「其《それ》が御家の強みにて候。利口《りこう》・発明《ほつみやう》(3)にかせぎ廻り申す者は、「斯様《かやう》に仕り候はゞ、他方《よそ》にては大身《たいしん》にも可レ成《なるべき》に御褒美《ほうび》も無レ之《これなし》」などと存じ、脇心《わきごゝろ》(4)出来《でき》可レ申《まうすべく》候。御譜代《ふだい》相伝の士に候へば、元来脇心出来不レ申《まうさず》、誰が教《おし》ふるとなしに「此処《この》に生れ出《い》で、此処に死ぬ」と落付《おちつき》て我宿と存じ候に付、悠々と朝寝も仕り候。是《これ》ほどの強み何処《どこ》に可レ有哉《あるべきや》」と申候へばまた、「「御家の鑓《やり》先《さき》(5)〳〵」と云《いひ》、「武国也(6)」と申すは、手前の云成《いひな》しにて他方《よそ》には不レ知《しらざる》事にては無レ之哉《これなきや》。書物にも見及び不レ申《まうさゞる》事」と被レ申《まうされ》候に付、「御鑓先の事は記録に相見え候。島原(7)戦死四百に及び候は、鎌倉崩れ(8)には増し可レ申《まうすべく》候。是《これ》は武国と不レ申《まうさず》候で不レ叶《かなはざる》事に候。他方《よそ》の知り手には、太閤《たいかふ》様・権現《ごんげん》様など御褒美の事。是《これ》は、近代に眼持ず(9)とは云《いは》れぬよき証拠人にて候」と取り合ひ申し候。長牢人などは退屈して意恨《いこん》に存じ、悪口を仕り候。夫《それ》故運尽き、帰参をも不レ仕《つかまつらず》候也、と。

（1）他国出　他藩へ出て行くこと。／（2）申し扱ふ　「言ひ扱ふ」（取り沙汰する）に場の敬意が加わった形。／（3）かせぎ　一生懸命に働き。／（4）脇心　心が主君から他へ移ること。／（5）鑓先　武功。／（6）武国　武勇で知られる藩。／（7）島原　天正十二年（一五八四）の沖田畷《なわて》の戦い。薩摩の島津《しまづ》家久《いえひさ》と戦って敗れ、龍造寺隆信らが戦死。三の24参照。／（8）鎌倉崩れ　北条氏が亡んだ時の戦い。／（9）眼持ず　見知った者がいない。

訳　一、ある浪人衆が申されましたのは、「他国出を差し免《ゆる》されず、浪人者に食費も下されないのは御無理なこと、他国へなりとも出ますならば、渡世のしようもありましょう。追っ付け悪事になるであろう」と申されましたため、「他国（出）を差し免されぬのが有り難いことです。浪人（の仰せ付け）は御異見です。大切にお思いになられるから、他国へは差し出されませぬ。このような主従の契《ちぎ》り深い家中はまたとありますまい。お懲《こ》らしめなされまして、段々に召し出されることとです。「悪事になる」と申すことは、数年後（になって）から申すこととです。面々が苦しさに殿を恨《うら》んで取り沙汰《ざた》し申すことと見えます。（神仏の）御罰《おんばち》が（当たると）危ぶまれること」と申しますとまた、「今佐賀の士どもは、朝は昼まで休み、役儀には仮病を装い、自堕落千万の風俗」と申されましたため、「それが御家の強みです。利口《りこう》・利発で懸命に働き回り申す者は、「このように致しますならば、よそでは大身にもなるはずなのに御褒美《ほうび》もない」などと存じ、浮気心が出て来申すに違いありませぬ。御譜代《ふだい》相伝の士ですので、元来浮気心は出て来申さず、誰が教えるとなしに「ここに生まれ出て、ここに死ぬ」と得心して我が宿と存じますため、悠々と朝寝も致します。これほどの強みがどこにあろうか」と申しますとまた、「「御家の鑓先《やりさき》、御家の鑓先」と言い、「武国である」と申すのは、こちらの言いなしであってよそには知らぬことではないか。書物にも見及び申さぬこと」と申されましたため、「御鑓先のことは記録に見えます。島原の戦死が四百に及びましたことは、鎌倉崩れよりは増え申すはずです。これは武国と申しませんでは叶わぬことです。よそで知っている者としては、太閤《たいこう》（秀吉）様・権現《ごんげん》（家康）様などの御褒美のこと

(があります)。これは、現代では(御家の鑓先を)見たことのある者がいないとは言われぬよい証拠人です」と相手になり申しました。長い浪人などは退屈して遺恨に存じ、悪口を致します。それゆえ運が尽き、帰参をも致さぬのです、と。

138 一、「捨てもの(1)も尽《つく》したる(2)者にてなければ、用に立《た》ず。丈夫《ちやうぶ》・窮屈(3)にばかり候ては、働きなきもの也」と。

(1) 捨てもの　役に立たぬもの。／(2) 尽したる　し尽くした。／(3) 丈夫・窮屈　誤りがなく、型を踏み外《はず》さない。

訳 一、「無用のものもやり尽くした者でなければ、用に立たぬ。堅実・窮屈ばかりでありましては、働きがないものである」と。

139 一、『愚見集』(1)に書き付け候如《ごと》く、奉公人の至極は家老の座に直《なほ》り、御異見申上げる事に候。此《この》眼さへ付き候へば、余の事・捨てものなどは免《ゆる》し申し候。さて〳〵此《この》人は無きものにて候。斯様《かやう》の事に眼の付きたる者一人も無し。たま〳〵私欲の立身を好みて追従《ついしよう》仕廻《まは》る者は有れども、是《これ》は小欲にて終《つひ》に家老には望み掛け得ず。少し魂の入りたる者は、利欲を離るゝと思ひて踏《ふ》み込《こ》みて奉公せず、『徒然草』『撰集抄』(2)などを楽《たのし》み候。兼好・西行などは腰抜け・すくたれ者也(3)。武士業《わざ》(4)が成らぬ故に、抜け風(5)を拵《こしら》へたる者也。今にも出家・極老《ごくらう》の衆は学びても可レ然《しかるべく》候。士たる者は名利の真中《まんなか》・地獄の真中に駆け入りても、主君の御用に立つべき事也。

（1）愚見集　宝永五年（一七〇八）、常朝が養子権之丞に書き与えた教訓書。／（2）撰集抄　仏教説話集。伝西行著。／（3）すくたれ者　臆病者。／（4）武士業が成らぬ　兼好・西行ともに武士であったが出家したことを指す。／（5）抜け風　間の抜けた風。

訳　一、『愚見集《ぐけんしゅう》』に書き付けましたように、奉公人の究極は家老の座に就《つ》き、御異見を申し上げることです。この眼さえ付きますと、他のこと・無用のものなどは免《ゆる》し申します。さてさて人はいないものです。このようなことに眼の付いている者は一人もいない。時たま私欲の立身を好んで追従し回る者はいるが、これは小欲であって終《つい》に家老には望みを掛けられぬ。少し魂の入った者は、利欲を離れると思って踏み込んで奉公せず、『徒然草』・『撰集抄』などを楽しみます。兼好・西行などは腰抜け・臆病者である。武士の業《わざ》が成らぬゆえに、抜けた風を拵《こしら》えた者である。今も出家・極老の衆は学んでもよろしいです。士たる者は名利の真ん中・地獄の真ん中に駆け入っても、主君の御用に立つべきことである。

140 一、「我らは親七十歳の子にて、「塩売(1)になりとも呉れ可レ申《まうすべし》」と申し候処、多久図書《たくづしよ》殿(2)「神右衛門《じんゑもん》(3)は陰の奉公(4)を仕ると勝茂公常々被レ成二御意一《ぎよいなされ》候へば、多分子孫に萌《も》え出《い》で御用に立ち可レ申《まうすべし》」とて御留《おと》め、松亀と名を御付け、枝吉利左衛門《えだよしりざゑもん》(5)より袴着《はかまぎ》(6)させ被レ申《まうされ》、九歳より小僧にて光茂様被二召仕一《めしつかはれ》、不携《ふけい》と申し候。綱茂様よりも御雇《やと》ひ被レ成《なされ》、御火燵《こたつ》の上に(7)居《を》り候てわるさども致し、御かるゐ被レ成《なされ》候て共《とも》御遊びなされ、其《その》時分何ともならぬわるさ者にとられ申し候。十三歳の時「髪立て候様に」と光茂様被二仰付一《おほせつけられ》、一年引き入り居り申し(8)、翌年五月朔《つい》日《たち》に出《い》で申し、市十《いちじう》と名を改め申して、御小姓《こしやう》(9)役相勤め申し候。然処《しかるところ》倉永《くらなが》利兵衛《りへゑ》(10)引き入れ(11)候て元服致し、御書物役《おかきものやく》手伝被二仰付一《おほせつけられ》、余りの取り成しにて「権之丞(12)は歌を詠《よ》み申し候に付、若殿様よりも折々被二召出一《めしいだされ》候」と被二申上一《まうしあげられ》候に付、差し支《つか》へ、暫《しばら》く御用無レ之《これなく》候。利兵衛心入れは、其身《そのみ》の代人に仕立て可レ申《まうすべく》存じ入ると後に存じ付き候。右の後、江戸御供も不レ仕《つかまつらず》、ぶらりと致し罷り在り候に付て、以《もつ》ての外《ほか》不気味に成り(13)、其頃松瀬《まつせ》に湛然《たんねん》和尚御座候に、親より「頼み申す」と申し置き候に付て懇意に候故、節々参り「出家可レ仕《つかまつるべき》か(16)」とも存じ入り候。其《その》様子、五郎左衛門《ごらうざゑもん》(14)見取り「前神右衛門《じんゑもん》(15)加増地を差分け可レ申《まうすべし》」と数馬へ内談為レ仕《つかまつりたる》由承り候。「弓矢八幡《はちまん》、取るまじく」と存じ候処、請役所(17)へ被二召出一《めしいだされ》、新たに御切米《きりまい》(18)被二仰付一《おほせつけられ》候〈外に両人有り〉。此《この》上は、小身者とて人より押し下げらるゝは無念に候。何としたらば心よく奉公可レ仕《つかまつるべき》かと昼夜工夫申し候。其頃、毎夜五郎左衛門咄《はなし》を承りに参り候に、「古老の咄に〃名利を思ふは奉公人にあらず。名利を不レ思《おもはぬ》も奉公人にあらず〃と申し伝へ候。此《この》あたり工夫申し候様に」と申し候故、いよ〳〵工夫一篇に成り、ふと得心申し候。「奉公の至《し》極《ごく》の忠節は、主に諫言《かんげん》して国家治むる事也。下《した》の方にくどつき廻りては益《やく》に不レ立《たゝず》。然《しかれ》ば家老に成るが奉公の至極也。私の名利を不レ思《おもはず》、奉公名利を思ふ事ぞ」ととくと胸に落ち、「さらば一度御家老に成りて見すべし」と覚悟を極め申し候。尤《もつとも》「早《はや》出頭(19)は古来のうぢなく候間、五十歳より仕立て可レ申《まうすべし》」と呑み込み、二六時中も工夫・修行にて骨を折り、紅涙《こうるい》(20)までにはなく候へども、黄色などの涙は出で申すほどに候。此間の工夫・修行、則《すなはち》角蔵流《かくざうりう》(21)にて候。(22)

また、御用に立つ者のばちこき(23)候は、自慢の天罰故に候。此事『愚見』に書き付け候通り也。

誠に身の上咄、高慢の様に候へども、奥底なく、不思議の因縁にて山家《さんか》(24)の閑談、無二他事一《たじなく》有躰《ありてい》(25)咄申し候」と也。

手こなしの粥《かゆ》(26)に極《きは》めよ冬籠り(27)　期酔《きすい》(28)

朝皃《あさがほ》の枯蔓《かれづる》燃ゆる庵哉《いほりかな》(29)　古丸《ふるまる》(30)

翌朝

(1) 塩売　塩を売って歩く行商人。『年譜』には「塩うりかかうじ(麴)うりに成共《なりとも》くれ候様に」とある。／(2) 多久図書《たくずしよ》　茂富《しげとみ》。重澄《しげずみ》の寄親《よりおや》で常朝の名付け親。六の103参照。／(3) 神右衛門　重澄。常朝の父。／(4) 陰の奉公　縁の下の力持ちとしての奉公。／(5) 枝吉利左衛門《えだよしりざえもん》　順《のぶ》之《ゆき》。大組頭。八の52参照。／(6) 袴着　幼児に初めて袴《はかま》を着せる儀式。常朝五歳の時。／(7) わるさ者　いたずらっ子。／(8) 引き入り　奉公を引き退くこと。／(9) 御小姓役　小々姓。／(10) 倉永利兵衛　良清《よしきよ》。塚原宇右衛門《つかはらうえもん》の子。歌書《うたかき》役。八の2・76参照。／(11) 引き入れ　元服の時の烏帽子《えぼし》親。／(12) 権之丞　常朝の元服後の名。／(13) 不気味に成り　気がふさがり。／(14) 五郎左衛門　常治《つねはる》。常朝の甥で二十歳年長。／(15) 前神右衛門　重澄。／(16) 数馬　中野数馬《かずま》利明《としあき》。／(17) 請役所　藩庁内で当役家老が一般政務を行なう所。／(18) 切米　扶持米《ふちまい》。／(19) 早出頭　若いうちに出世すること。／(20) のうぢ　能持。長続きすること。／(21) 角蔵流二の2参照。／(22) 候　このあと山本本「然《しか》る処に御主人におくれ、兼々《かねぐ》出頭仕候者はすくたれ、御外聞を失《うしなひ》申候付て、如此罷成候。本意は不遂《とげず》候へ共、しかと本意を遂《とげ》申候事、段々咄申候通にて候。思立《おもひたつ》と本望を遂るものに候」。／(23) ばちこき　罰せられ。／(24) 山家　餅「出家」・山「山家」。／(25) 翌朝　宝永七年三月六日（一七一〇年四月四日）の朝。序文冒頭の二句と照応させられている。聞書一・二の全内容を常朝が一夜のうちに語り、陣基が書き留めたとは、分量・内容からして到底考えられないが、少なくともこの一夜を再構築して表現するための骨格は二人が共有するものであったのだろう。再構築に当たっての虚構性を許容する陣基・常朝の風雅にも注意したい。／(26) 手こなしの粥　「こなす」は粉々につぶす意で、ここでは米から粥にするさまを指す。常朝がかきまぜながらとろとろに煮た粥。陣基が粥を作ったとする従来の解釈は誤り。仮にこの一夜の礼を陣基が示したいと言ったとしても、粥を作らせるはずがなく、常朝にも隠者の生活ルーティンがある。陣基はこの粥に感激し、熱く自分に命令する。／(27) 極めよ冬籠り師のこの手作りの粥で、これまでの自分の「冬籠もり」を終えよ・打ち止めにせよの意。師の教えが粥とともに腑《ふ》に落ち、これまで不遇と思ってきた己に、意識改革によって春が来るという含意を持つ。これまでの自分に命令しうる新たな視座を、陣基がこの一夜で獲得したことを示す。常朝は今後も従来と変わらぬ生活を続けるので、仮に陣基が返礼のために粥を作り、それがどんなに美味しかったとしても、一日滞在した客人または弟子から「冬籠もりを極めろ」などと言われる筋合いはない。この命令形は陣基自身へ向かうものと取るほかない。「極めよ」とあるので、恐らく常朝が調理中の句。とすれば、陣基は食べる前にすでに感激していることになる。／(28) 期酔　陣基の俳号。／(29) 朝皃の……哉　常朝は感激する陣基に、朝顔の枯れ蔓《づる》が燃えているだけだと禅的に答える。朝顔は一日で萎れるが、昨夏のその枯れ蔓は火となって、今こうして粥を炊いてもいる。全てはこのように当たり前のことだ。昨夜話したことも当たり前のことだ。一時的な感激に終わらせず、当たり前のこととするように。粥はもうじきだ——ここには、後を託せる者を得た常朝の閑《しず》かな喜びも表されている。庵はもはや常朝そのものであった。／(30) 古丸　常朝の俳号。

訳　一、「わたしは親が七十歳の時の子で、（親＝神右衛門《じんえもん》が）「塩売りにでもくれ申そう」と申しましたところ、多久図書《たくずしょ》殿が「神右衛門は陰の奉公を致すと勝茂公が常々仰せなされましたので、大かた子孫に芽が出て御用に立ち申すだろう」と言ってお留めになり、松亀《まつかめ》と名をお付けになり、枝吉利左衛門《えだよしりざえもん》から袴着《はかまぎ》させ申され、九歳から小僧として光茂様に召し仕われ、不携《ふけい》と申しました。綱茂様からもお用いなされ、御炬燵《こたつ》の上に座りまして悪さどもを致し、お軽い振る舞いをなされまして共にお遊びなされ、その頃どうにもならぬ悪さ者に取られ申しました。十三歳の時「前髪を立てますように」と光茂様が仰せ付けられ、一年引っ込んでおり申し、翌年五月一日に出《で》申し、市十《いちじゅう》と名を改め申して、御小姓《おこしょう》役を勤め申しました。そうしたところ倉永《くらなが》利《り》兵衛《へえ》が烏帽子《えぼし》親《おや》となりまして元服いたし、御書物《かきもの》役手伝いを仰せ付けられ、あまりの（良い）取りなし（だったの）で、（利兵衛が）「権之丞《ごんのじょう》」（常朝）は歌を詠《よ》み申しますため、若殿（綱茂）様からも折々召し出されます」と申し上げられましたため、差し支え、しばらく（光茂様の）御用がありませんでした。利兵衛の心入れは、自身に代わる人に育て申そうとの所存であったと後に気付き申しました。右の後、江戸に御供も致さず、ぶらりと致しておりましたため、もっての外気詰まりになり、その頃松瀬《まつぜ》に湛然《たんねん》和尚がいらっしゃいましたので、親から「頼み申す」と申しておきましたゆえ懇意でありましたため、折々参り「出家いたそうか」とも考え込み申しました。その様子を、五郎左衛門《ごろうざえもん》が見て取り「前神右衛門の加増地を分け申そう」と数馬へ内談いたしたとのことを承りました。「弓矢八《はち》幡《まん》に誓って、取るまい」と存じていましたところ、請役所へ召し出され、新たに御扶持米《ふちまい》を仰《おお》せ付けられました（他に二人がいた）。この上は、小身《しょうしん》者として人から押し下げられるのは無念であります。どのようにしたら心よく奉公いたせるかと昼夜工夫し申しました。その頃、毎夜五郎左衛門の話を承りに参りますと、「古老の話に〝名利を思うのは奉公人ではない。

名利を思わぬのも奉公人ではない〟と申し伝えます。このあたりを工夫し申しますように」と申しましたので、いよいよ工夫一つになり、ふと得心し申しました。「奉公の究極の忠節は、主に諫言《かんげん》して国家を治めることである。下の方にぐずぐずしていては役に立たぬ。だから家老になるのが奉公の究極である。私的な名利を思わず、奉公の名利を思うことぞ」とよくと胸に落ち、「それならば一度御家老になってみせよう」と覚悟を決め申しました。もっとも「早い出世は古来長続きしませんので、五十歳から仕立て申そう」と呑み込み、四六時中も工夫・修行で骨を折り、血の涙まではありませぬが、黄色などの涙は出申すほどでした。この間の工夫・修行は、即ち角蔵《かくぞう》流です。また、御用に立つ者が罰を受けますのは、自慢の天罰ゆえです。このことは『愚見集』に書き付けました通りである。

誠に身の上話をするのは高慢なようですが、奥底なく、不思議の因縁で（この）山家《さんか》での閑談は、へだてなくありのままに話し申しました」とのことである。

翌朝

手作りの粥《かゆ》に極めよ冬籠《ごも》り　期酔《きすい》（陣基）

朝顔の枯れ蔓《づる》燃える庵《いおり》かな　古丸《ふるまる》（常朝）

葉隠聞書　三

此《この》一巻直茂《なほしげ》公御咄。『茂宅《もたく》聞書』(1)『柴田聞書』(2)『御代々御咄《おはなし》聞書』(3)に無《これなき》レ之事を書き付くる也。

（1）茂宅聞書　深堀純賢《ふかほりすみまさ》（茂宅《もたく》）編。『日峯《にっぽう》様御咄《おはなし》之書』『直茂《なおしげ》公御物語』とも。慶長十一年（一六〇六）成立。茂宅については三の23、六の71参照。／（2）柴田聞書　柴田宗俊《むねとし》（千布《ちふ》太郎《たろう》左衛門《ざえもん》茂利《しげとし》）編。『直茂公御咄《おはなし》聞書』『直茂《なおしげ》公御物語』とも。柴田については六の68参照。／（3）御代々御咄聞書　山本常朝著。直茂・勝茂・光茂に関する聞書。

訳　この一巻は直茂《なおしげ》公の御話。『茂宅《もたく》聞書』『柴田聞書』『御代々御咄《おはなし》聞書』にないことを書き付ける。

1 一、或る時、直茂《なほしげ》公の仰に、「義理(1)ほど感深きものはなし。従弟などの死したるに涙を流さぬ事も有るに、ゆかりもなく見も知りもせぬ五十年、百年も以前の人の上を聞きて義理なる事には落涙する也」と仰られ候由。

（1）義理　正しい道理。一の10注（4）参照。

訳　一、ある時、直茂公の仰せに「義理ほど深く感じるものはない。従弟《いとこ》などが死んだことに涙を流さぬこともあるのに、縁もなく見も知りもせぬ五十年、百年も以前の人のことを聞いて義理のあることには落涙するのである」と仰せられましたとのこと。

2　一、小早川隆景《こばやかはたかゝげ》(1)より何方《いづかた》へ使者を以て事むつかしき口上《こうじやう》被㆓申遣㆒《まうしつかはされ》候に付《つき》て、「直茂公御指南被㆑下《くだされ》候様に」と右使者佐嘉《さが》へ被㆑遣《つかはされ》候。御面談にて口上被㆓聞召㆒《きこしめされ》、被㆑仰《おほせられ》候は「御口上に申す所少しも無㆑之《これなく》候。ただし是《これ》は詞《ことば》の色の入る口上にて候。惣《そう》て舞・平家なども上手《じやうず》のを聞きては及㆓落涙㆒《らくるいにおよび》候。下手のは同じ文字・節にて候へども涙出不㆑申《まうさず》候。是は御手前為㆓心得㆒《こゝろえのため》に申し候」由被㆑成㆓御意㆒《ぎよいなされ》候へば、右の使者有難由奉㆑感罷《ありがたきよしかんじたてまつりまか》り帰り候と也。

（1）小早川隆景　毛利元就の子。直茂より五歳年長で智将として知られ、秀吉の信篤く天正十五年（一五八七）筑前支配を任され立花城を居城とした。朝鮮出兵で活躍。三の20、十の143参照。

訳　一、小早川隆景からどちらかへ使者を立て厄介《やっかい》な口上を行なうように申し渡されましたため、「直茂公からお教え下されますように」と右の使者を佐賀に遣わされました。（公は）

直々《じきじき》に会われて口上をお聞きになられ、仰せられましたのは「御口上に申し分は少しもありません。ただしこれは言葉の艶《つや》が要る口上です。およそ舞・平家琵琶《びわ》なども上手な人のを聞けば落涙に及びます。下手な人のは同じ文句・節でありましても涙は出《で》申しません。これはお手前の心得のために申します」とのことを仰せになられましたので、右の使者は有り難いことと感じ入り申し上げ帰りましたとのことである。

3　一、直茂《なほしげ》公寒夜に御火燵《こたつ》を被レ成《なされ》、陽泰院《やうたいゐん》(1)様へ被レ成二御意一《ぎょいなされ》候は「さて〳〵寒き事にて候。火燵に居《ゐ》てさへ堪《た》へ難く候が下々《したゞ》は何として夜を明し可レ申哉《まうすべきや》。其内に別して難儀の者は誰にて可レ有《あるべく》候哉《や》」と被レ仰候。陽泰院様も「誠に火燵にても寒さを防ぎ兼《かね》申し候が、百姓どもは火燵も持ち申すまじく」と被レ仰候。「さりながら藁火《わらび》なりともあたり、火箱《ひばこ》(2)などにてもあたゝまり可レ申《まうすべく》候。別して凌《しの》ぎ兼《かね》申す者は何にて可レ有《あるべく》候哉《や》」と色々御評判被レ遊《あそばされ》候末《すゑ》にて、直茂公被レ仰候は「一の難儀は籠屋《ろうや》の者ども成るべし。火の取扱ひ不二相成一《あひならず》。壁もなく着物も薄く食物も有るまじく候。さて〳〵不便《ふびん》の事成る哉」と御夫婦様ながら繰替《くりかへ》し〳〵被レ成二御意一《ぎょいなされ》候が、「籠屋《ろうや》に何人居《を》り候哉《や》。早速相改め可二申上一《まうしあぐべき》」旨《むね》被二仰出一《おほせいだされ》候。筋々役人より申し遣《つか》はし、夜中俄《にはか》に相改め書付差上げ、「何の子細《しさい》に候哉」と役所〳〵に控へ居り申し候。右書付被レ成二御覧一《ごらんなされ》御台所にて粥《かゆ》を被二仰付一《おほせつけられ》、則《すなはち》牢屋へ被レ遣《つかはされ》罪人どもへ被レ為二拝領一《はいりやうなされ》候。涙を流し、有難がり頂戴仕り候由。

〈右は、小少将の尼（正誉）(3)若年の時分御前に罷り在り候が、御直《じき》に承り候趣、老後に咄被《はなしまうされ》レ申候を常朝師承り候由。さてまた、直茂公陽泰院様への御詞《ことば》づかひ「さうせよ」「かうせよ」と被《おほせられ》レ仰候由〉。

（1）陽泰院　直茂の後妻。石井兵部少輔常延《ひょうぶしょうゆうつねのぶ》の二女。三の42参照。／（2）火箱　火種を入れて暖をとる箱状のもの。行火《あんか》、火鉢など。／（3）正誉　北村宗吉季宗の娘。六の125参照。

訳　一、直茂公が寒夜《さむよ》にお炬燵《こたつ》に当たられ、（奥方の）陽泰院《ようたいいん》様に仰せになられましたのは「さてもさても寒いことです。炬燵に入っていてさえ耐え難くありますのに、下々（の者）はどのようにして夜を明かし申せようか。なかでもとりわけ難儀している者は誰でありましょうか」と仰せられました。陽泰院様も「まことに炬燵でも寒さを防ぎかね申しますのに、百姓どもは炬燵も持ち申せまい」と仰せられました。「そうではあるが藁《わら》の火にでも当たり、火箱などでも暖まり申せましょう。とりわけ凌《しの》ぎかね申す者はいずれでありましょうか」といろいろ御批評遊ばされました末に、直茂公が仰せられましたのは「一番の難儀は牢屋の者どもであろう。火の使用がならぬ。壁もなく着物も薄く食べ物もありますまい。さてもさても不憫《ふびん》なことであるよ」と御夫婦様ともどもくり返しくり返し仰せになられましたが、「牢屋に何人おりますか。早速調べ言上《ごんじょう》せよ」との旨仰《むねおお》せ出されました。それぞれの筋の役人から申し遣《つか》わし、夜中に急に調べて書付を差し上げ、「どういうわけでありますか」と（不審がりながら）それぞれの役所に控えており申しました。（直茂公は）右の書付を御覧になられ、御台所で粥《かゆ》を（作るよう）仰せ付けられ、すぐに牢屋に遣わされ罪人どもに振る舞われました。（罪人どもは）涙を流し、有り難がり頂戴いたしましたとのこと。

（右は、小少将《こしょうしょう》の尼《あま》〔正誉《しょうよ》〕が、若い頃（陽泰院様の）御前に仕えておりましたのが、御直々に承りました趣《おもむき》を、老後に話し申されましたのを常朝師が承りましたとのこと。そしてまた、直茂公の陽泰院様へのお言葉遣いは「そうせよ」「こうせよ」と仰せられましたとのこと）。

4 一、陽泰院様勝茂公へ被《おほせられ》レ仰候は「石井一門の者に、以後まで雑務役《ざふむやく》(1)を被《まうしつけらる》二申付一まじく候。此儀深く頼入《たのみい》れ申し候。此前より雑務役致し候者は多分盗みをして死罪に逢ひ候。手に触れ候故欲しくなりて盗みをすると相見え候。役を不《つかまつらず》レ仕候はゞ欲しき念も不《おこらず》レ起、盗み可《いたすべきやう》レ致様無《これなく》レ之候。我ら身の切れの者どもにて候へば不便《ふびん》に候て、断《ことわり》申し候」と被《おほせられ》レ仰候由。

（1） 雑務役　財務経理を司る役。

訳　一、陽泰院様が勝茂公に仰せられましたのは「（わたくしの出自である）石井一門の者に、後々まで財務役を申し付けられてはなりません。このことを深く頼み入れ申します。この前から財務役を致しています者は大かた盗みを働き死罪に遭《あ》います。手に触れますので欲しくなって盗みをすると見えます。役を致しませぬならば欲しい思いも起こらず、盗みの致しようがありません。我が身内のはしくれの者どもですので不憫でして、断り申します」と仰せられましたとのこと。

5 一、直茂公御小姓衆《こしやうしゆう》を被レ為レ呼《よびなされ》、「泉水《せんすい》(1)の水は何ほど有る哉《や》。見て参れ」と被レ成二御意一《ぎよいなされ》候。「八合(2)ばかり御座候」と被二申上一《まうしあげられ》候。また一人被レ為レ呼《よびなされ》同様に被二仰付一《おほせつけられ》候。「八分《はちぶ》ほど御座候」と申上げ候に付て「八分(3)がよく候。八合は聞《き》にくきぞ」と被レ仰《おほせられ》候由。

(1) 泉水　庭先に造られた池。／(2) 八合　一升の八分目。／(3) 八分　池全体の八分目。

訳 一、直茂公が御小姓衆《こしようしゆう》(の一人)をお呼びなされ、「泉水《せんすい》の水はどれほどあるか。見て参れ」と仰せになられました。「八合ばかりございます」と申し上げられました。もう一人お呼びなされ同様に仰せ付けられました。「八分ほどございます」と申し上げましたので(公は)「八分がよいです。八合は聞きにくいぞ」と仰せられましたとのこと。

6 一、太閤秀吉公薩摩入(1)の時、軍《いくさ》奉行衆より「先陣龍造寺道押《りゆうぞうじみちおさへ》(2)軍法に背《そむ》き不埒《ふらち》に御座候間、行列直し可レ申《まうすべき》」由被二申上一《まうしあげられ》候。太閤被二聞召一《きこしめされ》「軍に法なし。敵に勝つを軍法とす。龍造寺は九州の鑓突《やりつ》き(3)也。あの通りにて仕覚え有べし。なまじひなる事を云出《いひいだ》したらば恥をかくべし」と御呵《しかり》にて候由。

(1) 薩摩入　天正十五年(一五八七)、秀吉による島津義久《よしひさ》征伐の時、龍造寺政家《まさいえ》・鍋島直茂は筑後高良山《こうら》の秀吉本陣に参じ、三万七千余騎を率いて先陣を命じられた。／(2) 道押《みちおさえ》　行軍の際の道の押さえ方。行路の取り方。／(3) 鑓突《やりつ》き　鑓は戦や武勇の象徴であり、鑓を突き勇敢に戦う武功者の意。序文参照。

訳　一、太閤秀吉公が薩摩《さつま》入りした時、軍《いくさ》奉行衆から「先陣の龍造寺は行路取りが軍法に背き不埒《ふらち》でございますので、軍列を正し申さねばならぬ」とのことを申し上げられました。太閤はお聞きになられ「軍《いくさ》に法はない。敵に勝つのを軍法とする。龍造寺は九州の鑓《やり》突きである。あのやり方で覚えがあるに違いない。なまじっかなことを言い出したら恥をかくぞ」とお叱りでしたとのこと。

7　一、太閤の御前にて大名衆生け花を被レ成《なされ》候。直茂公の御前にも花入・花具(1)出し申し候。終《つひ》に生け花など被レ成《なされ》(2)候儀無レ之《これなく》、御不案内にて花具を諸手《もろて》にて一つに御握り、本《もと》を突き揃《そろ》へられ、花入にそくと御立て被二差出一《さしいだされ》候。太閤御覧候て、「花はわろく候へども、立てぶりは見事」と被レ仰候由。

(1) 花具　花材。生け花の材料。／(2) そくと　すくと。まっすぐに。

訳　一、太閤の御前で大名衆が生け花をなされました。直茂公の御前にも花器・花材を出し申しました。(公は) ついぞ生け花などなされましたことがなく、御不案内で、花材を両手で一つにお握りになり、本《もと》を突き揃《そろ》えられ、花器にまっすぐにお立てになり差し出されました。太閤は御覧になりまして、「花はよくありませぬが、立てぶりは見事」と仰せられましたとのこと。

8　一、佐嘉《さが》御城御普請御成就《ごふしんごじやうじゆ》の上、「直茂《なほしげ》公被レ遊二御覧一《ごらんあそばされ》候様《やう》に」と御座候に付《つき》、御駕籠《おかご》にて御出被レ成《なされ》候。勝茂《かつしげ》公は立付《たつゝけ》(1)を召し御出被レ成《なされ》、物合《ものあひ》(2)の一通り一々《ひとつ〳〵》御講釈被レ遊《あそばされ》、あちこちと御働き被レ遊《あそばされ》候。直茂公御伽《とぎ》(3)の衆に被レ成二御意一《ぎよいなされ》候は、「信濃殿は城取りの敵合ひ(4)を精を出し講釈さるゝが、腹切る所を忘れては居られぬか」と仰られ候由。

(7)〈直茂公は、惣て《そうじ》縄張(5)・備立《そなへだて》(6)など、申す事は大形《おほかた》に被レ遊《あそばされ》、たゞ御家中一和仕り、御主人を奉レ歎《なげきたてまつり》候様になされ、自然の時は上下一致に突き掛り切り崩し申す事を、大切に被二思召入一《おぼしめしいれられ》候由也。

また、御軍法(8)一通りは国主より外には御家中の者何とも存じ不レ申《まうさゞる》様に被レ成《なされ》候が、直茂公の御流儀にて候。物前《ものまへ》(9)にてたゞ御一言にて埒《らち》明け申す御仕組御秘事御座候由。御軍法の大概にても御家中の者存じ候へば、自然の時は敵方へ洩れ聞え、また其場の御差図を不二肯《うけがひ》仕一《つかまつらざる》事も可レ有レ之哉《これあるべきや》、と也。

かちくち(10)と申す御伝授、御代替《がはり》の時有レ之事に候由。また小城《をぎ》(11)にも御代々御伝授御座候由。十三箇条とも申し候也〉。

(1) 立付　裁《た》っ着《つ》け袴《ばかま》。膝から下が脚絆《きやはん》仕立ての袴。／(2) 物合　備えがよく整っていること。／(3) 御伽の衆　特殊な体験・知識の所有者で大名の側《そば》で古戦武功の話し役を務めた。千布太《ちふた》郎左衛門《ろうざえもん》（柴田宗俊）、大隈玄蕃《おおくまげんば》ら（三の50参照）は伽衆《とぎしゅう》。／(4) 敵合ひ　敵とのぶつかり合い。／(5) 縄張　城の位置や構造。／(6) 備立　兵を配置すること。陣立て。／(7) 歎　心底嗚呼《ああ》と大切に思うこと。／(8) 軍法　戦略。戦術。／(9) 物前　戦いの間際。／(10) かちくち　勝ち口。勝ち方の意。序文、四の81参照。／(11) 小城　佐賀藩の支藩の一つ。初代藩主元茂《もとしげ》は勝茂の長男で、かつ直茂の養子分となっており、軍法の書付や直茂の道具類の多くが小城に伝わった。

訳　一、佐賀の御城の御普請《ふしん》が御完成の後、「直茂公に御覧遊ばされますように」と（勝茂公の仰《おお》せが）ございましたため、（直茂公は）御駕籠《かご》でお出でなされました。勝茂公は裁《た》っ着《つ》け袴《ばかま》を召してお出でなされ、よく整えた設備の一通りを一つ一つ御講釈遊ばされ、あちらこちらとお働き遊ばされました。直茂公がお伽《とぎ》の衆に仰せになられましたのは、「信濃《しなの》（勝茂）殿は、城構えの敵対策を精を出して講釈されるが、腹を切る場所を忘れてはおられぬか」と仰せられましたとのこと。

〈直茂公は、総じて城の配置・陣立てなどと申すことは大体に遊ばされ、ただ御家中が結束いたし、御主君を歎き申し上げますようになされ、万一の時は上下（の者）が一致して突き掛かり切り崩し申すことを、大切なこととお思い入れになられましたとのことである。

また、御軍法の一通りは国主より他には御家中の者が何とも存じ申さぬようになされますのが、直茂公の御流儀でした。戦場でただ御一言で片をつけ申す御やり方には御秘事がございましたとのこと。御軍法のあらましでも御家中の者が存じていますと、万一の時は敵方に漏れ聞こえ、またその場での御指図を承知いたさぬこともあろうか、とのことである。

勝ち口（勝ち方）と申す御伝授が、御代替わりの時にあることですとのこと。また小城《おぎ》にも御代々の御伝授がございますとのこと。十三箇条とも申します〉。

9 一、直茂公御側に新参に御懇《おねんごろ》に被二召仕一《めしつかはれ》候者有り。或《あ》る時古老の衆申し合はせ御前に罷り出で「今ほど何某《なにがし》を別して御懇に被二召仕一《めしつかはれ》と相見え申し候。我々鑓《やり》突き申す時分終《つひ》に相見え不レ申《まうさず》。先途《せんど》(1)の御用に相立ち候儀心得不レ申《まうさず》候が、いか様の思し召し入れにて御懇《おねんごろ》に被二召仕一《めしつかはれ》候哉」と申上げ候。直茂公被二聞召一《きこしめされ》、「いかにも尤《もつとも》の存分《ぞんぶん》(2)にて候。彼《かの》者先途の用に立ち申したる者にてもなく候へども、我ら気に入り心安く候故尻をも拭《のご》(3)はせ申し候。其方《そのはう》たちに(4)は斯様《かやう》の事は誂《あつら》へ難く候。鑓《やり》突き候時は其方《そのはう》たちを頼み申す事に候」と被レ成二御意一《ぎよいなされ》候由。

（1）先途　勝敗が決まる大事の場。／（2）存分　意見。／（3）尻をも拭はせ　身の廻りの雑用をさせ。／（4）たち　「ども」「ら」より敬意の強い語。

訳　一、直茂公の御側《おそば》に新参者でお懇《ねんご》ろに召し仕われていました者があった。ある時古老の衆が申し合わせて（公の）御前に参り出て「この頃なにがしをとりわけお懇ろに召し仕われると見受け申します。我々が鑓《やり》を突き申した頃についぞ（なにがしの姿は）見え申さなかった。（戦の）前途を決する御用に立ちましたと（も）承知し申しませぬが、どのようなお思い入れをなされてお懇ろに召し仕われますか」と申し上げました。直茂公はお聞きになられ、「いかにももっともな言い分です。あの者は前途を決する用に立ち申した者でもありませぬが、わしが気に入り心安くありますので尻をも拭《ぬぐ》わせ申しています。その方《ほう》たちにはこのようなことは頼み難いのです。鑓を突きます時はその方たちを頼み申すことです」と仰せになられましたとのこと。

10　一、直茂《なほしげ》公高麗《こま》御陣(1)の時、為二御武運一《ごぶうんのため》京都愛宕山《あたごやま》(2)威徳院《ゐとくゐん》に護摩堂《ごまだう》(3)御建立被レ成《なされ》候。是《これ》愛

宕護摩堂のはじめ也。其《それ》以後細川殿より護摩堂建立、夫《それ》より後公儀《こうぎ》護摩堂御建立有り。一歳《ひとゝせ》焼失後、勝茂公御再興被レ成《なされ》候。其後及ニ破壊一《はくわいにおよび》候を、吉茂公の御代威徳院訴訟、京都聞番《きゝばん》(4)高木与惣兵衛《たかきよそべゑ》(5)取次ぎ御再興被レ成《なされ》候也。

（1）高麗《こま》御陣　文禄元年（一五九二）からの朝鮮出兵のこと。三の33参照。／（2）愛宕山　愛宕権現。現在の愛宕神社。神仏習合時代は本地仏として勝軍《しょうぐん》地蔵が祀《まつ》られており武将から厚く信仰されていた。天台四坊・天台真言兼学一坊があり威徳院は前者の一つ。／（3）護摩堂　息災・増益《ぞうやく》などを祈願する護摩の修法を行なう堂。／（4）聞番《ききばん》　留守居役。主君の在国中、その代理として幕府や他大名と交際する役。／（5）高木与惣兵衛　盛貞《もりさだ》。甚兵衛《じんべえ》盛清《もりきよ》の子。光茂の時代に書物役を勤め、光茂逝去の際には出家していたが、翌年武士身分となる。

訳　一、直茂公は高麗《こま》（朝鮮）御陣の時、御武運のため京都愛宕山《あたごやま》の威徳院《いとくいん》に護摩《ごま》堂を御建立なされました。これが愛宕護摩堂の初めである。それ以後細川殿より護摩堂を建立、それから後、将軍家の護摩堂御建立があった。ある年に焼失後、勝茂公が御再興なされました。その後破壊されるに及びましたのを、（四代藩主）吉茂《よししげ》公の御代《おんだい》に威徳院が訴え出て、京都聞番《ききばん》役高木与惣兵衛《よそべえ》が取り次ぎ御再興なされました。

11　一、玉林寺(1)住持《ぢゅうぢ》金峯《きんぽう》和尚(2)は直茂公御祈禱の師也。金峯隠居嘉瀬《かせ》に住居有り。直茂公被レ仰《おほせられ》候は「多年の厚恩難レ報《むくいがたき》事に候。今嘉瀬の隠居所へ知行百石可二附進一《ふしんすべし》」と被レ成二御意一《ぎょいなされ》候。金峯承り「其方《そのはう》数年の武篇《ぶへん》は我ら珠数《じゆず》の房をもみ切りて致させ候事にて候を、早《はや》忘却候哉《や》。今知行百石にて可二突放一《つきはなすべき》所存と見えたり。恩を知ろしめさば一生懇意《こんい》有るはず也。夫《それ》にては向《さき》危く候」と殊《こと》の外立腹にて候。直茂公被二聞召一《きこしめされ》「さらば知行は進ずまじく候。御堪忍《ごかんにん》候へ」と被レ仰《おほせられ》候由。

(1) 玉林寺　曹洞宗。佐賀市大和町久池井《くちい》。／(2) 金峯和尚　直茂夫妻が深く帰依した僧。直茂の法名日峯《ほうみようにつぽう》は彼から一字を請い受けたもの。

訳　一、玉林寺《ぎょくりんじ》の住職金峯《きんぽう》和尚は直茂公の御祈禱《きとう》の師である。金峯は隠居し嘉瀬《かせ》に住居《すまい》があった。直茂公が仰せられましたのは「多年の厚恩は報じ難いことです。今嘉瀬の隠居所に知《ち》行《ぎょう》百石を付けて進ぜよう」と仰せになられました。金峯は承り「その方《ほう》の長年の武功はわしが数珠《じゆず》の房《ふさ》をもみ切（り祈）って致させましたことですのを、早くも忘れましたか。今知行《ぎょう》百石で突き放そうとする所存と見えた。恩をお知りになっているならば一生懇意であるはずじゃ。そのようでは先行きが危ういです」と殊の外立腹でした。直茂公はお聞きになられ「それならば知行は進ぜますまい。お許し下さい」と仰せられましたとのこと。

12一、直茂公梅林庵《ばいりんあん》(1)にて御手習被レ遊《あそばされ》候。其《その》時分梅林庵へ宝持院《はうぢゐん》(2)御《お》鬢《びん》・御衣裳・諸事の御《お》給仕《きふじ》心に入れ被レ勤《つとめられ》候。公御成長の後、宝持院へ「何にても望みの事御叶《おかな》へ可レ被レ遣《つかはさるべき》(3)」旨《むね》被レ仰《おほせられ》候処、「私何も望み無レ之《これなく》候。菎蒻《こんにやく》を一生食べ申したく候。御懇《おねんごろ》に被二仰下一《おほせくださる、》事に候間、此《この》望み御叶《おかな》へ被レ下《くだされ》候へかし」と被二申上一《まうしあげられ》候。夫《それ》より一生の内、二日に一度ずつ御使にて菎蒻を被レ遣《つかはされ》候由。

（1）梅林庵　曹洞宗。佐賀市本庄町本庄。／（2）宝持院　宝持庵の誤りで、高伝寺末寺の梅林庵の隣にあったという（『葉隠聞書校補』）。／（3）被レ遣　自敬表現。

訳　一、直茂公は梅林庵《ばいりんあん》でお習字を遊ばされました。その折梅林庵へ（来られて）宝持院《ほうじいん》（住職）が（公の）お鬢《びん》・御衣装・諸事の御給仕を心を込めて勤められました。公が御成長の後、宝持院（住職）に「何でも望みのことをお叶えして遣わされよう」との旨を仰せられましたところ、「私は何も望みがありません。蒟蒻《こんにやく》を一生食べ申したいです。お懇《ねんご》ろに仰せ下されることですので、この望みをお叶え下されませよ」と申し上げられました。それより一生の内、二日に一度ずつ御使者によって蒟蒻を遣わされましたとのこと。

13一、直茂《なほしげ》公へ金峯《きんぽう》和尚御見廻の節は御咄《はなし》久しく有レ之《これあり》候。一宿の時は御夫婦様の中に臥《ふせ》り被レ申《まうされ》候。或《あ》る時夜明け候て眼を覚し見被レ申《まうされ》候へば、直茂公不レ被レ成二御座一《ござなされず》(1)御前様ばかり御休み被レ成二御座一《ござなされ》候。金峯驚き起上り見被レ申《まうされ》候へば、公は次の間(2)に静座にて被レ成二御座一《ござなされ》候。いつも夜明けには長脇差《ながわきざし》御差し静座(3)被レ遊《あそばされ》候。金峯立腹にて以の外ねだり(4)被レ申候由。

(1)被レ成二御座一　「いらっしゃる」に「れる」を加えた分の敬意があり、直訳すると「いらっしゃられ」となって現代語としてあまりに不自然なため、ここでは訓《よ》み下しの形をもって現代語訳としておく。他の箇所では同様の場合に敬意をやむなく省略することがある。／(2)次の間　隣の部屋。控えの間。／(3)静座　精神統一して端座すること。／(4)ねだり　「どうしてわしを起こさぬのじゃ」「誤解されたらどうするのじゃ」「この行けず」などと言ったのだろう。

訳　一、直茂《なおしげ》公に金峯《きんぽう》和尚がお見舞いの際はお話が長くなりました。一泊する時は御夫婦様の間に臥《ふ》し申されました。ある時夜が明けまして目を覚まし見申されますと、直茂公は御座《ござ》なされず御前《ごぜん》(陽泰院)様だけがお休みで御座なされました。金峯は驚き起き上がって見申されますと、公は隣の部屋で静座して御座なされました。いつも夜明けには長脇差《ながわきざ》しをお差しになり静座遊ばされました。金峯は立腹しもっての外の難癖《なんくせ》を付け申されましたとのこと。

14 一、慶長二年四月五日大坂御城にて高麗《こま》奉行蜂須賀阿波守《はちすかあはのかみ》(1)・安国寺《あんこくじ》(2)・鍋島加賀守右三人にて談合可レ申《だんかふまうすべき》由被二仰出一《おほせいだされ》候。同六日太閤様御手前《てまへ》にて御茶被レ進《すゝめられ》候衆《しゆう》直茂公・池田伊予守《いけだいよのかみ》(3)・京極侍従《きやうごくじゝゆう》(4)。左《さ》候て直茂公へ御引手物《おんひきでもの》御脇差《おんわきざし》、御筒服《おつゝふく》・銀子《ぎんす》五拾枚。秀頼《ひでより》様より御筒服《おつゝふく》一重《ひとかさね》御拝領被レ成《なされ》候。

〈五月九日辰の刻数奇屋《すきや》(5)へ被レ成二御成一《おなりなされ》御同席の人数太閤《たいかふ》様・羽柴大納言《はしばだいなごん》(6)殿・富田左近将監《とみたさこんしやうげん》(7)殿。直茂公御手前にて御茶湯過ぎ候へば、書院(8)に御移り、藤八郎《とうはちらう》(9)殿へ被レ渡二御目一《おめわたされ》候。夫《それ》より広間へ被レ成二御出一《おいでなされ》直茂公、藤八郎殿よりの御進物被レ成二御覧一《ごらんなされ》候。則《すなはち》広間にて御目見の衆龍造寺作十(10)〔諫早石見《いさはやいはみ》殿也〕・後藤木清次《ごとうきせいじ》(11)〔鍋島若狭《なべしまわかさ》殿也〕・鍋島平五郎(12)〔主水《もんど》殿也〕・小川平七《をがはへいしち》(13)〔鍋島和泉守《いづみのかみ》殿也〕右四人置(14)太刀にて御目見。夫よりがくや舞台へ御移り夫より御寛《くつろぎ》の間へ御移り被レ成《なされ》候。夫より風呂屋被レ成二御覧一《ごらんなさる》。夫よりまた書院へ御移り被レ成《なされ》書院にて終日の御咄《おはなし》の事。書院にて御《ご》(15)し召され候御膳則其儘《すなはちそのまゝ》直茂公へ被レ遣《つかはされ》候。銀子三百枚則《すなはち》直茂公へ御拝領。晩元被レ成二還御一《ばんもとくわんぎよなされ》(16)則直茂公為二御礼一《おれいのため》御登城の時また御膳被レ遣《つかはされ》候事。同十一日の朝於二山里一《やまざとにおいて》(17)太閤様御手前にて御茶被レ遣《つかはされ》候衆鍋島加賀守・寺沢志摩守《てらざはしまのかみ》(18)・生駒雅楽頭《いこまうたのかみ》(19)・有楽《いうらく》(20)など也。〔右栗山《くりやま》(21)書付に有り〕〉。

（1）蜂須賀阿波守　家政《いえまさ》。正勝《まさかつ》（小六）の子。慶長の役では救援軍として活躍。／（2）安国寺　恵瓊《えけい》。禅僧。毛利氏の使僧として活躍し、豊臣秀吉の直臣のような存在となる。十の52参照。／（3）池田伊予守　秀氏《ひでうじ》。父景雄が朝鮮出兵で病没した後、封禄の一部を秀吉から与えられる。

／(4) 京極侍従　高次《たかつぐ》。／(5) 数寄屋　茶の湯のための建物。茶室。／(6) 羽柴大納言　前田利家《としいえ》。／(7) 富田左近将監　知信《とものぶ》。／(8) 書院　武家の邸宅の居間兼書斎。／(9) 藤八郎　龍造寺高房《たかふさ》。当時十二歳。この時、直茂の取り成しで秀吉へのお目通りを許されたということは、秀吉の覚えがめでたかった直茂が高房を佐賀藩主の後継とするよう勧め、秀吉がそれを承認したことを意味する。その後慶長十二年（一六〇七、二十二歳）に自害。龍造寺氏は断絶。六の159参照。／(10) 龍造寺作十　諫早石見守直孝《いさはやいわみのかみなおたか》。三の51、八の10参照。／(11) 後藤木清次《きせいじ》　鍋島茂綱《しげつな》。十一の24参照。／(12) 鍋島平五郎　鍋島茂里《しげさと》。六の13・146、七の20、十一の88参照。／(13) 小川平七　鍋島忠茂。勝茂の弟。六の93参照。／(14) 置太刀　太刀を置くこと。／(15) 御し（天皇・貴人などが）ご使用になり。／(16) 還御（天皇・貴人などが）出先から帰ること。／(17) 山里　大坂城本丸の北にあり、茶室・御局部屋などがあった。／(18) 寺沢志摩守　広高。朝鮮出兵の際、名護屋城普請《ふしん》を担う。／(19) 生駒雅楽頭　親正《ちかまさ》。／(20) 有楽　織田長益《ながます》。信長の弟。利休十哲の一人。／(21) 栗山書付　栗山七郎左衛門《しちろうざえもん》の子長左衛門《ちょうざえもん》の書付。長左衛門は直澄の付き人として蓮池《はすいけ》家臣となった。

訳

一、慶長二年四月五日（一五九七年五月二〇日）大坂の御城で（太閤様が）高麗《こま》（朝鮮）奉行の蜂須賀阿波守《はちすかあわのかみ》・安国寺《あんこくじ》・鍋島加賀守《かがのかみ》（直茂）、右三人で相談し申せとのことを仰《おお》せ出《だ》されました。同六日太閤様のお点前《てまえ》でお茶を進ぜられました衆は、直茂公・池田伊予守《いよのかみ》・京極《きょうごく》侍従。そうしまして直茂公へお引き出物は御脇差し・御筒袖羽織・銀子五十枚。秀頼様より御筒袖羽織裃《かみしも》一式を御拝領なされました。〈五月九日辰の刻（午前八時から九時頃）（太閤様が）数寄屋《すきや》へおなりになられ、御同席した人員は太閤様・羽柴大納言（前田利家）殿・富田左近将監《さこんしょうげん》殿。直茂公のお点前で御《おん》茶の湯が済みますと、書院にお移りになり、藤八郎《とうはちろう》（龍造寺高房《たかふさ》）殿にお目通りを許されました。それから広間へお出ましになられ、直茂公は藤八郎殿からの御進物を御覧なされました。そのまま広間で御目見えの衆は、龍造寺作十《さくじゅう》〈諫早石見守《いさはやいわみのかみ》殿である〉・後藤木清次《きせいじ》〈鍋島若狭守《わかさのかみ》殿である〉・鍋島平五郎《へいごろう》〈主水《もんど》殿である〉・小川平七《へいしち》〈鍋島和泉守《いずみのかみ》殿である〉、右四人は置太刀《おきだち》で御目見え。それから楽屋舞台へお移りになり、それから御くつろぎの間へお移りになられました。それから風呂場を御覧になられた。それからまた書院へお移りになられ、書院で終日のお話のこと。書院で（太閤様が）御使用になられました御膳はそのまま直茂公へ遣わされました。銀三百枚をその時直茂公に御拝領。晩方（太閤様が）還御《かんぎょ》なされてすぐに直茂公がお礼のため御登城した時、また御膳が遣わされましたこと。同十一日の朝山里で太閤様のお点前でお茶を遣わされました衆は、鍋島加賀守《かがのかみ》・寺沢志摩守《てらざわしまのかみ》・生駒雅楽頭《いこまうたのかみ》・有楽斎《うらくさい》などである。〈右は『栗山書付《かきつけ》』にある〉〉。

15 一、慶長二年酉《とり》三月、太閤様より被レ為レ召《めしなされ》候て加州《かしう》様高麗《こま》より御帰朝。佐嘉《さが》へ御立寄りなく松瀬山《まつせやま》へ御一宿〈今の通天庵《つうてんあん》(1)也。其《その》時池上六太夫《ろくだいう》宅也〉、直様《すぐさま》大坂御上《のぼ》り、同五月九日大坂此方御屋敷へ太閤様御成《おなり》の事。六月初頃は加州様佐嘉《さが》被レ成二御下着《ごげちゃくなされ》二万事被二仰付《おほせつけられ》一、早々高麗御渡海。御打立《おんうちたち》の日為二御湯治一《ごたうぢのため》塚崎(2)へ御一宿、翌日伊万里(3)御越の事。〈栗山書付に有り〉。

(1)通天庵　六の20注参照。／(2)塚崎　武雄《たけお》温泉。／(3)伊万里　佐賀県北西部の地方。要港がある。

訳　一、慶長二年(一五九七)酉《とり》三月、太閤様からお召《め》しになられまして加賀守《かがのかみ》(直茂)様は高麗《こま》(朝鮮)より御帰朝。佐賀にお立ち寄りにならず松瀬山《まつせやま》に御一泊〈今の通天庵《つうてんあん》である。当時は池上六太夫《いけがみろくだゆう》宅であった〉、すぐさま大坂にお上りになり、同五月九日大坂の当家御屋敷に太閤様がおなりになったこと。六月初め頃には加賀守様は佐賀に御帰国になられ万事を仰せ付けられ、早々に高麗へ御渡海。御出立《しゅったつ》の日は御湯治《とうじ》のため塚崎に御一泊、翌日伊万里《いまり》にお越しのこと。〈『栗山書付《かきつけ》』にある〉。

16(1)一、斎藤用之助《さいとうようのすけ》(2)内証差問《ないしようさしつか》(3)へ、晩の飯料《はんれう》も無レ之《これなき》に付て女房歎き申し候。用之助承り、「女なりとも、武士の家に居《を》る者が米などの無きとて草臥《くたびる》事ふがひなし。米は何ほども有《あ》る也。待ちて居《を》り候へ」と申して刀を取り、外に立出《たちい》で候へば、馬十疋《ぴき》ばかり米を負《おは》せ通り申し候。用之助見て「是《これ》はどこへ参り候哉《や》」と申し候。百姓ども承レ之《これをうけたまはり》「下台所《しもだいどころ》(4)へ参り候」と申し候。「さらばかう参り候て我ら所《ところ》へおろし候へ。我らは斎藤用之助と云《いふ》者也。役者衆へ引合ひ申す米有《あ》る事に候。あちこち致すは其方《そのはう》ども大儀にて候。手形を出し申す事に候間、是《これ》を庄屋へ見せ候へ」と申し候。百姓ども受合ひ不レ申《まうさず》直《すぐ》に罷《まか》り通り候に付《つい》て、用之助腹立《はらだち》致《いた》し、刀をずばと抜き「一人もやるまじき」と申し候に付《つき》て、皆々手を立て断《ことわり》申し候て、用之助所《ところ》へ持ち越し手形を取り罷《まか》り帰り候。用之助女房に申し候は「米は是《これ》ほど沢山に有《あ》る也。心任せに使ひ候へ」と申して罷《まか》り有《あ》り候。然処《しかるところ》右の段相聞こえ、用之助御究《きはめ》に成り候処、有躰《ありてい》に申し出候。御僉議《ごせんぎ》の上死罪に相極《きは》まり候。「如レ例《れいのごとく》加州《かしう》様へ達二御耳《おみゝにたつし》一候様に」(5)と被二仰付《おほせつけられ》一、当役《たうやく》の衆三の丸へ罷《まか》り出《い》で右の次第申上げ候。直茂公何とも御取合ひなく、「かゝ、聞かれ候哉。用之助は被レ殺《ころされ》候由。さても不便《ふびん》千万の事也。日本に大唐《だいたう》を添へても替へまじき命を、我らが為に数度一命を捨てゝ、用に立ち、血みどろに成りて肥前国《ひぜんのくに》(6)を突き留《とゞ》め(7)、今に我夫婦の者、殿と云《いは》れて安穏に日を暮すは、彼《かの》用之助どもが働き故にてこそあれ。就レ中《なかんづく》用之助は究竟《くきやう》一の兵《つはもの》にて数度の高名《かうみやう》したる者也。其《その》者が米を持たぬ様にして置きたる我こそ大罪人にて候。用之助に咎《とが》は少しもなきものを。彼を殺して我らは何として生きて居《を》らるゝものか。さてもかはいなる事」と御夫婦様御落涙にて、御愁歎不二大形《ごしうたんおほかたならず》一候。請二御意《ぎよいをうけ》一候衆迷惑致し、引取り罷《まか》り帰り、勝茂公へありのまゝに申上げ候へば、「さて〳〵無二勿躰《もつたいなき》一事に候。何をがな孝行可二申上《まうしあぐべく》一とこそ存じ候に、左様《さやう》に被二思召《おぼしめされ》一候用之助何《なに》しに殺し可レ申《まうすべきや》哉。早々三の丸へ罷《まか》り越し、則《すなはち》　差免《さしゆる》し候通り申上げ候様に」と被二仰付《おほせつけられ》一、用之助被二差免《さしゆるされ》一候段達二御耳《おみゝにたつし》一候へば、「子ながらも過分《くわぶん》なる事、不レ過レ之《これにすぎず》」と御本丸の方を御拝み被レ遊《あそばされ》候由。

（1）16 三の52参照。／（2）斎藤用之助 実貞《さねさだ》。茂是《しげこれ》の子。朝鮮出兵で王城攻撃の際、味方の渡河を全うさせるなど、数々の戦功を立てた。『葉隠』で理想とされる曲者《くせもの》の一人。元和四年（一六一八）直茂に追い腹。／（3）内証差問へ 家計が困窮し。／（4）下台所 家臣らの食事を調える所。／（5）かゝ 嬶。妻のこと。／（6）肥前国 佐賀藩。／（7）突き留め 突いて動かないようにし。

訳 一、斎藤用之助は家計が差し支え、晩の食費もないため女房が歎き申しました。用之助は承り、「女であっても、武士の家にいる者が米などがないと言ってしょげることは不甲斐《ふがい》ない。米はどれほどでもある。待っておりなさい」と申して刀を取り外に立って出ますと、馬十四ほどに米を負わせたのが通り申しました。用之助は見て「これはどこへ参りますか」と申しました。百姓どもはこれを承り「下《しも》台所に参ります」と申しました。「そうであるならばこちらに参りまして私のところに下ろしなさい。私は斎藤用之助という者である。役人衆（のところ）に引き取り申す米があるのです。あちこち致すのはその方《ほう》どもが難儀です。手形を出し申すことにしますので、これを庄屋へ見せなさい」と申しました。百姓どもは請け合い申さずそのまま通りましたので、用之助は立腹いたし、刀をずばっと抜き「一人もやるまいぞ」と申しましたので、（百姓は）皆が皆手を合わせて謝《あやま》り申しまして、用之助のところに持って行き手形を取って帰りました。用之助が女房に申しましたのは「米はこれほどたくさんある。心のままに使いなさい」と申しておりました。そうしたところ右の件が伝わり、用之助はお取り調べとなりましたところ、ありのままに申し出ました。御詮議の結果死罪に決まりました。(勝茂公は)「いつもの通り加賀守《かがのかみ》(直茂)様のお耳に入れますように」と仰《おお》せ付けられ、その役の衆が三の丸に参り出て右の次第を申し上げました。直茂公は何ともお返事なく、「かか、聞かれましたか。用之助は殺されますとのこと。さても不憫千万《ふびんせんばん》なことだ。日本に大唐を加えても替えられぬ命を、わしのために何度も一命を捨てて用に立ち、血みどろになって肥前国を不動のものにし、今もわしら夫婦の者が殿と言われて安穏に日々を暮らすのは、あの用之助どもの働きがあったからこそである。とりわけ用之助は究極第一の兵《つわもの》で何度も高名を取った者である。その者が米を持たぬようにしておいたわしこそ大罪人です。用之助に咎《とが》は少しもないものを。あれを殺してわしはどうして生きていられるものか。さてもかわいそうなこと」と御夫婦様は御落涙で、御愁嘆《しゅうたん》は一方ならぬものでした。仰せを請けました衆は困惑いたし、引き取って帰り、勝茂公にありのままに申し上げますと、「さてもさてももったいないことです。どのようにして孝行申し上げればよいかとこそ存じていましたところに、そのようにお考えになられます用之助をどうして殺し申せようか。早々に三の丸に参り行き、即刻差し許しますとの一通りを申し上げますように」と仰せ付けられ、用之助を差し許されますことがお耳に達しますと、(直茂公は)「子ながらも身に余ること、これ以上のことはない」と御本丸の方をお拝み遊ばされましたとのこと。

17 一、勝茂《かつしげ》公鉄炮的《てつぽうまと》(1)御覧被㆑成《なされ》候に、斎藤用之助前になり火蓋《ひぶた》をつき空に向ひて放し申し候。矢廻《やまは》(2)りの者「玉なし」と答へ申し候。用之助立ちながら声高《こわだか》に申し候は、「何《なに》しに玉はあらうか。此《この》年までつひに土射《つちい》たる事なし。然《しか》れども妙な癖にて敵の胴中《どうなか》ははづしたる事なし。其《その》証人には飛騨《ひだ》(3)殿生きておぢやる」と申し候。勝茂公以《もつて》の外《ほか》御立腹、御手打ちの御気色《おんけしき》に相見え候が、其儘《そのまゝ》御帰城被㆑遊《あそばされ》、諸人興《しよにんきよう》を冷《さま》し居《を》り申し候。則刻《そつこく》三の丸へ御出《おんいで》、「たゞ今斯《かく》の次第にて御座候。私を主人とも不㆑存《ぞんぜず》、人中《ひとなか》にて恥を与へ申したる者にて候間、手打ち可㆑仕《つかまつるべし》と存じ候へども、御前様御秘蔵の者に候故漸《やうや》く致㆓堪忍㆒《かんにんいたし》是《これ》まで罷《まか》り出《い》で候。どの通りにも被㆓仰付㆒《おほせつけられ》被㆑下《くだされ》候様に」と殊《こと》の外《ほか》御せき被㆑成《なされ》被㆓仰上㆒《おほせあげられ》候。直茂公被㆓聞召㆒《きこしめされ》「其方立腹尤《もつともし》至極《ごく》にて候。則寄親《すなはちよりおや》(4)何某《なにがし》へ腹を切らせ候へ」とあらゝかに被㆑仰《おほせられ》候。勝茂公被㆓聞召㆒「寄親何某無《なにがしぶ》調法《てうはふ》は無㆓御座㆒《ござなく》候。たゞ用之助をどの通りにも被㆓仰付㆒《おほせつけられ》被㆑下《くだされ》候様に」と被㆑仰《おほせられ》候。直茂公被㆓聞召㆒《きこしめされ》、「頃日《けいじつ》組頭どもへ申し聞け候は、「斯様《かやう》に打続《うちつゞ》き天下泰平の事に候へば、若き士《さむらひ》ども油断致し、武具の取扱ひも不㆑存《ぞんぜず》徒《いたづら》に罷《まか》り有《あ》りては自然の時用に不㆑立《たゝざる》事に候間、まづ近々《ちかぐ》鉄炮的を射《い》させ、信濃守に見せ候て可㆑然《しかるべし》」と申し付け候。是《これ》不鍛錬の若輩者どもの事にて候。夫《それ》に老人の用之助を引出し、若輩者なみに的を射させ候事無調法千万《せんばん》、寄親落《おち》度《ど》無㆓此上㆒《このうへなく》候。用之助申し分尤《もつともし》至極《ごく》に候。彼《かの》者が証人は我らにて候。早速組頭切腹可㆓申付㆒《まうしつくべき》」

由きびしく被レ仰《おほせられ》候に付て、勝茂公重畳《ちょうでふ》御断《ことわ》り被二仰上《おほせあげられ》一相澄《あひすみ》申し候由。

(1) 鉄炮的　鉄砲の射的訓練。／(2) 矢廻りの者　的中か否かを検分する者。／(3) 飛騨　直茂が飛騨守であったのは天正十七年（一五八九、五十二歳）まで。三の18参照。／(4) 寄親　組頭。

訳　一、勝茂公が鉄砲の的撃ちを御覧になられました時に、斎藤用之助《ようのすけ》が前に進み火蓋《ひぶた》を突き開け空に向かって撃ち放ち申しました。矢廻《やまわ》りの者が「玉なし」と答え申しました。用之助が立ったまま声高に申しましたのは、「どうして玉はあるものか。この歳までついぞ土を撃ったことがない。しかし妙な癖で敵の胴体は外《はず》したことがない。その証人には飛騨守《ひだのかみ》（直茂）殿が生きておわす」と申しました。勝茂公はもっての外《ほか》御立腹で、御手《て》討ちの御顔色に見えましたが、そのまま御帰城遊ばされ、諸人は気まずくなっており申しました。（御帰城後）即刻三の丸へお出《い》でになり、「ただ今このような次第でございました。（用之助は）私を御主人とも存ぜず、人前で恥をかかせ申した者ですので、手討ちに致そうと存じましたが、御前（直茂）様御秘蔵の者ですのでようやく我慢いたしてここまで参り出ました。どのようにでも仰せ付けられて下されますように」と殊の外お苛立《いらだ》ちなされ仰せ上げられました。直茂公はお聞きになられ「その方《ほう》の立腹はもっとも至極です。すぐに寄親《よりおや》のなにがしに腹を切らせなさい」と荒々しく仰せられました。勝茂公はお聞きになられ「寄親なにがしに無調法《ぶちようほう》はございません。ただ用之助をどのようにでも仰せ付けられて下されますように」と仰せられました。直茂公はお聞きになられ、「近頃組頭《くみがしら》どもに申し聞かせていましたのは、「このようにうち続いて天下泰平のことですから、若い士《さむらい》どもは油断いたし、武具の取り扱いも存ぜず空しく（過ご）しておっては万一の時用に立たぬことですので、まず近々鉄砲の的を撃たせ、信濃守《しなののかみ》（勝茂）に見せますのがよかろう」と申し付けました。これは訓練の足りぬ若輩者《じやくはいもの》どものことです。それに老人の用之助を引っぱり出し、若輩者なみに的を撃たせますことは無調法千万《せんばん》、寄親の落ち度はこの上ないことです。用之助の申し分はもっとも至極です。あの者の証人はわしです。早速組頭に切腹を申し付けよ」とのことを厳しく仰せられましたので、勝茂公は重ね重ねお断りを仰せ上げられ、済み申しましたとのこと。

18 一、直茂公口宣《くぜん》(1)の事

一、従五位下口宣

一、加州様に御受領の時口宣

豊臣信生《のぶなり》(2)と有レ之《これあり》

天正十七年正月七日

(1)口宣《くぜん》　口頭での勅命の伝達、およびそれを書き留めた文書。関白・太閤となった秀吉は、服属した各地の諸大名らを上洛させ、朝廷に奏請して官位を叙任し、豊臣朝臣《あそん》の姓と羽柴《はしば》の苗字を広範に授与し、己の支配下に編入していった。／(2)豊臣信生　直茂。年譜(『直茂公譜』)には豊臣姓を受けた際、信生《のぶなり》から直茂に改名したとある。

訳

一、直茂公への口宣《くぜん》のこと

一、従五位下の口宣

一、加賀守様に御受領の時の口宣

豊臣信生《のぶなり》とある

天正十七年正月七日(一五八九年二月二一日)

19 一、豊前守《ぶぜんのかみ》殿御屋形は最初塩田《しほた》にて候。直茂公仰付に「御家中の者豊前守《ぶぜんのかみ》殿御家来衆と公事沙汰《じざた》・喧嘩《けんくわ》・口論など仕り出《いだ》し候はゞ、不レ依二理非一《りひによらず》、御家中の者負けに可レ被二仰付一《おほせつけらるべく》候」と兼《かね》て被二仰出置一《おほせいでおかれ》候由。〈脱空老咄也〉。

(1)豊前守　鍋島房義《ふさよし》(信房)。直茂(信生)の兄。／(2)塩田　嬉野市塩田町。しかし房義の居館は当初横造《よこぞう》にあり、のち神代《こうじろ》へ移り塩田ではないという(『校註葉隠』)。／(3)脱空　安達権之《ごんの》助虎顕《すけとらあき》。六の149参照。

訳　一、豊前守《ぶぜんのかみ》殿の御屋敷ははじめ塩田《しおた》でした。直茂公の仰《おお》せ付けに「御家中の者は豊前守殿の御家来衆と訴訟沙汰《そしようざた》・喧嘩・口論などを致し出しましたならば、理非を問わず、御家中の者を負けに仰せ付けられましょう」とかねてより仰せ出されておきましたとのこと。〈脱《だつ》空《くう》老の話である〉。

20(1)一、於二伏見御城一《ふしみごじやうにおいて》高麗《こま》陣御僉議《ごせんぎ》の時分、太閤の御前にて隆景《たかゝげ》色絵図を広げ、「赤い国へは此道より打入り、白い国を通り候て」など、御申し候。直茂公其《その》座に被レ成二御座一《ござなされ》、爰元《こゝもと》にて面々の御僉議益《やく》に立まじくと被二思召一《おぼしめされ》、既に可レ被二仰上一《おほせあげらるべし》と被二思召一《おぼしめされ》候へども、もし御意に逆《さか》ひ申す儀もやと御控へ被レ成《なされ》候。さて高麗にて段々御仕寄り被レ成《なされ》候に伏見にて御僉議に少しも違不レ申《まうさず》。直茂公其《その》時の御一言御控へ御仕合はせと被二思召一《おぼしめされ》候と御咄《おはなし》候由。右は前方《まへかた》に隆景などひそかに渡海にての事かと也。〈助右衛門(2)殿咄也〉。

(1) 20　三の45・50参照。／(2) 助右衛門　徳永助右衛門《すけえもん》。田代陣基《つらもと》の母方の叔父。

訳　一、伏見の御城で高麗《こま》(朝鮮)の陣の御詮議《せんぎ》の時、太閤の御前で(小早川《こばやかわ》)隆景《たかかげ》が色絵図を広げ、「赤い（色の）国へはこの道から打ち入り、白い（色の）国を通りまして」などと申されました。直茂公はその場にいらっしゃり、ここでの面々の御詮議は役に立つまいとお思いになられ、すんでのところで仰せ上げられようとお思いになられましたが、もしや（太閤の）お考えに逆らい申すこともあるかとお控えなされました。そうして高麗で一段一段お攻め寄せなされましたところ、伏見での御詮議と少しも違い申さなかった。直茂公はその時の御一言をお控えになりお幸せであったとお思いになられましたとお話しになりましたとのこと。右は前もって隆景などが密かに渡海した上でのこと（計画）かとのことである。〈助《すけ》右衛門《えもん》殿の話である〉。

21 一、三の御丸にて密通仕り候者御僉議《せんぎ》の上、男女ともに御殺し被レ成《なされ》候。其《その》後幽霊夜毎に御内に顕《あらは》れ申し候。御女中衆怖《おそろ》しがり、夜に入り候へば外へも出で不レ申《まうさず》候。久しく斯様《かやう》に候故、御前様へ御知らせ仕り候に付て、御祈禱《きたう》・施餓鬼《せがき》(1)など被二仰付一《おほせつけられ》候へども不二相止一《あひやまず》候故、直茂公へ被二仰上一《おほせあげられ》候処、公被二聞召一《きこしめされ》、「さて〳〵嬉しき事哉《かな》。彼《かの》者どもは首を切り候ても不二事足一《ことたらず》憎き者どもにて候。然《しかる》処に死にても行き所には不レ行《ゆかず》、迷ひ廻り候て幽霊に成り苦を受け、浮び不レ申《まうさゞる》(2)は嬉しき也。なるほど久しく幽霊に成りて居り候べし」と被レ仰《おほせられ》候。其《その》夜より幽霊出で不レ申《まうさず》候由。
〈慶長十一年丙午《ひのえうま》、公上方御留守の内に密通露顕《ろけん》、御帰国の日捕へ候。其《その》内慶加《けいか》と申す坊主を取損じ、御蔵に入り戸を立て切り籠《こも》る。依レ之《これによりむ》牟田茂斎《たしげなり》(3)刀を不レ差《さ》《ず》内に入りて面談し和議(4)を以て搦《から》め取り候。女中は乳人おとら・お千代・お亀・松風・かるも・おふく・あい・ちや合せて八人也。男は中《なか》林《ばやし》清兵衛《せいべゑ》・同勘右衛門《かんゑもん》・三浦源之丞《みうらげんのじよう》・田崎庄之助《たざきしやうのすけ》・慶加《けいか》・七右衛門《しちゑもん》合せて六人也。本庄若村の廟《べう》(5)にて成敗被二仰付《おほせつけられ》一候也〉。

(1) 施餓鬼　亡者に飲食を施す法会。／(2) 浮び不レ申は　成仏せずにいるのは。／(3) 牟田茂《むたしげ》斎《なり》　蔵人。直茂の命により還俗。／(4) 和議　説得。／(5) 廟　本庄社。佐賀市本庄町本庄。三の56(3) 参照。

訳　一、三の御丸で密通いたしました者を御詮議の上、男女ともにお殺しなされました。その後幽霊が夜毎に御殿に現われ申しました。御女中衆は恐ろしがり、夜になりますと外にも出申しませんでした。久しくこのようでしたので、御前《ごぜん》（陽泰院《ようたいいん》）様にお知らせ致しましたため、御祈禱《きとう》・施餓鬼会《せがきえ》などを仰《おお》せ付けられましたが止《や》みませんでしたので、直茂公に仰せ上げられましたところ、公はお聞きになられ「さてさて嬉しいことかな。あの者どもは首を切りましても足りぬ憎い者どもです。そうしたところ死んでも行く所には行かず、迷い廻りまして幽霊になって苦を受け、浮かばれ申さぬとは嬉しいことだ。なるたけ長く幽霊になっておりなさい」と仰せられました。その夜から幽霊は出申しませんでしたとのこと。

〈慶長十一年（一六〇六）丙午《ひのえうま》の年、公が上方でお留守の間に密通が露見し、御帰国した日に捕らえました。そのうち慶加《けいか》と申す茶坊主を取り逃がし、お蔵に入り戸を閉め刀を抜いて立て籠った。このため牟田《むた》茂斎《しげなり》が刀を差さず中に入って面談し説得によって搦《から》め取りました。女中は乳人《めのと》おとら・お千代・お亀・松風・かるも・おふく・あい・ちゃの合わせて八人であった。男は中林清兵《せいべ》衛《え》・同勘右衛門《かんえもん》・三浦源之丞《げんのじょう》・田崎庄之助《しょうのすけ》・慶加・七右衛門《しちえもん》の合わせて六人であった。本庄若《ほんじょうじゅうご》村の廟《びょう》で成敗を仰せ付けられました〉。

22 一、直茂公千《ち》栗御通《くりおとほり》の時、「此所《こゝ》に九十余歳の者罷《まか》り在り候。目出たき老人にて候間《あひだ》、御覧被レ遊《あそばされ》候様に」と申上げ候。公被二聞召一《きこしめされ》、「夫《それ》ほどみにくき者はなし。幾人の孫・子供をか見倒したらん。何が目出たかるべし」と被レ仰《おほせられ》御覧不レ被レ遊《あそばされず》候由。

訳 一、直茂公が千栗《ちくり》をお通りの時、（ある者が）「ここに九十余歳の者がおります。めでたい老人ですので、御覧遊ばされますように」と申し上げました。公はお聞きになられ、「それほど見にくい者はない。幾《いく》人の孫・子どもが死ぬのを見てきたことだろう。何がめでたかろう」と仰せられ御覧遊ばされませんでしたとのこと。

23 一、直茂公の御前妻は(1)高木《たかき》肥前守《ひぜんのかみ》(2)娘にて候。此《この》高木の末《すゑ》諫早《いさはや》の三《み》村惣左《むらそうざ》衛門《ゑもん》の由也。御離別以後、筑後の鐘ヶ江《かねがえ》甚兵衛《じんべゑ》(3)に嫁娶《かしゅ》也。高木の正法寺に御収り候。主水殿《もんど》(4)〈日妙《にちめう》〉の御内方《うちかた》天林様《てんりん》(5)は右前妻の御腹に御出生也。日妙事は陽泰院様の御甥《おんをひ》に候。日妙の御袋は石井《いしゐ》安芸《あきの》守殿《かみ》(6)御戦死以後深堀《ふかほり》茂宅《もたく》(7)へ嫁娶被二仰付一《おほせつけられ》候由。〈助右衛門《すけゑもん》殿咄《はなし》也〉。

(1) 前妻　慶円妙余《けいえんみようよ》。／(2) 高木肥前守　胤秀《たねひで》。元亀元年（一五七〇）、大友氏が来襲した折、大友氏に内応して龍造寺に背いたため、直茂は慶円と離別した。胤秀はその後筑紫広門《ひろかど》を頼ったが、隆信が広門と和睦した後、広門に一族すべてを討ち取られた。／(3) 鐘ヶ江甚兵衛《じんべえ》　盛清《もりきよ》。／(4) 主水　鍋島主水茂里《もんどしげさと》。／(5) 天林　伊勢龍姫。直茂の娘。六の77参照。／(6) 石井安芸守　信忠《のぶただ》。天正十二年（一五八四）、島原陣で戦死。六の13参照。／(7) 深堀茂宅　左馬助純賢《さまのすけすみまさ》。三の表題注、六の71参照。

訳　一、直茂公の御前妻は高木肥前守《ひぜんのかみ》の娘でした。この高木の子孫が諫早《いさはや》の三村惣左衛門《そうざえもん》とのことである。御離別の後、筑後の鐘ヶ江《かねがえ》甚兵衛《じんべえ》に嫁入りした。高木の正法寺にお納まりになっています。主水殿《もんど》〈日妙《にちみよう》〉の御奥方天林様《てんりん》は右の前妻の御腹で御出生。日妙は陽泰院《ようたいいん》様の御甥です。日妙の御袋〈様〉は石井安芸守《あきのかみ》殿の御戦死の後、深堀茂宅《もたく》に嫁入りを仰《おお》せ付けられましたとのこと。〈助右衛門《すけえもん》殿の話である〉。

24 一、隆信《たかのぶ》公御戦死(1)以後、直茂公御念じ被レ成《なされ》候は、「某《それがし》儀島原にて御供仕《つかまつ》(2)るはずに候へども、一度薩摩《さつま》へ仇《あだ》を報じ為レ可レ申《まうすべきため》に存命《ぞんめい》仕り急度《きつと》取掛り可レ申《まうすべし》と存じ候処、勇士どもは島原にて打ち死仕り、生き残り候者は老人・若輩者ども故、不レ任二所存一《しよぞんにまかせず》押移《おしうつ》り候。此《この》事不二相叶一《あひかなはざる》以前に御弔《とぶら》ひ仕り候ても御請被レ遊《うけあそばさる》まじくと奉レ存《ぞんじたてまつり》候間、御弔ひ不レ仕《つかまつらず》候。一度《ひとたび》念願相叶ひ候様に御守護可レ被レ遊《あそばさるべき》」由御祈念被レ遊《あそばされ》候。然《しかる》処太閤秀吉公薩摩為二退治一《たいぢのため》御下向に付て、直茂公より「古敵に候間、先陣被二仰付一《おほせつけられ》候様に」と御願被レ成《なされ》相叶《あひかな》ひ申し候。直茂公御祈念に、「今度先陣仕る念願相叶ひ、罷《まか》り帰り候て当城の鬼門(3)に一寺建立仕り、御弔ひを始め永々当家の弓箭《きゆうせん》の守護神と崇《あが》め可レ申《まうすべし》。いよ〱御威力を可レ被レ加《くはへらるべき》」由隆信公の尊霊に御祈誓被レ成《なされ》候て御打立《おうちた》ち被レ遊《あそばされ》候。島津兵庫《ひやうご》(4)降参に付て為二御褒美一《ごはうびのため》(5)政家公へ羽柴御苗字、直茂公へ豊臣氏並びに御小袖二つ御拝領被レ成《なされ》候。〈政家《まさいへ》公御名字御拝領は天正十六年大坂御参上の節、大友《おほとも》・立花《たちばな》同前に御官位・御名字・御紋被レ下《くだされ》候由。馬渡《まわたり》氏(6) 咄《はなし》也〉。御帰国の上、金剛山《こんがうさん》宗龍寺《そうりゆうじ》御建立、御七年忌の御法事よりはじめて御弔ひ被レ成《なされ》候。戦死の面々も御弔ひ被レ成《なさるゝ》由にて、直茂公御自筆に被二遊付一《あそばしつけられ》候。右御拝領の御小袖一つは御寺納被レ成《なされ》候。〈今に宗龍寺に有レ之《これあり》〉。一つは御城に有レ之《これある》也。宗龍寺の住持年頭には右御小袖を着仕り、天下泰平・国家安全の御祈禱《きたう》被レ仕《つかまつられ》候由。さてまた川上(7)棟木《むなぎ》の銘に羽柴肥前守政家と有レ之《これある》由。宗智寺《そうちじ》(8)御塔(9)には鍋島加賀守豊臣朝臣直茂と有レ之《これあり》候由也。

（1）隆信公御戦死　天正十二年（一五八四）、北九州を制圧した龍造寺隆信は、北上を企図した島津家久・有馬晴信連合軍と島原城外で交戦し敗死（沖田畷《なわて》の戦い）。／（2）御供　供をして戦死すること。／（3）鬼門　艮《うしとら》（北東）の方角。／（4）島津兵庫《ひょうご》義弘。／（5）政家　隆信の嫡子。十一の182注参照。／（6）馬渡　馬渡俊継《まわたりとしつぐ》か。／（7）川上　河上與止日女《よどひめ》大明神（神功皇后妹）。肥前国一宮。現在の與止日女神社（別名河上神社）。佐賀市大和町川上。／（8）宗智寺　曹洞宗。佐賀市多布施。十一の122参照。／（9）御塔　墓碑。

訳　一、隆信《たかのぶ》公が御戦死の後、直茂公がお念じなされましたのは、「それがしは島原で（殿の）御供を致すはずでしたが、一度薩摩《さつま》に仇《かたき》を報い申さんがために存命いたし必ずや攻め掛かり申そうと存じていましたところ、勇士どもは島原で討ち死に致し、生き残りました者は老人・若輩者どもゆえ思うに任せず時が移りました。このことが叶わぬうちにお弔《とむら》い致しましても（殿は）お受け遊ばされるまいと存じ申し上げましたので、お弔いを致しませんでした。一度念願が叶いますように御守護遊ばされよ」とのことを御祈念遊ばされました。そうしたところに太閤秀吉公が薩摩退治のために御下向《げこう》されたので、直茂公より「古くからの敵ですので、先陣を仰せ付けられますように」とお願いなされ叶い申しました。直茂公の御祈念に「この度《たび》先陣を仕る念願が叶い、帰りましては当城の鬼門に一寺を建立いたし、お弔いを始め永久に当家の弓箭《きゅうせん》の守護神と崇《あが》め申そう。ますます御威力を加えられよ」とのことを隆信公の尊霊に御祈誓《きせい》なされまして御出立《しゅったつ》遊ばされました。島津兵庫《ひょうご》（義弘）降参についての御褒美《ほうび》のため、政家公に羽柴の御名字、直茂公に豊臣の氏ならびに御小袖二つを御拝領なされました。〈政家公への御名字御拝領は、天正十六年（一五八八）大坂へ御参上の際、大友・立花と同様に御官位・御名字・御紋を下されましたとのこと。馬渡《まわたり》氏の話である〉。〈直茂公は〉御帰国の後、金剛山宗龍寺を御建立、御七年忌の御法事から初めてお弔いなされました。戦死した面々もお弔いなされたとのことで（その名を）直茂公が御自筆で書き付け遊ばされました。右の御拝領の御小袖一つは寺にお納めなされました。〈今も宗龍寺にある〉。（もう）一つは御城にある。宗龍寺の住職は年頭には右の御小袖を着申し、天下泰平・国家安全の御祈禱を致されますとのこと。そしてまた河上大明神の棟木《むなぎ》の銘に羽柴肥前守政家とあるとのこと。宗智寺《そうちじ》の御塔には鍋島加賀守豊臣朝臣直茂とありますとのことである。

25 一、隆信《たかのぶ》公の御首、薩摩《さつま》より送り筑後《ちくご》榎木津《あのきづ》に参着。是《これ》は国の強弱を伺ひ候事を直茂公御察し、大隈安芸守《おほくまあきのかみ》(1)に被二仰含一被レ遣《おほせふくめられつかはされ》、御しるし(2)被二差返一《さしかへされ》候。夫《それ》より薩摩に用心候由。薩州の使御首を肥後《ひご》国高瀬《たかせ》の願行寺《ぐわんぎやうじ》に納めて帰り候也。

(1) 大隈安芸守　茂隆。／(2) しるし　討ちとった敵の首。首級。

訳　一、隆信《たかのぶ》公の御首は、薩摩から送り筑後榎木津《えのきづ》に参り着いた。これは（薩摩が）国の強弱を伺っていましたことを直茂公がお察しになり、大隈安芸守《おおくまあきのかみ》に仰せ含められて遣《つか》わされ、御印（御首）を差し返されました。それから薩摩に用心しましたとのこと。薩摩の使いは御首を肥後国高瀬の願行寺に納めて帰りました。

26　一、直茂《なほしげ》公御耳に瘤《こぶ》出で来候を、誰か申上げ候は「蜘《くも》の糸にて巻き引切り候へば切れ申すものにて候」と申上げ候故、「世話《せわ》しき(1)もの也」と被レ仰《おほせられ》右の通り被レ遊《あそばされ》候。其跡たゞれ段々くさり申し候。御養生被レ成《なされ》候へども癒《い》え不レ申《まうさず》に付、「我らたゞ今まで人の為によき様にとばかり何事も致し候へども、聞き候事に違《たが》め有りて我知らず誤り候事有りと見えて、天道より耳に御とがめ有る事と存じ候。くされ死んでは子孫の恥に候間、大破れに不レ成《ならざる》内に死に候へかし」と被レ仰《おほせられ》、其《その》後たゞ「御病気」とばかり被レ仰《おほせられ》、深く御隠し被レ遊《あそばされ》候が、御絶食にて御薬も不レ被二召上一《めしあがられず》候。勝茂公より「親の死に場に薬を呑《のま》せ申さぬ事、後日の批判も面目無二御座一《ござなく》候間、御薬被二召上一《めしあがられ》被レ下《くだされ》候様に」と重畳《ちようでふ》御断《ことわり》(2)被二仰上一《おほせあげられ》候付て、「さらば信濃守が為に候間、軽き薬を呑せ候様に」と被二仰付一《おほせつけられ》、御薬煎役《せんじやく》林栄久《はやしえいきう》(3)に被二仰付一《おほせつけられ》候。御薬差上候処栄久被二召出一《めしいだされ》以《もつて》の外《ほか》御立腹にて「其方《そのはう》は心安き者にて律義なる者と存じ候故、薬の事申付け候へば不届千万《ふとゞきせんばん》の儀を仕り候。此《この》薬には米を加へたるもの也。有躰《ありてい》申し候へ」と被レ成二御意一《ぎよいなされ》候。栄久《えいきう》涙を流し「数日御食不レ被二召上一《めしあがられず》候て御力も御座有るまじく候へば、せめて薬に少し米を入れ煎じ候て差上げ、御力付被㆑遊《あそばされ》候はゞ御本腹可㆑被㆑遊《あそばさるべき》哉と存じ候て、なるほど米を加へ申し候」由申し候。「重《かさね》て斯《か》様《やう》に不㆑仕《つかまつらざる》様に」ときびしく被㆓仰付㆒《おほせつけられ》候。御病中に石井正札《しやうさつ》(4)を被㆓召出㆒《めしいだされ》、「今夜中に書院を解退《ときの》(5)けたく候。人足ども物音不㆑仕《つかまつらず》候様に可㆑成哉《なるべきや》」と被㆓成御意㆒《ぎよいなされ》候。「安き御事にて御座候」由御請《おうけ》申上げ一夜に解退《ときの》け少しも物音不㆑仕《つかまつらず》候。翌朝御覧被㆑成《なされ》「何と致し候へば物音不㆑仕《つかまつらず》候哉《や》」と御尋ね被㆑成《なされ》候。正札申上げ候は、「夫丸《ぶまる》に柴の葉をくはへさせ申し候」と申上げ候。公被㆓聞召㆒《きこしめされ》「よく仕り候。それ故其方《そのはう》には申し付け候。さて、泉水《せんすい》の中島の石を書院の跡に逆修《ぎやくしゆ》(6)に立て可㆑申《まおすべく》候。「野面石《のづらいし》(7)にて塔を立て候へば子孫がなきもの」と姥《うば》か丶ども申し候。人が不気味に可㆑存《ぞんずべく》候間、石の裏を斧にて切り、片付け候様に」と被㆓仰付㆒《おほせつけられ》、御銘書は暫《しばら》く御工夫被㆑遊《あそばされ》「鍋島加賀守豊臣朝臣直茂」と御書き被㆑成《なされ》候。右の御屋敷宗智寺《そうちじ》也。御塔《たう》も有㆑之《これある》也。ただし御死去前年(8)御建て被㆑成候、と也。

(1) 世話しき　せわしい。／(2) 断　筋道を立てて言うこと。／(3) 林栄久《はやしえいきゆう》　利兵衛《りへえ》貞正《さだまさ》。帰化朝鮮人。四の72、八の53参照。／(4) 石井正札《しようさつ》　義元《よしもと》。生札とも言い、信生（直茂）から一字を受けた重臣。／(5) 解退け　取り壊すこと。／(6) 逆修《ぎやくしゆ》　生きているうちにあらかじめ仏事を修し己の冥福を祈ること。／(7) 野面石《のづらいし》　切り出したままの自然の石。／(8) 御死去前年　直茂は元和四年（一六一八）死去。

訳　一、直茂公のお耳に瘤《こぶ》ができましたのを、誰かが申し上げますには「蜘蛛《くも》の糸で巻き、引き切りますと切れ申すものです」と申し上げましたので、（直茂公は）「忙しいものだ」と仰《おお》せられ右の通り遊ばされました。その跡が爛れ段々腐り申しました。御養生《ごようじよう》なされましたが治り申さぬため、「わしはただ今まで人のためによいようにとばかり何事も致してきましたが、聞きましたことに間違いがあって我知らず誤りましたことがあったと見えて、天道より耳にお咎《とが》めがあったことと存じます。腐れ死にしては子孫の恥ですから、（傷が広がって）大破れにならぬうちに死になさいよ」と（御自身に）仰せられ、その後はただ《ただ》「御病気」とばかり仰せられ深くお隠し遊ばされましたが、御絶食されてお薬も召し上がられませんでした。勝茂公より「親の死に場に薬を飲ませ申さぬことは、後日の批判にも面目ございませぬので、お薬を召し上がられて下されますように」と重ね重ね御道理を仰せ上げられましたので、「では信濃守《しなののかみ》（勝茂）のためですので、軽い薬を飲ませますように」と仰せ付けられ、お薬煎じ役の林栄久《はやしえいきゆう》に仰せ付けられました。お薬を差し上げましたところ、（直茂公は）栄久を召し出されもっての外御立腹で「その方は心安い者で律儀な者と存じましたゆえ、薬のことを申し付けましたところ不届き千万のことを致しました。この薬には米を加えているものである。ありのままに申しなさい」と仰せになられました。栄久は涙を流し「数日お食事を召し上がられませんで御力もございませぬはずですので、せめて薬に少し米を入れ煎じまして差し上げ、御力が付き遊ばされますならば御本復《ほんぷく》遊ばされようかと存じまして、できるだけ米を加え申しました」とのことを申しました。「二度とこのように致さぬように」と厳しく仰せ付けられました。

御病気中に（直茂公は）石井正札《しょうさつ》を召し出され、「今夜中に書院を取り壊したく思います。人足どもは物音が致しませぬようにできるか」と仰せになられました。「易《やす》い御事でございます」とのことでお引き受け申し上げ、一夜で取り壊し少しも物音が致しませんでした。翌朝（公が）御覧になられ「どう致しましたため物音が致しませんでしたか」とお尋ねになられました。正札が申し上げ、ましたのは「人夫に柴の葉をくわえさせ申しました」と申し上げました。公はお聞きになられ「よくぞ致しました。それゆえその方には申し付けました。そうして、泉水の中島の石を書院の跡に逆修《ぎゃくしゅ》として立て申そうと思います。「自然石で塔を建てますと子孫が絶えるもの」と姥やかか（陽泰院《ようたいいん》）どもが申します。人が気に入らぬと存じましょうから、石の裏を斧《おの》で切り、形を整えますように」と仰せ付けられ、（塔の）御銘書はしばらく御思案遊ばされ「鍋島加賀守《かがのかみ》豊臣朝臣直茂」とお書きなされました。右の御屋敷が宗智寺《そうちじ》である。御塔もある。但《ただ》し御死去の前年にお建てなされました、とのことである。

27 一、元茂《もとしげ》(1)公へ直茂公御咄《おはなし》に、「上下によらず時節到来すれば家が崩るゝもの也。其《その》時崩すまじきとすればきたな崩しをする也。時節到来と思はゞいさぎよく崩したるがよき也。其時は抱へ留《とむ》る事も有り」と被《おほせられ》レ仰候由。〈月堂《げつだう》様御咄を禅界院殿《ぜんかいゐん》(2)聞《きゝ》覚《おぼえ》候由也〉。

(1) 元茂　鍋島元茂。勝茂の長子で直茂の孫に当たるが、直茂の養子分となる。初代小城藩主。法名より月堂《げつどう》とも呼ばれる。三の8、六の44参照。／(2) 禅界院　鍋島直朗《なおあき》。元茂の次男。

訳　一、元茂公《もとしげ》への直茂公のお話に、「(身分の) 上下によらず時節が到来すれば家が崩れるものである。その時崩すまいとすれば汚い崩し方をする。時節到来と思うならば潔《いさぎよ》く崩した方がよい。その時は抱え留めることもある」と仰《おお》せられましたとのこと。〈月堂《げつどう》(元茂) 様のお話を禅界院殿《ぜんかいいん》が聞き覚えていましたとのことである〉。

28(1) 一、直茂公御夢に、与賀《よか》の宮(2)の前を御通り被《あそばされ》レ遊候処、御跡より「加賀守〳〵」と呼ぶ声仕り候に付き御見返り被《あそばされ》レ遊候へば、白張装束《しらはりしやうぞく》(3)の人石橋の上に御立ち「闇《くらう》してならぬ」と被《おほせられ》レ仰候。御夢心に「さては常燈《じやうとう》(4)を揚《あげ》よとの御事成《おんことな》るべし」と被《おぼしめされ》二思召一(5)、夫《それ》より常燈被《さしあげられ》二差上一候。御隠居以後も直茂公より被《さしあげられ》二差上一候に付《つき》て、今に小城《をぎ》より揚り候由。

(1) 28　三の56参照。／(2) 与賀の宮　中世に河上から分祀した與止日女《よどひめ》大明神 (三の24注(7) 参照)。現在の与賀神社。佐賀市与賀町。／(3) 白張装束　糊を固くつけた白布の狩衣。／

(4) 常燈　常夜灯。神仏の前に一晩中付けておく灯籠。／(5) 今に小城……候由　直茂と小城との関係は三の8注参照。

訳　一、直茂公の御夢に、与賀《よか》の宮の前をお通り遊ばされましたところ、御後ろから「加賀守、加賀守」と呼ぶ声が致しますのでお見返り遊ばされますと、白張《しらはり》装束の人が石橋の上にお立ちになり「暗くてならぬ」と仰《おお》せられました。御夢心に「さては常夜灯《じようやとう》を揚げよとの御事であろう」とお思いになられ、それから常夜灯を差し上げられました。御隠居の後も直茂公から差し上げられましたので、今も小城《おぎ》から揚がりますとのこと。

29　一、直茂公最前の御前様(1)、御離別以後うはなり打ち(2)に折々御出《おい》で候へども、陽泰院《ようたいゐん》様(3)御取持御丁寧に候故、納得候て御帰り候事度々《どど》にて候由。

(1) 最前の御前　慶円妙余。三の23参照。／(2) うはなり打ち　妻を離別した夫がほどなく後妻を迎えた時、先妻が女の仲間に呼びかけ後妻の家を襲う風習。／(3) 陽泰院　三の3・4・42参照。

訳　一、直茂公の前の御前様は、御離別の後うわなり打ちに折々おいでになりましたが、

（後妻の）陽泰院《ようたいいん》様のおあしらいが御丁寧でしたので、納得しましてお帰りになりましたことが度々《たびたび》でしたとのこと。

30一、日峯《にっぽう》様御存生の内より、在々端々《ざい〲はし〲》の者ども分り兼《かね》たる事有レ之《これある》時は、佐嘉《さが》の方を拝み、鬮取《くじとり》(1)にて「加州様御教へ被レ成《なされ》」と申し候て相定め候由。

（1）鬮取　くじ引き。

訳　一、日峯《にっぽう》（直茂）様が御存命のうちから、あちこち隅々の者どもは分かりかねたことがある時は、佐賀の方を拝み、くじを引いて「加賀守《かがのかみ》（直茂《なおしげ》）様お教えなされ」と申しまして決めましたとのこと。

31一、藤島生益宅《ふぢしましやうえき》(1)へ早朝本庄院《ほんじやうゐん》(2)住持《ぢゆうぢ》参り、「今朝御神躰《ごしんたい》御身拭《ぬぐ》ひ為レ可レ仕《つかまつるべきため》宝殿を開き候へば御首《ぐし》落ち居り申し候。早々《さう〲》為レ可二申上一《まうしあぐべきため》御首を持参仕り候」と袈裟に包み、差出し被レ申《まうされ》候。生益申し候は「御首は御覧被レ成《なさるゝ》ものにても無レ之《これなく》候間御持ち帰り被レ成《なされ》。右の段は則《すなはち》可二申上一《まうしあぐべし》」と申し候て致二出仕一《しゆつしいたし》申上げ候処、直茂公以《もつて》の外《ほか》御立腹「さて〱憎き坊主哉《かな》。加賀守をだまし可レ申《まうすべし》と仕り候哉《や》。則《すなはち》穢多《ゑた》(3)ども召し連れ、拷問《がうもん》にて有躰《ありてい》云《ゝは》せ候様に」と被レ仰《おほせられ》候。生益難二落着一《らくちやくしがたく》「御為と存じ候て申し候処に拷問仕り候儀如何」と申上げ候へば殊《こと》の外御呵《しかり》「其方は成るまじく候。余人可二申付一《まうしつくべし》」と被レ仰《おほせられ》候に付き、生益申上げ候は「成り申すまじきにては無二御座一《ござなく》候。左様《さやう》に被レ成二御意一《ぎよいなされ》候はゞ則可二罷越一《まかりこすべし》」と申上げ、籠守織部《ろうもりおりべ》召し連れ罷《まか》り越し候処に、住持出で合ひ被レ申《まうされ》候を、手を取り「加州様御立腹則拷問と被二仰出一《おほせいだされ》候」と申し候へば、「さて〳〵迷惑なる儀、合点不レ参《まゐらず》」と被レ申《まうされ》候。生益申し候は「出家たる者の穢多の手に渡り候上にて白状は見苦しく可レ有レ之《これあるべし》」と申し候に付き、住持被レ申《まうされ》候は「しからば有躰可二申上一《まうしあぐべく》候。御身拭ひ仕り御神躰《ごしんたい》動き候故御首落ち申し候に付てふと心付き、斯様《かやう》に申上げ候はゞ御造営も被レ成《なされ》、寺も栄え可レ申《まうすべし》と存じ候て申上げ候」由白状仕り候を、生益《しやうえき》急ぎ罷《まか》り帰り白状の通り申上げ候へば、最前に違ひ御笑被レ成《なされ》候。生益せき上り「私をだまし申したる意恨《いこん》晴しに磔《はりつけ》に掛け可レ申《まうすべく》候間、某《それがし》に被レ下《くだされ》候様に」と申上げ候。直茂公いよ〳〵御笑被レ成《なされ》「其方《そのはう》は最前実《まこと》と存じ候故、今腹を立て候。我らは謀計《ぼうけい》の儀早く察し候に付き其節は腹立候へども今は左様にはなし。彼《かの》坊主此《この》中我ら社参の度々《どゞ》に「寺に立寄り候様に」と申し候故、一度寄り候へば吸物《すひもの》を出し候が椀の底に土付き居《を》り候。左《さゝ》候《ふらひ》て頭《かうべ》を地に付け「有難し」など〳〵申す。左様に存じ候はゞ、我らに据《す》ゑ候膳の心遣ひをこそ可レ入レ念《ねんをいるべき》事に候。「売僧《まいす》者、すまぬ奴」と日来存じ候が、斯様《かやう》のたくみ出し候。祈願所の事に候間、たゞ住持《ぢゆうぢ》を代へ候様に」と被二仰付一《おほせつけられ》候由。生益痛み入り候と物語の由。〈清左衛門《せいざゑもん》(4)咄《はなし》候由〉。

（1）藤島生益《ふじしましょうえき》　善之丞。重松右馬丞の子。直茂の側近。三の54参照。／（2）本庄院　本庄院慶正寺。天台宗。佐賀市本庄町本庄。／（3）穢多《えた》　近世の身分社会において最下層に位置し、特に差別を受けた人々。処刑に従事した。／（4）清左衛門　生益の孫。

訳　一、藤島生益《しょうえき》宅に早朝本庄院《ほんじょういん》住職が参り、「今朝御神体のお体拭《ぬぐ》いを致さんがために宝殿を開きますとお首が落ちており申しました。早速申し上げんためにお首も持参いたしました」と袈裟《けさ》に包み、差し出し申されました。生益が申しましたのは「お首は（直茂公が）御覧になられるものでもありませんのでお持ち帰りなされ。右の件はすぐに申し上げよう」と申しまして出仕いたし申し上げましたところ、直茂公はもっての外《ほか》御立腹で「さてもさても憎い坊主かな。加賀守《かがのかみ》を騙《だま》し申そうと致しましたか。すぐに穢多《えた》どもを召し連れ、拷問してありのままを言わせますように」と仰《おお》せられました。生益は納得し難く「（殿の）御ためと存じまして申しましたところに拷問いたしますことはいかがか」と申し上げますと（公は）殊の外お叱りになり「その方はできますまい。他の者に申し付けよう」と仰せられましたので、生益が申し上げましたのは「でき申せぬのではございませぬ。そのように仰せになられますならばすぐに行って参ろう」と申し上げ、牢番の織部を召し連れて参りましたところ、住職が出迎え申されましたのを、手を取り「加賀守様は御立腹ですぐに拷問せよと仰せ出されました」と申しますと、「さてさて困ったこと、納得が行き申さぬ」と申されました。生益が申しましたのは「出家たる者が穢多の手に渡りました上で白状するのは見苦しかろう」と申しましたので、住職が申されましたのは「それではありのままに申し上げましょう。お体拭い致し御神体が動きましたのでお首が落ち申しましたためふと思い付き、このように申し上げましたならば御造営もなされ、寺も栄え申そうと存じまして申し上げました」とのこと白状いたしましたのを、生益は急ぎ帰り白状の通り（直茂公に）申し上げますと、先ほどと違ってお笑いなされました。生益は苛立ち「私を騙《だま》し申した遺恨晴らしに磔《はりつけ》に掛け申したく存じますので、それがしに（住職の身を）下されますように」と申し上げました。直茂公はいよいよお笑いなされ「その方は先ほど真のことと存じましたので、今腹を立てています。わしは謀りごとであることはとうに察していましたので、その際は腹が立ちましたが今はそうではない。あの坊主はこの間からわしが社に参るたびごとに「寺に立ち寄りますように」と申しましたので、一度寄りましたところ吸い物を出しましたが椀の底に土が付いておりました。そうしまして（住職は）頭を地に付け「有り難い」などと申した。そのように存じていますならば、わしに据《す》えます膳の心遣いにこそ念を入れるべきことです。「うそ坊主、気に入らぬ奴」と日頃から存じていましたが、このような企みをくわだてました。祈願所のことですので、ただ住職を代えますように」と仰せ付けられましたとのこと。生益は感服しましたと話したとのこと。〈清左衛門《せいざえもん》が話しましたとのこと〉。

32一、稲垣権右衛門《いながきごんゑもん》御暇被ㇾ下《くだされ》候事。直茂公御代に御家中の者ども上方《かみがた》の事一向《いつかう》に不ㇾ存《ぞんぜず》、公儀方《かた》勤め候者は倉町九郎《くらまちくらう》(1)ならで無ㇾ之《これなく》候。国廻り上使(2)の付廻り(3)を九郎に被二仰付一《おほせつけられ》候処、「上方衆は銀の轡《くつわ》をはめ申し候間、早々被二仰付一《おほせつけられ》候様に」と注進仕り候。また、野掛《のが》け(4)にて上使より弁当御振廻の時、毛氈《もうせん》(5)を敷有ㇾ之《これある》を何としたる致し様かと色々工夫致し毛氈を膝にかけ野掛けを食べ申し候。みがき轡・毛氈などさへ不ㇾ見躰《みざるてい》の人に候へども、せめて公儀方九郎ならで無ㇾ之《これなく》、別して御事欠き候故、稲垣権右衛門と申す浪人者を二百石に被二召抱一《めしかゝへられ》候。其《その》時(6)高伝寺御参詣《さんけい》の処、門前に張紙「御譜代の者だにとらぬ知行をばいながき(7)が来て二百石とる」と書付《かきつけ》有り。御帰りの上、「譜代の衆にさへ無沙汰《ぶさた》致し他方の者に知行《ちぎやう》呉れ候事何《いづれ》も不《ふ》合点《がつてん》の段、尤《もつとも》至極、我ら誤り痛入《いたみい》り候。公儀方無調法《ぶてうはふ》にても国家(8)の害には不ㇾ成《ならず》」と被ㇾ仰《おほせられ》、権右衛門へ右の段被二仰聞一《おほせきけられ》御暇被ㇾ下《おいとまくだされ》候由。

(1) 倉町九郎　信光《のぶみつ》の嫡男。／(2) 国廻り上使　幕府から諸藩に派遣され、巡回視察した。／(3) 付廻り　付き添って回る役。／(4) 野掛け　野遊び。飲食物などを持って野山をめぐって遊ぶこと。／(5) 毛氈《もうせん》　獣の毛の繊維を加工し織物のようにしたもの。カーペット用の毛織物。／(6) 高伝寺　鍋島家の菩提寺。佐賀市本庄町。六の2参照。／(7) いながき　「稲垣」と「異な餓鬼」とをかける。／(8) 国家　藩。

訳　一、稲垣権右衛門《ごんえもん》にお暇を下されましたこと。直茂公の御代に御家中の者どもは上方のことを一向に存ぜず、公儀《こうぎ》（幕府）方《がた》を勤めます者は倉町九郎《くろう》でなくてはおりませんでした。（幕府の）国廻《めぐ》り上使《じようし》の案内役を九郎に仰せ付けられましたところ、（九郎は）「上方衆は銀の轡《くつわ》をはめ申しますので、早々に仰せ付けられますように」と注進いたしました。また、野掛けで上使から弁当をお振る舞いになった時、毛氈《もうせん》を敷いてあったのをどのように致せばよいかといろいろ思案いたし毛氈を膝にかけて野掛け（振る舞い）を食べ申しました。磨き轡、毛氈などさえ見たことのない体《てい》の人でしたが、無理にも公儀方は九郎でなくてはおらず、とりわけお勤めができませぬので、稲垣権右衛門と申す浪人者を二百石で召し抱えられました。その頃（公が）高伝寺《こうでんじ》に御参詣《さんけい》なされたところ、門前に張り紙し「御譜代《ふだい》の者さえ取らぬ知行をば、いながきが来て二百石取る」と書き付けてあった。（公は）お帰りの後、「譜代の衆にさえ無沙汰いたし、よその者に知行を与えましたことに誰もが納得せぬことはもっとも至極、わしの誤りに痛み入りました。公儀方が無調法《ぶちようほう》でも国の害にはならぬ」と仰せられ、権右衛門に右の旨を仰せ聞かせられ、お暇を下されましたとのこと。

33　一、永禄十八年(1)の秋、太閤大明為二御征伐一《みんごせいばつのため》道を朝鮮に被レ求《もとめらる》。朝鮮請合不レ申《うけあひまうさゞる》に付《つき》、まづ朝鮮為二御征伐一《ごせいばつのため》名護屋《なごや》(2)御城直茂《なほしげ》(3)公へ被二仰付一《おほせつけられ》候。文禄元年高麗《こま》御陣、加藤清正《かとうきよまさ》・直茂公御先陣、公の御勢《おんぜい》一万二千也。三月下旬御出船、四月廿八日朝鮮釜山浦《ふざんぽ》御着也。文禄三年中戻り(4)諸将為㆓休息㆒《きうそくのため》被㆓召寄㆒《めしよせられ》候。慶長二年三月直茂公被㆑為㆑召《めしなされ》御帰朝、大坂御逗留《とうりう》。(5)六月上旬御暇《おいとま》。蜂《はち》須賀《すか》・安国寺《あんこくじ》・直茂公朝鮮軍事三奉行に被㆓仰付㆒《おほせつけられ》候。同三年十二月皆々帰朝。直茂公・勝茂公直《たゞち》に御登り伏見にて家康公御面談、大坂にて秀頼公へ御勤め被㆑成《なされ》候。同四年三月直茂公御暇にて御下国。朝鮮立より八か年御帰国不㆑被㆑成《なされず》候也。

（1）永禄十八年　正しくは天正十八年（一五九〇）。／（2）名護屋　肥前名護屋。唐津市鎮西町名護屋。／（3）御城　天正二十年（一五九二）、黒田長政《くろだながまさ》・加藤清正《かとうきよまさ》・寺沢広高《てらざわひろたか》らに命じ九州の大名を中心に動員し落成。／（4）中戻り　途中で引き返すこと。／（5）同三年……帰朝　八月に秀吉が死去し停戦。

訳

一、永禄十八年の秋、太閤は大明国《みんこく》御征伐のため（行軍の）経路を朝鮮に求められた。朝鮮は請け合い申さなかったため、まず朝鮮御征伐のため名護屋の御城を直茂公に仰《おお》せ付けられました。文禄元年（一五九二）高麗《こま》（朝鮮）御陣は加藤清正・直茂公が御先陣で、公の御軍勢は一万二千であった。三月下旬御出船、四月二十八日朝鮮釜山浦《ふざんぽ》に御到着。文禄三年中戻りで諸将を休息させるため召し寄せられました。慶長二年（一五九七）三月直茂公はお召しを受け御帰朝し、大坂に御逗留。六月上旬お暇。蜂須賀《はちすか》・安国寺《あんこくじ》（恵瓊《えけい》）・直茂公は朝鮮軍事三奉行に仰せ付けられました。同三年十二月皆々帰朝。直茂公・勝茂公は直《ただ》ちにお上《のぼ》りになり伏見で家康公と御面談し、大坂で秀頼公にお仕えなされました。同四年三月直茂公はお暇で御帰国。朝鮮出立から八ヶ年御帰国なされませんでした。

34 一、直茂公「当時気味よき事は必ず後に悔《くや》む事有るもの也」と被レ成二御意一《ぎょいなされ》候由。

訳 一、直茂公が「その時気分がよいことは必ず後で悔やむことがあるものである」と仰せになられましたとのこと。

35 一、隆信公御軍功段々募《つの》り申し候時分、或る夜御酒宴被レ遊《あそばされ》候。「御庭の隅に人影見え申し候」由御女中など申し候に付 則《すなはち》御《お》出《い》で御覧被レ成《なされ》「何者ぞ」と御咎《とが》め被レ成《なされ》候へば、「左衛《さゑ》門太夫《もんだいふ》にて候」と御答被レ成《なされ》、抜き鑓《やり》を御持ち被レ成《なされ》御座候。「何故に夫《それ》に被レ居《をられ》候哉《や》」と隆信公被レ仰《おほせられ》候へば、「世上に敵多く、御油断被レ成《なさる》時節にて無二御座一《ござなく》候。今夜御酒宴と承り候に付《つき》無二心元一《こゝろもとなく》存じ御番《ごばん》仕り候」由被レ仰《おほせられ》候。隆信公御感心不レ浅《あさからず》「是《これ》にて酒を参り候へ」と被レ仰《おほせられ》候に付、御座《ござ》に御《お》通《とほ》り被レ成《なされ》候処寒夜にて御手こゞえ御持ち被レ成《なされ》候鑓《やり》御手より離れ不レ申《まうさず》候由。

訳　一、隆信公が御軍功を一段一段上げ申していました頃、ある夜御酒宴を遊ばされました。「お庭の隅に人影が見え申しました」とのことを御女中などが申しましたので、すぐにお出《い》でになり御覧なされ「何者だ」とお咎めなされますと、「左衛門太夫《さえもんだゆう》（直茂）でございます」とお答えなされ、抜き鑓《やり》をお持ちなされていらっしゃいました。「何ゆえにそこにおられますか」と隆信公が仰《おお》せられますと、「世上に敵が多く、御油断なされる時ではございませぬ。今夜御酒宴と承《うけたまわ》りましたので心もとなく存じ、御番を致していました」とのことを仰せられました。隆信公は御感心浅からず「こちらで酒を召し上がりなさい」と仰せられましたので、（直茂公は）御席にお通りになられましたところ、寒夜で御手が凍えお持ちなされていました鑓が御手から離れ申しませんでしたとのこと。

36　一、太閤様仰に、「龍造寺《りゅうぞうじ》隆信と云し者は名将たるべしと思はれ候。子細は鍋島飛驒守《ひだのかみ》(1)に国家を打任せ候は、よき人を見知りたる也。今飛驒守を見て思ひ知られ候」と御申し候由。

（1）　鍋島飛驒守　直茂は左衛門太夫から飛驒守、後に加賀守となった。

訳　一、太閤様の仰せに、「龍造寺隆信と言った者は名将であったろうと思われます。そのわけは鍋島飛驒守（直茂）に国を任せましたのは、よい人を見知っていたのである。今飛驒守を見て思い知られました」と申されましたとのこと。

37 一、天正十八年小田原御陣(1)に直茂公御越の節、下関《しものせき》御宿《おんやど》道山平兵衛《みちやまへいべゑ》にて候也。

(1)小田原御陣 秀吉が北条氏直《うじなお》を攻めた時。御は秀吉への敬意。

訳 一、天正十八年(一五九〇)小田原御陣に直茂公がお越しの際、下関でのお宿は道山平《みちやまへい》兵衛《べえ》(宅)でした。

38 一、慶長八年十一月、中野《なかの》神右衛門《じんゑもん》(1)代官所(2)の百姓ども、下代《げだい》(3)八並善右衛門《やなみぜんゑもん》と申す者の事を生三方《しやうさんかた》(4)へ挟《はさ》み状《じやう》(5)仕り、御改めの上無実に付《つ》き、磔《はりつけ》と被ニ申上一《まうしあげられ》候処、直茂公、「磔は台木も人間もくさり捨つるもの也。殊《こと》に神右衛門合点《がってん》申すまじく候。蓮池《はすいけ》めい島(6)に千間堀掘らせ候様に」と被ニ仰付一《おほせつけられ》候。訴訟人ども千間堀を掘り申し候由。

(1)中野神右衛門 清明《きよあき》。常朝の祖父。甚右衛門とも。十一の35参照。藩主や目上には「神」の字を遠慮し「甚」と書いたという(栗原荒野《あらの》説)。本書では神右衛門の表記に統一した。/(2)代官所 代官の支配に属する領地。/(3)下代 代官の下役。/(4)生三 鍋島生三《しようさん》道虎。姉川鍋島家の祖。六の165参照。／(5)挟み状　竹の先または木の枝にはさみ、高く捧げて差し出す書状。／(6)蓮池めい島　佐賀市蓮池町見島。

訳　一、慶長八年(一六〇三)十一月、中野神右衛門《じんえもん》の代官所の百姓どもが、下役の八並善《やつなみぜん》右衛門《えもん》と申す者のことを(鍋島)生三方《しょうさんがた》に挟み状(で直訴)を致し、お取り調べの上無実であったため、(百姓どもは)礫と申し上げられましたところ、直茂公が「礫は台木も人間も腐らせ捨てる(だけの)ものである。ことに神右衛門が納得し申しますまい。蓮池《はすいけ》のめい島に千間堀《せんげんぼり》を掘らせますように」と仰せ付けられました。訴訟人どもは千間堀を掘り申しましたとのこと。

39 一、有田皿山《ありたさらやま》(1)は、直茂公高麗国《こまのくに》より御帰朝の時「日本の宝に可レ成《なるべし》」と候て、焼物上手・頭《かしら》六、七人被二召連一《めしつれられ》金立山《きんりふざん》(2)に被二召置一《めしおかれ》焼物仕り候。其後伊万里《いまり》の内、藤《ふぢ》の河内山《かうちやま》へ罷《まか》り越し焼物仕候。夫《それ》より日本人見習ひ伊万里・有田方々に罷り成り候由。

(1)有田皿山　西松浦郡有田町一帯の陶業地。／(2)金立山　佐賀市大和町梅野。今日、帰化朝鮮人の墓碑が残る。

訳　一、有田の皿山《さらやま》は、直茂公が高麗《こま》（朝鮮）国より御帰朝の際「日本の宝になるだろう」と（仰せが）ありまして、焼き物名人・頭《かしら》六、七人を召し連れられ金立山《きんりゆうさん》に召し置かれ焼き物を致しました。その後伊万里《いまり》の内、藤の河内山《かわちやま》に参り来て焼き物を致しました。それ以降日本人が見習い伊万里・有田の方々に（皿山が）できましたとのこと。

40一、鹿子《かのこ》村《むら》(1)龍昌寺《りゆうしやうじ》の天神は、隆信《たかのぶ》公西府《さいふ》(2)御勧請《くわんじやう》被《なされ》レ成候。安芸《あき》(3)殿若輩の時分、天神の森にて鳩を打ち被《まうされ》レ申候処はづし申し候に付きて腹を立、「今の鳩に当り不《まうさゞる》レ申は天神の業にて有べし、憎き天神也」とて二つ玉を込め、宝殿を裏表に射抜き被《まかりかへられ》二罷帰一候。直茂公へ右の段被《まうしあげられ》二申上一候。公被《きこしめされ》二聞召一「さて〳〵無《もつたいなき》二勿躰一事を仕り候」と、則《すなはち》御行水《ぎやうずい》被《なされ》レ成、御上下《かみしも》被《めされ》レ召御参詣《ごさんけい》「たゞ今粗相者《そさうもの》(4)以の外の儀を仕《つかまつ》り御怒り可《あそばさるべし》レ被レ遊と、近来迷惑千万に奉《ぞんじたてまつり》レ存候。彼《かの》者は兼《かね》て右の通りの粗相者に御座候。平《ひら》に御免《ごめん》可《あそばさるべく》レ被レ遊候。為《おことわりのためそれがしまかりいで》二御断一某罷出候」と地に御平臥《へいぐわ》、高吟《かうぎん》に御断《おことわりおほせあげられ》被二仰上一候由。

(1) 鹿子《かのこ》村　佐賀市本庄町鹿子。／(2) 西府　太宰府天満宮。／(3) 安芸《あき》　鍋島安芸守《あきのかみ》茂賢《しげまさ》。主水茂里の弟。深堀鍋島家を相続。／(4) 粗相者　ぶしつけな者。

訳　一、鹿子《かのこ》村龍昌寺《りゆうしようじ》の天神は、隆信《たかのぶ》公が太宰府（天神）を御勧請《かんじよう》なされました。安芸《あき》（茂《しげ》賢《まさ》）殿が若年の頃、天神の森で鳩を撃ち申されましたところはずし申しましたので腹を立て、「今の鳩に当たり申さぬのは天神の仕業《しわざ》であろう。憎い天神だ」といって二つ玉を込め、宝殿を裏表に射抜き帰られました。直茂公に右のことを申し上げられました。公はお聞きになられ「さてさて勿体《もったい》ないことを致しました」と、直ちに御行水なされ、御裃《かみしも》を召され御参《さん》詣《けい》し「ただ今粗相《そそう》者がもっての外《ほか》のことを致しお怒り遊ばされたに違いないと、甚だ困惑することこの上なく存じ申し上げます。あの者はかねてから右の通りの粗相者でございます。平《ひら》にお許し遊ばされたく存じます。おわびのためそれがしが参上しました」と地に御平伏され、声高におわびを仰せ上げられましたとのこと。

41一、直茂公仰に、「我《わが》気に入らぬ事が我為《わがため》に成るもの也」と被レ仰《おほせられ》候由。是《これ》は勝茂公常々御咄《はなし》被《な》レ成《され》候由也。

訳　一、直茂公の仰せに「自分が気に入らぬことが自分のためになるものである」と仰せられましたとのこと。これは勝茂公が常々お話なされましたとのことである。

42一、陽泰院《やうたいゐん》様は、御前夫納富治部太夫《なふどみちぶだいふ》(1)殿御打ち死に以後、石井兵部太夫《いしゐひやうぶだいふ》(2)殿飯盛《いさかり》(3)の屋敷に被《ご》レ成《ざな》二御座《され》一候。或る時、隆信《たかのぶ》様御出陣御供の衆兵部太夫殿御方へ被二立寄《たちよられ》一弁当遣《つか》ひ被《まう》レ申《され》候。

兵部太輔殿内衆へ「鰯《いわし》を焼き遣し候様に」と御申し付け候。内衆焼き申し候へども大勢にてなか〳〵間に合ひ不レ申候。陽泰院様のれんの陰より御覧被《なされ》レ成候が、つと御出《おい》で大釜の下の火を掻《か》き出し鰯籠《いわしかご》(4)に打移し大団扇《うちは》にて扇《あふ》ぎ立て箕《み》(5)にかすり込み灰を簸出《ひだ》(6)しその儘《まゝ》被二差出《さしいだされ》一候。直茂公御覧被《なされ》レ成、「彼様《かのやう》に働きたる女房を持ちたし」と被二思込《おもひこまれ》一候。其後御通ひ被《なされ》レ成候。或る時「盗人」と申し候て追ひ掛け候故、堀を御跳《と》び被《なされ》レ成候へば、刀打掛り候に付き御足の裏に少し疵《きず》付き申し候。この外《ほか》多久《たく》(7)夜掛けの時分、薄手《うすで》一箇所御負《お》ひ被《なされ》レ成候由。〈また一説に天正四年二月横沢城攻(8)の時被レ負二御手《おんておはれ》一候ばかり也と〉。

(1) 納富治部太夫《のうどみじぶだゆう》　信貞《のぶさだ》。永禄九年(一五六六)戦死。/(2) 石井兵部太夫《ひょうぶだゆう》　常延。陽泰院の父。/(3) 飯盛　佐賀市東与賀町飯盛《いさかり》。/(4) 鰯籠《いわしかご》　鰹漁の際に餌となる鰯を生きたまま船で曳くための籠。/(5) 箕　穀物に混じっているごみなどをとり分ける道具。/(6) 簸出《ひだ》し　箕であおって取り除き。/(7) 多久夜掛けの時分　元亀《げんき》元年(一五七〇)、小田鎮光《しげみつ》の居城である多久城を攻めた時。/(8) 横沢城　横造城《よこぞう》。佐賀県鹿島市。『九州治乱記』巻二十一に直茂負傷の記事が見える。

訳　一、陽泰院《ようたいいん》様は、御前夫納富治部太夫《のうどみじぶだゆう》殿の御討ち死に以後、石井兵部太夫《ひょうぶだゆう》殿の飯盛《いさかり》の屋敷にいらっしゃいました。ある時、隆信《たかのぶ》様御出陣の御供の衆が兵部太夫殿御宅に立ち寄られ弁当を使い申されました。兵部太夫殿は内の衆に「鰯《いわし》を焼いてやりますように」とお申し付けになりました。内の衆は焼き申しましたが大勢でなかなか間に合い申しませんでした。陽泰院様がのれんの陰から御覧なされていましたが、つっとお出でになり大釜の下の火を掻き出し鰯籠《いわしかご》に移し大団扇《うちわ》であおぎ立て箕《み》にさっと移し込み灰をより分けそのまま差し出されました。直茂公は御覧になられ「あのように働きのある女房を持ちたい」と思い込まれました。その後お通いなされました。ある時「盗人」と申しまして追いかけましたので、〈直茂公が〉堀をお飛び越えなされましたところ、刀が引っかかりましたため、お足の裏に少し傷が付き申しました。この他多久《たく》夜襲の折、軽い傷を一ヶ所お負いなされましたとのこと。〈また一説に、天正四年（一五七六）二月横沢城攻めの時お手傷を負われましただけであると〉。

43 一、太閤様名護屋《なごや》御在陣の節、九州大名の内方《うちかた》(1)を被二召寄《めしよせられ》一御遊興被レ成《なされ》候。陽泰院様にも「御出で被レ成《なされ》候様に」と申し来たり候に付、孝蔵主《かうざうす》(2)御頼み御断《ことわりおほせられ》被レ仰候。孝蔵主心遣ひにて御出に不レ及《およばざる》様に相澄《あひすみ》申し候。さりながら「都合《つがう》(3)の例に罷成《まかりな》り候間、一度は御目見被レ成《なされ》候様に」と申し来たり候に付き、御額角《おんひたひつの》に御作り異形《いぎやう》(4)の御面相にて御出で御目見被レ成《なされ》候。其《それ》以後御出で不レ被レ成《なされざる》由。〈金丸氏咄也(5)〉。

(1) 内方　奥方。／(2) 孝蔵主《こうぞうす》　秀吉と北政所に仕え、権勢を振るった奥女中。／(3) 都合の

例　勝手気ままに断る前例。／（4）異形　普通とは違った様子。／（5）金丸　金丸郡《ぐん》右衛門《えもん》一久《かずひさ》。祐筆《ゆうひつ》役。七の23参照。

訳　一、太閤様が名護屋城に御在陣の折、九州の大名の奥方を召し寄せられ御遊興なされました。陽泰院様にも「お出でなされますように」と申して来ましたので、孝蔵主《こうぞうす》をお頼りになりお断りを仰せられました。孝蔵主の心遣いでお出でに及ばぬように済み申しました。しかしながら「都合で断る先例になりますので、一度は御目見えなされますように」と申して来ましたので、お額を角にお作りになり異形の御面相でお出でになり御目見えなされました。それ以後はお出でになられなかったとのこと。〈金丸《かなまる》氏の話である〉。

44　一、或る山伏（1）黒田《くろだ》長政《ながまさ》（2）へ参り、「夜前《やぜん》の夢に長政公五箇国の太守に被レ為レ成《ならせられ》候と見申し候」由申し候。長政返答に「さて〳〵よき夢早々《さう〳〵》知らせ過分《くわぶん》の事也。やがて五箇国の太守に成り候節祝儀《しうぎ》可レ遣《つかはすべし》」と申して返し被レ申《まうされ》候。山伏案に相違し、御国へ罷《まか》り越し直茂公へ掛二御目一《おめにかゝり》「公五箇国の太守に被レ為レ成《ならせられ》候と霊夢を見申し候」由申上げ候に付「さて〳〵よき夢早々知らせ過分の事に候」と被レ仰《おほせられ》、金子百疋被レ下《くだされ》候。或る時御咄《はなし》の衆被二申上一《まうしあげられ》候は「筑前にては斯様《かやう》〳〵と承り候。金子被レ下《くだされ》候はいかゞと下々《したゞ》取沙汰仕り候」由被二申上一《まうしあげられ》候。公被レ仰《おほせられ》候は、「惣《そう》じて道の者は其《その》道にて立ちて（3）ゆかで叶《かな》はぬもの也。山伏などは彼様《かのやう》なる事どもを云《いひ》て人の施しを受ける者なる故《ゆゑ》金子を呉《く》れ遣《や》り候」と被レ仰《おほせられ》候由。〈助右衛門殿咄也〉。

（1）山伏　山中で難行・苦行を修め霊験を習得する修験道の行者。／（2）黒田長政　筑前福岡藩主。孝高（官兵衛、如水）の子。豊臣秀吉に仕え朝鮮出兵で活躍。関ヶ原合戦で東軍につき筑前を得た。／（3）道の者　一芸を極めて職とする者。専門家。

訳　一、ある山伏《やまぶし》が黒田長政（のところ）に参り「昨夜の夢に長政公が五ヶ国の太守《たいしゅ》になりなされますと見申しました」とのことを申しました。長政の返答に「さてさてよい夢を早々に知らせてくれ身に余ることである。やがて五ヶ国の太守になりました際には祝儀を取らせよう」と申して返し申されました。山伏は案に相違し、御国（佐賀藩）に参り来て直茂公にお目に掛かり「公が五ヶ国の太守になりなされますと霊夢を見申しました」とのことを申し上げましたので「さてさてよい夢を早々に知らせてくれ身に余ることです」と仰《おお》せられ、金《きん》子《す》百疋《ひき》を下されました。ある時お話していた衆が申し上げられましたのは「筑前ではこうこうと承りました。金子を下されましたのはどうかと下々《しもじも》（の者）が取り沙汰《ざた》いたしています」とのことを申し上げられました。公が仰せられましたのは「総じて道の者はその道で立って行かなくてはならぬものである。山伏などはあのようなことなどを言って人の施《ほどこ》しを受ける者であるから金子をくれてやりました」と仰せられましたとのこと。〈助右衛門《すけえもん》殿の話である〉。

45(1)一、或る時、御伽《おとぎ》の衆直茂公へ申上げ候は「当時日本にて名将と申すは隆景《たかゝげ》と直茂公の由風聞仕り候」と被二申上一候《まうしあげられさうら》へば、「及びもなき事也。先年太閤様御前へ諸大名列座の時、被レ成二御意一《ぎよいなされ》候は「何《いづれ》も数年苦労被レ致《いたされ》候に知行を出したく候へども、いかに候ても日本小国にて地が足らず。唐・天竺を切り取り、其方《そのはう》などに存分に知行《ちぎやう》を可レ遣《つかはすべし》と存じ立ち候。いかゞ可レ有哉《あるべきや》」と被レ仰《おほせられ》候。其《その》時は御乱心と存じ候ほどにて候。一人も御挨拶申上ぐる者無レ之《これなく》候処、隆景一人「なるほど御尤《もつとも》の儀可レ然《しかるべく》奉レ存《ぞんじたてまつる》」と被二申上一《まうしあげられ》、御機嫌よく候て絵図を被二差出一《さしいだされ》、山川・道・橋・兵粮などの事即座にて御僉議《せんぎ》被レ成《なされ》候に隆景差し引き(2)被二申上一《まうしあげられ》候。其《その》時は「軽薄なる事を被二申上一《まうしあげられ》候。何として此方より相知り可レ申《まうすべき》哉」と存じ候処、参り掛け候て隆景申し分少しも違ひ不レ申《まうさず》。天下の名人にて候」と被レ仰《おほせられ》候由。

(1) 45 三の20・50参照。/(2) 差し引き あれこれと足したり引いたりすること。差配すること。

訳 一、ある時、御伽《おとぎ》の衆が直茂公に申し上げましたのは「現在日本で名将と申すのは(小早川)隆景《たかかげ》と直茂公だとのことを噂いたしています」と申し上げられましたところ、(公は)

「及びもつかぬことである。先年太閤様の御前へ諸大名が列席した時、仰《おお》せになられましたのは「いずれ（の者）も長年苦労いたされましたので知行《ちぎょう》を出したく思いますが、どうしましても日本は小国で土地が足りぬ。唐《とう》・天竺《てんじく》を切り取り、その方らに知行をやろうと思い立ち申しました。どうするのがよいか」と仰せられました。その時は御乱心と存じましたほどでした。一人も御返答申し上げる者がありませんでしたところ、隆景一人が「なるほど御もっとものこと、そうあるべきと存じ申し上げます」と申し上げられて、（太閤様の）御機嫌がよくなりまして、絵図を差し出され、山川・道・橋・兵糧などのことをその場で御詮議なされました際に隆景はあれこれと申し上げられました。その時は「（隆景は）軽薄なことを申し上げられました。どうしてこちら（日本）から（そのようなことが）分かり申そうか」と存じていましたところ、（あちらに）参り攻め掛けまして隆景の申したことが少しも違い申さなかった。天下の名人です」と仰せられましたとのこと。

46 一、直茂公へ御用候て安芸《あき》殿三の丸へ被二罷出《まかりいでられ》一候処、御留守にて候故「どなたへ御出被レ成《なされ》候哉《や》」と被二相尋《あひたづねられ》一候へども相知れ不レ申《まうさず》候。翌日被二罷出《まかりいでられ》一候へども御座所相知れ不レ申《まうさず》、方々《はう〳〵》に被二相尋《あひたづねられ》一候処隅矢倉《すみやぐら》(1)へ被レ成二御座《ござなされ》一候。則《すなはち》罷上《まかりあが》り「いか様の儀にて夫《それ》に御座候哉《や》」と被二申上《まうしあげられ》一候《さうら》へば、「二、三日此所《ここ》より国の風俗を見候」と被レ仰《おほせられ》候。「夫《それ》はいか様《やう》の儀に御座候哉《や》」と被二相尋《あひたづねられ》一候へば、「人通りを見て考《かんが》ゆる事也。歎かしき事は最早《もはや》肥前の鑓先《やりさき》弱みが付きたると思はるゝ也。其方《そのはう》など心得候て可ニ罷在一《まかりあるべく》候。往来の人を見るに大かた上《うは》まぶた打おろし、地を見て通る者ばかりになりたり。気質がおとなしくなりたる故也。勇む所なければ鑓は突かれぬもの也。律義《りちぎ》・正直にばかり覚えて心が逼塞《ひつそく》(2)していては男業《をとこわざ》(3)なるべからず。間《あひ》にはそら言《ごと》ども云《いひ》ちらし、張掛《はりか》(4)りたる気持が武士の役に立つ也」と被レ仰《おほせられ》候。是《これ》より安芸殿虚言《そらごと》多く候由。(5)〈中野氏咄也〉。

(1) 隅矢倉　城郭の隅に立てた櫓《やぐら》。／(2) 逼塞《ひつそく》　せまりふさがること。／(3) 男業《おとこわざ》　武士の仕業。／(4) 張掛りたる　気張った。／(5) 中野　中野数馬《かずま》利明《としあき》の子幸明《ゆきあき》(是水《ぜすい》)か。四の70参照。

訳　一、直茂公に御用がありまして安芸《あき》(茂賢《しげまさ》)殿が三の丸に参り出られましたところ、お留守でしたので「どちらにお出でになられましたか」と尋ねられましたが分かり申しませんでした。翌日参り出られましたが(公の)御在所が分かり申さず、方々に尋ねられましたところ隅櫓《すみやぐら》にいらっしゃいました。すぐに参り上《のぼ》り「どのようなわけでそこにいらっしゃいますか」と申し上げられましたところ、「二、三日ここから国の風俗を見ていました」と仰《おお》せられました。「それはどのようなわけでございますか」と尋ねられますと、「人通りを見て考えることだ。嘆かわしいことにはもはや肥前の鑓先《やりさき》に弱みが付いたと思われる。その方なども心得ましておくべきです。往来の人を見ると大かた(の者)が瞼《まぶた》を下げ、地を見て通る者ばかりになった。気質がおとなしくなったからだ。勇むところがなければ鑓は突けぬものだ。律儀・正直にとばかり考えて心が逼塞《ひっそく》していては男の仕事はできぬ。間々には嘘などを言い散らし、気張った気持ちが武士の役に立つのである」と仰せられました。これより安芸殿は虚言が多くなりましたとのこと。〈中野氏の話である〉。


47(1) 一、直茂公千葉殿より(2)御帰の時、究竟《くきやう》の士《さむらひ》十二人被二相付一《あひつけられ》候。御被官《ひくわん》の始りにて候。

鑰尼《かぎあま》・野辺田《のべた》・金原《かなはら》・平田・巨勢《こせ》・井手・田中・浜野・陣内《ぢんのうち》・仁戸田《にへだ》・堀江・小出《こいで》。

〈馬渡氏書付〉(3)。

(1) 47　六の47参照。／(2) 千葉殿より　直茂は四歳の時小城の千葉胤連《たねつら》の養子となったが、実子が出生したため十四歳で実家に帰った。／(3) 馬渡氏書付　馬渡俊継著『九州治乱記』またはその直接の資料となった覚書を指すのであろう。

訳　一、直茂公が千葉殿よりお帰りの時、究極の士十二人を付けられました。御家来の始まりでした。

鑰尼《かぎあま》・野辺田《のべた》・金原《かなはら》・平田・巨勢《こせ》・井手・田中・浜野・陣内《じんのうち》・仁戸田《にへだ》・堀江・小出《こいで》。

〈馬渡《まわたり》氏書付〉。

48一、直茂公御休み被レ成《なされ》候時は、御次の間にて古老の勇士ども罷《まか》り在り、茶・煙草などを被レ下《くだされ》、寄合ひ咄《はなし》仕り候様に被二仰付一《おほせつけられ》、間越《まごし》に御聞き被レ成《なされ》、御不審の事は御問答被レ成《なされ》、御聞き御寝入被レ成《なされ》候由。

訳　一、直茂公がお休みなされます時は、御次の間に古老の勇士どもがおり、茶・煙草などを下され寄り合い話を致しますように仰せ付けられ、間越しにお聞きなされ、御不審のことは御問答なされ、お聞きになりお寝入りなされましたとのこと。

49一、日峯《につぽう》様御伽《おとぎ》の人々に被レ仰《おほせられ》候は、「侍《さむらひ》たらん者は不断心許す事なかれ。不慮の事に仕《し》合《あ》はするもの也。油断すれば必ず落度《おちど》有るもの也。また、人の云《いふ》とて人を悪くは云《いは》ぬものぞ。奉公の道には人を進め、物見遊山《ものみゆさん》には人より進められたるがよし。知らぬ事を人の語るを知つた振りは悪《あし》きぞ。知る事を人の尋《たづ》ね候時、云《いは》ぬは悪し」と御意《ぎよい》候由也。〈集書の内、写〉。

訳　一、日峯（直茂）様が御伽《おとぎ》の人々に仰《おお》せられましたのは、「侍たろうとする者は常に心を許すことがないようにせよ。不慮のことに出くわすものである。油断すれば必ず落ち度があるものである。また、人が言うからといって人を悪くは言わぬものだ。奉公の道には人を勧《すす》め、物見遊山《ものみゆさん》には人から勧められるのがよい。（自分が）知らぬことを人が語るのを知ったふりをするのは悪いことだ。知っていることを人が尋ねました時、言わぬのは悪い」と仰せがありましたとのことである。〈集書の内から、写し〉。

50(1)一、直茂公御前に綾部《あやべ》右京《うきやう》(2)・千布《ちふ》太郎左衛門《たらうざゑもん》(3)・大隈玄蕃《おほくまげんば》(4)罷出《まかりいで》御咄《はなし》申上げ候。其《その》時右京被㆓申上《まうしあげられ》㆒候は、「上方《かみがた》大名も大形《おほかた》承り及び候中にも、小早川《こばやかは》殿御分別《ごふんべつ》も武の道も掛合ひたる大将との取沙汰承り候。御まえ様には武道は隆景《たかゝげ》よりは数多《あまた》大切なる鑓《やり》も被㆑成《なされ》たる事也。世間に其《その》隠れなく誉め申し候」由御咄被㆑申《はなしまうされ》候時、殿の仰には「いかなる事を聞きて左様《さやう》に隆景と我らを似たる様《やう》に申すぞ。田舎者にて世間上方の事知るまじ。たくらべて云《いふ》べき人にあらず。其《その》子細語りて聞《きか》せん。小田原御陣の明くる年、）大坂御城に諸大名被㆓召寄《めしよせられ》㆒、高麗《こま》御陣の御吟味有㆑之《これある》時、我らも其時末座に居《を》りて御僉議《せんぎ》を聞きたるに、太閤様被㆑仰《おほせられ》候は「高麗を攻め取て末代の物語にせん」と有㆑之《これある》時、隆景進み出て「一段、可㆑然思召立《しかるべきおぼしめしたち》」と被㆓申上《まうしあげられ》㆒候。其《その》時我らが存じ候は「隆景は日本にては分別者と聞きつるにさては売僧《まいす》の人」と存じ、いまだ見もせぬ高麗国の事を「被㆓思召立《おぼしめしたゝれ》㆒候へ」と被㆓申上《まうしあげられ》㆒候事ものおかしく聞き居《をり》たり。「さらば祐筆《いうひつ》(5)呼び出し一つ書にて掟書《おきてがき》を定めん」とて高麗御陣中の事段々御僉議也。太閤様被㆓仰出《おほせいださる》㆒御詞に「御尤《もつとも》〱」とばかり被㆓申上《まうしあげられ》㆒候。自然〱「夫《それ》は閊可㆑申《つかへまうすべし》」、「夫はいかゞ」と、または「山の障《さは》り」など、御請《おうけ》也。高麗七年中の事いかなる事ぞと我らは思ひて有りけるが、其《その》時隆景の被㆓申上㆒《まうしあげらる、》に高麗七年中一つも相違なく、皆々割符《わりふ》(6)を合はせたるが如し」と右京へ御咄《はなし》の由。〈右同〉。

(1) 50　三の20・45参照。／(2) 綾部右京　茂幸《しげゆき》。沖田畷《なわて》の戦いの折、直茂の退き口（退却戦）で活躍した七人の内の一人。後に小城藩主元茂の付き人となる。／(3) 千布太郎左衛門《ちふたろうざえもん》　茂利《しげとし》。のち柴田宗俊《むねとし》。直茂の御側《おそば》役。『柴田聞書』（『直茂公御咄《おはなし》聞書』）の著者。／(4) 大隈玄蕃《おおくまげんば》　常明《つねあき》。茂了《しげあき》の子。／(5) 祐筆　文章・記録を司る者。／(6) 割符《わりふ》　木片に文を記し、証印を押して、二つに分割したもの。

訳　一、直茂公の御前に綾部《あやべ》右京《うきょう》・千布《ちふ》太郎左衛門《たろうざえもん》・大隈玄蕃《おおくまげんば》が参上してお話申し上げました。その時右京が申し上げられましたのは、「上方の大名も大かた承り及んでいます中でも、小早川殿が御分別も武の道も兼ね備えた大将であるとの評判を承りました。御前様には武道は隆景よりは数多く大切な武功もなされたことである。世間にそれは隠れなく知られ誉《ほ》め申します」とのことをお話申されました時、殿の仰せには「どういうことを聞いてそのように隆景とわしを似た（者の）ように申すのだ。田舎者で世間や上方のことを知るまい。比べて言うべき人ではない。その子細を語って聞かせよう。小田原御陣の明くる年、（太閤様が）大坂の御城に諸大名を召し寄せられ、高麗《こま》（朝鮮）御陣の御吟味があった時、わしもその時末席におって御詮議を聞いていたところ、太閤様が仰せられましたのは「高麗を攻め取って末代までの語り種《ぐさ》にしよう」と（仰せが）あった時、隆景が進み出て「この一件、しかるべき御決心」と申し上げられました。その時わしが存じましたのは「隆景は日本における分別者と聞いていたが、さては嘘つき者」と存じ、いまだ見たこともない高麗国のことを「御決心なされませ」と申し上げられましたことを、おかしなことだと聞いておった。「それでは祐筆《ゆうひつ》を呼び出し、箇条書きで計画書を定めよう」と言って高麗御陣中のことを一段一段御詮議になった。太閤様が仰せ出されたお言葉に「ごもっとも、ごもっとも」とばかり申し上げられました。次第次第に「それは障《さわ》り申そう」、「それはどうか」と、または「山が障害になる」などとお答えなされた。高麗七年中のことはどうなることかとわしは思っていたが、その時隆景が申し上げられたことに高麗七年中一つも間違いがなく、皆が皆割符《わりふ》を合わせたようだった」と右京にお話になったとのこと。〈右に同じ〉。

51一、直茂公御前に、多久与兵衛《たくよへゑ》殿(1)・諫早右近《いさはやうこん》殿(2)・武雄主馬《たけをしゆめ》殿(3)・須古下総《すこしもふさ》殿(4)堪忍《かんにん》(5)候て御咄《はなし》の節、美濃柿(6)を被二差出一《さしいだされ》何《いづれ》も賞翫《しやうぐわん》有り。与兵衛殿柿の実を畳と敷の間にひそかに押入れ置かれけるを直茂公ちらと御覧候て「台所に大工は居《をら》ぬか。道具を持ち罷《まか》り出《い》で候へ」と被レ仰《おほせられ》、「其敷をはづせ」と被レ仰《おほせられ》「柿の実を拾ひ、もとの如く敷をはめ候へ」と被レ成二御意一《ぎよいなされ》、その通り仕り候。何《いづれ》も迷惑無二此上一《このうへなく》、与兵衛殿は其後一生釣柿を不レ参《まゐらず》候由。〈透運《とううん》(7)聞書の内〉。

（1）多久与兵衛《たくよへえ》　長門守安順《ながとのかみやすとし》。九の1注参照。／（2）諫早右近《いさはやうこん》　石見守直孝《いわみのかみなおのり》。／（3）武雄主馬《たけおしゅめ》　若狭守茂綱《わかさのかみ》。／（4）須古下総《すこしもうさ》　信明《のぶあき》。以上四人はいずれも龍造寺氏一族であり、佐賀藩内で自治を認められた大配分地の領主。家老を務める。／（5）堪忍《かんにん》　警備すること。／（6）美濃柿　蜂屋柿の別名。干し柿にして食べる。成富茂安《なりどみしげやす》が尾張名古屋城普請《ふしん》の際に持ち帰り繁殖させ、成富柿として名産となった。／（7）透運《とううん》　松浦佐五右衛門。洞雲とも。父が龍造寺隆信《たかのぶ》に帰服し、その後鍋島に仕える。七の36参照。

訳　一、直茂公の御前に、多久与兵衛《たくよへえ》殿・諫早右近《いさはやうこん》殿・武雄主馬《たけおしゅめ》殿・須古下総《すこしもうさ》殿が堪忍《かんにん》番をしましてお話の折、（公から）美濃柿《みのがき》を差し出され誰もが賞玩《しょうがん》した。与兵衛殿が柿の種を畳と敷板の間に密かに押し入れておかれたのを直茂公がちらっと御覧になりまして「台所に大工はおらぬか。道具を持って参り出なさい」と仰せられ、「その敷板をはずせ」と仰せられ「柿の種を拾い、もとの通り敷板をはめなさい」と仰せになられ、（大工は）その通りに致しました。誰もが当惑することこの上なく、与兵衛殿はその後一生干し柿を召し上がりませんでしたとのこと。〈透運《とううん》聞書の内〉。

52（1）一、斎藤佐渡《さいとうさど》（2）若き時分武道勝《すぐ》れ度々《どど》の手柄仕り、直茂公別して御懇《おねんごろ》に被二召仕一《めしつかはれ》候へども、世間無調法《ぶてうはふ》(3)にて如睦《じよぼく》の御奉公不㆓相成㆒《あひならず》、静謐《せいひつ》(4)の後朝夕のいとなみ成り兼既《かねすで》に飢に及び、一夜の年を可㆑越《こすべき》様《やう》もなく「腹を切らん」と申し候へば、悴用之助《せがれようのすけ》(5)「何事なりともいとなみ見候はん」と申し候へば、「鄙劣《ひれつ》なる業《わざ》をしては生きても詮なし。中々《なか〳〵》に大きなる悪事どもして死ぬは本望《ほんまう》也」と云《いふ》。用之助「尤《もつとも》」と云《いひ》て、親子連れに高尾の橋(6)に出で仕合はせを待《まち》けるに、米負《おひ》たる馬通りければ、一駄二駄に目を掛けず十駄ばかり一連《つれ》に通りけるを、親子刀を抜き、馬子《まご》(7)どもを追ひ散し、其《その》米を我所へ取り入れたり。

其《その》事世上隠れなく、目附方《めつけかた》さてまた米主犬塚惣兵衛《いぬづかそうべゑ》(8)よりも言上《ごんじやう》になり、奉行中僉議《せんぎ》の上、勝茂公へ被㆓申上㆒《まうしあげられ》、死罪に相極まり、奉行中三の丸へ罷《まか》り出《い》で、藤島生益《ふぢしましやうえき》(9)を以て直茂公へ御披露有り。御夫婦様御一所にて被㆓聞召㆒《きこしめされ》御悲歎《ごひたん》不㆓大形㆒《おほかたならず》、兎角《とかく》の御意なかりしかば生益引取り、右の段奉行中へ申し達し候に付て、勝茂公へ被㆓申上㆒《まうしあげられ》候へば御驚き被㆑成《なされ》、佐渡牢人被㆓仰付㆒《おほせつけられ》候て、重《かさね》て奉行中を以て三の丸へ被㆓仰上㆒《おほせあげられ》候処、御前へ被㆓召出㆒《めしいだされ》「彼《かの》佐渡が昼強盗は我らがさせたるに異ならず。度々《どゞ》手柄・高名仕りたる者なれども如睦《じよぼく》の奉公軍《いくさ》ほど無㆑之《これなき》故《ゆゑ》、しか〴〵知行《ちぎやう》なども取らせず、無事の世間故我らも思ひ忘れたり。其《その》恨みに斯様《かやう》の事をも仕出すべし。無㆓面目㆒《めんぼくなき》事也。我らに対し牢人被㆓申付㆒《まうしつけられ》候事信濃守孝行《しなの・かみかう〳〵》、有難く嬉しき事也。斯様の悪事仕出し候者を被㆑助《たすけられ》よとは難㆑云《いひがたく》、最前は返答もせざる也」と被㆑仰《おほせられ》、奉行中退出有り。追付生益に被㆓仰付㆒《おほせつけられ》、佐渡へ米拾石被㆑下《くだされ》けると也。

〈直茂公御他界の時、佐渡追腹《おひばら》の御願ひ申上げ候を勝茂公被㆓聞召㆒《きこしめされ》「其心入を以て我らに奉公仕り候へ」と御留《おとめ》被レ成《なされ》候へども、頻《しきり》に御暇《おいとま》申上げ、切腹仕り候。悴用之助も同前追腹仕り候。用之助次男(10)権右衛門勝茂公の追腹、父子三代御供仕り候也。右同〉。

(1) 52　三の16参照。／(2) 斎藤佐渡《さど》　佐渡守茂是《さどのかみしげこれ》。斎藤実盛《さねもり》（十一の110参照）の末裔で龍造寺隆信《たかのぶ》、鍋島直茂に仕えた。今山夜討ちで武功をあげ佐渡守となり、直茂から「茂」の一字を賜り知行《ちぎょう》を拝領した。元和四年（一六一八）直茂に追い腹。／(3) 世間無調法《せけんぶちょうほう》　世渡りが下手なこと。／(4) 静謐　太平の世。／(5) 用之助　実貞。父とともに直茂に追い腹。三の16注参照。／(6) 高尾　佐賀市巨勢《こせ》町高尾。／(7) 馬子　駄馬を引き、人や荷物を運ぶのを業とする人。／(8) 犬塚惣兵衛　家続。龍造寺高房《たかふさ》の御側頭《おそばがしら》を勤め、後に鍋島に仕える。／(9) 藤島生益《ふじしましょうえき》　出家していたが直茂の命によって還俗し、御側に仕えた。三の31・54参照。／(10) 権右衛門《ごんえもん》　基実《もとざね》。手明鑓《てあきやり》。九の38参照。

訳　一、斎藤佐渡《さいとうさど》は若い頃武道に優れ度々《たびたび》の手柄を致し、直茂公はとりわけお懇《ねんご》ろに召し仕われましたが、世間のことに無調法《ぶちょうほう》で平時の御奉公ができず、太平となって後《のち》朝夕の営み（食事）ができかねとうとう飢えるに及び、あと一夜の年を越せる手だてもなく「腹を切ろう」と申しましたところ、悴《せがれ》の用之助《ようのすけ》が「何事でも営んでみましょう」と申しますと、「卑しく劣った業《わざ》をしては生きていても甲斐がない。いっそのこと大きな悪事などをして死ぬのは本望である」と言った。用之助は「もっとも」と言って、親子連れで高尾の橋に出てめぐり合わせを待っていると、米を負った馬が通ったので、一駄二駄（の馬）には目もくれず十駄ほど（の馬）が一連《つら》なりで通ったのを、親子で刀を抜き馬子《まご》どもを追い散らし、その米を自宅に取って入れた。

そのことが世間に隠れなく知れ、目付《めつけ》方そしてまた米の主犬塚惣兵衛《いぬづかそうべえ》からも言上《ごんじょう》することになり、奉行内で詮議の上、勝茂公に申し上げられ、死罪に決まり、奉行の者が三の丸に参り出て、藤島生益《しょうえき》によって直茂公に御報告した。御夫婦様は御一所でお聞きになられ御悲嘆のさま一方《ひとかた》ならず、何とも仰せがなかったので生益は引き取り、右の次第を奉行内に申し伝えましたため、勝茂公に申し上げられましたところお驚きなされ、佐渡に浪人を仰せ付けられまして、改めて奉行の者によって三の丸に仰せ上げられましたところ、（直茂公は奉行の者を）御前に召し出され「あの佐渡の昼強盗はわしがさせたと同じことだ。度々の手柄・高名を致した者であるが平時の奉公が戦《いくさ》ほどなかったので、しっかりした知行《ちぎょう》なども取らせず、事無き世間ゆえわしも忘れておった。その恨《うら》みでこのようなことをも仕出かしたのだろう。面目ないことである。わしに対する配慮で浪人を申し付けられましたことは信濃守（勝茂）の孝行、有り難くうれしいことである。このような悪事を仕出かしました者を助けられよとは言い難く、先ほどは返答もしなかったのだ」と仰せられ、奉行の者は退出した。追って生益に仰せ付けられ、佐渡に米十石を下されたとのことである。

〈直茂公が御他界の時、佐渡が追い腹のお願いを申し上げましたのを勝茂公がお聞きになられ「その心がけをもって私に奉公いたしなさい」とお止めなされましたが、しきりにお暇を（乞い）申し上げ、切腹いたしました。倅《せがれ》の用之助も同様に追い腹いたしました。用之助の次男権右衛門《ごんえもん》は勝茂公の追い腹、父子三代が御供を致しました。右（透運《とううん》聞書の内）に同じ〉。

53 一、横尾内蔵丞《よこをくらのじよう》(1) 無双《むさう》の鑓突《やりつ》きにて、直茂公別して御懇《おねんごろ》に被二召仕一《めしつかはれ》候。月堂《げつだう》(2)様へ御咄《はなし》にも「内蔵丞が若盛《わかざかり》にて虎口前《こぐちまへ》(3)の鑓を其方《そのはう》などに見せたき事也。誠に見もの事にて有し」と御褒美被レ遊《あそばさる》ほどの者也。内蔵丞も御懇忝《かたじけな》く存じ、追腹《おひばら》の御約束誓詞を差上げ置き申し候。然処《しかるところ》に百姓と公事《くじ》を仕出し、御披露有り。無理の公事にて内蔵丞負けになりたり。其《その》時内蔵丞立腹致し、百姓に被二思召替一《おぼしめしかへらる》、者が追腹不二罷成一《まかりならず》候と「誓詞差返され候様に」と申上げ候に付て、直茂公「一方よければ一方はわろし。武道はよけれど世上知らで惜しき事也」と被レ成二御意一誓詞御返し被レ成候由。〈右同〉。

(1) 横尾内蔵丞《よこおくらのじょう》 信広《のぶひろ》。／(2) 月堂《げつどう》 三の27、四の24注（2）参照。／(3) 虎口前《こぐちまえ》 激戦の場。

訳 一、横尾内蔵丞《よこおくらのじょう》は無双の鑓突《やりつ》きで、直茂公はとりわけお懇《ねんご》ろに召し仕われました。月堂《げつどう》（元茂）様へのお話にも「内蔵丞が若い盛りで激戦の場での鑓をその方らにも見せたかったことである。誠に見事なものであった」とお褒《ほ》め遊ばされるほどの者であった。内蔵丞も(公が)お懇ろであるのを忝《かたじけな》く存じ、追い腹のお約束の誓詞を差し上げておき申しました。そうしたところに百姓と訴訟《そしよう》を仕出かし、(公に)御報告があった。(内蔵丞に)理の無い訴訟で内蔵丞が負けになった。その時内蔵丞は立腹いたし、(自分から)百姓へと(公の)思《おぼ》し召しが向け替えられた者が追い腹することはできませぬと「誓詞を差し返されますように」と申し上げましたので、直茂公は「一方がよければ一方はよくない。武道はよいが世の中を知らず惜しいことだ」と仰せになられ、誓詞をお返しなされましたとのこと。〈右(透運聞書の内)に同じ〉。

54 一、直茂公兼《かね》て御船嫌ひにて、船の匂《にほひ》・磯辺の匂御胸につかへ御食曾《かつ》て不レ被二召上一《めしあがられず》候。慶長年中御下国十月八日の朝順風にて御出船の処、八つ時過より難風《なんぷう》(1)吹き出で、夜に入り大《おほ》浪《なみ》打掛け楫《かじ》を打砕き、方所《はうしよ》(2)も不二相知一《あひしれず》、船頭・舸子《かこ》其《その》外船中の者不レ知二前後一《ぜんごをしらず》(4)、其《その》内舸子一人藤島善之丞《ぜんのじよう》(3)唯《たゞ》一人相働き候へども不レ及レ手《てにおよばず》、余り危く候に付きて御屋形の内に生益《しやうえき》参り持《もち》永助《ながすけ》右衛門《ゑもん》(5)を漸《やうや》く呼び起し、両人にて奉二懐起一《いだきおこしたてまつり》屋形の上に奉レ揚《あげたてまつり》、欄干《らんかん》に取付《とりつ》かせ申し、「万一誤り有レ之《これある》節、何になりとも御取り付き被レ遊可レ然《あそばされしかるべし》」と申上げ、御後より助右衛門欄干とともに奉レ懐《いだきたてまつり》、公御吐逆《ごとぎやく》被レ成《なされ》、助右衛門も吐逆仕り、御顔・御胸・御懐《ふところ》に吐き込み、言語道断《ごんごだうだん》也。生益戯《たはむ》れに申上げ候は「その御様躰《ごやうたい》は童どもの「兎《うさぎ》の子取る」(6)に似申したる」

と笑ひ申す。船底の代楫《かへかじ》を舸子と両人にて取り出し漸く押はめ、夜半に及び、風少したるみ御船少し静まる。然処《しかるところ》に御供船二、三艘御召船の脇を通る。月影に公御覧被ㇾ成《なされ》「もやひ候(7)へ」と被ㇾ仰《おほせられ》、声々に呼掛け候へども風波荒く、耳にも不ㇾ入哉《いらざるや》行方不ㇾ知《しれず》吹かれ行く。公大に御立腹「何某《なにがし》乗たるを慥《たしか》に見届けたり。此《この》船安穏せば切腹さすべし」と御怒り被ㇾ成《なされ》候。生益申上げ候は「此《この》浪風にて不ㇾ任ㇾ心儀《こゝろにまかせざるぎ》にて候。奉二見捨一《みすてたてまつる》にては不ㇾ可ㇾ有《あるべからず》候」と申上げ候。暫《しばら》く有りてまた大風吹き出し、代楫《かへかじ》をも吹き折り御船漂《たゞよ》ひ廻り候。公「楫をまた吹き折りたる哉《や》」と御尋ねの時、何者とは不ㇾ知《しれず》「板を踏み折りたる」と申す。公大《おほい》に御立腹「我をたぶらかす奴。成敗仕れ」と御 忿《いきどほ》り被ㇾ成《なされ》候。既《すで》に御船沈むべき様子也。公生益を召し「最《も》早不ㇾ及ㇾ力《はやちからおよばず》と見えたり。腰物《こしもの》(8)差させよ」と被ㇾ仰《おほせらる》。生益申上げ候は「如ㇾ是《かくのごとき》時に誤り有るものに候。事極《きは》まる時節は御腰物可ㇾ奉《たてまつるべし》」と申上げ候。公重ねて「ひらに差させよ。脇差ばかりなりとも差させよ。乍二不肖一《ふせうながら》天下に名を知られたる加賀守が何国の浦にても死骸丸腰といはれん事、子孫の恥也。ひらに」と被ㇾ仰《おほせられ》候。生益推量仕るに、不二事極一《ことはきまらざる》以前に御自害可ㇾ被ㇾ成《なさるべき》御気質兼《かね》てよく奉ㇾ存《ぞんじたてまつり》候故《ゆゑ》、曾《かつ》て不ㇾ応二御意一《ぎよいにおうぜず》。船底に入り米俵を二俵取り出し、細引《ほそびき》(9)にて結び合はせ楫穴より海底に下し、依ㇾ之《これにより》御船静まり御安堵被ㇾ遊《あそばされ》候。

然処、舸子の者申すは「夜も明け方になり、山見え申し候」と申す。諸人悦び、見候へば播州明石《ばんしうあかし》の前僅《わづか》に五、六町沖の方也。風・波も静まりければ、端船《はしぶね》(10)に公を奉ㇾ乗《のせたてまつり》御打物《うちもの》を持たせ、塩屋《しほや》を借り暫く奉ㇾ休《やすめたてまつり》、御衣装被二召替一《めしかへられ》御一睡被ㇾ遊《あそばされ》候へば、御顔色直り、御行《ぎやう》水《ずい》被レ成《なされ》、四つ時分御膳上り、御機嫌よく「生益が終夜の働き故《ゆゑ》安堵被レ遊《あそばされ》(11)たる」とて御印《いん》籠《ろう》(12)より延齢丹《えんれいたん》(13)御呑《のま》せ被レ下《くだされ》候。其《その》後御無事に御帰国也。

右の始終御前様〈陽泰院《やうたいゐん》様〉・勝茂公被二聞召一《きこしめされ》、御前様より御頭巾《づきん》、勝茂公より知行加増被レ下《くだされ》候。御前様「其《その》時の様子具《つぶさ》に物語り仕り候へ」と於二御前一《ごぜんにおいて》御子様方不レ残《のこらず》被レ成二御座一《ござなされ》被二聞召上一《きこしめしあげらる》。「御前様御声を被レ揚《あげられ》御落涙、御合掌《がつしやう》被レ成《なされ》生益を御拝み被レ成《なされ》候」と宮内卿清左衛門姥《うば》(14)に咄被レ申《はなしまうされ》候。〈姥は生益の女房也。宮内卿は木村主馬《しゆめ》母也〉。

右咄を直茂公も被二聞召一《きこしめされ》候て御笑ひ被レ成《なされ》候。「今笑《をか》しけれども、其節は中々《なか〳〵》可レ笑《わらふべき》心なし。生益脇差を呉《く》れなば喉を可レ突《つくべし》と思ひけれども呉れず、不届きに思ひしが今は大慶《たいけい》也。其《その》節脇差を可レ取《とるべき》気力なかりし」と被レ仰《おほせられ》候。御帰国の後、御召船を見捨て素通り候者御沙汰無レ之《これなく》、諸人奉レ感《かんじたてまつり》候と也。

〈生益に清左衛門、右素通り候者の名を尋ね候へば、生益以《もつて》の外立腹「御主人さへ其《その》後御意不レ被レ成《なされざる》事を、我ら口より其方《そのはう》へ可二申聞一哉《まうしきかすべきや》。奉公をも勤め候者が其様《そのやう》なる無遠慮(15)の事を申すものか」としたゝかに呵《しかり》申し候由〉。

(1) 難風　吹き荒れて船を悩ます暴風。／(2) 方所《ほうしょ》　方角と場所。／(3) 藤島善之丞《ぜんのじょう》　生益《しょうえき》。三の31参照。／(4) 御屋形　ここでは船屋形。船の上に設けられ、複数の部屋を持つ二階造りの建物。／(5) 持永助《すけ》右《え》衛門《もん》　茂成《しげなり》。大組頭。後、元茂の御《お》側役《そばやく》。／(6) 兎の子取る　十人前後の子どもが前の者の帯の結び目を摑んで連なり、先頭の者を親、最後尾の者を子とし、別に一人を鬼に立て、鬼が最後尾の子を捕まえようとするのを親が両手を広げて防ぐ遊び。必死にしがみつく姿がこれと似ているように見えたのだろう。／（7）もやひ　船と船とを繋ぐこと。／（8）腰物　大小の刀。／（9）細引　麻を縒《よ》って作った縄。／（10）端船　大船に付属する小舟。／（11）被レ遊　自敬表現。／（12）印籠　腰に下げる小さな物入れ。主に薬を入れる。／（13）延齢丹《えんれいたん》　曲直《まな》瀬《せ》道三《どうさん》の養子玄朔《げんさく》が創製した健康常備薬。／（14）清左衛門　生益の孫。／（15）無遠慮　思慮のない。

訳　一、直茂公はかねてから御船嫌いで、船の匂い・磯辺の匂いが御胸につかえお食事も決して召し上がられませんでした。慶長年間に御下国（の際）十月八日の朝順風で御出船になったところ、八つ時（午後二時頃）過ぎより暴風が吹き出し、夜に入り大波が打ち掛かり楫《かじ》を打ち砕き、方角も居場所も分からず、船頭・水夫その他船中の者は前後が分からず、その内水夫一人と藤島善之丞《ふじしまぜんのじょう》（生益《しょうえき》）ただ一人が働いていましたが手に負えず、余りに危険でしたので（公の）御船屋《ふなや》形《かた》の内に生益が参り持永助右衛門《もちながすけえもん》をなんとか呼び起こし、二人で（公を）抱き起こし申し上げ屋形の上に揚げ申し上げ、欄干《らんかん》に取り付かせ申し、「万一間違いがあった時は、何にでもお取り付き遊ばされてください」と申し上げ、御《おん》後ろから助右衛門が欄干とともに抱き申し上げ、公がお吐き戻しなされ、助右衛門も吐き戻し致し、御顔・御胸・御懐《ふところ》に吐き込み、言語に絶した。生益が戯れに申し上げましたのは「その御《おん》ありさまは童どもの「兎の子取る」に似申している」と笑い申した。船底の替え楫を水夫と二人で取り出しなんとか押しはめ、夜半に至り、風が少しゆるみ御船は少し静まった。そうしたところに御供船二、三艘が御召船の脇を通った。月明かりに公は（それを）御覧なされ「船を繫ぎなさい」と仰せられ、声々に呼び掛けましたが風波が荒く、耳にも入らぬのか（御供船は）行方も知れず吹かれて行った。公は大いに御立腹し「なにがしが乗っているのを確かに見届けた。この船が無事に着いたら切腹させよう」とお怒りなされました。生益が申し上げましたのは「この波風で思うように行かないのです。見捨て申し上げたのではありますまい」と申し上げました。しばらくしてまた大風が吹き出し、替え楫をも吹き折り御船は漂い廻りました。公が「楫をまた吹き折ったか」とお尋ねになった時、誰とは知れず「板を踏み折った」と申した。公は大いに御立腹し「わしを誑《たぶら》かす奴。成敗いたせ」とお憤《いきどお》りなされました。もはや御船は沈みそうな様子であった。公は生益を召し「もはや力及ばずと見えた。腰物を差させよ」と仰せられた。生益が申し上げましたのは「このような時に間違いが起こるものです。事が極まった時には御腰物を差し上げます」と申し上げました。公は重ねて「是非とも差させよ。脇差しだけでも差させよ。不肖ながら天下に名を知られた加賀守（直茂）が、いずれの国の浦でも死骸が丸腰であったと言われることは、子孫の恥である。是非とも」と仰せられました。生益が推察いたすに、事が極まらぬ前に御自害なされようとする御気質をかねてからよく存じ上げていましたので、決して仰せに応じなかった。船底に入り米俵を二俵取り出し、細引き縄で結び合わせ棝穴から海底に下ろし、これにより御船が静まり御安堵遊ばされました。

そうしたところ、水夫の者が申したのは「夜も明け方になり、山が見え申します」と申した。諸人は喜び、見ますと播磨国明石の手前わずかに五、六町沖の方であった。風・波も静まったので、小舟に公を乗せ申し上げて御刀を持たせ、塩焼き小屋を借りてしばらく休ませ申し上げ、御衣装を召し替えられて御一睡遊ばされますと、御顔色が戻り、御行水なされ、四つ（午前十時頃）頃御膳を召し上がり、御機嫌よく「生益の終夜の働きゆえ安堵遊ばされた」といって御印籠より延齢丹をお呑ませ下されました。その後御無事に御帰国された。

右の一部始終を御前様《ごぜん》〈陽泰院様〉・勝茂公がお聞きになられ、御前様より御頭巾、勝茂公より知行の加増を下されました。御前様は「その時の様子をつぶさにお話し致してください」と御前に御子様方を残らず御着座させなされて（生益の話を）お聞き上げになられた。「御前様は御声をあげられ御落涙され、御合掌なされて生益をお拝みなされました」と宮内《くない》卿《きよう》が清左衛門《せいざえもん》の姥《うば》に話し申されました。〈姥は生益の女房である。宮内卿は木村主馬《しゆめ》の母である〉。

右の話を直茂公もお聞きになられましてお笑いなされました。「今はおかしいけれど、その時はとても笑える心がなかった。生益が脇差しをくれたならば喉を突こうと思ったがくれず、不届き者と思ったが今はこの上なくめでたい。その時は脇差しを取ろうとする気力がなかった」と仰せられました。御帰国の後、御召船を見捨てて素通りしました者に御沙汰がなく、諸人は感じ入り申し上げましたとのことである。
〈生益に（孫の）清左衛門が右の素通りしました者の名を尋ねますと、生益はもっての外《ほか》立腹し「御主人さえその後仰せになられなかったことを、わしの口からその方に申し聞かせられるか。奉公をも勤めます者（清左衛門）がそのような無思慮のことを申すものか」とひどく叱り申しましたとのこと〉。

55一、天守御普請《ふしん》の時、大工棟梁何某《なにがし》奸謀《かんぼう》仕り候に付て被レ行二死罪一《しざいにおこなはれ》候由。〈此儀に付口伝有り〉。

訳 一、天守閣の御普請《ふしん》の時、大工の棟梁なにがしが奸謀《かんぼう》を致しましたため、死刑に処されましたとのこと。〈このことについて口伝がある〉。

56(1)一、直茂公より与賀社《よかしや》(2)・本庄社《ほんじやうしや》(3)・大堂社《おほだうしや》(4)此、三箇所へ常燈《じやうとう》被二差上一《さしあげられ》候。大堂は月堂《げつだう》様御産神《うぶがみ》(5)にて候故被二差上一《さしあげられ》候由。与賀は直茂公三の丸より多布施《たぶせ》(6)御通り被レ遊《あそばされ》候砌《みぎり》、与賀御神前にて社内より「くらき〳〵」と申す声仕り候故、神前に人を被レ遣《つかはされ》御見せ被レ遊《あそばされ》候へども「人は居不レ申《をりまうさず》。殊《こと》の外《ほか》くらく御座候」と申上げ候。夫《それ》より常燈明を被二差上一《さしあげられ》候由。右三社ともに、御隠居以後も直茂様御自分に御燈被レ遊《ともしあそばされ》候故、今には小城《をぎ》より料銀《れうぎん》(7)上り申し候。如レ右《みぎのごとく》覚え罷《まか》り在り候。〈左仲〉(8)。

葉隠三終り

(1) 56　三の28参照。／(2) 与賀社　與止日女《よどひめ》大明神。三の28注参照。／(3) 本庄社　本庄妙見山淀姫《よどひめ》大明神。本地は十一面観世音。鍋島清久が再興、清房・直茂が修復、光茂が新しく造営。現在の本庄神社。佐賀市本庄町本庄。／(4) 大堂社　大堂六所《ろくしよ》大明神。寛永五年（一六二八）現在地に建立。現在の大堂神社。佐賀市諸富町大堂。／(5) 産神《うぶがみ》　生まれた土地の守護神。産土神《うぶすながみ》。／(6) 多布施　佐賀市。／(7) 料銀　常夜灯の代金としての銀。／(8) 左仲　与賀社の神職、兵動左仲延貞《ひようどうさちゆうのぶさだ》。

訳　一、直茂公から与賀社《よかしや》・本庄社《ほんじようしや》・大堂社《おおどうしや》、この三箇所に常夜灯を差し上げられました。大堂は月堂《げつどう》（元茂）様の御産土神《おんうぶすながみ》でしたので差し上げられましたとのこと。与賀は直茂公が三の丸から多布施《たぶせ》をお通り遊ばされました時、与賀の御神前で社内から「暗いこと、暗いこと」と申す声が致しましたので、神前に人を遣わされお見せ遊ばされましたが、「人はおり申さぬ。殊《こと》の外暗《ほか》くございます」と申し上げました。それから常夜灯の灯《あか》りを差し上げられましたとのこと。右の三社ともに、御隠居後も直茂様が御自分でお灯《とも》し遊ばされましたので、今は小城《おぎ》（支藩）から料銀《りょうぎん》が上がり申します。右のように覚えております。〈左仲《さちゅう》〉。

葉隠三終わり

葉隠聞書　四

此《この》一巻勝茂《かつしげ》公御咄《おはなし》。『御年譜』に無レ之《これなき》事を書き記し候。忠直《たゞなほ》(1)様御事
書き記す也。

(1) 忠直《ただなお》　鍋島肥前守忠直。勝茂の嫡男。光茂の父。母高源院。寛永十二年（一六三五）江戸で疱瘡にかかり、二十三歳で早世。四の14—17・59・60参照。

この一巻は勝茂《かつしげ》公のお話で『御年譜』にないことを書き記しました。忠直《ただなお》様の御事も書き記す。

1 一、或《あ》る時の御咄に、「大事の分別に行当り何とも分《わか》り難き時分、暫《しばら》く眼を塞ぎ、「此《この》事を日峯《につぽう》様は何と可レ被レ遊哉《あそばさるべきや》」と案じ候へば其儘理《そのまゝり》が分る、」と被レ仰《おほせられ》候由。

訳　一、ある時の（勝茂公の）お話に、「大事の判断に行き当たり何とも分かり難い時は、しばらく眼を閉じ、「このことを日峯（直茂）様はどのように（御判断）遊ばされるだろうか」と考えますとそのまま理が分かる」と仰せられましたとのこと。

2 一、「光茂公の御側に被二召仕《めしつかはれ》一候様に」と候て御隠居の時、百武伊織《ひやくたけいおり》(1)・生野《いくの》織部《おりべ》(2)・岩村新《いはむらしん》右衛《ゑ》門《もん》(3)、此《この》三人遣され候。「伊織はものをよく云ひ砕く者也。織部は情強く雨露嫌はず勤《つと》むる者也。新右衛門はものに念を入れ落ちもなく勤むる者也。大名の側に持たで叶《かな》はぬ者ども也」と被レ仰候由。

（1）百武伊織《ひやくたけいおり》　兼久《かねひさ》。年寄役。大組頭。／（2）生野織部《いくのおりべ》　孝時《たかとき》。年寄役。家老。七の46・47参照。／（3）岩村新右衛門《いわむらしんえもん》　貞昭《さだあき》（内蔵助《くらのすけ》）。年寄役。七の45、八の85参照。

訳　一、「光茂公の御側《おそば》として召し仕われますように」と（勝茂公が）（仰《おお》せが）ありまして御隠居された時、百武伊織《ひやくたけいおり》・生野《いくの》織部《おりべ》・岩村新《いわむらしん》右衛《え》門《もん》、この三人を遣わされました。「伊織は物事をよく嚙《か》み砕いて言う者である。織部は情が強く雨露をいとわず勤める者である。新右衛門は物事に念を入れ落ち度もなく勤める者である。大名の側《そば》として持たなくてはならぬ者どもである」と仰せられましたとのこと。

3 一、高源院《かうげんゐん》様(1)御年十七歳にて伏見松の丸(2)より此方《このはう》御屋敷に御嫁入被レ遊《あそばされ》候。御迎には須古《すこ》下総《しもふさ》殿(3)・鍋島主水《もんど》殿(4)・久納市《ひさなういち》右衛《ゑ》門《もん》(5)参上の事。〈栗山七郎《くりやましちらう》右衛《ゑ》門《もん》(6)書付《かきつけ》に有り〉。

（1）高源院《こうげんいん》　勝茂《かつしげ》の後妻。忠直《ただなお》の母。岡部内膳正長盛《おかべないぜんのかみながもり》の娘。家康の養女。四の78、六の101参照。／（2）伏見松の丸　徳川家康の屋敷。／（3）須古下総《すこしもうさ》　信明《のぶあき》。家老。三の51、十一の24参照。／（4）鍋島主水《もんど》　茂里《しげさと》。家老。三の14参照。／（5）久納市右衛門《ひさのういちえもん》　茂俊《しげとし》。加判家老。六の115参照。／（6）栗山七郎右衛門《くりやましちろうえもん》　長左衛門《ちょうざえもん》の父。

訳　一、高源院《こうげんいん》様は御年十七歳で伏見城松の丸から当家の御屋敷にお嫁入り遊ばされました。お迎えには須古下総《すこしもうさ》殿・鍋島主水《もんど》殿・久納市右衛門《ひさのういちえもん》殿が参上したこと。〈栗山七郎右衛門《しちろうえもん》書付にある〉。

4　一、久納市右衛門《ひさなういちゑもん》本知行《ほんちぎやう》七百石かと覚え申し候。御祝言脇、主水殿御肝煎《きもいり》にて三百石加増と覚え申し候。其後数年打過ぎ候てより本多上野《ほんだかうづけ》(1)殿より、学校(2)御方まで御内意の儀御座候て、二百石の加増にて御座候事。〈栗山書付に有り〉。

（1）本多上野　本多正純《まさずみ》。徳川家康の大御所政治に近習《きんじゅ》出頭人として活躍。／（2）学校　閑室《かんしつ》元佶《げんきつ》。小城の生まれで円通寺塔頭《たっちゅう》養源院に出家、十六歳から関東へ行脚《あんぎゃ》。博覧多識で知られ、下野《しもつけ》国足利《あしかが》学校の庠主《しょうしゅ》（校長）となったところから学校とも呼ばれる。家康と懇意で、関ヶ原合戦の際に西軍へ与《くみ》した鍋島の赦免《しゃめん》を取り次いだ。

訳　一、久納市右衛門《ひさのういちえもん》の元の知行《ちぎょう》は七百石かと覚え申しています。〈勝茂公と高源院様との〉御祝言の後、主水《もんど》殿の御肝煎《きもい》りで三百石加増と覚え申しています。その後数年が過ぎましてから本多上野《ほんだこうずけ》殿より、学校様まで御内意のことがございまして、二百石の加増でございましたこと。〈栗山書付にある〉。

5　一、有馬(1)御帰陣被㆑成《なされ》、有馬の事被㆓仰付㆒《おほせつけられ》候《さうらふ》半《なかば》、松平伊豆守(2)様より信州様に「小倉へ御越し候様に」と御座候て、細川越中守《ほそかはゑつちうのかみ》(3)殿など御同前、同月廿九日小倉へ御着被㆑成《なさる》。御用被㆓相澄㆒《あひすまされ》御帰城被㆑成《なされ》、色々御国元御用被㆓仰付㆒《おほせつけられ》、六月六日江戸へ御発足被㆑成《なさる》。彼《かの》御地御着、追付《おつゝけ》御閉門(4)にて、寅(5)十二月晦日に御開門にて候。明る卯の年は御手前より御断《ことわり》被㆓仰上㆒《おほせあげられ》、江戸へ御逗留《とうりう》被㆑成《なさる》。辰の年御下国にて、其《その》年は御国にて御越年被㆑成《なされ》候事。〈栗山書付に有り〉。

(1)有馬　寛永十五年（一六三八）島原の乱鎮圧のために出陣。／(2)松平伊豆守《いずのかみ》　信綱《のぶつな》。老中。十の9参照。／(3)細川越中守《えつちゆうのかみ》　忠興《ただおき》。豊前小倉城主。十の89・107参照。／(4)閉門　謹慎刑。原城攻めの時、勝茂の軍勢は一番乗りの功を立てたが、松平信綱の命を待たずに攻撃をしたとして、軍令違反の咎《とが》で閉門させられた。／（5）寅　寛永十五年。

訳　一、（勝茂公が）有馬から御帰陣なされ、有馬のことを仰せ付けられようとしました時に、松平伊豆守《いずのかみ》（信綱《のぶつな》）様から信州（勝茂）様に「小倉《こくら》へお越しになりますように」と（仰せが）ございまして、細川越中守《えっちゅうのかみ》（忠興《ただおき》）殿などと御同様、同月二十九日小倉にお着きなされた。御用を済まされ御帰城なされ、色々御国元の御用を仰せ付けられ、六月六日江戸へ御出立《しゅったつ》なされた。その御地にお着きになり、追って御閉門となって、寅《とら》（年）十二月晦日《みそか》に御開門でした。明くる卯《う》の年は御自分からお断りを仰せ上げられ、江戸に御逗留なされた。辰《たつ》の年に御帰国されて、その年は御国でお年越しなされましたこと。〈栗山書付《かきつけ》にある〉。

6　一、諸国居城を残し置き其《その》外の城悉《ことごと》く可レ有二破却一《はきやくあるべき》の旨[1]、上意[2]の通り、閏六月[3]十三日勝《かつ》茂《しげ》公へ御奉書[4]参り候也。

（1）諸国の……の旨　大坂夏の陣の直後、幕府は諸大名の軍事力抑制のため大名の居城以外の城の破却を命じた（一国一城令）。／（2）上意　将軍の命令。／（3）閏六月　元和元年（一六一五）のこと。／（4）御奉書　将軍の命を奉じ、老中が発する公文書。

訳　一、諸国は居城（本城）を残しておきその他の城（支城）はことごとく破壊せよとの旨《むね》、上意の通り、閏《うるう》六月十三日に勝茂公に御奉書《ほうしょ》が参りました。

7　一、勝茂《かつしげ》公御代には風説書と申すものを差上げ候由。たとへば、何山をたゞ今の通り御伐《おき》らせ被レ成《なされ》ては末々斯様《かやう》の支《つか》へ所可レ有レ之《これあるべき》由、何の宿罷《まか》り通り候時分、道通りの者咄《はなし》にて罷り通り候を承《うけたまは》り候。また、たゞ今の御仕置斯様に被レ成《なされ》候ては百姓ども迷惑仕り候由、何町罷り通り候時分、道通りの者申し候を承り候、などと書き付け差上げ候由。古老の物語にて候。

尤《もつとも》「風説書差上げ候様に」と功者の者どもへ兼《かね》て被二仰付置一《おほせつけおかれ》候哉《や》、誰にても存じ寄り次第に書き付け差上げ申したる事に候哉は、不二相知一《あひしれず》候。下々《したじた》の支《つか》へ所を曇なく可レ被二聞召上一《きこしめしあげらるべき》為に、背《そむ》き申す事をも風説にて被二聞召上一《きこしめしあげられ》候事、誠に有難き御事、御明君にて候つる由。（1）〈金丸氏咄也〉。

（1）金丸　金丸郡右衛門《かなまるぐんえもん》一久《かずひさ》。祐筆《ゆうひつ》役。

訳　一、勝茂公の御代には風説書と申すものを差し上げていましたとのこと。例えば、何々山をただ今の通りお伐《き》らせなされては末々にこのような差し支えがあろうとのことを、何々の宿場を通りました時、通行人の話として言われていましたのを承りました。また、ただ今の御処置がこのようになされましては百姓どもが困惑いたしますとのことを、何々町を通りました時、通行人が申しましたのを承りました、などと書き付けて差し上げましたとのこと。古老の話です。

もっとも「風説書を差し上げますように」と年功の者どもにかねてより仰せ付けておかれましたか、誰でも思い当たり申した次第に書き付けて差し上げ申したことでしたかは、わかりません。下々《しもじも》（の者）の差し支える所を（一点の）曇りなくお聞き上げになられんがために、（御意《ぎよい》に）背き申すことをも風説書でお聞き上げになられましたことは、誠に有り難い御事で、御明君でありましたとのこと。〈金丸《かなまる》氏の話である〉。

8一、勝茂《かつしげ》公御年若の時分、何方《いづかた》にて候哉《や》御大名方数人御一座の折、どなたか「九州者は魂が一つ足らぬと申す事、世上に申し扱《あつか》ひ候」と御申し候。御一座の衆、勝茂公の御座候事御気付無レ之《これなく》候て「誠に左様《さやう》に申す事の候が、何としたる事に候哉」と御雑談《ざふだん》にて候。公御進み出で被レ仰《おほせられ》候は「是《ここ》に九州者罷《まか》り在り候。御評判の通り九州者は魂一つ不足に御座候事、慥《たしか》に覚え御座候」とあら〻かに被レ仰《おほせられ》候。御一座の衆そと御無興《ごぶきよう》にて「誠に信濃守《しなののかみ》殿は西国育立《そだち》にて御座候。「御覚え御座候」と被レ仰《おほせられ》候はいか様《やう》の事に候哉《や》」と御申し候。公被レ仰《おほせられ》候は「臆病魂一つ足り不レ申《まうさず》候」と御取合ひ被レ成《なされ》候由。

訳　一、勝茂公が御若年の頃、どちらでのことでしたか御大名方数人が御同席された折、どなたかが「九州者は魂が一つ足らぬと申すことを世上で噂しています」と申されました。御同席の衆は勝茂公がいらっしゃいますことにお気付きでありませんで「誠にそのように申すことがありますが、どのようなことですか」と御雑談でした。公がお進み出になって仰せられましたのは「ここに九州者がおります。御批評の通り九州者は魂が一つ不足してございますこと、確かに覚えがございます」と荒らかに仰せられました。御同席の衆はさっと御興醒めになって「誠に信濃守《しなののかみ》（勝茂）殿は西国育ちでございます。「御覚えがございます」と仰せられましたのはどのようなことでありますか」と申されました。公が仰せられましたのは「臆病魂が一つ足り申しませぬ」とお答えなされましたとのこと。

9　一、明暦三年御病中(1)に江戸大火事(2)出来、正雪《しやうせつ》(3)が余党焼き立て紀伊守《きいのかみ》(4)様大将の由風説に付《つき》て、右の段申す者候へども「虚説《きよせつ》たるべし」と被レ仰《おほせられ》、御騒ぎ不レ被レ遊《あそばされず》候。然《しかれ》ども段々大火に成り、御城へも火掛り、「必定謀叛の企《くはだ》て」と申し扱ひ候に付《つき》て、時々達二御耳一《おみゝにたつし》候故「さらば見分すべし」と被レ仰《おほせられ》三階に御上り、暫《しばら》く御遠見候て「気遣ひ仕るまじく候。曾《かつ》て兵火の色にて無レ之《これなく》候」と被レ仰候由。

（1）御病中　勝茂のこと。同年三月死去。／（2）江戸大火事　明暦の大火（振袖火事）。一月十八—二十日（一六五七年三月二日—四日）。死者十万余。／（3）正雪《しょうせつ》　徳川家光の死を機に倒幕を企てた浪人軍学者。十の2・20参照。／（4）紀伊守　徳川頼宣。紀州徳川家の初代。家康の十男。十の21参照。

訳　一、明暦三年（勝茂公の）御病気中に江戸大火事が起こり、（由井《ゆい》）正雪《しょうせつ》の残党が放火し紀伊守（徳川頼宣《よりのぶ》）様が大将であるとの風説であったので、右のことを申す者がいましたが（勝茂公は）「虚説であろう」と仰せられ、お騒ぎ遊ばされませんでした。しかしながら段々大火になり、御城（江戸城）にも火が掛かり、「必ずや（これは）謀反の企て」と噂し申しましたので、時々（公の）お耳に届きましたため「では見分しよう」と仰せられて三階にお上りになり、しばらく御遠見されまして「気遣い致す必要はありません。全く兵火の色ではありませぬ」と仰せられましたとのこと。

10一、勝茂公御目附御掟の内「下目附(1)ども遊山所《ゆさんじょ》(2)見分の節、笠・頭巾《づきん》をかぶせ不レ申《まうさず》、袴着せ不レ申《まうさず》、尻をからげ、竹の杖を突き、罷《まか》り越し候様に」と被二仰付置一《おほせつけおかれ》候由也。

（1）下目附　検地奉行に属し、公平な検地が行われるよう監察した役人。／（2）遊山所　遊郭、茶屋などの遊び場。

訳　一、勝茂公の御目付御掟《おんおきて》の内に「下目付《しためつけ》どもが遊山所《ゆさんじょ》を見分する際、笠・頭巾《ずきん》をかぶらせ申さず、袴を着けさせ申さず、尻を（高く）からげ、竹の杖を突いて参りますように」と仰せ付けておかれましたとのことである。

11一、勝茂公の御代、白石《しらいし》(1)百姓関右衛門《くわんゑもん》と申す者二十一度御褒美一匁の銀二十一拝領仕り候。「子孫として取遣《つか》ひ候ては罰に罷《まか》り成る事に候間、大麦を調《とゝの》へ相渡し置き候。永々《えい〳〵》家の梁《はり》に釣り置き可ㇾ申《まうすべき》」由申し置き候に付て、于ㇾ今《いまに》虫干仕り子孫所持仕り罷り在り候。さてまた御正当《しやうたう》(2)月毎《ごと》に無₂懈怠₁《けだいなく》御寺参詣仕り候。五十年御忌の節、拝領銀仕り候由。〈(3)雪門和尚咄也〉。

（1）白石　杵島《きしま》郡白石町。／（2）御正当月　勝茂の命月。／（3）雪門《せつもん》　雪門正澄。天祐寺住持。

訳　一、勝茂公の御代に、白石《しらいし》の百姓関右衛門《かんえもん》と申す者が二十一度の御褒美《ほうび》に与《あず》かって一匁《もんめ》の銀を二十一枚拝領いたしました。「子孫として（銀を）使いましては罰当たりになることですから、大麦を調達し渡しておきます。永く家の梁《はり》に吊しておき申せ」とのことを申しておきましたので、今も虫干し致し子孫が所持いたしております。そしてまた（公の）御命月ごとに怠ることなく御寺に参詣《さんけい》いたしました。五十年御忌《ぎょき》の際、銀を拝領いたしましたとのこと。〈雪門《せつもん》和尚の話である〉。

12 一、勝茂公「御鷹師《おたかし》(1)何某《なにがし》は用に立つ者に候哉《や》」と頭人に御尋ね被レ遊《あそばされ》候。其御請《そのおうけ》に「右の者は不行跡者《ふぎやうせきもの》にて何の益《やく》にも立ち不レ申《まうさず》候へども、御鷹一通りは無類《むるい》の上手にて候」と申し上げ候に付て 則《すなはち》御褒美被レ下《くだされ》候。其後また一人の御鷹師の趣《おもむき》を御尋ね被レ遊《あそばされ》候。御請《おうけ》に「御鷹一通りは上手に候へども、不行跡者にて何の益にも立ち不レ申《まうさず》」と申し上げ候に付て 則《すなはち》御払ひ被レ成《なされ》候由也。〈金丸氏咄也〉。

(1) 鷹師 鷹匠《たかじょう》。主君に仕えて、鷹を飼育・訓練し鷹狩に従事する者。

訳 一、勝茂公が「御鷹師のなにがしは用に立つ者ですか」と頭《かしら》にお尋ね遊ばされました。そのお答えに「右の者は行ないの悪い者で何の役にも立ち申しませぬが、御鷹のこと一通りは無類の上手です」と申し上げましたため、すぐに御褒美を下されました。その後もう一人の御鷹師のことをお尋ね遊ばされました。お答えに「御鷹のこと一通りは上手ですが、行いの悪い者で何の役にも立ち申さぬ」と申し上げましたため、すぐにお除きなされましたとのことである。〈金丸氏の話である〉。

13 一、「代替りの時最初に上下万民思ひ付く様にするもの也」と被レ仰《おほせられ》候由。〈金丸氏咄也〉。

訳 一、「代替わりの時、最初に上下万民が思いを寄せるようにするものである」と仰《おお》せられましたとのこと。〈金丸《かなまる》氏の話である〉。

14 一、忠直《たゞなほ》(1)公御十五歳の時分、御台所手男無礼を働き候に付《つき》て足軽の者致ニ打擲一《ちやうちやくいたし》候末《すゑ》にて、足軽を手男(2)切り殺し申し候。最初、上下の礼儀を相違《たが》へ、相手致ニ刃傷一《にんじやういたし》候へば死罪に可レ被ニ仰付一《おほせつけらるべき》旨《むね》、年寄中より被ニ申上一《まうしあげられ》候。忠直公被ニ聞召一《きこしめされ》「上下の礼儀を背き候と、武士道をはづし候とは、(3)何《いづ》れ越度《をちど》に可レ成哉《なるべきや》」と被ニ仰出一《おほせいだされ》候。年寄中御《お》請《うけ》被ニ申兼一《まうしかねられ》候。其《その》時「罪の疑はしきは軽くすと書物にて読み候」由。「暫く小屋へ引入《ひきいら》せ候様に」と被ニ仰付一《おほせつけられ》候由。〈金丸氏咄也〉。

（1）忠直　勝茂の嫡子。／（2）手男　下男。藩内の最下層の役。／（3）罪の疑はしきは軽くす　「罪疑惟軽、功疑惟重（罪のはっきりせぬものは軽くし、功のはっきりせぬものは重くせよ）」（『書経』大禹謨《だいうぼ》）。

訳　一、忠直公が御十五歳の頃、御台所の下男が無礼を働きましたため足軽の者が殴打いたしました末に、足軽を下男が切り殺し申しました。最初、上下の礼儀を違《たが》え相手に刃傷《にんじょう》いたしましたので死罪に仰せ付けられるべき旨《むね》、年寄の者から申し上げられました。忠直公はお聞きになられ「上下の礼儀に背きますことと、武士道をはずしますこととは、どちらが落ち度になるべきか」と仰せ出されました。年寄中はお答えを申しかねていられました。その時（忠直公が）「『罪が疑わしいのは軽くする』と書物で読みました」とのこと。「しばらく牢屋に入れておきますように」と仰せ付けられましたとのこと。〈金丸氏の話である〉。

15 一、忠直公御側《おそば》の人不届仕出《ふとどきしだ》し死罪に相極まり候仰せ出で有《これあり》レ之候処、高源院《かうげんゐん》(1)様より御乞ひ被《なされ》レ成候。忠直公聞こし召し「以後のしまりに不《まかりならず》二罷成一候条助け候儀不《あひかなはず》二相叶一。御女儀《によぎ》様御存じ被《あそばさるゝ》レ遊事にて無《ござなく》二御座一候間重ねて被《おほせくださる》二仰下一まじき」由きびしく被《おほせきられ》二仰切一候。然《しかれ》ども高源院様御合点《がつてん》不《あそばされず》レ被レ遊色々被《おほせられ》レ仰三度御使被《つかはされ》レ遣候。罪科難《ざいくわのがれがたき》レ遁(2)者にて候故、高源院様へ御内意被《おほせあげられ》二仰上一右の通り被《あそばされ》レ遊候由。〈金丸氏咄也〉。

（1）高源院　勝茂の後妻。忠直の母。家康の養女。／（2）罪科難レ遁　この直前、餅「此上は理非を差置御助被成候此義は」、山「此上は理非を差置助け可申由被仰上御助被成候此義は」。

訳　一、忠直《ただなお》公の御側《おそば》の者が不始末を仕出かし死罪に決まりましたとの仰せ出がありましたところ、高源院《こうげんいん》様より御懇願なされました。忠直公はお聞きになり「以後の示しがつきませぬので助けますことはできぬ。御女《おなご》様が御関知遊ばされることではございませぬので二度と仰せ下されぬよう」とのことを厳しく仰せ切られました。しかし高源院様は御納得遊ばされずいろいろと仰せられ、三度御使者を遣わされました。罪科を逃れ難い者でしたため、高源院様に御内意を仰せ上げられ右の通り（死罪に）遊ばされましたとのこと。〈金丸氏の話である〉。

16 一、忠直《たゞなほ》公御若年《ごじやくねん》の時分、伊達正宗《だてまさむね》へ御招請《せうせい》に御出被《おいでなされ》レ成候。種々《しゆぐ》の御取り持ちの上にて、伊達の家に伝《つたは》り候刀御慰《おなぐさみ》に被《おめにかけられ》レ掛二御眼一候。被《ごらんなされ》レ成二御覧一、御褒め候て被《さしおかれ》二差置一候。御相伴衆など会釈にて「御眼に付き候はば可《しんぜらるべく》レ被レ進候。重代《ちゆうだい》(1)の刀にて随分切れものにて候」由、忠直様被《きこしめされ》二聞召一「何が切れ申す哉《や》」と被《おほせられ》レ仰候に付、「胴試しなど仕り候ても無類に候」と挨拶候。公被《おほせられ》レ仰候は「人の切れ申すは不《めづらしからず》レ珍候。殊《こと》に御重代は御家にての重宝にて候。私方にも重《ぢう》代《だい》の刀数多《あまた》所持仕り候へば、用事無《これなし》レ之」と被《おほせられ》レ仰候由。

（1）重代　先祖から代々伝わること。

訳　一、忠直《ただなお》公が御若年の頃、伊達政宗《だてまさむね》（方）へお招きでお出《い》でになられました。種々の御接待の上で、伊達の家に伝わります刀をお慰みにお目にかけられました。（公は）御覧になられ、お褒めになりまして置かれました。御相手衆などが挨拶で「お目に留まりましたならば、（殿から）進ぜられましょう。先祖代々の刀で随分と切れるものです」とのこと、忠直様はお聞きになられ「何が切れ申すか」と仰せられましたため、「胴試しなど致しましても無類です」と返答しました。公が仰せられましたのは「人が切れ申すのは珍しくありませぬ。殊に御先祖代々のものは御家での貴重な宝です。私どもの所にも先祖代々の刀を数多く所持いたしていますので、用はない」と仰せられましたとのこと。

17 一、忠直公御前髪立(1)の時分、何方《いづかた》へ御能御見物に御出被レ成《なされ》、夜に入り候まで御取り持ちにて御滞座《ごたいざ》被レ成《なされ》候。其内《そのうち》御菓子《くわし》・饅頭出で申し候を御包み被レ成《なされ》御懐中にて御立ち被レ成《なされ》、御供の綾部弥左衛門《あやべやざゑもん》(2)御呼び「隙入り候て飢ゑ可レ申《まうすべく》候間、是《これ》を給《た》べ候様に」と候て御菓子を被レ下《くだされ》候由。

（1）前髪立《まえがみだち》　前髪を立て剃らずにいること。元服《げんぷく》以前。／（2）綾部弥左衛門　安道《やすみち》。忠直の近習で寛永十二年（一六三五）忠直に追い腹。

訳　一、忠直公が御前髪立の頃、どちらかへお能の御見物にお出でなされ、夜になりますまで御接待で御長座なされました。その間にお菓子・饅頭が出申しましたのをお包みなされて御懐中なされお立ちなされて、御供の綾部弥左衛門《あやべやざえもん》をお呼びになり「時間がかかりまして腹が減り申したでしょうから、これを食べますように」と（仰せが）ありましてお菓子を下されましたとのこと。

18　一、勝茂公は毎夜御寝酒を被二召上一《めしあがられ》候。左《さ》候て御咄《おはなし》など被レ遊《あそばれ》、御酒気少も無レ之様《これなきやう》に御醒《さ》め被レ成《なされ》候てより御休み被レ成《なされ》候。また御休み被レ遊《あそばされ》候節は、御下帯御締直《しめなほ》し、御不断差《ふだんざ》しの長脇差御抜き御眉毛《まゆげ》に御掛け（1）御覧被レ成《なされ》候て鞘に御収め、御休み被レ成《なされ》候儀、終《つひ》に御懈怠《けだい》無レ之《これなき》由也。

（1）掛け（刀をあてて）切り。

訳　一、勝茂公は毎夜御寝酒を召し上がられました。そうしましてお話などを遊ばされ、御酒気が少しもないようにお醒《さ》めになられましてからお休みなされました。またお休み遊ばされます際は、御下帯をお締め直しになり、御普段差しの長脇差しをお抜きになり、御眉毛にお掛けになり御覧なされまして鞘にお収めになり、お休みなされましたこと、ついぞお怠りにならなかったとのことである。

19 一、勝茂公御若年の時分、直茂《なほしげ》公より黒田如水軒《くろだじよすゐけん》(1)へ万事御差し引き御頼み被レ成《なされ》候に付て、別して御入魂《じゆこん》、御国へも被二相越一《あひこされ》筑前へも御越し、長政《ながまさ》(2)代までは御互に御懇意に被レ成《なされ》候。筑前守《ちくぜんのかみ》殿(3)〈後《のち》右衛門佐忠之《ゑもんのすけたゞゆき》〉代に、江戸屋敷高石垣、筑前大堀掘られ、大早船作り候事にて公儀首尾悪しく、家滅却たるべきとの取沙汰有レ之《これあり》候内、御用にて江戸被レ為レ召《めしなされ》、家中上下周章《あわ》て騒ぎ申し候。筑前守殿御申し候は「もし及二難儀一《なんぎにおよぶ》ほどの儀ならば信濃守在府の事に候間、知らせ可レ被レ申《まうさるべく》候。此《この》到来無レ之《これなき》内は気遣ひ無レ之《これなし》」と候て道中宿々にて飛脚被二相待一《ひきやくあひまたれ》候へども御知らせ不二申来一《まうしきたらず》、江戸近く候て飛脚参り候に付、筑前守殿立腹「首尾よき時ばかり入魂にて及二難儀一《なんぎにおよび》候節、よそに見られ候儀不レ聞《きこえざる》(4)」由にて、其《その》後御間柄悪しく被二相成一《あひなられ》候由。〈また一説には、中国筋騒動有レ之《これある》時分、勝茂公と筑前守殿と御同道にて御下被レ成《なされ》候。万端被二迎合一《むかひあはれ》一宿に御泊り被レ成《なさるゝ》由候処、勝茂公御通過被レ遊《あそばされ》候に付《つき》筑前守殿立腹にて、夫《それ》より御仲悪しく相成り候とも申す〉。〈また大坂石引喧嘩(5)にて不和に被二相成一《あひなられ》候とも申し候〉。〈右高石垣に付筑前守殿は一本鑓(6)に被二罷成一《まかりなられ》候。細川・立花などとも不和にて不レ宜《よろしからざる》人の由也〉。

(1) 黒田如水軒《くろだじよすいけん》　孝高《よしたか》。通称官兵衛。はじめ播磨国御着城の城主であったが、豊臣秀吉に従い九州攻めで活躍。その戦功により、豊前国十二万石の領主となる。／（2）長政《ながまさ》　孝高の長子。／（3）筑前守《ちくぜんのかみ》　長政の嫡子《ちゃくし》。／（4）よそに……不レ聞　よそよそしい態度をとるのは納得できない。／（5）大坂石引喧嘩　大坂城普請の時の石の運搬をめぐって起こった喧嘩。／（6）一本鑓《やり》　孤立すること。

訳　一、勝茂公が御若年の頃、直茂公から黒田如水軒《じょすいけん》へ（勝茂公の）万事の御差配をお頼みなされましたので、とりわけ御入魂《じっこん》になされ、（如水軒は）御国へもお越しになり（勝茂公は）筑前《ちくぜん》へもいらっしゃり、長政《ながまさ》の代まではお互いに御懇意になされました。筑前守《ちくぜんのかみ》殿（後の右《え》衛門佐《もんのすけ》忠之《ただゆき》）の代に、江戸屋敷の高石垣、筑前の大堀を掘られ、大早船を作りましたことで公儀（幕府）との関係が悪くなり、家取り潰しであろうとの噂がありました頃、（筑前守殿が）御用で江戸にお召しを受け、家中の上下（の者）はあわて騒ぎ申しました。筑前守殿が申されましたのは「もし難儀に及ぶほどのことならば、信濃守《しなののかみ》（勝茂）が（江戸）在府のことですので知らせ申されるはずです。これが届かぬうちは気遣いない」と（仰せが）ありまして、道中宿場ごとに飛脚を待たされましたがお知らせ申して来ず、江戸近くになりまして飛脚が参りましたため、筑前守殿は立腹し「（こちらの）首尾がよい時ばかり入魂で、難儀に及びました際に他人と見られますことなぞ聞いたことがない」とのことで、その後御間柄が悪くなられましたとのこと。

〈また一説には、中国方面の騒動があった頃、勝茂公と筑前守殿とが御同道でお下りなされました。万事を相手にお合わせになられ、ある宿にお泊まりになられるとのことでしたところ、勝茂公が御通過遊ばされましたので筑前守殿が立腹し、それから御仲が悪くなりました、とも申す〉。〈また大坂の石引《いしひき》喧嘩で不和になられましたとも申します〉。〈右の高石垣のため筑前守殿は一本鑓になられ（孤立され）ました。細川・立花なども不和で、よろしくない人であったとのことである〉。

20 一、勝茂公は元朝《ぐわんてう》ごとに夜内に与賀社《よかしや》(1)御参詣被レ遊《さんけいあそばされ》候。右に付、島内新左衛門《しまうちしんざゑもん》(2)は囲《かこひ》なき所に夜中無二心許一《こころもとなく》存じ、歳夜《としのよ》、公私の祝澄《いはひすみ》候てより与賀の宮の四方の堀を探し夜を明し、御参詣以後、直《すぐ》に御城罷《まか》り出で候由也。

（1）与賀社　三の28・56、四の25・36参照。／（2）島内新左衛門《しまうちしんざえもん》　足軽頭。七の13参照。

訳　一、勝茂公は元旦ごとに夜のうちに与賀社に御参詣遊ばされました。右について、島内《しまうち》新左衛門《しんざえもん》は囲いのないところに夜中（参詣されるの）は心配に存じ、大晦日の夜、公私の祝賀が済みましてから与賀の宮の四方の堀を見回って夜を明かし、（公が）御参詣の後、直《ただ》ちに御城に出ましたとのことである。

21一、勝茂公仰に「武士たる者は二十八枚の歯を悉《ことごと》く噛《か》み折らねばものごと埒《らち》明かず」と被レ成《なされ》御意《ぎょい》ニ候由。

訳　一、勝茂公の仰せに「武士たる者は二十八本の歯をことごとく噛《か》み折（るほど踏ん張）らねば物事の埒《らち》が明かぬ」と仰せになられましたとのこと。

22一、御歩行《おかち》(1)十人衆に三尺三寸の刀を御差させ被レ成《なされ》、途中ふと御詞《ことば》を掛けられ度《ど》々御抜かせ被レ成《なされ》候処、其《その》後には御詞の下《もと》より抜き合せ候様に練磨《れんま》を得申し候。夫《それ》より一寸づつ長き刀を御差させ被レ成《なされ》、段々練磨仕り候上にて、また三尺三寸の刀を不断《ふだん》御差させ被レ成《なされ》候由。〈金丸氏咄也〉。

(1) 御歩行《かち》　主君の乗り物のそばについて警護する役。

訳　一、（勝茂公は）御歩行《かち》十人衆に三尺三寸（約一メートル）の刀をお差させになられ、途中ふとお言葉を掛けられ度々お抜かせなされましたところ、その後にはお言葉と同時に抜き合わせ（られ）ますように練磨でき申しました。それから一寸ずつ長い刀をお差させになられ、一段一段練磨いたしました上で、また三尺三寸の刀を常にお差させになられましたとのこと。〈金丸氏の話である〉。

23 一、御閉門の時(1)申し合ひ(2)候百人餘《よ》の出家ども五人、三人づつ小屋〳〵町屋宅にひそかに被二召置《めしおかれ》一、随分《ずいぶん》馳走被二仰付《おほせつけられ》一、御開門仰出以後、面々の落着所《おちつきどころ》へ可《まゐらるべく》レ被レ参候。「此節の志難《はうじがたき》レ報」由。「向後は二十年に一度づつ帰国可レ有レ之《これあるべし》。せめて互の安否をも承りたく候」と被レ成二御意《ぎよいなされ》一、住所を記し、面々へ御切手(3)被レ下《くだされ》候。此《この》後出家他国出年限始り申し候。其《その》後五年限りに成り候を高伝寺《かうでんじ》梁重和尚《りやうぢうおしやう》(4)断《ことわり》(5)にて十年限りに相成り候由。

(1) 閉門の時　四の5参照。／(2) 申し合ひ　改易処分などになったならば、刀を取り主君の為に立ち上がろうという申し合わせ。佐賀藩出身で諸国にいた諸宗の僧侶が江戸に集結した（『勝茂公譜考補』）。四の24参照。／(3) 切手　関所の通過、乗船などの際の通行証。／(4) 梁《りよう》重和尚《じゆうおしよう》　湛然和尚《たんねんおしよう》。一の39、六の20参照。／(5) 断　筋道をたてて反論すること。

訳 一、（勝茂公の）御閉門の時申し合わせていました百人余りの出家どもを、（勝茂公は）五人から三人ずつ一《ひと》小屋ごとに町屋の宅に密かに召し置かれ、随分ともてなすように仰せ付けられ、御開門の仰せ渡しの後、面々の落ち着き先に参られようとしました。（勝茂公は）「この度の志は報い難い」とのこと。「今後は二十年に一度ずつ帰国せよ。せめて互いの安否をも承りたく思います」と仰せになられ、住所を記し、面々に御通行証を下されました。この後出家が他国に出る年限が始まり申しました。その後五年限りになりましたのを、高伝寺の梁重《りょうじゅう》和尚の反論で十年限りになりましたとのこと。

24 一、御閉門前方御着府の節、中屋敷(1)へ被㆑成㆓御着《おつきなされ》㆒候へば、月堂《げつだう》様(2)の御内方(3)御出合ひ、「御遠島(4)の取り沙汰に付き皆々申合ひ、其《その》節は六箇所(5)の屋敷に火を掛け不㆑残《のこらず》切死仕る覚悟に候間、跡の儀無㆓御心置《おこゝろおきなく》㆒公儀にて潔《いさぎよ》く被㆓仰達《おほせたつせられ》㆒候様に」と御申し候。次の間には武具悉《ことごと》く取出し被㆓召置《めしおかれ》㆒候由。〈助右衛門(6)殿咄也〉。

（1）中屋敷　上屋敷の控えとしての屋敷。／（2）月堂《げつどう》　元茂《もとしげ》。勝茂の長子であったが庶子であったため本藩を継がず直茂の養子分となる。初代小城《おぎ》藩主。六の44参照。／（3）内方　奥方。高岳院《こうがくいん》。鍋島主水茂里《もんどしげさと》の娘。／（4）遠島　遠島に流し送る刑罰。追放より重く死罪より軽い。／（5）六箇所の屋敷　佐賀藩の江戸屋敷。六の128参照。／（6）助右衛門《すけえもん》　徳永《とくなが》助右衛門。陣基《つらもと》の母方の叔父。

訳　一、御閉門前に〈勝茂公が〉江戸に御到着の折、中屋敷にお着きなされますと、月堂《げつどう》

（元茂《もとしげ》）様の御内儀（高岳院《こうがくいん》）がお出迎えになり、「御遠島《ごえんとう》（への配流《はいる》）との噂のため皆で申し合わせ、その際は六箇所の屋敷に火を掛け残らず切り死に致す覚悟ですので、後のことは御心置きなく公儀で潔く仰せ達せられますように」と申されました。次の間《ま》には武具をことごとく取り出し召し置かれていましたとのこと。〈助右衛門《すけえもん》殿の話である〉。

25(1)一、勝茂公御代には、毎年元朝《ぐわんてう》に御願文《ぐわんもん》御認《した》め、与賀《よか》(2)・本庄《ほんじよう》(3)・八幡《はちまん》(4)に御籠《こ》め被レ成《なされ》、歳《とし》夜《のよ》御願ほどき(5)被レ遊《あそばされ》候。其意趣は、

　一、家中によき者出で来候様《やう》

　一、家中の者当介《あてがひ》を取り失ひ不レ申《まうさゞる》様

　一、家中に病者出で来不レ申《まうさゞる》様(6)

右三箇条にて候。御死去年の御願書残り居り可レ申《まうすべく》候。〈一鼎咄の旨也〉。

（1）25　四の37参照。／（2）与賀　中世に肥前国一宮の河上から分祀した與止日女《よどひめ》大明神。現在の与賀神社。佐賀市与賀町。／（3）本庄　本庄妙見山淀姫《よどひめ》大明神。本地は十一面観世音。鍋島清久《きよひさ》が再興、清房・直茂が修復。現在の本庄神社。佐賀市本庄町本庄。／（4）八幡　白山《しらやま》八幡宮。建久年間（一一九〇―一一九九）に鎌倉の鶴ヶ岡八幡宮を分祀。慶長年間（一五九六―一六一五）の佐賀築城に際し、龍造寺氏の村中城から佐賀城下に移転。現在の龍造寺八幡宮。佐賀市白山。

／（5）願ほどき　願がかなったときのお礼参り。／（6）御死去年の御願書　一の8参照。

訳　一、勝茂公の御代には、毎年元旦に御願文をお認《したた》めになり、与賀社・本庄社・白山《しらやま》八幡にお籠《こ》めなされ、大晦日の夜に御願ほどきを遊ばされました。その趣意は、

一、家中によい者が出てきますよう

一、家中の者が（武士としての）相応《ふさわ》しさを取り失い申さぬよう

一、家中に病人が出て来申さぬよう

右の三箇条でした。御死去の年の御願書が残っており申すはずです。〈一鼎の話とのことである〉。

26 一、天正年中に勝茂《しようも》上人〈澄音坊《ちようおんばう》とも云〉と申す真言の権者（1）有りて、国伊豆也〈また出羽とも云〉。六十六部の札を打ち（2）、神埼郡円福寺《かんざきぐんゑんぷくじ》に住し、後に寺井長福寺《ちやうふくじ》に五箇年居住す。直茂公度《ど》々御請待《しやうたい》被レ成《なされ》、石井六左衛門《いしゐろくざゑもん》（3）〈三郎大夫子〉を被レ副《そへられ》御馳走被レ成《なされ》候。聖人被レ申《まうされ》候は「直茂公の厚恩不レ浅《あさからず》、報恩の為我水定《すゐでう》（4）して当国の主に生れ、法を立て国を可レ治《をさむべし》」と也。直茂公被二聞召一《きこしめされ》、六左衛門を以て頻《しきり》に御留め被レ成《なされ》候へども承引無レ之《しよういんこれなく》、名を阿運《あうん》と改め、小舟に乗り寺井海へ被二漕出一《こぎいでられ》候時、北山の宥誉上人《いうよしやうにん》も参り合ひともに可レ遂二水定一《すゐでうをとぐべし》と同舟にて被二押出一《おしいだされ》候。阿運被レ申《まうされける》は「我国主に可二生出一《うまれいづべく》ば、穿《は》きたる草鞋《わらぢ》片方は死骸に付き、片方は

不可レ有《あるべからず》。また海上に夜々火を可レ現《げんずべし》」と申して合掌《がつしやう》・称名《しようみやう》して水定被レ仕《つかまつられ》候。見物人袂《たもと》を絞る。其後、死骸を探し出し候て見候へば、果して片草鞋無レ之《これなく》候。両聖人の骸《むくろ》を長福寺の東に一所に築《つ》き込《こ》め(5)、印も松二本植ゑ、今上人塚とも申し候。北山に上人嶽と云《いふ》山有り。然《しかる》に伊勢松様御長年の後、勝茂公と申し奉り候へば上人の再来と云《いふ》説有り。〈また一説に、上人水定は勝茂公御生出以後の事也。然《しかれ》ども再来の拠《よりどころ》多く斯様《かやう》の例有レ之《これあり》。聖徳太子は南岳大師《なんがくたいし》(6)の再来と申し伝へ候に太子御出生以後に南岳は遷化《せんげ》の由也〉。

〈勝茂公御歯被レ痛《いたまれ》候時分、長福寺の本尊薬師に願掛け候様にと被二仰出一《おほせいでられ》、御平癒の上、絵馬(7)御掛け被レ成《なされ》候。于レ今有レ之《いまにこれある》由〉。

(1) 権者　仏や菩薩が衆生《しゆじよう》を苦しみから救うため仮に姿を現したもの。／(2) 六十六部の札を打ち　全国六十六ヶ所の霊場を巡礼し、書写した法華経一部ずつを納めること。巡礼の証《あかし》として巡礼札を本堂に打ち付ける。／(3) 石井六左衛門《ろくざえもん》　忠永。／(4) 水定《すいじよう》　往生成仏を信じて仏道修行者が入水《じゆすい》自殺すること。／(5) 築き込め　塚を築いて屍《しかばね》を埋めること。埋葬。／(6) 南岳　天台宗第二祖慧思《えし》禅師。／(7) 絵馬　報謝のための馬の絵を描いて社寺に奉納する額。

訳　一、天正年間（一五七三―一五九二）に勝茂上人《しようもしようにん》〈澄音坊《ちようおん》とも言う〉と申す真言宗の権者《ごんじや》がいて、生国は伊豆であった〈また出羽とも言う〉。六十六部の札を打ち付け、神埼郡《かんざき》の円福《えんぷく》寺《じ》に住し、後に寺井の長福寺《ちょうふくじ》に五箇年居住した。直茂公はたびたび御招待なされ、石井六左《ろくざ》衛門《えもん》〈三郎大夫《さぶろうだゆう》の子〉を付けられおもてなしなされました。聖人が申されましたのは「直茂公の厚恩は浅からず、報恩のためわしは入水入定《じゅすいにゅうじょう》して、当国の主に生まれ、法を立て国を治めよう」とのことであった。直茂公はお聞きになられ、六左衛門によってしきりにお止めなされましたが承知せず、名を阿運《あうん》と改め、小舟に乗り寺井の海へ漕《こ》ぎ出されました時、北山の宥誉《ゆうよ》上人も参り合い共に入水入定を遂げようと同じ舟で進み出されました。阿運が申されたのは「わしが国主に生まれ出られるならば、履《は》いている草鞋《わらじ》の片方は死骸に付き、片方はなくなっていよう。また海上に毎夜火を現わそう」と申して合掌・称名して入水入定いたされました。見物人は袂を絞るほど泣いた。その後、死骸を探し出しまして見ますと、果たして片方の草鞋がありませんでした。両聖人の骸《むくろ》を長福寺の東に一所に埋葬し、印《しるし》も松二本を植え、今では上人塚《づか》とも申します。北山に上人嶽《だけ》という山がある。そうしたところ伊勢松様が御成長の後、勝茂公とお呼び申し上げましたので上人の再来という説がある。〈また一説に、上人の入水入定は勝茂公御出生以後のことである。しかし再来の拠り所には多くこのような例がある。聖徳太子は南岳大師の再来と申し伝えますが、太子御出生以後に南岳は遷化《せんげ》したとのことである〉。

〈勝茂公の御歯が痛まれました時、長福寺の本尊薬師如来に願を掛けますようにと仰せ出され、御平癒の後、絵馬をお懸けなされました。今もあるとのこと〉。

27 一、勝茂公御礼日《おれいび》(1)御退出の時分、林道春《はやしだうしゅん》(2)ふと差寄《さしよ》り「鍋島の御先祖は誰にて候哉《や》」と被レ申《まうされ》候。とくと御基《おもと》づき不レ被レ成《なされ》ニ御座《ござ》一候へども御当座の御了簡《れうけん》にて「少弐《せうに》(3)にて御座候」と被レ仰《おほせられ》候へば「さては御歴々にて御座候。今ほど御系図御改め御座候。追付《おつゝけ》太田備中守《おほたびつちうのかみ》(4)殿より可レ被ニ仰入《おほせいれらるべし》一」と被レ申《まうされ》候。御帰被レ成《なされ》御僉議《せんぎ》にて、平原善左衛門《ひらばるぜんざゑもん》少弐の系図所持仕り罷《まか》り在り候を被ニ召上《めしあげられ》一、御系図書き立て公儀へ被ニ差出《さしいだされ》一候由。〈一説には道樹《だうじゅ》(5)様は佐々木の末にて候由也〉。〈御道具に佐々木宇治川先陣(6)の時の太刀有レ之《これある》也〉。

（1）御礼日　挨拶の日。／（2）林道春《はやしどうしゅん》　林羅山《はやしらざん》。藤原惺窩《ふじわらせいか》の門人で朱子学者。家康の信任を得て歴代将軍に仕え、幕府の文事に携わった。／（3）少弐　大友氏と共に栄えた中世北九州の雄族。六の181参照。／（4）太田備中守《おおたびっちゅうのかみ》　資宗《すけむね》。『寛永諸家図伝』を編集。／（5）道樹　道寿とも。鍋島三郎兵衛尉経直《つねなお》。六の174参照。／（6）佐々木宇治川先陣　寿永三年（一一八四）木曾義仲《きそよしなか》と源頼朝《みなもとのよりとも》が宇治川で戦った際、頼朝方の佐々木高綱《ささきたかつな》と梶原景季《かじわらかげすえ》が頼朝からそれぞれ与えられた名馬に乗って先陣を争った故事。『平家物語』屈指の名場面として知られる。

訳　一、勝茂公が御礼日で御退出なさる時、林道春《どうしゅん》（羅山《らざん》）がふと近寄り「鍋島の御先祖は誰でありますか」と申されました。はっきりと（した根拠に）お基づきではいらっしゃいませんでしたが御当座のお考えで「少弐《しように》でございます」と仰せられますと、「それは御由緒のある方々でございます。近いうちに御系図のお改めがございます。追って太田備中守《おおたびつちゆうのかみ》殿から仰せ入れられよう」と申されました。（公は）お帰りになられ御詮議で、平原善左衛門《ひらばるぜんざえもん》が少弐の系図を所持いたしておりましたのを召し上げられ、御系図を書き上げ公儀へ差し出されましたとのこと。〈一説には道樹《どうじゆ》様は佐々木の子孫でありますとのことである〉。〈御道具に佐々木宇治川先陣の時の太刀がある〉。

28一、勝茂公御代加判家老《かはんがらう》(1)鍋島安芸守《あきのかみ》(2)・鍋島玄蕃《げんば》(3)〈千葉氏也、宗碩《そうせき》と申也〉・中野数馬《かずま》(4)〈前名兵右衛門《ひやうゑもん》〉。

(1)加判家老　一代限りの家老。／(2)鍋島安芸守《あきのかみ》　茂賢《しげまさ》。二の117、八の59、十一の25・26参照。／(3)鍋島玄蕃　常貞《つねさだ》。六の56参照。／(4)中野数馬《かずま》　政利《まさとし》。二の128、四の50参照。

訳　一、勝茂公の御代の加判家老《かはんがろう》は、鍋島安芸守（茂賢《しげまさ》）・鍋島玄蕃《げんば》〈千葉氏である。宗碩《そうせき》と申す〉・中野数馬〈前の名は兵右衛門《ひようえもん》〉。

29一、同御年寄、勝屋勘右衛門《かつやかんゑもん》(1)〈此末五郎右衛門《このすゑごらうゑもん》〉・関将監《せきしやうげん》(2)〈御茶道後二千石〉。

（1）勝屋勘右衛門《かつやかんえもん》　茂為《しげため》。六の24参照。／（2）関将監　清長《きよなが》。六の82、十一の102参照。

訳　一、同御年寄役は勝屋勘右衛門《かつやかんえもん》〈この子孫が五郎右衛門《ごろうえもん》〉・関将監《せきしょうげん》〈御茶頭、後二千石〉。

30　一、松平土佐守殿《まつだひらとさのかみ》(1)、勝茂公と無二《むに》の御挨拶(2)にて御入魂被《じゆこんなされ》レ成候故、其《その》御首尾にて御代々今以て御懇意被《ごこんいなされ》レ成候由。

（1）松平土佐守《まつだいらとさのかみ》　忠実《ただざね》。三河五井《みかわごい》城主。／（2）挨拶　仲。間柄。

訳　一、松平土佐守殿は勝茂公と無二の御仲で御入魂《じっこん》なされていましたので、その御関係で御代々今もって御懇意になされていますとのこと。

31　一、肥前様御年寄、成富五郎兵衛《なりどみごろうべゑ》〈次左衛門祖《じざゑもん》〉・鍋島右近〈生三御子《しやうさん》(1)。縫殿介《ぬひのすけ》〉。

（1）生三《しょうさん》　鍋島正三。六の165参照。

訳　一、肥前（忠直《ただなお》）様の御年寄役は成富《なりどみ》五郎兵衛《ごろうべえ》〈次左衛門《じざえもん》の祖〉・鍋島右近《うこん》〈生三《しょうさん》の御子。縫殿介《ぬいのすけ》〉。

32 一、野田七右衛門西目《にしめ》(1)山心遣《づかひ》被二仰付置一《おほせつけおかれ》候処「自分に木を伐り売払ひ候」由《よし》御目附より言上仕り候。其《その》後七右衛門御前に罷《まか》り出《いで》候時分にひそかに被二仰聞一《おほせきけられ》候は「斯様《かやう》の事を聞き候。其方《そのはう》は左様《さやう》の儀仕るまじく候。いか様《さま》似たる事を人の沙汰致すにて可レ有レ之《これあるべし》と存じ、其《その》分にて差し置き候。いよ〳〵相嗜《あひたしな》み候様に」と被レ成二御意一《ぎょいなされ》候由。

（1）西目　佐賀城以西の小城《おぎ》・杵島《きしま》・藤津《ふじつ》地方。

訳　一、野田七右衛門《しちえもん》に西目山の管理役を仰せ付けておかれましたところ「勝手に木《き》を伐り売り払いました」とのことを御目付から言上いたしました。その後七右衛門が（勝茂公の）御前に出ました時に密かに仰せ聞かせられましたのは「このようなことを聞きました。その方《ほう》はそのようなことを致しますまい。どれほどか似たことを他の人が取り行ない致したに違いないと存じ、そのままで差し置きます。ますます身を慎みますように」と仰せなされましたとのこと。

33一、中野杢之助《もくのすけ》仕立(1)の時分、不レ宜《よろしからざる》事ども有レ之《これある》段、御目附より言上《ごんじやう》仕り候。杢之助を被二召出一《めしいだされ》、「斯様《かやう》の儀承り候。随分と嗜《たしな》み候様《やう》に」とひそかに被二仰聞一《おほせきけられ》候。此《この》時追腹《おひばら》の覚悟仕り候由也。

(1) 中野杢之助　良純《よしずみ》。大組頭。年寄役。四の54・77・79、七の31参照。

訳　一、(勝茂公が)中野杢之助《もくのすけ》を仕立てていた頃、よろしくないことどもがあったとのことを御目付から言上いたしました。(勝茂公は)杢之助を召し出され「このようなことを承りました。随分と身を慎みますように」と密かに仰せ聞かされました。この時追い腹の覚悟を致しましたとのことである。

34一、寛永九年加藤肥後守《かとうひごのかみ》(1)殿被二召潰一《めしつぶされ》候節、家来ども城を持ち申し候と専《もつぱら》沙汰有レ之《これあり》候。其《その》節、近国の事に候へば従二此御前一《このごぜんより》も人数可レ被二差出一《さしいださるべき》事に候。夫《それ》に付《つき》、成富兵庫《なりどみひやうご》(2)其《その》時分老躰《らうたい》・病気ながら為二御僉議一《ごせんぎのため》被二召出一《めしいだされ》候処、兵庫申上げ候は「曾《かつ》て城を持ち不レ申《まうさず》候。武功の家中に候へども功者は一人も生残り居り不レ申《まうさず》候。其上兵粮《ひやうらう》無二御座一《ござなし》。兼《かね》て家来を遣し見分仕らせ候処、「近年奢《おご》り強く兵粮用意無レ之《これなき》」由申し候。三年の兵粮無レ之《これなく》候て籠城不二罷成一《まかりならざる》ものに候へば、城は持ち不レ申《まうさず》候に極《きは》まり申し候」と申上げ候。〈また、公儀よりも上方町人《かみがたまちにん》へ被二仰付《おほせつけられ》一、肥後の米大分買取り上方へ差廻し候とも申し候由〉。

（1）加藤肥後守《かとうひごのかみ》　忠広《ただひろ》。清正《きよまさ》の子。／（2）成富兵庫《なりどみひょうご》　茂安《しげやす》。一の127、七の1参照。

訳　一、寛永九年（一六三二）加藤肥後守《ひごのかみ》殿が召し潰されました折、家来どもは城を守り申しますともっぱらの噂でした。その際、近国のことですので御当家からも人員を差し出されるべきことでした。そのことにつき、成富兵庫《なりどみひょうご》がその頃老体・病気ながら御詮議《せんぎ》のために召し出されましたところ、兵庫が申し上げましたのは「（肥後守は）決して城を守り申しませぬ。武功のある家中ですが老巧の者は一人も生き残っており申しませぬ。その上兵糧がございませぬ。前もって家来を遣わし見分いたさせましたところ、「近年は驕《おご》りが強く兵糧の用意がない」とのことを申しました。三年分の兵糧がありませんでは籠城できぬものですから、城は守り申しませぬことに極《き》まり申しました」と申し上げました。〈また、幕府からも上方町人に仰せ付けられ、肥後の米を大分買い取り上方に回しましたとも申しましたとのこと〉。

35　一、勝茂公御具足御祝(1)の節は、御納戸へ御飾り被レ成《なされ》候由。

（1）具足御祝　正月に具足の前に餅を供えて祝うこと。

訳　一、勝茂公の御具足御祝いの折は、御納戸《なんど》へお飾りなされましたとのこと。

36 一、御同人様元朝《ぐわんてう》に与賀《よか》・本庄《ほんじやう》・白山《しらやま》八幡へ御参詣被レ成《さんけいなされ》候。(1) 或る年元日、甲州様遅く御出被レ成《なされ》候に付「其方《そのはう》は如何様《いかやう》の儀にて延引《えんいん》仕り候哉《や》」と被レ成二御意一《ぎよいなされ》候。甲州様(2)御答に「御前にいつも三社御参詣被レ成《なされ》候に付《つき》、私にも御跡より参詣仕り候故遅参仕り候」と被レ仰《おほせられ》候。公被レ仰《おほせられ》候は「其方《そのはう》などは元朝の参詣に不レ及《およばず》候。我らは御両親様も不レ被レ成二御座一《ござなされず》、在国にて公方様へ御目見も不レ仕《つかまつらず》、我より上への礼儀歳の初に無レ之《これなく》候故、三社参詣申す事に候。其方《そのはう》などは我らへ祝儀被レ申《まうされ》候て相澄《あひすむ》事に候」由被レ成二御意一《ぎよいなされ》候由。光茂公は元朝に向陽軒《かうやうけん》の(3)御宮に御参詣被レ遊《あそばされ》候由也。

(1) 与賀……御参詣被レ成候　四の25参照。／(2) 甲州　鍋島甲斐守直澄《かいのかみなおずみ》。勝茂の子。初代蓮池《はすいけ》藩主。五の105、六の44参照。／(3) 向陽軒の御宮　五の137参照。

訳　一、御同人(勝茂)様は元旦に与賀社《よかしゃ》・本庄社《ほんじょうしゃ》・白山八幡《しらやまはちまん》に御参詣《さんけい》なされました。ある年の元日、甲州(直澄《なおずみ》)様が遅くお出でなされましたため「その方《ほう》はどのようなことで遅参いたしましたか」と仰せになられました。甲州様はお答えに「御前(勝茂公)にはいつも三社に御参詣なされますので、わたくしも御後から参詣いたしましたため遅参いたしました」と仰せられました。公が仰せられましたのは「その方などは元旦の参詣に及びませぬ。わしは御両親様もいらっしゃらず、在国で将軍様へ御目見えも致さず、自分より上への礼儀が年の初めにありませぬので、三社に参詣申すことです。その方などはわしに祝儀を申されまして済むことです」とのことを仰せになられましたとのこと。光茂公は元旦に向陽軒《こうようけん》の御宮に御参詣遊ばされましたとのことである。

37 一、勝茂公御代には、徳善院《とくぜんゐん》(1)御名代《みやうだい》にて彦山《ひこさん》(2)へ年籠り(3)被レ遣《つかはされ》候て御願書御込め被レ成《なされ》候由。
其《その》意趣は、
一、公儀御首尾宜《よろしく》候様《やう》に、の事
一、御国家御長久、御子孫御繁昌の事
一、御家中に御用に立ち候者出で来候様に、の事

(1) 徳善院　直茂の曾祖父経直《つねなお》(道寿)の創建。その子清久《きよひさ》が英彦山《ひこさん》への多年にわたる熱心な年籠《としごも》りの末、金の仏像を授かり徳善院に安置し、その霊験により、以後鍋島氏の運命が開けたとの伝承がある(『肥前州古跡縁起』)。鍋島氏の帰依《きえ》寺として代々の藩主によって保護、信仰された。佐賀市嘉瀬町中原。五の138、六の12参照。/(2) 彦山　英彦《ひこ》山権現。現在の英彦山神社。標

高一〇〇〇メートルを超える山で古くから修験《しゆげん》道場として栄えた。徳善院には英彦山の分霊が祀られ、藩と英彦山とを結ぶ役目をしていた。／(3) 年籠り　大晦日の夜から元朝にかけての参籠。

訳　一、勝茂公の御代には、徳善院《とくぜんいん》（住職）が御名代《みようだい》で彦山権現《ひこさんごんげん》に年籠《としごも》りに遣わされまして御願書をお籠めなされましたとのこと。その趣意は、

一、公儀の御首尾がよろしくありますように、のこと

一、御国家が御長久、御子孫が御繁栄のこと

一、御家中に御用に立ちます者が出てきますように、のこと

38　一、千葉(1)の元祖は、父母も不レ知《しれざる》童子現前、其《その》脇に太刀一振・妙見菩薩《めうけんぼさつ》(2)像一幅有レ之《これあり》候。成長の後《のち》国主になられ候。或る時、雷(3)右の太刀に望《のぞみ》を掛け、落掛《おちかか》り抓《つま》み申し候を、童子顕《あらは》れ取返し候由。今に爪形(4)有り。千葉胤頼《たねより》(5)に伝はり候処を没落の後神代家《かうじろ》に寄宿候が、右の二宝神代家に被二持伝一《もちつたへられ》候。勝茂公被二聞召及一《きこしめしおよばれ》大炊助《おほひのすけ》(6)殿に御所望被レ成《なされ》、今御城御什物《じふもつ》(7)に成る。其《その》節の御証文神代家に有レ之《これある》由。

(1) 千葉　中世下総《しもうさ》国の豪族。常胤《つねたね》の時に源頼朝《みなもとのよりとも》の挙兵に加わり、下総国の守護に就き、諸国に領地を得た。その後、蒙古襲来の際に頼胤《よりたね》、その子宗胤《むねたね》が肥前小城《おぎ》郡に下向。その子孫が肥

前千葉氏となり、室町時代には小城、佐賀、杵島《きしま》三郡に勢力を振るったが、やがて龍造寺・鍋島に所属した。六の46・47参照。／(2)妙見菩薩　北辰菩薩。北斗七星の神化。／(3)雷　雷は元来「厳《いか》つ霊《ち》」で、おそろしい神の意。／(4)爪形　爪の跡。／(5)千葉胤頼　少弐資元《しょうにすけもと》の次男。千葉喜胤の養子。／(6)大炊助《おおいのすけ》　神代《くましろ》大炊介家良《いえよし》。六の19参照。／(7)什物　秘蔵の宝物。

訳　一、千葉氏の元祖は、父母も知らぬ童子が現前し、その脇に太刀《たち》一振り・妙見菩薩《みょうけんぼさつ》像一幅がありました。成長の後、国主になられました。ある時、雷が右の太刀に望みを抱き、落ち掛かりつまみ申しましたのを、童子が現われ取り返しましたとのこと。今も爪形《つまがた》がある。千葉胤頼《たねより》に伝わりましたところを、没落の後神代《くましろ》家に身を寄せましたが、右の二宝は神代家に持ち伝えられました。勝茂公はお聞き及びになられ、(神代)大炊助《おおいのすけ》殿に御所望なされ、今は御城御秘蔵の宝物になっている。その際の御証文は神代家にあるとのこと。

39一、勝茂公御鷹野に御出《おい》で被レ成《なされ》候処、「従レ是《これより》甲斐守《かひのかみ》領分」と札を立て有レ之《これあり》候を御覧被レ成《なされ》、殊《こと》の外御立腹にて則《すなはち》札を御抜かせ御帰り、御城の御式台《しきだい》(1)の柱に立て掛け被二召置一《めしおかれ》候。甲州様御登城の節、御覧被レ成《なされ》、様子御聞き殊《こと》の外御迷惑にて御断《ことわり》被二仰上一《おほせあげられ》候。「為二科代一《とがしろのため》(2)鷂《はいたか》二連《もと》(3)被二差上一《さしあげられ》(4)候様に」と被二仰付一《おほせつけられ》御進上被レ成《なされ》候由。

(1) 式台　玄関先の板敷。／(2) 科代《とがしろ》　罪の代償として支払うもの。／(3) 鷂二連　鷹狩に用いるはいたか二羽。／(4) 差上　自敬表現。

訳　一、勝茂公が御鷹狩《たかがり》にお出《い》でなされましたところ、「これより甲斐守《かいのかみ》の領地」と札を立ててありましたのを御覧なされ、殊《こと》の外《ほか》御立腹で直《ただ》ちに札をお抜かせになってお帰りになり、御城の御式台の柱に立て掛け召し置かれました。甲州（直澄《なおずみ》）様御登城の折御覧なされ、様子をお聞きになり殊の外御困惑でお詫びを仰せ上げられました。（公は）「罰として鷂《はいたか》二羽を差し上げられますように」と仰せ付けられ、御進上なされましたとのこと。

40 一、甲州様十間堀にて藻《も》まくり(1)被レ成《なされ》たき由、山城(2)殿を以て勝茂公へ被二仰上一《おほせあげられ》候に付《つき》て、「随分《ずいぶん》藻まくり仕り候様に。其《その》節は我らも見物可レ申《まうすべく》候間知らせ候様に」と被二仰遣一《おほせつかはされ》候。さて其《その》日になり、公は土橋より御覧被レ成《なされ》候処に、甲州・城州立走り御下知被レ成《なされ》候を「其方《そのはう》など堀に入り候様」被レ仰《おほせられ》候に付て、御両人ながら堀に御入り被レ成《なされ》候。此《この》事為レ可レ被レ仰《おほせらるべきために》御見物には御出で被レ成《なされ》候由。

(1) 藻まくり　堀の藻を取り除くこと。／(2) 山城　直弘《なおひろ》。勝茂の子。白石鍋島家祖。六の41参照。

訳　一、甲州（直澄《なおずみ》）様が十間堀で藻《も》まくりをなされたい旨《むね》、山城（直弘《なおひろ》）殿によって勝茂公に仰せ上げられましたため、（公は）「精一杯藻まくり致しますように。その際はわしも見物申そうと思いますので知らせますように」と仰せ遣わされました。そしてその日になり、公は土橋より御覧なされていましたところに、甲州・城州（直弘）が立ち走りお指図なされていましたのを「その方《ほう》らも堀に入りますよう」と仰せられましたため、御両人とも堀にお入りなされました。（公は）このことを仰せられんがために御見物にはお出でなされましたとのこと。

41 一、勝茂公白石《しらいし》御鷹野に御出被《なさ》レ成《れ》、殊《こと》の外御凍《ほかおこゞ》え被《なさ》レ成《れ》候故、百姓家に御入り火に御あたり被《なさ》レ成《れ》候へば、姥《うば》一人居《を》り申し候が「今朝は一入《ひとしほ》寒く候間御あたり候へ」と申し候て藁《わら》をくべ申し候。暫《しばら》く御あたり候て御礼被レ仰《おほせられ》御出被《なさ》レ成《れ》候節、庭に米を広げ置き候上を御越え被《なさ》レ成《れ》候。姥腹立致し「夫《それ》は殿に上げ申す米にて候。勿躰《もつたい》なき事をする人かな」と云《いひ》て箒にて御足を打ち申し候に付き「御免あれ」と被レ仰《おほせられ》、御出被《なさ》レ成《れ》候。御帰り被《なさ》レ成《れ》候てより御感被《なさ》レ成《れ》、白石十人百姓(1)の内に御加へ被《なさ》レ成《れ》候。

（1）十人百姓　百姓長。名字帯刀を許された。

訳　一、勝茂公が白石《しらいし》に御鷹狩にお出でなされ、殊の外お凍えなされましたので、百姓家にお入りになり火にお当たりなされますと、姥《うば》が一人おり申しましたのが「今朝はひとしお寒いですのでお当たりなさい」と申しまして藁《わら》をくべ申しました。しばらくお当たりになりましてお礼を仰せられお出になられました際、庭に米を広げて置いてありました上をお越えなされました。姥は立腹いたし「それは殿に差し上げ申す米です。もったいないことをする人かな」と言って箒《ほうき》でお足を打ち申しましたので「ごめんなさい」と仰せられ、お出《で》になられました。お帰りなされましてからお感じなされ、白石十人百姓のうちにお加えなされました。

42 一、白石御狩の時、大猪《おほゐのしし》御打ち被レ成《なされ》、皆々走り寄り「さて〳〵珍しき大ものを被レ遊《あそばされ》候」と見物仕り候処、猪ふと起上り駆出で候に付《つき》、見物の衆うろたへ逃げ申し候。鍋島又兵《またべ》衛《ゑ》(1)抜き打ちにのばし申し候。其《その》時勝茂公「ごみがするは」と被レ仰《おほせられ》、御顔に御袖御かぶせ被レ成《なされ》候。是《これ》はうろたへ候衆を御覧被レ成《なされ》まじき為にて候由。

(1) 鍋島又兵衛《またべえ》　貞恒《さだつね》。助右衛門《すけえもん》茂治《しげはる》の次男。六の74参照。

訳　一、白石《しらいし》で御狩の時、(勝茂公が)大猪をお討ちなされ、皆が走り寄り「さてさて珍しい大物を（お討ち）遊ばされました」と見物いたしていましたところ、猪がふと起き上がり駆け出しましたので見物の衆はうろたえて逃げ申しました。鍋島又兵衛《またべえ》が（猪を）抜き打ちにして倒し申しました。その時勝茂公は「ほこりが立つわ」と仰せられ、御顔に御袖をお被《かぶ》せになられました。これはうろたえました衆を御覧なされぬようにするためでしたとのこと。

43 一、御城坊主御出入り初めの事。勝茂公御登城の節、小城《をぎ》御供はいつも成富十右衛門《なりどみじうゑもん》（1）・久《ひさ》納市右衛門《なういちゑもん》にて候。或る時十右衛門御玄関より上り坊主衆に逢ひ、「私傍輩《はうばい》たゞ今気分悪しく難儀《なんぎ》仕り候間、乍二慮外《りよぐわいながら》一湯を被レ下《くだされ》候様に」と申し候。坊主暫《しばら》く案じ居《を》り候が、天目《てんもく》に湯をつぎ遣《つかは》し候に付《つき》て持ち出し、市右衛門に呑《のま》せ、翌日彼《かの》坊主宿許《やどもと》へ十右衛門主従引繕《ひきつくろ》ひ礼に参り、巻物など持参致し、其《その》後市右衛門も金子など持参にて礼を申し、近付きに成《なり》、夫《それ》より心安く節々《せつ〳〵》取合ひ、後には殿中にて勝茂公御用も相達し候。御出入坊主のはじまりにて候。此事諸家に相聞え、段々御用御頼み坊主出で来《き》申し候由。右の坊主は鈴木《すゞき》久斎《きうさい》と申し候由。

（1）成富十右衛門《なりどみじうゑもん》　兵庫助茂安《ひやうごのすけしげやす》。

訳　一、御城の茶坊主の御出入り初めのこと。勝茂公が御登城の際、小城《おぎ》の御供はいつも成《なり》富十右衛門《どみじゆうえもん》・久納市右衛門《ひさのういちえもん》でした。ある時十右衛門が御玄関より上がり茶坊主衆に会い、

「わたくしの同僚がただ今気分が悪く難儀いたしていますので、不躾《ぶしつけ》ながら湯を下されますように」と申しました。茶坊主はしばらく考えておりましたが、天目《てんもく》茶碗に湯を注ぎ遣わしましたので持ち出し、市右衛門に飲ませ、翌日その茶坊主の自宅へ十右衛門の主従が身なりを整えて礼に参り、巻物などを持参いたし、その後市右衛門も金子《きんす》などを持参して礼を申し、近づきになり、それより心安く折々付き合い、後には殿中で勝茂公の御用も足しました。御出入茶坊主の始まりでした。このことが諸家に伝わり、だんだんと御用御頼み茶坊主ができ申しましたとのこと。右の茶坊主は鈴木久斎《きゆうさい》と申しましたとのこと。

44 一、勝茂公へ井上筑後守《ゐのうへちくごのかみ》(1)殿申し候は「御在所の海・川・堀の深さ・浅さ・間数などまで悉《ことごと》く公儀へ相知れ居り候《を》」由御物語御座候由。

(1) 井上筑後守《ちくごのかみ》 政重《まさしげ》。

訳 一、勝茂公に井上筑後守殿が申しましたのは「御在所の海・川・堀の深さ・浅さ・間数《けん》などまでことごとく公儀(幕府)へ知れております」とのこと、お話がございましたとのこと。

45一、勝茂公は御一代丸絎《まるくけ》の帯(1)を被レ遊候由。昔人は大形丸帯仕り候由也。

(1) 丸絎《まるくけ》の帯　中に綿を入れて縫い目が表に見えないように丸く縫った帯。

訳　一、勝茂公は御一代(の間)丸くけの帯をお使い遊ばされましたとのこと。昔の人はたいてい丸帯を致しましたとのことである。

46一、直茂公或る時御本丸へ御出で被レ成《なされ》候に御道筋にて刀に切柄《きりづか》(1)を仕はめ申すを被レ成二御覧《ごらんなされ》(2)一「夫《それ》は何に成り候哉《や》」と御尋ね被レ成《なされ》候に付《つき》て、「明日御仕置者御座候に付《つき》、御腰物試し申し候切柄にて御座候」と申上げ候。直茂公被レ仰《おほせられ》候は「信濃守は人を被レ切《きられ》候時切柄をはめ候て切られ候哉《や》。我らなどは終《つひ》に左様の事したる事無レ之《これなし》」と被レ成二御意一《ぎよいなされ》候。此段勝茂公被二聞召一《きこしめされ》、「御尤《もつとも》の事。無調法《ぶてうはふ》の仕方」と被レ仰《おほせられ》悉く切柄御のけさせ、翌日御仕置者水ケ江《みづがえ》にて〈後は神代殿屋敷に成申候〉御前に引き出し縄を解き候て、「逃のび候はゞ御助け可レ被レ成《なさるべし》」(3)と被レ仰《おほせられ》候故、走出し候を抜き打ちに御切り被レ遊《あそばされ》候。此《この》事直茂公へ誰か申上げ「見事に被レ遊《あそばされ》候」と申し候へば、御笑ひ被レ成《なされ》「夫《それ》は我ら切柄の事申し候故にて可レ有《あるべし》」と被レ仰《おほせられ》候由。

(1) 切柄　刀の柄《つか》を短く作ったもの。首を切る時や死体で刀の試し切りをする時には、この柄にした。／(2) 試し　利鈍を試すため、人を斬ること。／(3) 御助け可ㇾ被ㇾ成　自敬表現。

訳　一、直茂公がある時御本丸にお出《い》でなされました際に、御道筋で刀に切柄《きりづか》をはめ申すのを御覧になられ「それは何になりますか」とお尋ねなされましたので、「明日御仕置き者がございますので、御腰の刀を試し申します切柄でございます」と申し上げました。直茂公が仰せられましたのは「信濃守《しなののかみ》(勝茂)は人を切られます時に切柄をはめまして切られますか。わしなどはついぞそのようなことをしたことがない」と仰せになられました。このことを勝茂公がお聞きになられ、「御もっとものことだ。無調法《ぶちょうほう》なやり方であった」と仰せられことごとく切柄をお取り除かせになり、翌日御仕置き者は水ケ江《みずがえ》で〈後は神代《くましろ》殿の屋敷になり申しました〉御前に引き出し縄を解きまして、「逃げ延びましたならばお助けになられよう」と仰せられましたので、走り出しましたのを抜き打ちにお切り遊ばされました。このことを直茂公へ誰かが申し上げ「(勝茂公は)見事に(お手討ちを)遊ばされました」と申しますと、お笑いなされ「それはわしが切柄のことを申しましたからであろう」と仰せられましたとのこと。

47 一、勝茂公御若年の時分、直茂公より「御切り習ひに御仕置者を御切り被ㇾ成《なされ》候様に」と御座候に付、今の西の御門内に十人並べ置き候を続け切りに九人まで御切り被レ成候処、十人目の者すくやかなる若き者にて候を御覧被レ成「最早切り飽き候間其《その》者は助け候様」被レ仰、御助け被レ遊候由。〈助右衛門咄也〉。

訳　一、勝茂公が御若年の頃、直茂公より「お切り習いに御仕置き者をお切りなされますように」と（仰せが）ございましたので、今の西の御門内に十人を並べ置きましたのを続け切りに九人までお切りになられましたところ、十人目の者が強健な若者でしたのを御覧になられ「もはや切り飽きましたのでその者は助けますよう」と仰せられ、お助け遊ばされましたとのこと。〈助《すけ》右《え》衛門《もん》の話である〉。

48　一、勝茂《かつしげ》公御在府の砌《みぎり》、加賀守《かゞのかみ》(1)殿〈初《はじめ》飛騨守直能《ひだのかみなおよし》〉御縁組方々《ほうぐ》申し来たり、其《その》内御老中御取持ちにて大形《おほかた》御議定被レ成《なされ》、紀州様(2)〈元茂《もとしげ》〉へ被二仰遣一《おほせつかはされ》候処、御返事に「先年、甲斐守《かひのかみ》(3)に松平伊豆守《いづのかみ》(4)息女御縁組被レ成《なされ》、其後下総守《しもふさのかみ》(5)殿姫を再縁被レ成《なされ》候に付《つき》、伊豆守縁切れ、味悪《わろ》く罷《まか》り成り候。加賀守などには、御家中の者より縁組被二仰付一《おほせつけられ》可レ然《しかるべく》奉レ存《ぞんじたてまつり》候。他方に縁組被二仰付一《おほせつけられ》候はゞ、末々《すゑぐ》は他家の様に罷り成り、御家の害に相成る事可レ有二御座一《ござあるべく》候。日峯《にっぽう》様仰置《おほせお》きにも「我々儀御家を歎く外の望存《のぞみぞん》ずまじき」由被二仰聞一《おほせきけられ》候は斯様《かやう》の儀かと存じ候」(7)由申し来たり候に付《つき》、御相談被二相止一《あひやまれ》、鍋島平八《へいはち》(6)〈後名弥平左衛門《やへいざゑもん》〉へ相澄居《あひすみを》り候美作の息女勝茂公の御孫にて候を御養子被レ成《なされ》御本丸にて御養育候を、色々御断《ことわり》(8)被レ仰《おほせられ》候て縁御切り、加賀守殿へ被レ遣《つかはされ》候。御本丸より西の丸へ輿入有り。御台所前に勝茂公・徳寿院《とくじゆゐん》(9)殿・長寿院《ちやうじゆゐん》(10)殿御出御見立て被レ成《なされ》候。御輿《おんこし》を鍋島式部《しきぶ》(11)請取《うけと》り、御迎《おんむかへ》は小城《をぎ》衆皆々被レ参《まゐられ》候也。〈右に付、清光院《せいくわうゐん》(12)殿残念の様子に被二聞召一《きこしめされ》、隼人《はやと》(13)娘を和泉守直朝《いづみのかみなほとも》(14)に縁組被二仰出一《おほせいだされ》候也。清光院殿登城候へば、勝茂公御上下にて次の間(15)より御礼被レ成《なされ》、御会釈候。以後には登城無レ之《これなき》由。政家公の御姫也〉。

(1) 加賀守　鍋島直能《なおよし》。第二代小城《おぎ》藩主。二の59、八の12、十一の61参照。／(2) 紀州　鍋島紀伊守元茂《きいのかみもとしげ》。勝茂の子。直能《なおよし》の父。四の24注参照。／(3) 甲斐守　直澄《なおずみ》。勝茂の子。初代蓮池《はすいけ》藩主。／(4) 松平伊豆守《いずのかみ》　信綱《のぶつな》。／(5) 下総守《しもうさのかみ》　松平下総守忠明《ただあき》。大和郡山藩主。／(6) 鍋島平八嵩就《たかなり》。一の184参照。／(7) 美作《みまさか》　多久美作守茂辰《たくみまさかのかみしげとき》。妻は勝茂の娘お鶴。／(8) 断　筋道をたてて断ること。／(9) 徳寿院　千鶴。直茂の娘。多久長門守安順《やすとし》の妻。／(10) 長寿院　彦菊《ひこぎく》。直茂の娘。諫早石見守直孝《いさはやいわみのかみなおたか》の妻。／(11) 鍋島式部《しきぶ》　貞村《さだむら》。元茂の後見役。／(12) 清光院《せいこういん》　龍造寺政家《まさいえ》の三女。鍋島隼人《はやと》茂貞《しげさだ》の妻。嵩就《たかなり》の母。六の17参照。／(13) 隼人娘　彦千代。／(14) 和泉守直朝　勝茂の子。初代鹿島藩主。六の44参照。／(15) 次の間　主君の居る部屋の隣の部屋。控えの間。

訳　一、勝茂公が（江戸に）御在府の折、加《か》賀守《がのかみ》殿〈初め飛《ひ》騨守《だのかみ》、直能《なおよし》〉の御縁組みを方々から申して来て、そのうち御老中の御仲立ちで大かた御決定なされ、紀州様〈元茂《もとしげ》〉に仰せ遣わされましたところ、御返事に「先年、甲斐守〈直澄《なおずみ》〉に松平伊豆守の息女が御縁組なされ、その後下総守《しもうさのかみ》殿の姫と再縁なされましたため、伊豆守との縁が切れ気まずくなりました。加賀守などには、御家中の者から縁組みを仰せ付けられてしかるべきと存じ申し上げます。他所に縁組みを仰せ付けられますならば、末々は他家のようになり、御家の害になることもございましょう。日峯《にっぽう》〈直茂〉様の仰せ置きにも「我々は御家を歎く以外の望みを存じてはならぬ」とのことを仰せ聞かせられましたのはこのようなことかと存じます」とのことを申して来ましたので、〈縁組みの〉御相談をやめられ、鍋島平八《へいはち》〈後の名は弥平左衛門《やへいざえもん》〉へ〈の縁組みが〉済んでおりました美作守《みまさかのかみ》の息女で勝茂公の御孫でしたのを〈勝茂公の〉御養子になされて御本丸で御養育していましたのを、いろいろ御道理を仰せられまして縁をお切りになり、加賀守殿に遣わされました。御本丸から西の丸へ輿入《こしい》れがあった。御台所前に勝茂公・徳寿院《とくじゆいん》殿・長寿院《ちようじゆいん》殿がお出でになりお見送りなされました。御輿を鍋島式部《しきぶ》が受け取り、お迎えは小城衆《おぎ》の皆が参られました。

〈右につき、清光院《せいこういん》殿が残念な様子と〈勝茂公が〉お聞きになられ、隼人《はやと》の娘を和泉守直朝《なおとも》に縁組みするよう仰せ出されました。清光院殿が登城しますと、勝茂公は御裃《かみしも》で次の間から御礼をなされ、御挨拶なされました。以後には登城しなかったとのこと。政家《まさいえ》公の御姫である〉。

49一、勝茂公西目筋御鷹野にて鶴取飼《つるとりかひ》候へば其《その》場より侍一人御使に被二仰付一《おほせつけられ》高伝寺(1)へ被レ遣《つかはさる》。和尚承り継ぎ日峯《にっぽう》様御位牌に披露有レ之《これあり》候由。

(1) 高伝寺　鍋島家菩提寺。曹洞宗。佐賀市本庄町本庄。六の2・156参照。

訳　一、勝茂公が西目筋での御鷹狩《おたかがり》で鶴を生け捕りにしましたので、その場から侍一人を御使いに仰せ付けられ高伝寺に遣わされた。和尚は承って取り次ぎ、日峯様の御位牌に披露しましたとのこと。

50(1)一、勝茂公兼々《かね〴〵》被レ成二御意一《ぎょいなされ》候は、「奉公人は四通り有るもの也。急だらり・だらり急・急々・だらり〳〵也。急々は、申し付け候時もよく請合《うけあ》ひ、事をよく整ふる者にて候。是《これ》は上々にて有り兼《か》ぬる者也。福地《ふくち》吉左衛門《きちざゑもん》(2)などが急々に似たる者也。だらり急は、申し付け候時は不弁《ふべん》(3)にて、事を調へ候事は手早くよく埒《らち》明く者也。中野数馬(4)どもにて有るべし。急だらりは、申し付け候時はなるほど埒明き候が、事を調へ候事が手間入りて延引する者也。是は多き者也。其外は皆だらり〳〵也」と被レ仰候由。

(1) 50　七の43参照。／(2) 福地《ふくち》吉左衛門《きちざえもん》　貞長《さだなが》。／(3) 不弁　うまく話せないこと。／(4)

中野数馬　政利。

訳　一、勝茂公がかねがね仰せになられましたのは、「奉公人は四通りあるものである。急だらり・だらり急・急々・だらりだらりである。急々は、申し付けました時もよく請け合い、事をよく調《ととの》える者です。これは上々で滅多にいない者である。福地《ふくち》吉左衛門《きちざえもん》などが急々に似た者である。だらり急は、申し付けました時はよい返答をしないが、事を調えますことは手早くよく埒《らち》が明《あ》く者である。中野数馬などであろう。急だらりは、申し付けました時はなるほど埒が明きますが、事を調えますことが手間どって遅れる者である。これは多い者である。その他は皆だらりだらりである」と仰せられましたとのこと。

51一、松平下総守《しもふさのかみ》殿より、西の御丸にて将軍様へ御馳走被レ成《なされ》候に付《つき》て「此御方《このおんかた》より須古《すこ》踊《をどり》(1)を　被二差出一《さしいだされ》候様に」と御頼み被レ成《なされ》候故、小々姓《こゞしやう》衆・御子様付の衆まで御撰び被レ成《なされ》、踊御仕立、拍子方《ひやうし》まで侍数人被二差出一《さしいだされ》候。小歌の文字新たに御作らせ被レ成《なされ》候。此為《このため》に順長《じゆんちやう》老《らう》(2)　被二召寄一《めしよせられ》候とも申し候。

（1）須古《すこ》踊　杵《き》島《しま》郡須古村（現、白石町《しらいしちやう》）に伝わる舞踊。／（2）順長老　瑞巌慶順《ずいがんけいじゆん》和尚。円通《えんつう》寺《じ》住職。六の103参照。

訳　一、松平下総守（忠明《ただあき》）殿より、（江戸城）西の御丸で将軍（家光）様に御もてなしをなされますため「御当家からは須古《すこ》踊りを差し出されますように」とお頼みなされましたので、（勝茂公は）小々姓《こごしょう》衆・御子様付きの衆までお選びなされ、踊りをお仕立てになり、拍子方《ひょうしかた》まで侍数人を差し出されました。小唄の歌詞を新たにお作らせなされました。このために順《じゅん》長老を召し寄せられましたとも申します。

52　一、勝茂公高伝寺御堂参りの節はいつも御吸物出し申し候。或《あ》る時御吸物差上げ被レ申《まうされ》候処、御意被レ成《ぎよいなされ》候は「例の通り豆腐の御吸物被二差出一《さしいだされ》候様」と被レ成二御意一《ぎよいなされ》候故、仕替《しか》へ差上げ被レ申《まうされ》候由。

訳　一、勝茂公が高伝寺の御堂参りの際はいつもお吸い物を出し申しました。ある時お吸い物を差し上げ申されましたところ、（公が）仰せになられましたのは「いつもの通り豆腐のお吸い物を出されますよう」と仰せになられましたので、作り替え差し上げ申されましたとのこと。

53　一、勝茂公軍《いくさ》物語被レ遊《あそばされ》候節、「高麗《こま》にて(1)加藤左馬助《かとうさまのすけ》(2)敵船被二乗取一《のっとられ》候時分、鎧《よろひ》には蓑《みの》の毛の如く矢を射られ、敵船に乗込み働き被レ申《まうされ》候。一歳《とせ》太閤様吉野の御花見にも御供せしが、花よりも何よりも左馬助働きほど見事なる事なかりし」と被レ仰《おほせられ》候由。

また、「上方にて立花攻《たちばなぜめ》(3)被ニ仰付一《おほせつけられ》候御礼の節、井伊《ゐい》直政《なほまさ》奏者《そうしや》(4)にて候が、関ヶ原にて肩先に手負はれ候に付《つき》、白き切《きれ》にて結《ゆ》ひ、首に掛け、片手つき候ての作法・容儀《ようぎ》・勢ひ見事なる事、詞《ことば》にも述べがたし。天下無双の英雄勇士、百世の鑑《かゞみ》とすべき武《もの、ふ》也」と被レ成ニ御意一《ぎよいなされ》候由。

（1）高麗にて　慶長の役の時。／（2）加藤左馬助　嘉明《よしあき》。秀吉の家臣。賤ヶ岳《しずがたけ》七本鑓《しちほんやり》の一人。／（3）立花攻　慶長五年（一六〇〇）家康の命により柳河《やながわ》城主立花宗茂《たちばなむねしげ》を攻めた。／（4）奏者　将軍と大名との取次役。奏者番《そうじゃばん》。

訳　一、勝茂公が戦《いくさ》物語を遊ばされました折、「高麗《こま》（朝鮮）で加藤左馬助《さまのすけ》が敵船を乗っ取られました時、鎧には蓑《みの》の毛のごとく矢を射られ、敵船に乗り込み働き申されました。先年太閤様の吉野の御花見にも御供したが、花よりも何よりも左馬助の働きほど見事なものはなかった」と仰せられましたとのこと。

また「上方で立花《たちばな》攻めを仰せ付けられました御礼の折、井伊直政《いいなおまさ》が奏者番でしたが、関ヶ原で肩先に手傷を負われましたため、白い布で結わえ、首に掛け、片手を付きましての作法・容儀・気勢が見事であったことは言葉にも述べ難い。天下無双の英雄勇士で、百世の鑑《かがみ》とすべき武《もののふ》である」と仰せになられましたとのこと。

54 一、泰盛院様御一周忌御法事の節、御霊前(1)方役《かたやく》を「御一生御膳上げ候人にて候間太田与《おほたよ》右衛門《ゑもん》可《しかるべき》レ然」由にて被《おほせつけられ》二仰付一候。追《おつ》て勘定の書付《かきつけ》酒五石入り候由書き出し被《まうされ》レ申候。役人より「是《これ》は書き違ひにて可《これあるべき》レ有レ之」由被《まうされ》レ申候。与右衛門申し候は「曾《かつ》て書き違ひにて無《これなく》レ之候。各《おのおの》は御側《おそば》の事無《ごぞんじなく》二御存一候故左様《さやう》に御申し候。拙者は数年相勤め御側の儀よく存じ候者に付《つき》、今度の役被《おほせつけられ》二仰付一候。先泰盛院《まづたいせいゐん》様御一代、朝夕夜の三度の御酒中椀にて三つづつ、一日に九つ被《めしあがられ》二召上一候。御供(2)の衆杢之助《もくのすけ》(3)殿はじめ二十八人ともに下戸《げこ》一人も無《これなく》レ之候。御法事中何卒《なにとぞ》上下とも御酒を上り候様にと存じ、一人にて相伴成兼《しやうばんなりかね》申し候故、寺中の出家衆相頼み数日の間随分精を入れ御酒を進じ申し候へども、御存生の時の半分も入り不《まうさず》レ申」と落涙候て申し候由。

（1）御霊前　死者の霊に献げる供物。／（2）御供　追い腹の人々。／（3）杢之助　中野杢之助良純。四の79参照。

訳 一、泰盛院《たいせいいん》（勝茂）様御一周忌の御法事の際、御霊前方の役を「御一生（の間）御膳を上げました人ですので太田与右衛門《よえもん》がふさわしい」とのことで仰せ付けられました。追って勘定の書付に酒五石《こく》が要《い》りましたとのことを書き出し申されました。役人から「これは書き間違いであろう」とのことを申されました。与右衛門が申しましたのは「決して書き間違いではありませぬ。おのおの方は御側《おそば》のことをご存じありませぬのでそのように申されます。拙者は長年勤め御側のことをよく存じています者ゆえ、この度《たび》の役を仰せ付けられました。まずもって泰盛院様は御一代（の間）、朝夕夜の三度の御酒を中椀で三杯ずつ、一日に九杯召し上がられました。御供の衆は杢之助《もくのすけ》殿をはじめ二十八人ともに下戸《げこ》は一人もいません。御法事中は何卒《なにとぞ》上下（の者）とも御酒を上がりますようにと存じ、一人では相伴《しょうばん》ができかね申しますので、寺中の出家衆に頼んで数日の間ずいぶん精を出し御酒を進ぜ申しましたが、（殿）御在世の時の半分も要り申さなかった」と落涙しまして申しましたとのこと。

55一、勝茂公より光茂公へ御代御譲り被レ成《なされ》候前方、二十箇条ばかりの御書物被二相渡一《あひわたされ》候。皆《みな》以て直茂公御意《ぎよい》ばかりにて候。其《その》内直茂公御病気御差詰《さしつま》り、五月二十六日[1]勝茂公御面談の時分被レ仰《おほせられ》候は、「国家を治め候はよき人を持つに極《きは》まり候」と被レ成二御意一《ぎよいなされ》候。夫《それ》に付《つき》「よき人出《い》で来《き》候様《やう》には立願《りふぐわん》など掛け申すものにて候哉《や》」と御尋ね被レ成《なされ》候へば、直茂公被レ仰《おほせられ》候は「惣《そうじ》て人力の不レ及《およばざる》事を仏・神に御頼み申すものにて候。よき人出で来《き》候事は我《わが》力にて成る事也」と被レ仰《おほせられ》候。「夫《それ》はいか様《やう》に仕り候へば出で来《き》申し候哉《や》」と重《かさ》ねて御尋ね被レ成《なされ》候へば、「もの毎《ごと》数《す》寄《き》候ものは集まるもの也。花に数寄候へば今まで一種も持ち不ㇾ申《まうさゞる》者も、暫《しばら》くの間に品々集まり世に珍しき花など出で来《き》申すものにて、如ㇾ其《そのごとく》人に数寄候へば、其儘《そのまゝ》出で来るもの也。たゞ数寄申すまでにて候」と御意被ㇾ成《なされ》候。「誠にて無ㇾ之《これなく》候へば益《やく》に不ㇾ立《たゝざる》」由。

其外《そのほか》数箇条有ㇾ之《これあり》。

（1）五月二十六日　元和四年（一六一八）六月三日逝去。

訳　一、勝茂公から光茂公に御代をお譲りなされます前に、二十箇条ばかりの御書き物を渡されました。みな直茂公の仰せばかりでした。そのうち直茂公の御病気がお差し迫りになり、五月二十六日に勝茂公が御面談の際仰せられましたのは、「国家（藩）を治めますのはよい人を持つことに極まります」と仰せになられました。それについて「よい人が出て来ますためには願《がん》などを掛け申すものですか」とお尋ねなされますと、直茂公が仰せられましたのは「およそ人力の及ばぬことを仏・神にお頼み申すものです。よい人が出て来ますことは自分の力でできることである」と仰せられました。「それはどのように致しますと出て来申しますか」と重ねてお尋ねなされますと、「どんな物も（それを）好きます者は集まるものだ。花を好きますと今まで一種も持ち申さぬ者でも、しばらくの間に色々集まり世に珍しい花などが出て来申すもので、そのように人を好きますと、そのまま出て来るものである。ただ好き申すまでです」と仰せになられました。「誠でありませぬと役に立たぬ」とのこと。その他数箇条がある。

56一、勝茂公白石《しらいし》御逗留《とうりう》の時分、夜に入り御休み被レ成《なされ》候てより御庭を御覧被レ成《なされ》候へば、月影に御縁の袖壁《そでかべ》の裏より人影射し申し候。ひそかに御起き被レ遊《あそばされ》、袖壁ぐるみ(1)に御切り被レ成候へば、壁切れ通り、裏に立ち居り候者大袈裟《おほげさ》(2)に御切り落し被レ成候。此《この》者は誰とも不二相知一《あひしれず》、「秀半《ひではん》右衛門《ゑもん》(3)一党にて可レ有レ之《これあるべし》」と沙汰仕り候由。右御脇差は加賀清光(4)にて候。光茂公御若年の時分御定差《ごぢやうざ》(5)しに被レ進《しんぜられ》候。後に綱茂公に被レ上《あげられ》候。其《その》節、「古きものにて候間、試し候様に」と被二仰付一《おほせつけられ》中溝半兵衛三胴切り落し申し候由。〈金丸氏咄也〉。

(1) 袖壁ぐるみ　側面の壁もろともに。／(2) 大袈裟　肩先から斜めに腋《わき》の下へかけて切り下げること。／(3) 秀半右衛門　白石の荘官。キリシタンであることが露顕して自殺。／(4) 加賀清光　室町時代の加賀の刀工清光作。／(5) 定差し　平素さす刀。

訳　一、勝茂公が白石《しらいし》に御逗留の際、夜になりお休みなされましてからお庭を御覧なされますと、月明かりで御縁の袖壁《そでかべ》の裏から人影が射し申しました。密かにお起き遊ばされ、袖壁ごとお切りなされましたところ、壁を切り通し、裏に立っておりました者を袈裟懸《けさが》けにお切り落としなされました。この者は誰とも知れず、「秀半右衛門《ひではんえもん》の一党であろう」と噂いたしましたとのこと。右の御脇差しは加賀の清光《きよみつ》であります。光茂公が御若年の頃御定差《ごじょうざ》しとして進ぜられました。後に綱茂公に差し上げられました。その折、「古いものですから、試しますように」と仰せ付けられ、中溝半兵衛《なかみぞはんべえ》が三つの胴を切り落とし申しましたとのこと。〈金丸氏の話である〉。

57 一、白石秀林寺《しらいししうりんじ》の事。勝茂公御狩の為白石御逗留の時分、御先祖様方御命日に為二御焼香一《ごせうこうのため》秀林寺御建立被レ遊《あそばされ》候由也。

訳 一、白石秀林寺《しらいししゅうりんじ》のこと。勝茂公が御狩のため白石に御逗留の際、御先祖様方の御命日に御焼香《しょうこう》のために秀林寺を御建立遊ばされましたとのことである。

58 一、高源院(1)様御自筆の写。〈本書善応庵(2)に有レ之《これある》由〉。

しな濃殿だいぢ御やくちがへの御きとふの御心持の事

〈しな濃殿〉

一、天正八年〈かのへたつ〉十月廿八日(3)〈きのへ子の日〉きのへねの時

〈ひぜんの守十七〉

一、けい長十八年〈みづのとのうし年〉六月二日〈つちのとのうしの日〉かのへ馬の時

〈きいの守二十八〉

一、けい長七年〈みづのへとら〉十月十一日

〈加賀守(4)十五〉

一、慶長廿ねん〈きのとのうの年〉十一月十二日〈きのとのとりの日〉みづのとのひつじの時

げんわぐわんねん

〈だん正(5)殿うし(6)二十三〉

一、慶長十二年〈ひのとのひつじ年〉九月二日〈みづのへたつの日〉かのとのゐの時

〈おつる(7)殿二十二〉

一、けい長十三年〈つちのへさるの年〉十月十一日〈きのとのうしの日〉ひのとのうしの時

〈おかめ(8)十三〉

一、げん和三年〈ひのとのみの年〉四月六日〈かのへ子の日〉みづのとのひつじの時

〈おちやう(9)七つ〉

一、元和九年〈みづのとのゐのとし〉二月十二日〈みづのへいぬの日〉つちのへさるの時

〈四十二〉(10)

一、天正十六年〈つちのへねの年〉七月十二日〈ひのとのとりの日〉つちのとのとりの時

万吉也。

此外、「やうしにさせ申候子共つゝが御ざなきやうに」と御きとふ御はじめに御ほぞんに仰上させられ可候。めで度《たく》かしく。(11)

(1) 高源院　勝茂の後妻。／(2) 善応庵　曹洞宗。佐賀市本庄町本庄。六の198参照。／(3) 天正八年……十月廿八日　勝茂の生年月日時。／(4)〈加賀守十五〉底本ナシ。餅木本による。／(5) だん正　お市《いち》。上杉弾正定勝の妻。／(6) うし　不詳。訳では「うし」のままとした。／(7) おつる　多久《たく》美作守茂辰《みまさかのかみしげとき》の妻。／(8) おかめ　諫早《いさはや》豊前守茂敬《ぶぜんのかみしげよし》の妻。／(9) おちやう　松平主殿頭《とのものかみ》忠房《ただふさ》の妻。／(10) 四十二　高源院自身。／(11) めで度かしく　女性の手紙の結びの挨拶の言葉。

訳

一、高源院様御自筆の写し。〈本書は善応庵にあるとのこと〉。

信濃〈勝茂〉殿の大事御厄違《やくたが》えの御祈禱の御心づもりのこと

〈信濃殿〉

一、天正八年〈庚辰〉十月二十八日〈甲子の日〉甲子の時
〈肥前守（忠直）十七〉
一、慶長十八年〈癸丑年〉六月二日〈己丑の日〉庚午の時
〈紀伊守（元茂）二十八〉
一、慶長七年〈壬寅〉十月十一日
〈加賀守（直澄）十五〉
一、慶長二十年〈乙卯の年〉十一月十二日〈乙酉の日〉癸未の時
　元和元年
〈弾正殿うし二十三〉
一、慶長十二年〈丁未年〉九月二日〈壬辰の日〉辛亥の時
〈おつる殿二十二〉
一、慶長十三年〈戊申の年〉十月十一日〈乙丑の日〉丁丑の時
〈おかめ十三〉
一、元和三年〈丁巳の年〉四月六日〈庚子の日〉癸未の時
〈おちょう七つ〉
一、元和九年〈癸亥の年〉二月十二日〈壬戌の日〉戊申の時
〈四十二〉

一、天正十六年〈戊子の年〉七月十二日〈丁酉の日〉己酉の時

すべて吉である。

この他、「養子にさせ申しました子どもらがつつがなくございますように」と御祈禱の御初めに御本尊に仰せ上げさせられますよう。めでたくかしく。

59 一、勝茂公御老中御招請前方《せうせいまへかた》、為二御馳走一《ごちそうのため》築山《つきやま》(1)を珍しく可レ被レ遊《あそばさるべし》と御工夫被レ成《なされ》、「経山寺《きんざんじ》(2)の図、手を尽し築き立て候様に」と被二仰付一《おほせつけられ》成就の上、忠直《たゞなほ》公御若年の時分にて候を御同道被レ成《なされ》御見せまゐらせられ、「老中方も珍しく可レ被二思召一《おぼしめさるべし》」と被レ仰《おほせられ》候へども忠直公兎角《とかく》不レ被レ成二御意一《ぎよいなされず》(3)候に付、勝茂公被レ仰《おほせられ》候は「其方《そのはう》は何と存じ候哉《や》」と御尋ね被レ成《なされ》候。其《その》時忠直公「愛らしきものにて御座候」とばかり被レ成二御意一《ぎよいなされ》候。忠直公御帰り跡にて「則刻《そつこく》御庭取崩し候様に」と被二仰付一《おほせつけられ》候由。

(1) 築山　山に擬して築いた小山。／(2) 経山寺　径山寺。現在の中華人民共和国浙江省杭州市にある禅寺万寿寺のこと。南宋五山の一つで山々が連なり奇勝に富む。／(3) 愛らしき　小さくてかわいい。

訳 一、勝茂公が御老中をお招きになる前に、御もてなしのため築山《つきやま》を珍しくお作り遊ばさ

れようと御思案なされ、「経山寺《きんざんじ》の光景を手を尽くして築き上げますように」と仰せ付けられ完成の後、忠直公が御若年の頃でしたのを御同道なされてお見せ申し上げられ、「老中方も珍しくお思いになられよう」と仰せられましたが忠直公は何とも仰せになられませぬので、勝茂公が仰せられましたのは「その方《ほう》はどう存じますか」とお尋ねになられました。その時忠直公は「可愛らしいものでございます」とだけ仰せになられました。忠直公のお帰り後に（勝茂公は）「即刻お庭を取り壊しますように」と仰せ付けられましたとのこと。

60 一、忠直《たゞなほ》公御側の人を勝茂公へ御使に被レ遣《つかはされ》候処、御口上《こうじやう》相違の趣《おもむき》申上げ埒明不レ申《らちあきまうさゞる》に付《つき》、「不届者に候間、御呵可レ被レ成《しかりなさるべし》」と年寄ども申上げ候。忠直公右の人をまた御使に被二仰付《おほせつけられ》一、御口上悉《ことぐ〜》く被二仰聞《おほせきけられ》一、とくと合点《がつてん》致し候様に数篇被二仰含《おほせふくめられ》一、申し様をも被二聞召《きこしめされ》一候て被レ遣《つかはされ》候。此度《このたび》は少しも無二相違《さうゐなく》一相勤め罷《まか》り帰り候。其《その》時年寄ども被二召出《めしいだされ》一「最前口上の申し含め大形《おほかた》に候故、彼《かの》者聞き違へ、申し誤り候。今度は委細《ゐさい》に申し聞け候故相違無レ之《これなく》候。然《しかれ》ば最前の無調法《ぶてうはふ》は我ら也。彼《かの》者咎《とが》少しもなし」と被二仰出《おほせいだされ》一候由。〈助右衛門《すけゑもん》殿咄《はなし》也〉。

訳　一、忠直公が御《お》側《そば》の者を勝茂公に御使いに遣《つか》わされましたところ、御口上で相違することを申し上げ埒《らち》が明き申さなかったため、「不届き者ですので、お叱りなされ」と年寄どもが申し上げました。忠直《ただなお》公は右の者をまた御使いに仰せ付けられ、御口上をことごとく仰せ聞かせられ、よくよく納得いたしますように数回仰せ含められ、申し方をもお聞きになられまして遣わされました。この度《たび》は少しも相違なく勤めて帰って参りました。その時年寄どもを召し出され「先ほど口上の申し含めがいいかげんでしたので、あの者は聞き違え、申し誤りました。今度はくわしく申し聞かせましたので相違がありませんでした。だから先ほどの不始末はわたくしである。あの者に咎《とが》は少しもない」と仰せ出されましたとのこと。〈助《すけ》右衛門《えもん》殿の話である〉。

61(1) 一、勝茂公御代には、御家中大身《たいしん》・小身《せうしん》によらず子供十一、二歳より御側《おそば》に被二召仕一《めしつかはれ》、諸事御指南被レ遊《あそばされ》、御用に立ち申す者数人出で来《き》仕り候。七十余人相詰《あひつ》め候由。副島八《そへじまはち》右衛《ゑ》門《もん》(2)は四十二歳まで、鍋島勘兵《かんべ》衛《ゑ》(3)は四十歳まで前髪立《まへがみだち》御小姓にて候。夫《それ》故御前の御勝手をも存じ、江戸・諸国諸役の事も見馴れ聞馴れ、御大名方御給仕に馴れ候故御顔も見知り、御前馴れ候に付嗜《つきたしな》みも深く、元服以後早速より御用に相立ち申し候。さてまた親相果《おやあひはて》候時分本《ほん》知《ち》(4)を不レ被レ下《くだされず》候に付《つき》て、幼少の時より御奉公に励み申し候。一歳《とせ》御参勤の時分、小田原より公儀へ御使を以て委細御老中方へ御直《ぢき》に被二仰入一《おほせいらるゝ》儀有レ之《これあり》て、御供立中に吟味被レ成《なされ》候へども、口上を申し叶《かな》へ、御心に応《こた》へ候者無レ之《これなく》、御小姓斎藤作《さいとうさく》太夫《だいふ》(5)を、元服被二仰付一《おほせつけられ》御使者に被二差出一《さしいだされ》候由。

（1）61 一の112参照。／（2）副島八右衛門《そえじまはちえもん》 頼由。／（3）鍋島勘兵衛《なべしまかんべえ》 房利《ふさとし》。／（4）本知 父祖伝来の所領。／（5）斎藤作太夫 長賢。

訳 一、勝茂公の御代には、御家中は大身《たいしん》・小身《しょうしん》によらず子どもは十一、二歳から御側に召し仕われて諸事を御指南遊ばされ、御用に立ち申す者が数人出て来申しました。七十余人が（御側に）詰めていましたとのこと。副島八右衛門《そえじまはちえもん》は四十二歳まで、鍋島勘兵衛《かんべえ》は四十歳まで前髪立ちの御小姓《おこしょう》でした。それゆえ御前の御勝手をも存じ、江戸・諸国の諸役のことも見慣れ聞き慣れ、御大名方の御給仕に慣れていましたので御顔も見知り、御前に慣れていましたため嗜《たしな》みも深く、元服後すぐから御用に立ち申しました。そしてまた親が果てました際に本領を下されませんでしたため、幼少の時から御奉公に励み申しました。

ある年御参勤の折、小田原から公儀（幕府）へ（公が）御使者によって委細を御老中方に御直々《じきじき》に仰せ入れられることがあって、御供の者の中に（ふさわしい者がいないか）吟味なされましたが、口上をうまく申し表わし（公の）御心に応えます者がなく、御小姓の斎藤作《さく》太夫《だゆう》を、元服を仰せ付けられて御使者に差し出されましたとのこと。

62 一、勝茂公常々被レ仰《おほせられ》候は「人数一万にて朝鮮七年の在陣の用意を仕り置き候はでは不レ叶《かなはざる》事也。重《かさ》ねて異国取合《とりあひ》の時、不覚悟なき様《やう》に」と被レ仰《おほせられ》、雑務方《ざふむがた》被レ入二御精一《ごせいをいれられ》候由。勘定所に朝鮮在陣の御積帳《つもりちやう》有レ之《これあり》候由。〈金丸氏咄〉。

訳　一、勝茂公が常々仰せられましたのは「人員一万で朝鮮に七年の在陣をする用意を致しておきませんでは叶わぬことである。再び異国での合戦の時、不覚悟のないように」と仰せられ、財務方に御精を入れられましたとのこと。勘定所に朝鮮在陣の御見積帳がありましたとのこと。〈金丸《かなまる》氏の話〉。

63　一、或る説に、(1)勝茂公御評定所《ひやうぢやうしよ》(2)に御出《おいで》の時、夜内《やない》に御屋敷御出で、甲州《かふしう》様手燭《てしよく》、紀州《きしう》様御腰物《おこしもの》御持ち御出でなされ、紀州様は直《ぢき》に徒御供《かちおとも》(3)被レ成《なされ》候。御評定所御上り被レ成《なされ》候時、「御腰物はいかゞ可レ被レ成候哉《なさるべくや》」と被レ仰《おほせられ》候へば、紀州様被レ仰《おほせられ》候は「私大小とも脱ぎ申し候。御脇差は御差し候て御出候様に」と被レ仰《おほせられ》、其身御大小は玄関の前に脱ぎ捨て奥まで御供にて御通り被レ成《なされ》候。勝茂公一通り被レ仰《おほせられ》候上にて「私儀老躰《らうたい》に罷《まか》り成り、もの云《いひ》も不埒《ふらち》に御座候。悴紀州守に委細申させたく候」と被レ仰《おほせられ》候に付《つき》、被二召出一《めしいだされ》候時、敷居の外に頭を畳に付け御座候を「是《これ》へ〳〵」と「不レ及二御時宜一《おじぎにおよばず》候」と再三有レ之《これあり》候時、間内に入り「御茶道衆、御茶を可レ被レ下《くださるべく》候。一大事の申し事に候へば、とくと落付き候て可二申上一《まうしあぐべく》候。御免被レ成《なされ》候へ」と平座《ひらざ》に成り、書き物二巻取出し、委細《ゐさい》被レ仰《おほせられ》候、と申し伝へ候。『御年譜』などには紀州様御出の儀不二相見一《あひみえず》候と也。

（1）或る説に　寛永十五年（一六三八）六月のこと。四の5・24参照。／（2）評定所　幕府最高の裁判所。／（3）徒御供　徒歩で先導する役。

訳　一、ある説に、勝茂公が（幕府の）御評定所にお出《い》での時、夜のうちに御屋敷を御出立《しゅったつ》になり、甲州（直澄《なおずみ》）様は手燭《てしょく》、紀州（元茂《もとしげ》）様は御《お》腰物《こしもの》をお持ちになって御出立なされ、紀州様は直々に徒歩の御供をなされました。御評定所にお上がりなされます時、（公が）「御腰物はいかがなされますのか」と仰せられましたので、紀州様が仰せられましたのは「わたくしは大小（の刀）とも外《はず》し申します。（公は）御脇差しは御差しになりましてお出でになりますように」と仰せられ、御自身の御大小は玄関の前に外し置いて奥まで御供でお通りなされました。勝茂公は一通りを仰せられました上で「わたくしは老体になり、物言いも不確かでございます。倅《せがれ》の紀州守に委細を申させたく思います」と仰せられましたため、召し出されました時、敷居の外で頭を畳に付けていらっしゃいましたのを「こちらへ、こちらへ」と「御辞儀に及びませぬ」と再三（仰せが）ありました時、部屋の内に入り「御茶《さ》頭《どう》衆、お茶を下されませ。一大事の申しごとでありますので、とくと落ち着きましてから申し上げたく思います。御免なされませ」とあぐらをかき、書き物二巻を取り出し、委細を仰せられました、と申し伝えます。『御年譜』などには紀州様がお出でのことは見えませぬとのことである。

64一、勝茂公御休み被レ成《なされ》候時は、侍四人御寝間の四方に罷《まか》り在り刀引直し(1)不寝番《ねずのばん》仕り候。諸番の内に御仕組(2)被ニ召置《めしおかれ》一候に付《つき》、於レ于レ今《いまにおいて》御城に不寝番有レ之《これある》也。

(1)引直し　刀を手元の正しい所に置き。／(2)仕組　不寝番の当番を定めること。

訳　一、勝茂公がお休みなされます時は、侍四人が御寝間の四方におり刀を手元に置き直し不寝番《ねずのばん》を致しました。(公が)諸番の内に(不寝番の当番を)お定めになり召し置かれましたため、今でも御城に不寝番がある。

65一、勝茂公或《あ》る時御咄に「小身成る者ほど元《もと》を忘れ申まじく候(1)。また、後《うしろ》を前に心得候事(2)専一に候」と被レ仰《おほせられ》候由。〈金丸氏咄也〉。

(1)小身成る者……まじく候　『直茂様御教訓ヶ条覚書』には「一、小身成者程本を忘間敷候。大身者小身に成候時は、早く本を忘れほそまり候えばか、へ留候、と被レ仰《おほせられ》候事」とある。／(2)後を前に心得候事　人の目に見えないところを嗜むこと。

訳　一、勝茂公のある時のお話に「小身《しょうしん》である者ほど元を忘れ申してはなりませぬ。また、後ろを前と心得ますことが第一です」と仰せられましたとのこと。〈金丸《かなまる》氏の話である〉。

66 一、御家老中に仰出《おほせいで》に、「公事・沙汰裁判の時、何卒《なにとぞ》死罪に不ㇾ成様《ならざるやう》に心得候て承り可ㇾ被ㇾ申《まうさるべく》候。直茂公常々被ㇾ仰《おほせられ》候事を於ㇾ于ㇾ今《いまにおいて》不ㇾ忘《わすれず》候故申し渡し候」由。また「大事の時酒不ㇾ入《いれざる》事候。惣《そうじ》て酒は不ㇾ好《よからぬ》もの」の由。「此儀も直茂公被ㇾ成二御意一《ぎよいなされ》候」と被ㇾ仰《おほせられ》候由。〈金丸氏咄也〉。

訳　一、（勝茂公が）御家老中に仰せ出されたのは、「訴訟事・裁判の時、何としても死罪にならぬように心得まして承り申されますように。直茂公が常々仰せられましたことを今も忘れませぬゆえ申し渡します」とのこと。また「大事の時酒を入れぬことです。およそ酒はよからぬもの」とのこと。「このことも直茂公が仰せになられました」と仰せられましたとのこと。〈金丸氏の話である〉。

67 一、寄合日(1)の書付《かきつけ》を被ㇾ成二御覧一《ごらんなされ》候て被二仰出一《おほせいだされ》候は、「僉議《せんぎ》の書付雑務方《かきつけざふむがた》ばかりにて候。国家の事(2)一事も不二相見一《あひみえず》、沙汰の限り不届千万《ふとゞきせんばん》」と殊《こと》の外《ほか》の御呵《しかり》、遊出《あそばしだし》を以て被二仰出一《おほせいだされ》候由。〈同〉。

（1）寄合日　毎月定例の談合の日。／（2）国家の事　藩政の根本に関わること。

訳　一、寄合日の書付《かきつけ》を御覧になられまして仰せ出されましたのは、「詮議《せんぎ》の書付が財務方面ばかりです。国家のことが一事も見えず、言語道断、不届き千万」と殊の外のお叱り、遊出《あそばしだし》（命令書）をもって仰せ出されましたとのこと。〈同じ〉。

68一、徳善の十二坊《ぼう》(1)建立《こんりふ》の時、随分御信心被レ成《なされ》「御入用、清き米・清き銀にて相ひ調《とゝの》へ、万事清浄《しやうぐ〳〵》に信心を以て仕り候様に」と山本前神右衛門《やまもとぜんじんゑもん》(2)へ勝茂公御印の御書物被レ下《くだされ》候由。〈右同〉。

（1）徳善の十二坊　明暦元年（一六五五）徳善院の鳥居の門前に建立。六の107参照。／（2）山本前神右衛門　重澄《しげずみ》。常朝の父。建立に際し奉行の付役となった。一の60参照。

訳　一、徳善院の十二坊建立《こんりゆう》の折、ずいぶん御信心なされ「御入用のものは清い米・清い銀で調達し、万事を清浄に信心をもって致しますように」と山本前神右衛門《やまもとぜんじんえもん》に勝茂公の御印のある御書き物を下されましたとのこと。〈右に同じ〉。

69 一、了関《れうくわん》様(1)へ蒲原弥三郎《かもはらやさぶらう》を以て御尋ね申上げ候節、御答の書付写《かきつけうつし》。

一、泰盛院《たいせいゐん》様御死去の地何方《いづかた》に候哉《や》。〈麻布〉(2)

一、高源院《かうげんゐん》様同断。〈麻布〉

一、恵照院《ゑせうゐん》様(3)同断。〈麻布〉

一、興国院《こうこくゐん》様同断。〈御下屋敷(4)今は増上寺内に成居《なりをり》候由。私に、右は三島屋敷にて候也〉

一、義峯《ぎほう》様(5)御屋敷はじめ何方《いづかた》にて候哉《や》。〈麻布寛永十八年〉

(1) 了関　鍋島直之《なおゆき》。第二代蓮池《はすいけ》藩主。五の表題注参照。／(2) 麻布　佐賀藩江戸屋敷の一つ。／(3) 恵照院　鍋島忠直の妻。後に鍋島直澄に再嫁。／(4) 御下屋敷　三島屋敷。芝増上寺内にあった。／(5) 義峯　鍋島直澄《なおずみ》。初代蓮池藩主。

訳

一、了関《りようかん》（直之《なおゆき》）様へ蒲原弥三郎《かもはらやさぶろう》をもってお尋ね申し上げました際、お答えの書付の写し。

一、泰盛院（勝茂）様御死去の地はどちらでありましたか。〈麻布《あざぶ》〉

一、高源院様も同様。〈麻布〉

一、恵照院《えしょういん》様も同様。〈麻布〉

一、興国院《こうこくいん》（忠直）様も同様。〈御下屋敷は今は増上寺内になっておりますとのこと。私にいうと、右は三島屋敷であります〉

一、義峯《ぎほう》（直澄）様の御屋敷は最初どちらでありましたか。〈麻布、寛永十八年（一六四一）〉

70 一、寛永十二年正月、勝茂様御下国石薬師《いしやくし》宿(1)御泊に、江戸より飛脚参着、忠直《たゞなほ》様御逝去《せいきょ》の段申し来たる。「二度《ふたゝび》此《この》宿に御泊り被レ成《なさる》まじく」(2)と被二仰出一《おほせいでられ》、其《それ》以後御家中の者も一宿不レ仕《つかまつらざる》由。於レ于レ今《いまにおいて》本陣(3)御目見《おめみえ》も不レ被二仰付一《おほせつけられざる》由。〈中野是水《なかのぜすい》(4)咄《はなし》也〉。〈此義相違、今年勝茂公御在府也。石薬師本陣の子細追て可レ尋《たづぬべし》〉。

(1) 石薬師宿　東海道五十三次の宿駅。石で刻んだ薬師仏を本尊とする薬師寺があった。三重県鈴鹿市石薬師町。／(2) 御泊り被レ成まじく　自敬表現。／(3) 本陣　本陣宿。寛永十二年（一六三五）の参勤交代制の実施以後、宿《しゆく》の公的宿泊機関となった大旅籠屋《おおはたごや》。／(4) 中野是水《ぜすい》　幸明《ゆきあき》。

訳 一、寛永十二年正月、勝茂様が御下国の際石薬師宿にお泊まりの際、江戸から飛脚が参り着き、忠直様が御逝去とのことを申して来た。「二度とこの宿にお泊まりなさるまい」と仰せ出され、それ以後御家中の者も一泊も致さぬとのこと。今でも本陣での御目見えも仰せ付けられぬとのこと。〈中野《なかの》是水《ぜすい》の話である〉。〈このこととは違って、この年勝茂公は（江戸に）御在府であった。石薬師本陣の子細は追って調べよ〉。

71 一、寛永二年肥前様御鎧着《よろひぎ》(1)の節、伊豆守〈鍋島安芸守也〉より鑓《やり》一筋進上仕り候。身七寸左文字(2)の由。此《この》鑓は光茂公より左内《さない》(3)様へ被レ進《しんぜられ》候処、御死去に付《つき》て御寺へ上《あが》り候由。〈深江《ふかえ》二《に》左衛門《ざゑもん》(4)咄也〉。

〈或る説に右の鑓は柳川《やながは》一戦(5)の時の鑓にて候〉。〈此儀相違、柳川一戦の鑓は勝茂公へ進上、御居間に被二掛置一《かけおかれ》候由。頼母《たのも》聞書(6)に有り〉。

（1）鎧着　十二、三歳の男子が初めて甲冑を着る儀式。／（2）左文字　筑前左文字《ちくぜんさもんじ》派《は》の作。表に「左」。裏に「筑州作」の銘がある。／（3）左内　光茂の子。延宝七年（一六七九）六歳で早世。／（4）深江二左衛門　元久《もとひさ》。茂賢の孫。／（5）柳川一戦　慶長五年（一六〇〇）筑後柳川の立花氏との合戦。／（6）頼母《たのも》聞書　茂賢の子の頼母長賢の聞書か。

訳 一、寛永二年（一六二五）肥前（忠直）様御鎧着《おんよろいぎ》の折、伊豆守（茂賢《しげまさ》）〈鍋島安芸守である〉から鑓《やり》一筋を進上いたしました。身七寸左文字《さもんじ》とのこと。この鑓は光茂公から左内《さない》様へ進ぜられましたところ、(左内様)御死去のためお寺へ上がりましたとのこと〈深江《ふかえ》二左衛門《にざえもん》の話である〉。

〈ある説に右の鐙は柳川《やながわ》一戦の時の鐙であります〉。

〈このこととは違って、柳川一戦の鐙は勝茂公へ進上し、御居間に掛け置かれていましたとのこと。『頼母《たのも》聞書』にある〉。

72 一、肥前様追腹《おひばら》林形左衛門《はやしぎやうざゑもん》(1)は、肥前様御存生候内御側《おそば》無人に付御望み被レ成《なされ》、罷《まか》り登り支《し》度《たく》仕り候半ばに御死去の段申し来たり、一日も御奉公は不二申上一《まうしあげず》候へども、御家中数百人の内より御望み被レ成《なされ》候儀身に餘り有難く候由にて、山城殿(2)被二差留一《さしとめられ》候へども承引不レ仕《しよういんつかまつらず》、追腹仕り候由。〈形左衛門を御望み被レ成《なされ》候子細は、勝茂公より「誰にても御望み被レ成《なされ》候様に」と被レ仰《おほせられ》候に付て「林形左衛門と申す者去年御使者に被二差越一《さしこされ》、見知申し候。外には淵底為レ存《えんていぞんじたる》者も無レ之《これなく》候」と被レ仰《おほせられ》候に付、形左衛門被二仰付一《おほせつけられ》候由〉。

〈一説に、林栄久《はやしえいきう》(3)相果て候時分、形左衛門へ申し聞け候は「我らは侍従様へ追腹の所存にて候処、御先に相果て残念の事候」と申し候。形左衛門承レ之《これをうけたまはり》「其《その》段は御心安く思し召し候へ。名代《みやうだい》に某《それがし》御供可レ仕《つかまつるべし》」と申し候に付《つき》て栄久悦び相果て候。形左衛門儀病者にて「短命に可レ有レ之《これあるべし》」と自身存じ居《を》り候処、肥前様御死去に付《つき》、此節《このせつ》と存じ追腹仕り候由〉。

(1) 林形左衛門 貞之《さだゆき》。寛永十二年(一六三五)追い腹。／(2)山城 鍋島直弘《なおひろ》。勝茂の子。白石鍋島家祖。四の40、六の41参照。／(3)林栄久 利兵衛《りへえ》貞正《さだまさ》。貞之の父。朝鮮人林一徳《いっとく》の子。三の26参照。

訳 一、肥前(忠直)様に追い腹した林形左衛門《ぎょうざえもん》は、肥前様が御在世でありました頃御側《おそば》が無人のためお望みになられ、(江戸に)参り登る支度を致していました途中に(肥前様)御死去のことを申して来て、一日も御奉公は申し上げませぬが、御家中数百人の中からお望みになられましたことが身に余り有り難くありましたとのことで、山城(直弘)殿が止められましたが承知いたさず、追い腹いたしましたとのこと。〈(肥前様が)形左衛門をお望みなされましたわけは、勝茂公から「誰でもお望みになられますように」と仰せられましたため「林形左衛門と申す者は去年御使者として寄越《よこ》され、見知り申します。他には奥底まで存じた者もありませぬ」と仰せられましたので、形左衛門に仰せ付けられましたとのこと〉。〈一説に、林栄久《はやしえいきゅう》が果てました時、形左衛門に申し聞かせましたのは「わしは侍従(勝茂)様に追い腹の所存でありましたところ、お先に果て残念なことです」と申しました。形左衛門はこれを承りまし「その件はお心安くお思いなされませ。名代としてそれがしが(侍従様に)御供いたそう」と申しましたので栄久は喜び果てました。形左衛門は病人で「短命であろう」と自分自身存じておりましたところ、肥前様御死去のため、この時と存じ追い腹いたしましたとのこと〉。

73 一、日峯《にっぽう》様二十五年御法事の節、勝茂公被二仰出一《おほせいだされ》候は、「三十三年の御法事までは御存命被レ成《なさる》(1)まじく候間、此節一度に可レ被レ成《なさるべき》(2)」由にて御経営相澄《あひすみ》候上《うへ》、僧衆に御酒を御振舞ひ、御親類・御家老中も列座にて御物語被レ遊《あそばされ》候は、「日峯様御意に「我ら十三年忌まで国を治め見候へ」と被レ仰《おほせられ》候。此《この》御一言大事に存じ大きなる荷に成り、昼夜心を尽し国を治め候事のみに苦労申し候処、十三年も過ぎ今二十五年まで無二別条一《べつでうなく》、大慶無二此上一《このうへなく》候」と御落涙にて御咄《はなし》候由。

〈老士物語に云《いふ》(3)、此《この》時分は殿様御自身御骨を折られ「何卒《なにとぞ》国を不レ失《うしなはず》候に家中連続、用に立ち候者出で来候様に」と御心掛け不レ浅《あさからざる》儀に付《つき》て、御家中の者も「何卒御家御長久被レ成《なされ》候様に」と相部《はま》り御国家を身に引き掛け申し候に付て、上下の志行渡り、よき人も多く出《い》で来《く》、御国家厚く相見え候。また日峯様御遺言、国替への事ども承り候ては命限りと部《はま》り申し候に付《つき》て、諸傍輩《はうばい》一味同心に覚悟仕り候。其《その》世の威徳《ゐとく》日の字の御光り今が世まで輝き、無二比類一《ひるいなき》御家にて候。是《これ》を存じ候て若き衆も覚悟有りたし、と也〉。

(1) 御存命被レ成　自敬表現。／(2) 可レ被レ成　自敬表現。／(3) 老士物語に云　以下は序文と内容が近似している。四の81参照。

訳　一、日峯（直茂）様二十五年の御法事の際、勝茂公が仰せ出されましたのは「三十三年の御法事までは（わたしは）御存命なさるまいと思いますので、この際一度になされよう」とのことで御読経を済ませました上、僧たちに御酒をお振る舞いになり、御親類・御家老たちも列席する中でお話し遊ばされましたのは、「日峯様の仰せに「わしの十三回忌まで国を治めてみなさい」と仰せられました。この御一言を大事と存じて大きな荷になり、昼夜心を尽くして国を治めますことばかり苦労し申しましたところ、十三年も過ぎ今二十五年まで別条なく、大慶この上ありませぬ」と御落涙してお話しされましたとのこと。

〈老士の話に言うには、この頃は殿様（勝茂公）御自身が御骨を折られ「何卒《なにとぞ》国を失いませずに家中が続き、用に立ちます者が出て来ますように」と御心掛けの浅からぬことゆえ、御家中の者も「何卒御家が御長久なされますように」とともども徹し御国を身に荷《にな》い申しましたので、上下（の者）の志が行き渡り、よい人も多く出て来て御国が厚く見えました。

また日峯様の御遺言で、国替えのことなどを承りましては命限り（に戦う）と徹し申しましたので、諸傍輩《ほうばい》は一味同心に覚悟いたしました。その世の威徳で日の字（日峯様）の御光りが今の世まで輝き、比類のない御家です。これを存じまして若い衆も覚悟されたい、とのことであった〉。

74　一、高伝寺《かうでんじ》釈迦堂(1)御建立《こんりふ》の時分、下奉行頭人《しもぶぎやうとうにん》(2)　石井十助《いしゐじふすけ》(3)下人喧嘩仕出《しだ》し、相手を切り殺し候に付《つき》達《おみゝにたつし》二御耳一候処、「御仏に対し、此《この》節は何様《なにやう》の科《とが》にても御免被《おゆるしなされ》(4)レ成候」由被《おほせいだされ》二仰出一候。

〈宮崎利兵衛(5)申し候は「勝茂公御存生の内常々被レ成二御意《ぎょいなされ》一候は「其身様《そのみざま》御命日には参詣《さんけい》不レ仕《つかまつらず》候とも、以来家中の者御仏に御無沙汰 仕《つかまつる》まじき」由に候」を承《うけたまは》り居《を》り候。御前の御給仕《きふじ》同前にて候を、出家衆へ相談、開帳の毎《たびごと》レ度に利兵衛御備《そなへ》物一品の給仕仕り候〉。

（1）釈迦堂　勝茂が父母の菩提《ぼだい》のため明暦元年（一六五五）に建立した。／（2）下奉行頭人《しもぶぎようとうにん》　足軽奉行の頭《かしら》。／（3）石井十助　幸俊《ゆきとし》。／（4）御免被レ成《なされ》　自敬表現。／（5）宮崎利兵衛《りへえ》　政孝《まさたか》。

訳　一、高伝寺《こうでんじ》釈迦堂御建立《こんりゅう》の頃、下奉行頭人《しもぶぎようとうにん》石井十助の下人が喧嘩をしでかし、相手を切り殺しましたことについて（勝茂公の）お耳に達しましたところ、「御仏に対し、この際はどのような罪でもお許しなされます」とのことを仰せ出されました。〈宮崎利兵衛《みやざきりへえ》が申しましたのは「勝茂公が御在世のうち常々仰せになられましたのは「御自身様（勝茂公）の御命日には参詣《さんけい》いたしませんでも、以後家中の者は御仏に御無沙汰《ごぶさた》いたしてはならぬ」とのことでした」（と申しました）のを承っております。（御仏に対しては）御前（勝茂公霊前）への御給仕と同様でしたのを、出家衆に相談し、開帳の度《たび》ごとに利兵衛が御供え物一品の給仕を致しました〉。

75　一、明暦二年勝茂公御参勤の御供多久美作守《たくみまさかのかみ》(1)申し乞《まうこ》ひ罷《まか》り登り候。翌年御隠居。光茂公御家督の御礼に付《つき》、美作守公儀御目見《おめみえ》に被二罷出《まかりいでらる》一はずに候処、「不二罷成《まかりならざる》一」由申し切り、余人被二差出《さしいだされ》一候。〈先年甲州様御取立(2)の様子に相見え、御家中合点不レ仕《がってんつかまつらず》。御家の大事と存じ、美作守わざと江戸へ罷り越し光茂様御取立ての儀申し叶《かな》へ置き候に付《つき》、此替《このか》はり目為二見届《みとゞけのため》一申乞《まうしこ》ひ御供仕り候。然処《しかるところ》御目見に出で候へば其《その》望みにて罷《まか》り登り候様に相成るに付《つき》、「御供仕り候は存じ入り有レ之《これあり》ての事に候。公方様に面談の用事無レ之《これなし》」と被二申切《まうしきられ》一候由〉。

（1）多久美作　美作守茂辰《しげとき》。請役家老。二の3、九の1参照。／（2）甲州様御取立　忠直逝去のため、その弟甲斐守直澄《かいのかみなおずみ》を後継にしようとする議があった。五の105・127参照。

訳　一、明暦二年（一六五六）勝茂公の御参勤の御供に多久美作守《たくみまさかのかみ》が申し乞い（江戸に）登りました。翌年（勝茂公が）御隠居。光茂公の御家督相続の御礼のため、美作守が公儀（将軍）に御目見えに参り出られるはずでしたところ、「断じてならぬ」とのことを申し切り、他の者を差し出されました。〈先年（勝茂公が）甲州（直澄）様をお取り立ての様子に見え、御家中は納得いたさなかった。御家の大事と存じ、美作守はわざわざ江戸に参り登り光茂様お取り立てのことを（勝茂公に）巧みに申し含めておきましたため、この替わり目を見届けるために申し乞い（勝茂公の）御供を致しました。そうしたところで御目見えに出ますとその望みで参り登りましたようになるため、「御供を致しましたのは存ずるところがあってのことです。将軍様に面談する用事はない」と申し切られましたとのこと〉。

76 一、勝茂公御病気被二差重一《さしおもられ》候時分、光茂公へ志波喜左衛門《しはきざゑもん》(1)申上げ候は「私儀は兼々《かねぐ》御供の御約束申上げ候。御本復不定《ふぢやう》に御見え被レ遊《あそばされ》候間、御命替《がは》りに御先に腹を仕り、自然御本復の儀も可レ有二御座一《ござあるべく》候哉《や》と奉レ存《ぞんじたてまつり》候。いづれ御供仕る儀に候間被二差免一《さしゆるされ》候様に」と申上げ候に付《つき》、増正寺《ぞうじやうじ》(2)方丈へ「命替りと申す事御座候哉《や》」御尋ね被レ遣《つかはされ》候処「曾《かつ》て不二罷成一《まかりならざる》ものに候。大切の士《さむらひ》御囲ひ(3)被レ成《なされ》候様に」と申し来、被二差留一《さしとめられ》、御感被レ遊《あそばされ》「子供疎《おろそ》かに被レ遊《あそばさる》まじき(4)」由御自筆の御書付被レ下《くだされ》候。今に子孫持ち伝え候由。

(1)志波喜左衛門《しわきざえもん》 孝之《たかゆき》。明暦三年（一六五七）勝茂に追い腹。七の21参照。／(2)増正寺 増上寺。／(3)囲ひ 大事にとっておき。／(4)疎かに被レ遊《あそばさる》まじき 自敬表現。

訳 一、勝茂公の御病気が重くなられました頃、光茂公に志波喜左衛門《しわきざえもん》が申し上げましたのは「わたくしはかねてから（勝茂公の）御供（追い腹）の御約束を申し上げています。御本復が不確かとお見え遊ばされますので、御命の替わりにお先に切腹いたし、万一御本復なされることもございましょうかと存じ申し上げます。いずれ御供いたすことですので許されますように」と申し上げましたため、（光茂公は）増正寺住職に「命の替わりと申すことがございますか」とお尋ねに遣わされましたところ「決してできぬものです。大切な士をお囲いなされますように」と申して来て、（光茂公は）差し止められ、お感じ遊ばされて「子ども（家臣）らを疎かに遊ばされてはならぬ」との旨《むね》、御自筆の御書付を下されました。今も子孫が持ち伝えていますとのこと。

77 一、中野《なかの》杢之助《もくのすけ》(1)〈年寄役〉、去年(2)御参勤の御道中に或る者致二讒言一《ざんげんいたし》、首尾悪く御目通りに不レ被二召出一《めしいだされず》候。御機嫌御勝《すぐ》れ不レ被レ成《なされず》候に付て(3)、鍋島采女《うねめ》(4)申上げ候は「自然御本復不レ被レ遊《あそばされざる》節は、杢之助・志波喜左衛門・某《それがし》三人は御供仕るはずに兼々申合ひ置き候。外《ほか》にも数人可レ有二御座一《ござあるべく》候へども不二申合一《まうしあはせざる》人は分明に心得不レ申《まうさず》。然《しかれ》ば杢之助儀御存生の内に被二召直一《めしなほされ》被レ下《くだされ》候様《やう》に」と申上げ候に付《つき》、則《すなはち》御前被二召出一《めしいだされ》候。采女は御小姓にて被二召仕一《めしつかはれ》、喜左衛門は御進物役仕り罷り在り候。(5)

（1）中野杢之助　良純《よしずみ》。／（2）去年……不レ被二召出一候　明暦二年（一六五六）のこと。六の161参照。／（3）御機嫌……不レ被レ成候　勝茂の健康が思わしくない。／（4）鍋島采女　常辰《つねとき》。勝茂に追い腹。／（5）喜左衛門は……罷り在り候　底本・餅木本は「御進物役仕罷在候。喜左衛門は」で文が途絶しており、「御進物……」以下の本文は山本本で補った。

訳　一、中野杢之助《もくのすけ》（年寄役）は、去年御参勤の御道中である者が讒言《ざんげん》いたし、首尾が悪く（勝茂公の）御目通りに召し出されませんでした。（勝茂公の）御加減がおすぐれなされませんでしたため、鍋島采女《うねめ》が申し上げましたのは「万一御本復遊ばされぬ時は、杢之助・志波喜左衛門・それがしの三人は御供いたすはずとかねがね申し合わせておきました。他にも数人ございましょうが申し合わせぬ人ははっきりと心得申さぬ。だから杢之助のことは御在世の内に召し直されて下されますように」と申し上げましたため、すぐに（杢之助は）御前に召し出されました。采女は御小姓《おこしょう》として召し仕われ、喜左衛門は御進物役を致しておりました。

78 一、御気分御差詰《おんさしつめ》に付《つき》て御前様御暇乞ひに御出被レ成《なされ》、御枕元に被レ為レ寄《よりなされ》、「さて〱目出たき御臨終《ごりんじゆう》にて候。御一生落度《をちど》なく弓矢の御働き、国家を御固め、子孫餘多《あまた》御持ち、家督をも御譲り、八十に及ぶ(1)御成就《じやうじゆ》は無二比類一《ひるいなく》御仕廻ひに候。此上は少しも被二思召残一《おぼしめしのこさる》事は有レ之《これある》まじく候。たゞ今御暇乞《いとまご》ひ仕り候」と被レ仰《おほせられ》候。御側にお長《ちやう》(2)様被レ成二御座一《ござなさる》が御落涙被レ成《なされ》候を、御前様はたと御にらみ、「いかに女なればとて、ものの道理を不二聞分一《きゝわけず》末期《まつご》の親に涙を見せ申すものか」とあらゝかに御引立て、御内に御入り被レ遊《あそばされ》候由。

（1）八十に及ぶ　七十八歳で死去。／（2）お長　勝茂の娘。松平主殿頭忠房の妻。

訳　一、（勝茂公の）御加減がお差し迫りのため御前（高源院）様が御暇乞《いとまご》いにお出でなされ、御枕元に寄りなされ、「さてさてめでたい御臨終です。御一生落ち度なく戦場でのお働き、国家をお固めになり、子孫を多くお持ちになり、家督をもお譲りになり、八十歳に及ぶ御長寿を全うすることは比類のないお仕舞いです。この上は少しもお思い残しになられることはありますまい。ただいま御暇乞いを致します」と仰せられました。御側にお長《ちょう》様がいらっしゃいましたのが御落涙なされましたのを、御前様ははたとお睨《にら》みになり、「どうして女だからといって、物の道理を聞き分けず末期の親に涙を見せ申すものか」と荒々しくお引き連れになり、御内にお入り遊ばされましたとのこと。

79　一、御薬役采女《うねめ》相勤め御臨終の時御薬道具打砕き、御印役喜左衛門光茂公御前にて御印を打割り申し候。左候て両人にて御行水《ぎやうずい》相仕廻《あひしま》ひ御棺《くわん》に奉レ入《いれたてまつり》、差俯《うつぶ》き泣入り罷《まか》り在り候。ふと起き上り「殿は一人御越し被レ成《なされ》候に一刻も追付《おひつ》き可レ申《まうすべし》」と浴衣の儘《まゝ》にて表に出で候へば、大広間には美作守《みまさかのかみ》(1)はじめ御側《おそば》・外様《とざま》の衆並び居《を》り申し候。両人手を突き「何《いづ》れも様数《さます》年《ねん》の御懇意、新しく不レ及レ申《まうすにおよばず》候。御名残は幾日語り候ても尽き不レ申《まうさゞる》事に候。さらばにて御座候」と申して罷《まか》り通り候。諸人落涙より外《ほか》は詞《ことば》もなく候。さしも強勇《がうゆう》の美作守も声不レ出《いでず》、跡より見送り「あゝ曲者《くせもの》かな〱」とばかり被レ申《まうされ》候。杢之助《もくのすけ》は最後まで讒言人《ざんげんにん》の事を申し候て被《いきどほられ》レ憤候。采女は小屋に帰り「頃日《けいじつ》の労休めに行水して少しの間休み可《まうすべく》レ申候」とて暫《しばら》く寝入り、目覚め候て「枝吉利左衛門《えだよしりざゑもん》(2)餞別の毛氈《もうせん》(3)敷き候へ」と申し付け、二階一間に一枚の毛氈を敷き追腹《おひばら》。介錯三谷千左衛門《みたにせんざゑもん》(4)仕り候也。

或人《あるひと》云、杢之助常々持被《まうされ》レ申候扇に歌の一首有り。

惜しまるゝ時散りてこそ　世の中の花も花なれ　人も人なれ

(1) 美作守　多久美作守茂辰《たくみまさかのかみしげとき》。／(2) 枝吉利左衛門　順之。二の140参照。／(3) 餞別の毛氈　八の52参照。／(4) 三谷千左衛門　政通《まさみち》。如休《じょきゅう》。一の120、五の103参照。

訳　一、御薬役を采女《うねめ》が勤め御臨終の時御薬道具を打ち砕き、御印役の（志波）喜左衛門《きざえもん》が光茂公の御前で御印を打ち割り申しました。そうしまして二人で（勝茂公の）御行水《ぎょうずい》を済ませ御棺に入れ申し上げ、うつむき泣き入っておりました。ふと起き上がり「殿は一人で（あの世に）お越しになられましたので一刻も（早く）追い付き申そう」と浴衣のままで表に出ましたところ、大広間には美作守をはじめ御側《おそば》・外様《とざま》の衆が並んでおり申しました。二人は手を突き「どちら様にも長年の御懇意、改めて申すまでもありませぬ。御名残《なごり》は何日語りましても尽き申さぬことです。さらばでございます」と申して通りました。人々は落涙するより他は言葉もありませんでした。さしもの剛勇の美作守も声が出ず、後から見送り「ああ曲《くせ》者《もの》かな、曲者かな」とばかり申されました。杢之助は最後まで讒言人《ざんげんにん》のことを申しまして憤《いきどお》られていました。采女は小屋に帰り「近頃の骨休めに行水して少しの間休み申しましょう」といってしばらく寝入り、目覚めまして「枝吉利左衛門《えだよしりざえもん》からの餞別《せんべつ》の毛氈《もうせん》を敷きなさい」と申し付け、二階の一間に一枚の毛氈を敷き追い腹。介錯は三谷千左衛門《みたにせんざえもん》が致しました。

ある人が言うには、杢之助が常々持ち申されました扇に歌の一首が（記して）あった。

惜しまれる時散りてこそ　世の中の花も花なれ　人も人なれ

80 一、御葬礼翌日よりは公儀に相障《さは》る儀(1)有レ之《これあり》て夜中に不二相澄一《あひすまず》候で不二罷成一《まかりならず》。美作守《みまさかのかみ》より被二申付一《まうしつけられ》候へども誰にても「罷《まか》り成るまじく」と申し候。枝吉利左衛門《えだよしりざゑもん》(2)へ被二申付一《まうしつけられ》候へば心安く請合《うけあ》ひ、真夜中に御葬礼相澄《あひすみ》申し候由。美作守は御病中より御屋形大広間にて夜白《よるひる》酒盛致し、御葬礼相澄候まで銚子《てうし》取不レ申《まうさず》、其《その》内万事の下知《げち》仕り候。此《この》時落髪の儘《まゝ》終《つひ》に髪立て不レ申《まうさず》候。愚渓《ぐけい》と申し候。

（1）公儀に相障る儀　勝茂は明暦三年三月二十四日酉の刻（午後六時頃）江戸で他界し、その晩に鍋島家の墓所である賢崇寺（現、東京都港区元麻布）で焼骨。改めて佐賀で葬儀を行ったともいう（『葉隠聞書校補』）。／（2）御屋形　藩主の屋敷。

訳　一、（勝茂公の）御葬礼は、翌日からは公儀（公務）に差し障ることがあって夜中に済まさねばなりませんでした。美作守《みまさかのかみ》から（そう）申し付けられましたが、誰もが「できるはずがない」と申しました。枝吉利左衛門《えだよしりざえもん》に申し付けられますと心安く受け合い、真夜中に御葬礼が済み申しましたとのこと。美作守は（公の）御病気中より御屋形《おやかた》の大広間で夜昼酒盛りを致し、御葬礼が済みますまで銚子を取り申さず、その間に万事の下知を致しました。この時剃髪したままついに髪を伸ばし申しませんでした。愚渓《ぐけい》と申しました。

81(1)一、老士の物語云《いふ》、勝茂公はじめて国守に被レ為レ成《ならせられ》、弓矢の働き、御切腹の場にも御逢ひ御家中の御支配、御国の仕置《しおき》、御城所々の要害、雑務方《ざふむがた》の御仕組などまで、御一生の内御苦労難レ勝《たえがたき》ばかり候。常々被レ成二御意一《ぎょいなされ》候にも「日峯様《にっぽう》御勲功にて御取立ての国にて候へば、子々孫々まで何卒《なにとぞ》家が家に続き候様に不レ致《いたさず》候はで不レ叶《かなはざる》事に候。天下泰平の御代に候へば次第に花麗《くわれい》の世間に成り行き、失墜《しつつい》多く、上下困窮し、弓矢の道は唱《とな》へ失《う》ひ、不意の時節は内外ともに恥をかき、家をも掘り崩し可レ申《まうすべく》候。云聞《いひきか》せたるまでにては、年移り老人は死失せ、若者は時代の風ばかりを学び、末々に残り申す事有《ある》まじく候。せめて書物にて家の譲りに渡し置き候はゞ、末代にても可二覚付一《おぼえつくべし》」と被レ仰《おほせられ》、御一生反古の内に被レ成二御座一《ござなされ》候て御書物御仕立て被レ成《なされ》候。

御秘事は不二相知一《あひしれざる》事候へども語り伝へには、「かちくち」と申す御軍法、御代々御替《かは》りの時、面授口訣《めんじゆくけつ》にて御伝へ被レ遊《あそばされ》候由に候。御譲りの御掛硯には『視聴覚知抄《しちやうかくちせう》』『先考三以記《せんかうさんいき》』と申す御書物、是《これ》も御家督の時、御直《ぢき》に御渡し被レ遊《あそばさるゝ》由に候。さてまた御家中御仕置、御国内端々までの御仕組、公儀前《こうぎまへ》、雑務方《ざふむがた》、一切万事の御仕組『鳥の子帳』に御書き記し被二召置一《めしおかれ》候。斯様《かやう》の御苦労限りもなき御事に候。其《その》勲功を以て御家御長久目出たき御事に候。末代に成り候ては斯様《かやう》の儀を不レ存《ぞんぜず》、または昔風にて時代に不レ合《あはず》とて替り行く事歎かしき事に候。一旦無レ詮《せんなき》様に候ても御名人の為レ被レ遊《あそばされたる》御仕置にはづれは有まじく候。たとへ無レ詮《せんなく》候ても、奉レ対二御先祖様一《ごせんぞさまにたいしたてまつり》其《その》風を不レ改《あらためざる》が古き御家の銘《めい》にて候。然《しかれ》ども数年改り居《を》り候事を今また急に古法に被レ成《なされ》候はゞ、また〳〵新儀の様に可レ有レ之《これあるべく》候へば、時節を以て漸々《ぜんぜん》に古法に替《か》へ、事返りたき事に候。

さてまた御国は根元《こんげん》、剛忠《がうちゆう》様御願力、隆信《たかのぶ》様御武勇、利叟《りそう》様御善根、日峯《につぽう》様御勲功、泰《たい》盛院《せいゐん》様御苦労にて、御家御長久に候へば、御家中として毎朝可レ奉レ拝《をがみたてまつるべき》事に候。かつまた御代々の太守に悪人無レ之《これなく》、鈍智無レ之《これなく》、日本の大名に劣らせらるゝ御器量終《つひ》に無レ之《これなく》候。他方にては「鍋島律義《りちぎ》」(2)と申し候由。御慈悲の国守ばかり御出で来被レ遊《あそばされ》候事不思議の御事に候。

さてまた御国内の者他方に不レ被二差出一《さしいだされず》、他方の者不レ被二召入一《めしいれられず》、牢人者も切腹の子孫も御国内に被二召置一《めしおかれ》、御家中上下、百姓・町人《まちにん》まで何十代と不二相替一《あひかはらず》馴染《なじみ》深き御譜代の御深恩、不レ被二申尽一《まうしつくされざる》事どもにて候。他方の衆などは移り替り候て心不二落付一《おちつかず》、牢人限りに他方に出、夫《それ》限りに主従の縁切れ、不便《ふびん》の事に候。御家にては一旦御異見の為に牢人被二仰付一《おほせつけられ》、切腹の子孫どもに、ほど経ては被二召直一《めしなほされ》、死にても御国の土と成り、兎《と》に付き角《かく》に付き有難き御国、日本に比類なき御家に不思議にも生れ出で候事、本望無二此上一《ほんまうこのうへなき》事に候。ことさら先祖代々より御恩を受け、身を擲《はた》りても奉レ報《ほうじたてまつる》事は不二相叶一《あひかなはず》候。

斯様《かやう》の味をとくと合点《がってん》申し、「数代の御恩報じに何卒《なにとぞ》御用に可レ立《たつべし》」との覚悟に胸を極《きは》め、御懇に被二召仕一《めしつかはれ》候時はいよ〳〵私なく御用に相立ち、無二御情一《おなさけなき》御無理の仰付《おほせつけ》、または不運にして牢人・切腹被二仰付一《おほせつけられ》候とも少しも不レ奉レ恨《うらみたてまつらず》、一つの御奉公と存じ、生々世々《しやう〳〵ぜゞ》御家を奉レ歎《なげきたてまつる》心入れ、是《これ》御当家の侍《さむらひ》の本意、覚悟の初門にて候。智恵・分別・器量・芸能は二番の事に候。御当家風の落着《らくちやく》を最初に心得候て、諸傍輩《はうばい》一和し、粉骨を尽し、御用に相立ち可レ申《まうすべき》事に候、と也。

（1）81　序文とほぼ重複した内容を持つ。／（2）律義　実直で義理堅いこと。

訳　一、老士の話に言うには、勝茂公が初めて国主にならせられ、（戦での）弓矢の働き、御切腹の場にもお逢《あ》いになり、御家中の御支配、御国の処置、御城や所々の要害、財務方の御制度などまで、御一生の間御苦労は耐え難いことばかりでした。常々仰せになられましたことにも「日峯《にっぽう》（直茂）様の御勲功《くんこう》でお築きになった国ですから、子々孫々まで何卒《なにとぞ》家が家に続きますように致しませんではならぬことです。天下泰平の御代ですので次第に華美な世間に成り行き、浪費が多く、上下（の者）は困窮し、弓矢の道は唱えられなくなり、不意の時には内でも外でも恥をかき、家をも土台から崩し申すに違いありませぬ。言い聞かせただけでは、歳月が移り老人は死に失《う》せ、若者は時代の風ばかりを学び、末々に残り申すことはありますまい。せめて書き物で家の相続品として渡しておきますならば、末代でも思い起こせよう」と仰せられ、御一生を書き損じの内にお座りになられましてお書き物をお仕立てなされました。

御秘事は知れぬことですが語り伝えには、「かちくち」と申す御軍法を御代々の御替わりの時、対面・口伝でお伝え遊ばされましたとのことです。御相続品の御掛硯《かけすずり》箱には『視聴《しちょう》覚知抄《かくちしょう》』『先考三以《せんこうさんい》記《き》』と申すお書き物、これも御家督相続の時、御直々にお渡し遊ばされたとのことです。そしてまた御家中の御処置、御国内の隅々までの御制度、公儀前、財務方、一切万事の御処置を『鳥の子帳』にお書き記しになって召し置かれました。このような御苦労は限りもない御事です。その勲功によって御家は御長久、めでたい御事です。

末代になりましてはこのようなことを存ぜず、または昔風で時代に合わぬといって変わり行くことは歎かわしいことです。いったん無益なようでありましても御名人が遊ばされた御処置にはずれはありますまい。たとえ無益でありましても、御先祖様に対し申し上げてその風を改めないのが古い御家の訓戒です。しかし長年改まっておりましたことを今また急に古い法になされますならば、またまた新しいことのようでありましょうから、時節を捉えてしだいに古法に変え、事を復したいことです。

そしてまた御国は根元から、剛忠《ごうちゅう》（家兼《いえかね》）様の御願力、隆信《たかのぶ》様の御武勇、利叟《りそう》（清久《きよひさ》）様の御善根、日峯（直茂）様の御勲功、泰盛院《たいせいいん》（勝茂）様の御苦労で、御家が御長久されていますので、御家中として毎朝拝み申し上げるべきことです。かつまた御代々の国主に悪人はなく、鈍才はなく、日本の大名に劣らせられる御器量の者はついぞありませぬ。他所《よそ》（の国）では「鍋島律儀」と申しますとのこと。御慈悲のある国主ばかりが御出現遊ばされましたことは不思議の御事です。

そしてまた御国内の者は他所（他国）に差し出されず、他所の者は召し入れられず、浪人者も切腹した者の子孫も御国内に召し置かれ、御家中の上下（の者）、百姓・町人まで何十代と相変わらず馴染み深い御譜代《ふだい》の深い御恩は申し尽くされぬことです。他所の衆などは移り変わりまして心が落ち着かず、浪人（の仰せ付け）を限りとして他所に出て、それを限りに主従の縁が切れ、不憫《ふびん》なことです。御家ではいったん御異見のために浪人を仰せ付けられ、切腹した者の子孫どもに対し、ほどを経ては召し直され、死んでも御国の土となり、とにもかくにも有り難い御国、日本で比類のない御家に不思議にも生まれ出ましたことは、本望この上ないことです。とりわけ先祖代々より御恩を受け、身から取り立てても報い申し上げることは叶いませぬ。

このような味をとくと得心申し、「代々の御恩報じに何卒《なにとぞ》御用に立とう」との覚悟に胸を決め、お懇ろに召し仕われます時はいよいよ私なく御用に立ち、お情けのない御無理の仰せ付け、または不運にして浪人・切腹を仰せ付けられましても少しも恨《うら》み申し上げず、一つの御奉公と存じ、生々世々《しょうじょうせぜ》御家を歎き申し上げる心入れ、これが御当家の侍の本意、覚悟の初門です。知恵・分別・器量・才芸は二番目のことです。御当家風の落ち着きを最初に心得まして、諸傍輩《ほうばい》と一和し、粉骨を尽くし、御用にともども立ち申すべきことです、とのことである。

82 一、勝茂公口宣《くぜん》(1)

一、従五位下口宣　一、御受領の口宣

〈豊臣清茂《きよしげ》と有《これあり》レ之〉　文禄四年二月十四日

一、侍従御昇進　寛永三年八月十九日〈藤原勝茂と有り〉

(1)口宣　口頭での勅命の伝達、およびそれを書き留めた文書。関白・太閤となった秀吉は、朝廷に奏請して官位を叙任し、服属した諸大名へ豊臣朝臣の姓と羽柴の苗字を授与した。三の18参照。後に幕府を開いた徳川もこの手法を引き継いだ。

訳　一、勝茂公への口宣《くぜん》

一、従五位下《じゆごいのげ》口宣　一、御受領の口宣

〈豊臣清茂《きよしげ》とある〉文禄四年（一五九五）二月十四日

一、侍従へ御昇進、寛永三年（一六二六）八月十九日〈藤原勝茂とある〉

解説　『葉隠』の武士言語――「候」の射程について

吉田真樹

はじめに

『葉隠』は英語・スペイン語・フランス語・ドイツ語・イタリア語・ポーランド語・ロシア語・トルコ語・中国語・韓国語など多くの言語に翻訳され、世界中で親しまれている。世界は『葉隠』の古典としての普遍性を認めつつあるといえるだろう。他方、言語的には空間的にも時間的にもより近くにいて、アクセスしやすいはずの私たちは、その環境を利し『葉隠』を正しく読むことができているだろうか。『葉隠』は、古典としてもっと大切に、もっと精密に読まれねばならぬ時期に来ているのではないだろうか。

これまで『葉隠』は幾度となく現代語訳されてきた。現代語訳することとは、訳者にとっては精密に読むことの解釈学的な実践であり、その成果として、読者が精密に読むための手引きたり得るたたき台を提示することである。ところが、これまでの『葉隠』現代語訳では、精密に読むことよりも既成の武士イメージが優先されてきた。古典の大切な一文字一文字よりも、さしあたりの理解が選ばれてきてしまったのである。もちろんそれは、『葉隠』が十分に古典として認められていなかった時代の制約が反映されたものであった。

一 これまでの現代語訳

具体的に見てゆこう。『葉隠』において最も重要な問い掛けとなる「武道の大意は何と御心得候《さうらふ》哉」（一の1）という箇所は、従来以下のように訳されてきた（以下諸訳の底本では文末が「哉」ではなく「や」）。

相良亨訳（一九六九年一月）「武道の根本を何と心得ておられるか。」
奈良本辰也訳（一九六九年十二月）「武士道の根本を何と心得ているか」
松永義弘訳（一九八〇年七月）「武士道の根本は、なんと思うか」
水野聡訳（二〇〇六年七月）「武道の大意を何と心得る」

これらの違いはどこにあるだろうか。奈良本訳・松永訳が「武道」を「武士道」と訳すことには多少問題があるものの大きな誤りとまではいえない（この点については、一の1・2の注を参照）。最も重要な違いは、相良訳だけが尊敬語「御」に注意を払い、「御心得」を「心得ておられる」と訳していることである。「御」を訳せなかった他の訳に比べて、相良がテキストを重んじていることが窺える。

では、なぜ相良以外は「御」を訳出できなかったのだろうか。このことは、より深刻なもう一つの問題、「候《そうろう》」の非訳出ということと連動するものであると考えられる。「候」に関して先ほどの諸訳を見直してみると、相良も含めて、全ての訳者が「候」を訳し落としていることがわかる。

従来『葉隠』の訳に限らず、近世古典の現代語訳の世界では「候」の非訳出が慣例化し、現代語訳界の「常識」となってきた。しかし、なぜ「候」を訳出しないでよいことになったのか。その根拠は何だろうか。

二 敬語非訳出慣例の克服

実は本書の訳出モデル作成過程において、私はこの問題にぶつかったのである。何よりも正確な訳出、『葉隠』の持つ思想内容の全てを過不足なく伝えることができる現代語訳を目指すという方針を立て、影響を受けぬよう諸訳は参照せずに本文のみに向かい、一語一語の最適な訳語を模索し現代語訳を作成する。時に逐語訳が過ぎて意味が通じにくくなれば、語句をまとめるなどして訳し直し、改めてそれでよいかを本文に戻って検証する。一文一文、一段一段、一項一項についても同様の作業を繰り返す。以上のような限りのない往復作業において、最終的な根拠として信じ得るものは、テキスト（本文）であった。本書の他の訳者と、さらにはあらゆる読者とも、共有できる根拠はテキスト以外にないと考えた。

「候」非訳出の慣例が私の中にも食い込んでいたために、モデル作成過程の最初期には「候」を訳し落としていた。しかし次第に「候」に出会う例が増えてくるにつれ、これはどうしたものかという疑念が頭をもたげてきた。そして、『葉隠』が大量の「候」に蔽われていることに有無を言わさず気付かされた時、これを無視してよいはずがない、これこそが本当の『葉隠』の姿なのだ、という当たり前の出発点に立つことができたのである。

現代語訳界の「常識」としてある「候」非訳出の慣例は、テキストを重視しないこと、いいかえればテキストよりも訳者や読者を重視すべきと考えることによるものである。現代語訳において、テキストの言語よりも、訳者や読者の住む世界の言語を優先するということはままある。その際には「現代語訳として違和感がある」ことが根拠とされる。

しかしこの違和感には二種類あって、決して混同されてはならないものである。その一つは本書でも常に意識されている現代語訳の正確さ・滑らかさ・上手さといった技術的な問題である。

もう一つは現代語にない要素が本文にあって、現代語に移しにくい場合の問題である。この場合に訳出しにくいものは訳出しないでよいとする立場が、「候」を訳出しない立場である。これとは異なり、本書は訳出しにくいものにこそ意味があり、訳出しなければならないとする立場を取る。

三　「候」の訳出

「候」は中世から近代にかけて、特に近世の武士社会において多く用いられた敬語の一種である。畏まった時、いいかえれば場を強く意識した時、その意識の度合いに応じて、場の格式を損なわないように、ありとあらゆる言葉のすきまに付加し、頻出させなければならない、場への配慮のための語である。そのあまりの多用ゆえに、写本での表記上では「」「」のような表記となる。

このような大量の「候」に慣れ過ぎて、見えなくなり、結果的に現代語訳における「候」の無視・軽視がこれまで続いてきたといえる。それを一層強く補強してきた背景には、戦後の指針としての敬語の簡略化という流れもあった。

しかし多用されることによって「候」の意味が消えるなどということはない。写本（「」「」）から活字（「候」）へと起こす際に、さらには現代語訳する際に、このことは極めて明白になってくるのである。『葉隠』が「候」を頻出させるのは、必要だからである。『葉隠』が強く武士性を持つテキストであるからこそ、多くの「候」を必要としたのである。

具体的に見よう。先ほど引いた箇所（一の1）を本書では次のように訳している。

「武道の本質は何とお心得でありますか」

同一言語内の翻訳であるため、訳さずともわかる箇所は訳さずにそのまま残すべきであるというのが、今回の訳出方針の大前提である。したがって言葉を置き換えた箇所は、そのままではわかりにくい箇所と判断された箇所ということになる。

本文は「武道の大意は何と御心得候哉」であった。今回「御」は「お」と読む場合は平仮名表記を採用している。問題の「候」は「であります」とここでは訳している。今回「候」の訳語としては「です・ます・でした・ました」を基本として、「であります」・「ございます」などを採用した場合もある。

先の現代語訳に「であります」があることによって、そしてそもそも本文に「候」があることによって、何がどのように変わってくるのだろうか。本書では全ての「候」を訳出したつもりである。訳文に多少の無理を犯してでも、本文に書かれてある「候」を重視した。それは、従来の粗筋だけわかればよいとする現代語訳、もっといえば現代語訳界の思い込みを、『葉隠』という古典の記述そのものから疑ったためである。

四　「候」に見る武士言語

一の1は次のように始まる。

武士たる者は、武道を心掛べき事不レ珍といへども皆人油断と見えたり。

「武士たる者」という言葉は、読者としての全ての武士が己のこととして受け止めざるを得ない内容を持っている。一人の武士に対してであっても、武士に「お前は油断している」と正面切って言うことには相当の覚悟が必要である。なぜならば、武士は平時であっても刀を身に付けている存在であり、中には覚悟の深い者——侮辱に対しては敢然と刀を抜いて立ち向かう者——がいるかもしれないからである。しかし、常朝は「皆人油断」と言って、文言上全ての武士に喧嘩を売っている。常朝がそのようなことを言えるのはなぜか、その根拠が次に示される。ここに先ほどから問題にしている問い掛けの一文が現れる。

其子細は、「武道の大意は何と御心得候哉」と問掛たる時、言下に答ふる人稀也。兼々胸に落着なき故也。さては武道不心掛の事知られ候。油断千万の事也。

一応身分上武士である者に対して、常朝は「武士が武士であるとはどのようなことか」と武士の内実を問い詰めるのである。その時の問い掛けが「御心得候哉」であった。ここには、武士が武士に問い掛ける言葉が持つ重み、現代では失われた恐るべき緊張感が読み取られねばならない。それが形を取って特に表されたのが「御心得」の「御」であり、「候」なのである。「御」は相手の武士に対する敬意を示し、「候」は己と相手が相まみえるこの場をそれにふさわしいものにするための敬意を示すものである。刀を下げた者同士は、場を成立させるために畏まり、お互いに敬意を払うことによって適切な距離を取り合わなければ、斬り・斬られる危険があるのである。

相手がどのような武士であれ、可能性として覚悟の深い武士であり得る限りにおいて、敬意をしっかりと払った上で対さねばならない。そしてその上で「お心得でありますか」と常朝は問い掛けるのである。そこには「おぬしも武士であるのならば、当然お心得でありましょうが。そうでないならば、おぬしは武士とは言えまい」という圧迫と挑発の含意がある。このような問い掛けに直ちに答えられる者がほとんどいないことが、常朝が「皆人油断」と言える根拠となるのである。

五 「候」の射程

右に引用した四文（地の文）の文末は、「稀也」・「故也」・「知られ候」・「事也」となっている。現代語訳では、本文に忠実に「稀である」・「ためである」・「知られます」・「ことである」と訳した。したがって、現代語訳では「である体」と「ですます体」の混在が発生することとなり、不統一感を覚える読者もいるに違いない。

しかし、この違和感こそが重要である。読者である私たちが何者であるかを古典が教えてくれる、まさにその際の違和感だからである。私たちの違和感は、現代日本の学校教育が、文章を書く国民に強固な文末意識を持たせるために心血を注いできた結果である。しかしその文末意識の規則は、時間を遡って『葉隠』の書き手に適用できるものではあり得ない。では、『葉隠』の現代語訳を行う訳者には適用すべきものであるだろうか。

本書では次のように考えた。訳者がこの違和感を排除してしまうことは、古典テキストそのものを裏切ることになり、その結果、読者をも裏切ることになる。『葉隠』にそのように書いてあることは、無視せずそのまま受け止めるべきである。つまり、違和感を残したまま現代語として訳出すべきである。古典は私たちにとって、まずは他者であることを受け止めることが方法的前提であるはずである、と。

「御心得候哉」は文面上仮想的な問答の内容であるから、そこでは仮想的な相手が意識され、「候」が用いられた。その問い掛けに「言下に答ふる人」は「稀」である。これが常朝の経験を踏まえた実感である。これに続く一文は「兼々胸に落着なき故」と理由を示すものであるから「候」は不要である。その次の一文は、「さては」（そうしては・そうであっては）と始まるものであるから、いま話を聞かせているお前さん（＝陣基）が、もしそうであったならば武道に不心懸けであることが知れますぞという意味である。したがって、この「候」は陣基を意識したものとして必要なものである。最後の一文は以上をひっくるめて「武道不心掛」の者を「油断千万」と評価したものであるから、「候」は不要である（もちろん陣基に対して油断するなという含意が裏にあるだろうが）。

以上は一例であるが、このように「候」一つを慎重に読み解くことで、これまで見えてこなかったことが様々に見えてくるのである。例えば、聞書一・二には「候」が相対的に少ないが、それは常朝と陣基との距離の近さを表したものであったことが改めて見えてくる。さらに、それをふまえて序文に戻ってみると、頻出する「候」の見え方も変わってくるはずである。序文は常朝が陣基だけに私的に語ったものなのではなく、畏まって、つまり公式性を高めて、仮想的には鍋島藩の全ての武士に向けて語ったものだったのである（これは『葉隠』を焼却処分しなかった根拠を与え得るものでもあり重要である。一の後書き〈244頁〉参照）。『葉隠』が「候」の有無を意図的に区別して表現していたことは、もはや明らかである。

従来の現代語訳において、「候」のある箇所とない箇所との区別が付かなくなってしまっていたことは、致命的な弱点であった。「候」の非訳出によって見落とされてきた『葉隠』の性格とは、無視し得る軽微な側面などでは決してなく、武士性の根幹に関わる極めて重要なものであった。

この「候」以外にも、微視的・巨視的に多くの工夫を凝らした本書の現代語訳および注によって、読者が古典としての『葉隠』の真実の姿へと一歩でも迫っていただけたら嬉しく思う。

本書は「ちくま学芸文庫」のために新たに書き下ろされたものである。

本書には現在の人権意識に照らして不都合な表現がみられるが、歴史的文献であることに鑑み、また、現在の差別を助長する意図はないため、本文はそのままとし、訳注においてもそのままとした箇所がある。

現代小説作法　大岡昇平

西欧文学史に通暁し、自らの作品においては常に事物を明晰に観じ、描き続けた著者が、小説作法の要諦を論じ尽くした名著を再び。（中条省平）

日本人の心の歴史(上)　唐木順三

自然と共に生きてきた日本人の繊細な季節感の変遷をたどり、日本人の心の歴史とその骨格を究明する。上巻では万葉の時代から芭蕉までを扱う。

日本人の心の歴史(下)　唐木順三

日本人の細やかな美的感覚を「心」という深く広い言葉で見つめた創見に富む日本精神史。下巻は西鶴の時代から現代に及ぶ。（高橋英夫）

日本文学史序説(上)　加藤周一

日本文学の特徴、その歴史的発展や固有の構造を浮き上がらせて、万葉の時代から源氏・今昔・能・狂言を経て、江戸時代の徂徠や俳諧まで。

日本文学史序説(下)　加藤周一

従来の文壇史やジャンル史などの枠組みを超えて、幅広い視座に立ち、江戸町人の時代から、国学や蘭学を経て、維新・明治、現代の大江まで。

書物の近代　紅野謙介

書物にフェティッシュを求める漱石、リアリズムに徹し書物の個性を無化した藤村。モノ＝書物に顕現するもう一つの近代文学史。（川口晴美）

源氏物語歳時記　鈴木日出男

最も物語らしい物語の歳時の言葉と心をとりあげ、その洗練を支えている古代の日本人の四季の自然に対する美意識をさぐる。（犬飼公之）

江戸奇談怪談集　須永朝彦編訳

江戸の書物に遺る夥しい奇談・怪談から選りすぐった百八十余篇を集成。端麗な現代語訳により、古の妖しく美しく怖ろしい世界が現代によみがえる。

江戸の想像力　田中優子

平賀源内と上田秋成という異質な個性を軸に、江戸18世紀の異文化受容の屈折したありようとダイナミックな近世の〈運動〉を描く。（松田修）

ちくま学芸文庫

定本《ていほん》 葉隠《はがくれ》〔全訳注《ぜんやくちゅう》〕上《じょう》

二〇一七年十月十日 第一刷発行
二〇二五年六月二十日 第二刷発行

著　者 山本常朝（やまもと・じょうちょう）
田代陣基（たしろ・つらもと）
校　訂 佐藤正英（さとう・まさひで）
監訳注 吉田真樹（よしだ・まさき）
発行者 増田健史
発行所 株式会社 筑摩書房
東京都台東区蔵前二―五―三 〒一一一―八七五五
電話番号 〇三―五六八七―二六〇一（代表）
装幀者 安野光雅
組　版 株式会社精興社
印刷所 株式会社DNP出版プロダクツ
製本所 株式会社DNP出版プロダクツ

ISBN978-4-480-09821-4 C0112